海外汉学丛书

六朝貴族制社会の研究

川勝義雄

六朝贵族制社会研究

〔日〕川胜义雄 著
李济沧 徐谷芃 译

上海古籍出版社

图书在版编目(CIP)数据

六朝贵族制社会研究／(日)川胜义雄著;李济沧，徐谷芃译.—上海：上海古籍出版社，2018.11(2023.12重印)
(海外汉学丛书)
ISBN 978-7-5325-8935-7

Ⅰ.①六… Ⅱ.①川… ②徐… ③李… Ⅲ.①中国历史-研究-六朝时代 Ⅳ.①K237.07

中国版本图书馆CIP数据核字(2018)第150711号

海外汉学丛书
六朝贵族制社会研究
[日]川胜义雄　著
李济沧　徐谷芃　译
上海古籍出版社出版、发行
(上海市闵行区号景路159弄1-5号A座5F　邮政编码201101)
(1)网址:www.guji.com.cn
(2)E-mail:guji1@guji.com.cn
(3)易文网网址:www.ewen.co
常熟市文化印刷有限公司印刷
开本635×965　1/16　印张20.75　插页2　字数285,000
2018年11月第1版　2023年12月第6次印刷
ISBN 978-7-5325-8935-7
K·2526　定价:68.00元
如有质量问题,请与承印公司联系

出 版 说 明

上海古籍出版社一直关注海外中国传统文化研究,早在上世纪 80 年代初期,就出版了《海外红学论集》、《金瓶梅西方论文集》等著作,并与科学出版社合作出版英国著名学者李约瑟先生主编的巨著《中国科学技术史》。80 年代后期,在著名学者王元化先生和海外著名汉学家的支持下,上海古籍出版社推出了《海外汉学丛书》的出版计划,以集中展示海外汉学研究的成果。自 1989 年推出首批 4 种著作后,十年间这套丛书共推出 20 余种海外汉学名著,深受海内外学术界的好评。

《海外汉学丛书》包括来自美国、日本、法国、英国、加拿大和俄罗斯等各国著名汉学家的研究著述,涉及中国哲学、历史、文学、宗教、民俗、经济、科技等诸多方面。提倡实事求是的治学方法和富于创见的研究精神,是其宗旨,也是这套丛书入选的标准。因此,丛书入选著作中既有不少已有定评的堪称经典之作,又有一些当时新出的汉学研究力作。前者如日本学者小尾郊一的《中国文学中所表现的自然与自然观》、法国学者谢和耐的《中国和基督教》,后者以美国学者斯蒂芬·欧文(宇文所安)的《追忆:中国古典文学中的往事再现》为代表,这些著作虽然研究的角度和方法各有不同,但都对研究对象作了深入细微的考察和分析,体现出材料翔实和观点新颖的特点,为海内外学术界和知识界所借鉴。同时,译者也多为专业研究者,对原著多有心得之论,因此译本受到了海内外汉学界和读者的欢迎。

近十几年来,在中国研究的各个领域,中外学者的交流、对话日趋频繁而密切,中国学者对海外汉学成果的借鉴也日益及时而深入,海外汉学既是中国高校的独立研究专业,又成为中国学人育成过程中不可或缺的取资对象。新生代的海外汉学家也从专为本国读者写作,自觉地扩展到以华语阅读界为更广大的受众,其著作与中文学界相关著作开始出现话题互生共进的关系,预示了更广阔的学术谱系建立的可能。本世纪以来,虽然由于出版计划调整,《海外汉学丛书》一直未有新品推出,但上海古籍出版社仍然持续出版了一批高质量的海外汉学专题译丛,或从海外知名出版社直接引进汉学丛书如《剑桥中华文史丛刊》,积累了更为丰富的出版经验及资源。鉴于《海外汉学丛书》在海内外学术界曾产生过积极影响,上海古籍出版社听取学术界的意见,决定重新启动这套丛书,在推出新译的海外汉学名著的同时,也将部分已出版的重要海外汉学著作纳入这套丛书,集中品牌,以飨读者。

上海古籍出版社

2013 年 3 月

目　　录

序

本书将我迄今所撰关于六朝贵族制社会的十几篇论文综合成为一册，每章的末尾，对这些论文的发表时期、刊载杂志以及原来的题目都作了说明。整个撰述时期，约有 30 年左右。提出与解决问题的方式，因撰写时期与动机而有所不同，这些都是在所难免的。有些论文原本为一篇，但在这次结集成书时，从研究课题所涉及的地区以及其他一些关系出发，不得不分割到了其他一些编、章之中。不过，为尽量保留原样，同时也考虑到每一编每一章之间有必要保持相互的联系，这次也作了一些最低限度的修订。

通过这样一番整理，就可以清楚地看到，各个不同时期所呈现出来的学术风潮对我产生着极大的影响。尽管如此，在我的内心深处始终有着一个须臾不曾离开过的问题。说到底，这个问题就是如何思考贵族制与封建制的关系。

一般而言，贵族制社会是在汉帝国的统一瓦解之后出现的一种体制，它产生于分裂与战乱不断的六朝时期，此后一直延续到了唐代，具有十分鲜明的时代特色。凡政治、经济、文化等几乎所有的社会领域内，占居领导地位的是被称作贵族或豪族的社会阶层。这一阶层并没有朝武人所具有的封建领主化方向发展，他们作为教养颇深的文人，形成了官僚机构，并且通过垄断这一机构来维护其统治体制。掌握着军事力量的武人，以领主制的形式构成贵族阶层，这就是欧洲与日本的中世封建社会呈现出的状况。可是，中国六朝社会却与之截然不同，目前除了用贵族制社会这一特殊的术语以外，我们似乎还找不到别的什么适当词汇来称呼。

但在另一方面，贵族或豪族的庄园里有着近似农奴的佃客以及其他各种各样的依附者,阶层身份的制度划分绵密,权力处于分散的状态之中等等,与中世封建社会相通的各种指标在这时也可以广泛见到,这些都不容否认。甚至还可以说,豪族本身的性质具备着封建领主化倾向,也就是随着汉朝古代帝国的崩溃,中国也呈现出了转变成封建社会的可能性。尽管这只是一种假设,但我们可以认为,中国社会内在的某种要因抵制住了上述倾向或可能性,反之产生出了一种使文人贵族位于优势的贵族制社会。如果要将中国史放入世界史中来定位,上述思路应是比较有效的,同时它为我们理解中国社会的本质也提供了某些线索。以上,就是我的基本思考方法。

不用说,封建制是从欧洲历史中导引出来的概念。即便如此,在欧洲还有“封建制仅仅存在于研究封建制的历史学家那里”这种说法,可见它是一个令人感到棘手的概念。相对来说,可以适用于这一概念的是日本中世社会,不过实际上也还有着各种不同的意见。中国社会与西欧、日本的所谓封建社会之间有着巨大的差异,因此研究上的分歧也是显而易见的。众所周知,将唐末划为古代的时代区分学说风靡于战后的日本学术界。中世封建社会的核心问题是农奴制,为此他们主张宋代以后的佃户制即相当于此,可是当想到宋代以后存在着森然高耸的强大中央集权国家时,这种认识就很难令人同意。与宋代以降相比,出现了文人贵族制度这种特殊体制的六朝隋唐时期,倒是带有明显朝中世封建社会倾斜的色彩。有鉴于此,我既觉得无法赞成将唐末划为古代的时代区分学说,也感到没有改变自己思路的必要。本书就是对六朝贵族制社会与中世封建社会进行比较研究的一项成果。

对我的研究思路产生巨大影响的,是由内藤湖南开创,在宫崎市定、宇都宫清吉等诸位先生的继承下发展起来的所谓京都学派。重田德氏曾批判我是在对一个学派显示“忠诚”(《清代社会经济史研究》,1975 年,岩波书店,页 394),但实际上问题并不在此。显然,这是一个如何认识历史现象的问题,也是一个如何把中国史的现象放入世界史之中来定位的问题,对我而言,恰恰是京都学派的研究思路有着更多的可取之处,仅此而已。

在刚步入研究生活时,内藤湖南开创的京都学派及其理论是我主要依据的对象。根据这一理论,为中世赋予特色的最基本要素在于“贵族政治”。可是,这种政治究竟是源于什么地方,又是因何而出现的呢?这些贵族们在中世社会处于领导地位,那么其强大的力量究竟来自何处呢?本书第一编第一章,对这些问题作了探讨。这篇论文发表于30年前,其中并没有涉及到豪族的乡村支配问题,现在想起,主要还是因为当年尚不具备处理这一问题的能力。不过值得庆幸的是,这篇不太成熟的论文却在学术界引起了一定的反响,前几年出版的矢野主税氏的大著《门阀社会成立史》(1976年,国书刊行会),仍然针对该文提出了一些问题。如果从这一点来看的话,或许还存有一点价值,加之它还是我研究贵族制社会形成史的出发点,所以这次收录时,除稍事修改,增添了几条注释以外,基本上保留了发表之时尚不成熟的原貌。

作为本书第一编第一章的这篇旧稿在发表以后,受到了增渊龙夫氏的批判。此外从60年代开始,我与谷川道雄氏一道组织了中国中世史研究会,谷川氏的共同体论给了我极大的启发。在增渊氏的批判与谷川氏的影响下,我决定从乡村社会的基干部分入手,重新审视第一章所涉及的问题,这便是第二章的论文。在这篇文章中,针对如下一个问题,我阐述了自己的基本见解,这就是作为乡村支配者的豪族在具备封建领主化性质的同时,为何又朝文人贵族制的方向上转换呢?在我看来,这实际上就是封建社会与贵族制社会这两条道路出现分歧的问题。这一分歧,紧接着又和如下一些问题密切相关:即在乡村内外,从知识阶层直至贫农阶层的广大民众谋求共同体的力量是否强大?这种力量能否迫使豪族收回其领主化侧面,转而与四周的小农民阶层一道建立一个新的豪族共同体呢?第三章遵循的正是这一思路,并在此基础上主要考察了向往共同体的表现形式——“乡论”、贵族制社会形成的制度框架——九品中正制、建立在九品中正制之上的贵族社交界的结构,这三者之间有着什么样的关系。

中国中世社会是在什么原因下形成了文人贵族阶层支配的社会呢?其形成过程又是怎样的呢?我对这一问题曾作过多层次的反复思考。第四章对这些作了一番重新梳理,也正因为如此,内容上与第一章至第三章所述的部分或有重复之处。不过我认为这是理解中国中世社会的一个关键问题,所以才斗胆将自己反复思索的过程直接呈示给读者,希请大家见谅。先说我的结论,在华北,成熟的小农民阶层面对豪族意图通过武力、财力建立领主统治的倾向进行了顽强的抵抗,其结果迫使豪族朝"民望"——小农民参加并构成的共同体的代表者——这一方向转化。小农民阶层的共同体志向与豪族的领主化倾向,这两种方向发生激烈冲突,由此产生了旨在建立新的社会秩序的需求。在此状况下,豪族只有成为"民望"。也就是说,尽管豪族的力量占据着中心位置,但是他们的私人支配体系无法得到贯彻,这时形成的阶层社会就只能建立在豪族具有"民望"这一公共性质之上。豪族成为有教养的文人贵族,成为具有公共精神的官僚,这就是其统治体制得以建立的原因所在,这一体制非他,即是贵族制社会。

上述第一编的几篇论文,探讨了贵族制社会的形成问题,接下来的第二编主要考察的是出现于该时代的封建社会倾斜问题,共分五章。在这一时代,广泛可见任侠、质任以及门生故吏关系,它们反映出了人与人相结合的纽带。据此,可以将这些凸显个人人格的主从关系视作封建性的人与人关系,虽然它并没有达到类似家士制或从士制那样的契约关系的程度,但并不能将其视为古代奴隶制社会的"父家长式隶属"关系,而应作为一种向封建制倾斜的现象,加以重视。

第一章论述了曹操军团组织中的任侠关系。第二章则指出这一关系在割据江南的孙吴政权内意义更加重大,也就是说公元3世纪的江南社会较之华北有着更为明显的封建化现象。经过考察,我把公元3世纪的江南社会称为"开发领主制社会"。那么到公元4世纪时,这种社会又是怎样受到华北贵族制社会的影响而发生变化的呢?第三、四两章对此作了分析,得出如下结论:公元3世纪的江南社会比华北社会有着更加明显的领主化倾向,原因在于江南地区的自耕农还不成熟,而这可以说是江南社会后进性的一种表现。到公元4世纪初,少数民族崛起,华北陷入大混乱之中,大部分贵族亡命江南。他们在这片新天地里毫无根基,但最终重建了贵族制社会,其中原因,就在江南社会的后进性之中潜藏有接纳先进的华北式乡论主义意识形态的统治这一弱点。至此我们可以看到，中国的中世最终关闭了转向典型的封建社会之路，走上了一条更为开放的贵族制社会道路。不过，在文人贵族占据优势的这一社会中，作为封建性人际关系的门生故吏关系仍然继续存在，对此第五章作了分析。

第三编考察的是，上述江南贵族制社会在进入南朝以后从变质走向崩溃的过程。公元3—4世纪以后，江南的开发迅速发展，生产力得到提高，江南的农民由此也摆脱了其后进性，并在逐步成长中开始要求自立，这一切就是江南贵族制社会发生变质的原因所在。最先显示出这种倾向的是孙恩、卢循之乱，接着是在这场混乱中崭露头角的庶民阶层出身者们从贵族手中夺走了军事权。第一章虽然涉及的是刘宋政权的成立问题，但对上述倾向也作了一次考察。第二章通过分析《世说新语》的编纂，指出了贵族制社会发生变化的一种样式。另一方面，剩余产品的流通导致了货币经济的惊人发展，而江南生产力的上升以及作为其背景的庶民阶层的力量增长就是最为突出的反映，第三章对此作了阐述。第四章描绘了贵族在货币经济飞速发展的背景下，逐渐丧失经济实力并走向没落的过程。公元5—6世纪江南社会的剧烈变化，让人有一种似从中世极盛时期走到了封建社会末期之感。六朝时期的江南社会，正是在上述过程中取得了飞速的发展。

如上所述，本书考察的时期大致从东汉末经魏晋时期而至南朝末，它只是中国中世贵族制社会发展的一个部分，五胡十六国及北朝都还没有论及。虽然如此，上述魏晋南朝的贵族制社会从成立至崩溃的过程，还是较为完整地显示出了中世前期贵族制社会的形象。中世后期亦即隋唐帝国的核心部分源自北朝，所以应将北朝隋唐作为后期贵族制社会及其前史的问题另加探讨，但这实际上又同如何理解隋唐帝国这一大问题相连，所以这里只能将它作为今后的一个研究课题。

在整理出版本书的过程中，深感自己的研究步履竟是如此蹒跚。虽然出版学术著作并非易事，但随着岁月的流逝，不知不觉今年已到了花甲之年。我现在的心境可以说是日暮而道远，但愿今后能在过去的研究基础上，对一些尚未解决的问题提出自己的见解。同时还有一点必须提及，这就是我周围的环境。前面提到的宫崎、宇都宫两位先生，此外还有田村实造先生等京都大学文学部的诸位先生，以谷川道雄氏为首的中国中世研究会的各位友人，在京都大学人文科学研究所这一无与伦比的研究环境中与贝塚茂树先生等诸位师友的相识，正是在这些师友的支持与鼓励下，懒惰如我，终于也能将自己的研究结成一册出版。在这里谨向各位先生、各位前辈以及各位友人致以深深的谢意。同时，也以本书作为自己向人文科学研究所提交的个人研究报告。

最后，对岩波书店的松岛秀三氏、片冈修氏也要表示衷心的感谢。正是在他们两位的建议下，才使我下决心出版本书，而且在整个编辑过程中，两位也不辞辛劳，付出了极大的努力。

川胜义雄

1982 年 7 月 30 日

第　一　编

贵族制社会的形成

第一章　贵族政治的成立

前　　言

在中国历史上，魏晋南北朝到唐末属于所谓中世时期。贵族政治这一现象，可以说尽现这一时期的特征。大致说来，这种政治的性质在于"政治为贵族全体所专有"，"君主只不过处在贵族代表者的位置之上"，"政治乃君主与贵族之共议体"等等。[①] 也就是说，这些贵族的存在形式，并非如日本平安时期(794—1191)藤原氏一家贵族占据压倒性优势，而是大多数贵族作为一个整体，垄断着政治。再进一步讲，它也不同于欧洲或日本的中世，并非由众多的封建领主组成一种政治形体。中国中世的贵族，充其量只是地方的名望家。那么，中国中世贵族究竟是通过什么样的形式从整体上参预政治的呢？这些贵族，由许多名门汇集而成。但在参预政治的过程当中，他们是如何获得令君主成为傀儡式存在的政治力量的呢？至此，我们似乎可以作这样一个设想，即贵族并不仅仅是一种集合，在整体上它应获得了某种形式上的统一。那么这种统一，这种团结的纽带，又是怎样形成的呢？本章的意图，便是将上述问题放在中世初期，亦即魏晋贵族的成立过程中来探讨。同时，也希望这一研究能有助于我们进一步理解中国中世贵族政治的本质。

---

① 内藤湖南《概括的唐宋时代观》(收入《东洋文化史研究》，1936 年，弘文堂。后收入《内藤湖南全集》第 8 卷，1969 年，筑摩书房)。

可是,首先必须弄清的是这里所称的贵族到底具有何种内涵?所谓贵族,一般而言是地方的名望家,也即是地方的豪族。汉代以来,豪族概指由宗家、宗族及宾客、部曲组成的乡里集团,它以宗家作为核心,四周聚集了众多的宗族以及隶属于此的宾客、部曲。① 这些集团拥有广阔的土地,在乡曲掌握着绝对的势力。那么,能够说这些宗族集团的首领或是依靠集团之力的宗族成员便是贵族吗?应该说,豪族不一定就是贵族。如果要成为贵族,豪族就必须首先成为地方的名望家,而且在成长为贵族的过程中,还需要被赋予某种高贵性的东西。这,就是官位,就是经由政治权力保障的一种身份上的高贵性。豪族,可以用纯粹的社会概念来加以把握。可是在贵族这一概念之中,却添有十分浓厚的政治色彩。说得再极端一点,贵族本来即是一个政治概念。豪族与贵族这两个概念,并不能相互掩盖。如果把贵族一词作为特权阶级的同义语来使用,那就只会造成一些混乱。所以,在运用豪族与贵族这两个概念时,必须加以严格区分。

虽然如此,实际上存在的却是这样一种现象:一方面作为豪族,在地方社会掌握实权;另一方面又作为贵族,拥有高贵的官职。要对此作出说明,显然需要详尽地分析前者亦即豪族的侧面。但本章侧重于后者,也就是针对拥有政治高贵性的贵族展开论述。至于贵族的资格,我想举出两点:一是强大的政治力量,具体来说就是担任中央政府的重要职位;一是在国家事务上,累代都拥有发言权。本章主要从这两个视角来探讨贵族的性格。

一、魏晋贵族的系谱

在分析魏晋贵族的成立状况之际,我想首先列出曹魏政府的首脑人物表,并对其系谱展开一次追寻。

---

① 宇都宫清吉《汉代的家与豪族》(《史林》24 卷 2 号,后收入《汉代社会经济史研究》,1955 年,弘文堂)。

魏公国时期(213—216)		魏王国时期(216—220)	
郎中令	袁焕(华歆之友)	*	因记诸人后多位列台阁,所以只对此外新任职者按年代顺序排列。另,官职间的移动于此省略。
太仆	国渊(北海派)	尚书	傅巽
大理	钟繇(颍川派)	侍中	桓阶
大农	王修(北海派)	御史大夫	华歆(北海派)
少府	谢奂→万潜	卫尉	程昱
尚书令	荀攸(颍川派)→刘先	大农	袁霸(袁焕从弟)
尚书仆射	凉茂	少府	王朗(北海派)
尚书	毛玠	中尉	邢贞
	崔琰(北海派)	尚书仆射	李义
	常林	侍中	陈群(颍川派)
	徐弈	中尉	杨俊
	何夔	大鸿胪	张太
	张既	尚书	陈矫(陈群推举)
侍中	王粲	太尉	贾诩
	杜袭(荀彧推举)	尚书	杜畿(原为荀彧推举)
	卫觊	侍中	赵俨、辛毗、刘廙、刘晔(后两人原为荀彧推举)
	和洽		

〔注〕附有○○者,后为贵族之家。(　)的内容仅限于有明确史料证据者,但其他人中,也有许多因出身清白而被清议认定为名士。→显示担当者的变动。

在曹操统一华北的过程中,贡献最大的是荀彧,堪称第一功臣,其次则为荀攸。从祖父一代开始,两人所属的颍川荀氏便不断产生汉末清议之徒的领袖人物。① 特别是荀彧,身为士大夫,他很早便同曹操合作并推荐众多英杰,为后来曹魏政府的建立打下了根基。经荀彧推荐的人物,后来几乎全都位列曹魏政府的台阁,其中很多在整个魏晋时期代代出任高官,地位显赫。② 值得注意的是上述人物中,钟繇、陈群的祖父钟皓、陈寔与荀彧祖父荀淑同为颍川清流集团领袖。③ 此外,如华歆、王朗、崔琰等

---

① 参见《三国志》卷10《荀彧・荀攸传》以及《后汉书》列传52《荀淑传》。《后汉书》列传52所载全为颍川清流派首脑的传记。

② 《三国志》卷10《荀彧传》末裴注引《彧别传》中,列举了荀彧所荐名士。这些人其后的家系,请参见个人传记。

③ 参《后汉书》列传52《钟皓传》、《陈寔传》以及《三国志》卷13《钟繇传》、卷22《陈群传》。

也都属于北海清流集团,同进行著名的汝南月旦评的许氏一门交往甚密。[①] 如果拿万斯同《魏国将相大臣年表》所载人物作一番调查,似可作如下总结,即大多数位列台阁的文官都是以颍川、北海为中心的清议之士,或者是与其关系密切的人物,此点尽如上表所示。

从上述曹魏政府的阵容来看,我们似乎还可以作这样一个思考:东汉末受党锢之禁的清流集团在东汉政府瓦解后恢复了活力,他们通过与曹操的合作,试图积极创建一种新的秩序。而且,如果认为此后的中世贵族政治来源于曹魏政府首脑的上述政治方式的话,那么,对于产生曹魏政府首脑的东汉末清流势力的结构,就有必要予以重新探讨。

二、汉末清浊二流的对立

东汉末桓帝延熹九年(166)的党锢事件激发了清流与浊流之间的冲突,这一事件起源于何处呢? 一般认为,党人之议兴起于桓帝即位当初甘陵南北部之间的对立。[②] 以两位学者为中心,形成政府与在野两派,相互抗争,这或许即是最初的发端。但是我们不能认为,发生在狭窄之地的甘陵,而且还未摆脱私人色彩的这场对立,便是后来那场将全国一分为二的大运动的起源。如冈崎文夫博士所论,由政府的选举腐败所引发的士大夫舆论亦即清议,便是清流党团结的基础。[③] 一部分盘踞于政府的外戚贵族,还有那些与其勾结的腐败官僚扰乱了选举,在此状况下,乡党的舆论根本得不到重视。于是乡党士大夫树立自己的正当价值标准,对人物进行重新评判,这即是清议的产生。贵族破坏选举,甚而扰乱政界,此种现象的根源十分深远,可以上溯至东汉初期。到汉末,整个官僚社会分裂成为两派,一派破坏并污染了选举及政界,另一派则与之对抗。乡党社会

① 参《三国志》卷13《华歆传》、《王朗传》及卷12《崔琰传》。关于北海清流党,请参见本章第三节。另,《三国志》卷38《许靖传》尾称"始靖兄事颍川陈纪,与陈郡袁焕、平原华歆、东海王朗等亲善"。许靖与从兄许劭都为主持汝南月旦评的人物。

② 《后汉书》列传57《党锢列传》。

③ 冈崎文夫《九品中正考》(收入《南北朝社会经济制度》,1935年,弘文堂)。

也同样分裂成两派，一派利用并阿附前者，另一派对此进行了抵抗。总之，上述对立覆盖了整个官僚以及民间社会而扩大到了全国。

究竟应怎样理解清流势力与猖獗一时的外戚宦官集团也就是浊流势力在全国范围内的对立呢？我们看到，上述两种势力的根基都是手握实际力量的豪族。杨联陞氏将这种对立理解为豪族群之间的对立，其因即在此。① 对于杨氏的理解，有学者曾指出了如下两点，首先是太过注视豪族，其次是并不能遽然断定清议之士的根基就是豪族，因为清议本身是得到了广泛支持的舆论，它超越了宗族组织，也超越了地区远近，而且也不讲求身份阶级的高低。② 的确，即便是发生于家与家、豪族与豪族之间纯粹私人的利害冲突，也要受到舆论的评判，然后依据这种评判而被划定清浊。③ 另外有些研究者注意到，在形成并推进这种舆论的过程中，发挥重要作用的还不仅限于豪族或地方的名望家，一些并不属于此的人物显然也作出了贡献。④ 如果要举出具体例子的话，作为党人代表的陈寔出身单寒，显然不是豪族。⑤ 为党人领袖敬畏的黄宪，即为贫穷牛医之子。⑥ 与李膺等人同列八俊的党人魏朗，早年复仇杀人，逃离故乡会稽后到陈国和京师求学。这样的人物，全无豪族的背景。⑦ 除上述诸人之外，《后汉书》列传43《处士传》及列传57《党锢列传》所载人物，许多都出身于贫家。这些士大夫们作为清流势力的一大构成部分，发挥了极为重要的作用，决不能说他们是受豪族、高门所驱使者。无论豪族还是非豪族，都拥有同样的理念基础，他们在广泛的舆论之上团结起来，形成将天下一分为

---

① 参杨联陞《东汉的豪族》（《清华学报》11卷4期，1936年）。杨氏在此指出："总体来看前后二十余年的党争，情势虽甚为复杂，但可以说是清流、浊流这两大豪族集团拼死争夺政治地位之斗争。"拙文在此也沿用了杨氏使用的"清流"、"浊流"之语。

② 宇都宫清吉《陈啸江〈魏晋时代之族〉与杨联陞〈东汉的豪族〉之书评》（《东方学报》，京都，第9册。后收入《中国古代中世史研究》，1977年，创文社，页401）。

③ 《后汉书》列传21《苏不韦传》载扶风苏氏与李暠一派之间发生私斗，世间对此予以批判，其中清议之士郭泰——对舆论有着极大影响力的人物——起了不小作用。参本书第27页。

④ 宇都宫清吉《陈啸江〈魏晋时代之族〉与杨联陞〈东汉的豪族〉之书评》（《中国古代中世史研究》，页399—400）。

⑤ 《后汉书》列传52《陈寔传》。

⑥ 《后汉书》列传43《黄宪传》。

⑦ 《后汉书》列传57《魏朗传》。

二的势力。下来,我们就来详细看一下清流党的结构。

三、清流势力的结构

如上所述,仅用单纯的豪族群抗争来把握清流与浊流的对立,并不能把握住事态的真相。而且清流的立场还拥有这样一个理念,即面对遭到扭曲的国家形态,需要用一种正常的国家意志进行斗争。那么,在当时的士大夫看来,什么是正常的国家形态呢?

安帝时人王符,由于滔滔官场的腐败而无法仕进,为了保持自己的耿介之志,他不入俗流,终其一生未担任任何官职,堪称一位纯粹的士大夫。王符从《尚书》"天工人其代之"一句中发现了国家的正常形象,指出这即是"王者法天建官"。①《后汉书》注者李贤在注释此句时,引《尚书》本文及孔安国注。孔注为晋代伪作,这已是学术界的常识,所以东汉士大夫不会据此来读《尚书》,但是这一句的解释应该不致有大误。下面根据吉川幸次郎氏译《尚书正义》,试引李贤注如下:

> 《尚书·咎繇谟》曰:"亡旷庶官,天工人其代之。"孔安国注云:"言人代天理官,不可以天官私非其才也。"又曰:"明王若天道,建邦设都。"孔安国注云:"天有日、月、北斗、五星、二十八宿,皆有尊卑相正之法。言明王奉顺此道,以立国设都也。"②

此文大意是,地上的国王建立国家秩序时,应以整齐而和谐的天界作为模范。我们看到,出身于杨氏这一累代官僚之家的杨秉亦有与此完全类似的思想。③ 在他们的思想中,国家就是天界秩序在地上的重新出现,

---

① 参见《后汉书》列传39《王符传》以及传引《潜夫论·贵忠篇》。

② 《后汉书·王符传》李贤注。(作者川胜在此据吉川幸次郎氏译《尚书正义》,用现代日语翻译李贤注释。考虑到中国读者的习惯,这里直接引用李贤原注——译者)

③ 《后汉书》列传44《杨秉传》:"延熹七年……秉复上疏谏曰:'臣闻先王建国,顺天制官。'"李贤在此处附注,内容与前注同。

所以国家必须建立在整个世界之上，而整个世界也必须组成一个国家。独一无二的国家覆盖住了整个世界，它正好与同样独一无二的具有秩序的天界遥相对应。所有位于北极星统率之下的天上之星，都有着尊卑上下，而且是井然有序，所以在地上之国，所有的官吏及庶民也都应接受天子的统率，维持上下高低之间的秩序。那么，维护地上秩序的原理是什么呢？不是别的，正是礼。[①] 地上之国乃是天上秩序的一种证明，这一异常壮阔的普遍性国家理念，原本基于原始儒家的传统观念，后经过董仲舒得到完善，[②]到东汉时期，成为士大夫的主要思维方式。如与外戚邓氏针锋相对的陈忠在上奏文中所说的"三公之位则天三阶"，即源于这一思想。[③] 总体来说，在议论国家或人臣应有的面貌时，士大夫的立脚点便是这一国家观。这些议论，虽说是具有儒学修养之士经常使用的修辞手法，但并不能轻视。因为即便有修饰的一面，但也反映出这种国家观已成为常识，具有指导性作用。而且尤其值得注意的，就是那些寻求清节的士大夫们对此情有独钟。

对于拥有这种国家理念的士大夫而言，君主的大权当然不能掌握在天子以外的人之手。他们认为，为政者应该经常遵守维持秩序的原理亦即礼。可是实际情况却是"权移外戚之家，宠被近习之竖，亲其党类，用其私人，内充京师，外布列郡，颠倒贤愚，贸易选举，疲驽守境，贪残牧民，挠扰百姓，忿怒四夷，招致乖叛，乱离斯瘼"。[④] 原本应是"夫帝王之所尊敬者天也，皇天之所爱育者人也"的局面，至此却是弄得"不上顺天心，下育人物，而欲任其私智，窃弄君威，反戾天地，欺诬神明"，[⑤]因此应该"简练清高，斥黜佞邪"，将国家引至正常的状态之中，其结果便可以使"天和

---

① 《汉书》卷22《礼乐志序》："六经之道同归，而礼乐之用为急。治身者斯须忘礼，则暴嫚入之矣，为国者一朝失礼，则荒乱及之矣。……象天地而制礼乐，所以通神明，主人伦。"

② 重泽俊郎《周汉思想研究》，1943 年，弘文堂，页 181。

③ 《后汉书》列传 29《刘恺传》："陈忠上疏，荐恺曰：'臣闻三公上则台阶，下象山岳。'"注引《前书音义》云："泰阶者天之三阶也。上阶为天子，中阶为诸侯公卿大夫，下阶为士庶人。"

④ 《后汉书》列传 39《仲长统传》引《昌言·法诫篇》。

⑤ 《后汉书》列传 39《王符传》引《潜夫论·贵忠篇》。

于上，地洽于下，休祯符瑞，岂远乎哉”。[①] 也就是说，致力于恢复原来的面貌乃是士大夫的使命。这也就明确显示了清流势力的理念基础在于，对那些歪曲君主权力，搗乱国家正常状态的浊流势力采取反对立场。如果换句话来说，这些也就是上面所见的那种普遍的国家理念，它清楚地反映出清流士大夫的行动基于正常的国家意志。当否定这种普遍国家的行为愈趋激烈时，对之加以阻止的立场也就愈发明确，代表性的士大夫们于是站在一个共通的立场之上，相互团结在一起，这里也就自然地带上了政治党派的色彩。

下面我们再来看清流势力的另外一个中心领域，这就是舆论。京师的太学，作为学问的中心之地，在进入东汉以后，学生日益增加，至本初元年(146)时达3万人。可是也从那时开始，学生们对既成的繁琐学问逐渐失去了兴趣，许多人开始崇尚浮华，重视谈论，往来交际，这种风潮日趋扩大。[②] 太学生们根据自己所掌握的儒学修养，展开谈论，喜欢批判当时的政治和评价人物。东汉中叶以后，学问逐渐遍及天下，于是各地都有学者自行召集诸生讲学，[③]河南省中部的颍川、汝南以及山东省北部的北海，都是著名的学问之地。[④] 与拘泥于章句的传统学问全然不同，此时的学问打破了以往那种一经相传的桎梏，旨在建立一种真正的综合性古典解释学。[⑤] 这种倾向极为普遍，我们完全可以想象自由讨论的机会大为增加。可是，一般士大夫的思潮并未停留在建立纯粹的学问上。像北海郑玄这样的新古典解释学的泰斗，也因其学问纯粹而遭怀抱大志的诸生

① 《后汉书》列传56《陈蕃传》。

② 看《汉书》及《后汉书》的《儒林传序》，可以发现太学生人数在增加。后者云：“自是游学增盛，至三万余生，然章句渐疏，而多以浮华相尚，儒者之风盖衰矣。”

③ 赵翼《陔馀丛考》卷16“两汉时受学者皆赴京师”条云：“及东汉中叶以后，学成而归者，各教授门徒，每一宿儒，门下著录者，至千百人，由是学遍天下。”

④ 关于颍川，可以参见《后汉书》列传52所收各传。在此问学并得到指教，乃是一件光荣无比之事，《三国志》卷11《管宁传》引《先贤行状》：“王烈（平原人）烈通识达道，秉义不回。以颍川陈太丘为师，二子为友。时颍川荀慈明、贾伟节、李元礼、韩元长皆就陈君学，见烈器业过人，叹服所履，亦与相亲。由是英名著于海内。”汝南除黄宪、袁闳以外，还有许劭的汝南月旦评，而北海则有大儒郑玄等人。

⑤ 参冈崎文夫《魏晋南北朝通史》(1932年，弘文堂)《外篇》第1章第7节。

邴原所讥。至于邴原，后在曹操时受到了士大夫的极高推崇。[①] 我们可以作这样一个理解，当时身具教养的士大夫随着思潮的进一步发展，开始积极关心现实的政治，试图通过自己的实践来改革政治。上面我们看到，针对不公正的选举，乡党显示出了不满，在此过程中形成的乡党士大夫开始展开正确的人物品题，这一风气与上述学生风潮是相互关联的。至此，以京师太学生与各个郡国的诸生为中心，形成了全国性的舆论。

具有儒家教养的学生批判政治，针对的当然是蹂躏儒家国家理念的外戚及宦官等浊流一派，而乡党的舆论原本就是针对一部分贵族或宦官垄断权力而发的，这种全国性的士大夫舆论，最终将锋芒对准了扭曲国家主权的浊流，它引发了忠于儒家国家理念的官僚的共鸣，并将他们争取到了与浊流的斗争之中。有了共同的斗争目标，舆论得到了强有力的统一，成为清流势力的一大中心。

这种有着统一性的社会群体依照正确的儒家价值基准自行评价人物，并且还排列座次，这些与政府的任命或选举无关。[②] 在汉代，政治与道德紧密结合，因而官吏必须是人格高尚的人物，反过来说人格高尚者也当然可以成为官吏，他们应担负庶民教化之责。[③] 由此来看，上述舆论在政府之外对人物进行排名，并指定出他们的代表者，这明显意味着是一种无视政府的行为。就好像现在的在野党，当预计将要掌握下届政府的权力时，开始着手准备政府人事一样。当代表者之一的陈寔去世时，出席葬礼者据说达 3 万人之多；郭泰死，据说也是四方之士千余人赶来会葬。[④]

---

① 《三国志》卷 11《邴原传》注引《邴原别传》："（原）欲远游学，诣安丘孙崧。崧辞曰：'君乡里郑君，君知之乎？'原答曰：'然。'崧曰：'郑君学览古今，博闻强识，钩深致远，诚学者之师模也。君乃舍之，蹑屣千里，所谓以郑为东家丘者也。……'原曰：'……人各有志，所规不同，……君谓仆以郑为东家丘，君以仆为西家愚夫邪？'……原心以为求师启学，志高者通，非若交游待分而成也。书何为哉？乃藏书于家而行。……单步负笈，……至陈留……颍川……汝南……涿郡……"郑玄不被视作"通人"，冈崎文夫氏在《魏晋南北朝通史》中曾有论及（页 503）。

② 参《后汉书》列传 57《党锢列传序》。所谓"三君"、"八俊"之中虽含在朝高官，但"八顾"之首郭泰乃处士，"八及"之首张俭仅为郡督邮，可见这些名士的排行与政府评价全然不同。

③ 此处显示，在任用官吏之际，"孝廉"或"方正"等道德科目受到了重视。

④ 《后汉书》列传 52《陈寔传》、58《郭太传》。

肩负舆论的许多士大夫构成了一个统一的群体；这种统一基于儒家的国家理念，而且有着一致的排除目标，这些可以更加牢固地维护群体；在群体内部，以名声的形式来确定其代表者，这些便是以上所述内容。除此以外，还有一点也加强了清流势力的统一。这不是别的，正是构成群体的人与人之间的关系。

首先，那些被舆论推举为其代表者的名士们，通过建立师友关系，互相联系，而清流势力的领导层也在牢固的人际关系中团结起来。[①]其次，汉末以来十分显著的门生故吏关系也是一种十分广泛地人与人的结合方式。在《廿二史札记》“东汉尚名节”条所列人物中，我们看到所谓门生故吏关系的行为反映在如下方面：对那些为自己斡旋官职或是器重自己人格的人物，永怀恩义之情，冒死为其奔走，当这些人被处死刑时，又不惜犯禁也要收其尸骨，对其子孙也是竭力保护。[②] 可以说，这些正是一种主从关系，它以斡旋官职或器重人格作为媒介。上述行为基于强烈的恩义感，获得了极大的赞誉。正因为如此，有些例子便反映出了一些伪善的行为，它们的目的仅仅只是为了获取名声。可是，既然这些怀抱恩义之念的行动在当时被视作名节，那么它在自视清节的清流士大夫中广泛出现，也可以说理所当然。这种牢固的恩义感即是一种主从关系，它的存在加强了清流势力的团结。此后在三国时期，如诸葛亮与刘备之间的关系堪称典型，它甚至超越了诸葛亮与其兄诸葛瑾之间的血肉关系。[③]

通过上面的叙述，我们可以对清流势力的结构作如下理解：在政治上依据共通的儒家国家理念，在个人交际上依靠共通的儒家道德感情形成了广泛的舆论，以此确定代表者，互相取得联络。具备这种结构的

---

① 李膺与荀淑、陈寔乃师友关系（《李膺传》），党人岑晊为郭泰、朱公叔等人之友（《岑晊传》），何颙与郭泰、贾彪有亲交（《何颙传》）。

② 另请参见《后汉书》列传53《李固传附李燮传》等。

③ 《三国志》卷52《诸葛瑾传》引《江表传》载孙权之语云：“玄德昔遣孔明至吴，孤尝语子瑜（诸葛瑾）曰：‘卿与孔明同产，且弟随兄，于义为顺，何以不留孔明？孔明若留从卿者，孤当以书解玄德，意自随人耳。’子瑜答孤言：‘弟亮以失身于人，委质定分，义无二心。弟之不留，犹瑾之不往也。’其言足贯神明。”

清流势力有其自身的原理，是一个有联络有组织的统一体。作为这一清流士大夫集团的核心势力，起初是颍川的清流集团，接着是与之相匹敌的北海集团。两个集团紧密联络，并且在全体士大夫的支持下发挥了指导性作用。[①]如果把这种以核心势力作为圆心的士大夫集团看作一个圆形的话，它与以政府为中心形成的圆形势力既重合也存在着相当的偏差，当两个圆各自开始运转时，后者逐渐变小，而前者则是日益扩大的。

四、从清流势力到魏晋贵族

在党锢事件中，清流势力遭到了政府的弹压，两者从此分道扬镳，这就好比上述两个圆进入了不同的运行轨道。具有前述那种结构的清流势力，并没有因为部分首脑流放、处刑而遭到破坏。以幸免于难的陈寔一家

① 颍川集团以颍川的荀氏、钟氏、陈氏为核心，北海集团以大儒郑玄及北海相孔融为核心。其间关系如图所示。

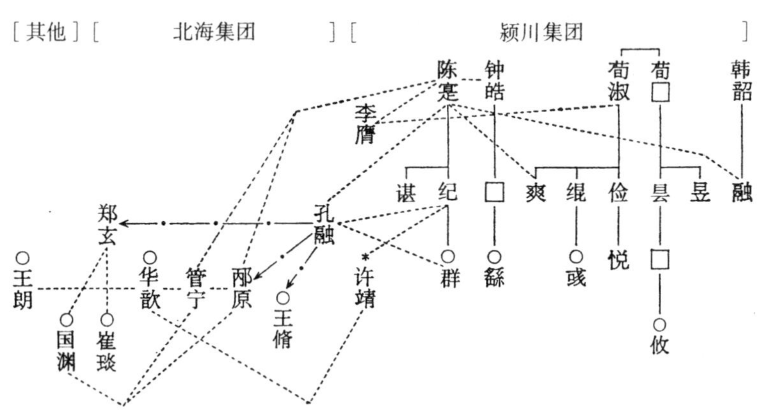

—— 显示家系。

----- 显示师友关系。由于是依从上至下的世代顺序排列，所以如果是上下之间的 …… 显示师徒关系；如果是同列之间的 …… 则显示友人关系。

—·→ 显示故吏关系。

○ 为曹操政权首脑，＊为蜀汉政权的首脑。

此图据《三国志》卷11，《后汉书》列传52及60而作。

为中心，新的名士不断出现，彼此之间也建立了新的联络。[①] 党人何颙也是潜行于地下，积极交结豪杰，同日后的各个军阀首脑建立了联系。[②] 有着广泛影响力的舆论，更是没有就此灭绝。熹平元年(172)，窦太后死，以此为发端，京城出现了非难宦官的标语，接着便发生了千余学生被捕的事件，[③]这些都点燃了深藏于社会底部的舆论之火。加之由浊流宦官所盘踞的政府日益紊乱，也导致了士大夫们的离开。远离浊流，也就意味着加入清流。汉代的政治立场，主要反映在对儒家理念忠实与否这一点上，士大夫阶级深受儒家教养的熏陶，当政府内部混乱，丧失尊严的时候，他们当然就会与具有同样的教养，标榜着同样的国家原理的政府外势力走到一起。东汉帝国的立国根基在于吸收士大夫，委以官职，托以政务，以此来巩固国家的统治，所以士大夫阶级的远离，乃是一种致命的打击，东汉政府就此急速地丧失了力量。当政治上出现空隙时，那些掌握着帝国的军队或是领导着武装农民的军阀们便作为实力派而尽现头角，此外，团结了几乎所有士大夫的清流势力——亦可称整个士大夫集团——作为一个统一体也实力非凡。

处于汉末的大混乱时期，原本就只有兵力才是可以依赖的力量。一般士大夫，几乎全都是手无寸铁，所以从一开始便处境艰难，飘摇不定。其中一部分人领着自己的家族四处避难，[④]我们可以充分想象大量的士大夫在此过程中走向没落。[⑤] 对士大夫阶级而言，这真是一个饱经磨难的时期。

---

① 《三国志》卷11《管宁传》载“(管宁)与平原华歆、同县邴原相友，俱游学于异国，并敬善陈仲弓(寔)”。再据《后汉书》列传60《郑太传》，董卓镇压首都洛阳后，山东义兵起时，郑太向董卓下说词时，云“东州郑玄学该古今，北海邴原清高直亮，皆儒生所仰，群士楷式”，可见邴原是与郑玄比肩的名士，为人所敬仰。

② 《三国志》卷10《荀攸传》注引张璠《汉纪》载何颙事云：“及党事起，颙亦名在其中，乃变名姓亡匿汝南间，所至皆交结其豪桀。颙既奇太祖而知荀彧，袁绍慕之，与为奔走之友。是时天下士大夫多遇党难，颙常岁再三私入洛阳，从绍计议，为诸穷窘之士解释患祸。”

③ 《后汉书》列传68《宦者・曹节传》：“熹平元年，窦太后崩，有何人书朱雀阙，言天下大乱，曹节、王甫幽杀太后，常侍侯览多杀党人，公卿皆尸禄，无有忠言者。……以御史中丞段颎代(刘)猛，乃四出逐捕，及太学游生，系者千余人。”

④ 士大夫与庶民陆续避难之事，散见于《三国志》各卷，代表性人物荀彧即为其中之一(《荀彧传》)，此外如北海国渊、邴原、管宁等也避难辽东(《国渊传》)。

⑤ 《三国志》卷21《刘廙传》注引《廙别传》：“廙表论治道曰：‘……明贤者难得也，况乱弊之后，百姓凋尽，士之存者，盖亦无几。’”

不过,割据地方的军阀需要稳固自己的地位,维持统治地区的安定,同时还要与其他军阀相抗,因此长于谋略者不可或缺,此时具有政治家素养的士大夫便成为重要的存在。我们看到,那些享誉全国的大名士或是在地方为人所知的士人都顺次归于各个军阀旗下。这些军阀之间的征伐不断,弱肉强食,小者为大者所吞,最终形成了三国鼎立的局面。在此过程中,众多士大夫都投到了曹魏一方,如作为士大夫集团核心存在的颍川与北海派便是如此,另有一部分士人则分投吴、蜀两方。诸葛氏一族分仕于三国的最高首脑部,①代表性名士许靖、张昭各自在蜀、吴担任了最高职位。② 尽管士人们分属三国,但彼此之间的连带感情依然存在,仍旧保持着相互联系,③也就是虽然身属不同的军阀政权,但是在感情上紧密相连,超越了政权之间的对立与抗争。如果把三个军阀政权比拟为相互排斥的三个圆圈的话,那么士大夫集团则在政权的根底之处,结成了彼此相连结的第四个圆圈。

清流势力发展成为整个士大夫的集团,在东汉末的大混乱时期非但没有丧失统一性,相反作为一种极大的潜在势力继续存在。东汉政府崩溃,涌现出了各个新军阀的政权,士大夫们虽然身处这些军阀中,但依然维持着过去那种统一。我们在第一节中看到,尤其在曹魏政权那里,以颍川集团的领袖荀彧为中心,颍川、北海的清流两派紧密结合到了一起。除此以外,还有众多不属于这两派,但在士大夫舆论中享有名声的大名士也参预其中。魏晋贵族,正产生于上述士大夫的门第之中。当然,这些门第不可能全都成为贵族。有的门第绵延不绝,成为贵族,有的则中途断绝,走向没落,其中原因,不尽相同,也极为复杂,在此不能逐个论述。不过,这些属于魏晋贵族成立的第二阶段问题。这里只想指出,产生魏晋贵族的母胎即是汉末清流势力,后者对前者的性质影响甚巨。清流作为一个统一体,反映在"舆论——确定代表者——代表者之间相互联络"这一形

① 《三国志》卷52《诸葛瑾传》注引《吴书》云:"初瑾为大将军,而弟亮为蜀丞相,……族弟诞又显名于魏,一门三方为冠盖,天下荣之。"

② 参《三国志》卷38《许靖传》以及卷52《张昭传》。

③ 《三国志·许靖传》末注引《魏略》收录了仕于魏的王朗写给许靖的三封信,反映出两人在灵魂深处的感人交谊。给许靖去信的并不止王朗,据《许靖传》"始靖兄事颍川陈纪,与陈郡袁涣、平原华歆、东海王朗等亲善,歆、朗及纪并子群,魏初为公辅大臣,咸与靖书,申陈旧好,情义款至"。

式中，它进而发展成为囊括整个士大夫的集团。在这样一种结构之中，代表者的出现得力于舆论的强烈支持。如果说魏晋贵族渊源于这些代表者，那么就他们的性质而言，得到了全体士大夫舆论的支持。如前所述，这种舆论植根于儒家教养（当然后来已非单纯的儒学，而是成为一种文化至上主义），①因此从结果上看，它一开始便站在了超国家的、普遍的立场之上，超越了特殊的军阀政权。也就是说，魏晋贵族并非得到君主自上而下的特殊保护，它的形成是具有普遍性的士大夫舆论由下来保障的。正因为如此，这些贵族才超越了王朝的更替，绵延不绝，如崔氏、卢氏、裴氏那样，贯穿整个中世时期的贵族也不在少数。② 必须承认，这是魏晋贵族乃至中国中世贵族的一个重要特点。

需要说明的是，贵族在东汉时期就已存在。除赵翼所举"四世三公"的袁、杨二氏以外，③外戚以及云台二十八将都是可以视为贵族的门第。④但是，他们不是依靠与东汉创业君主刘秀个人的关系，就是因在地方相助刘秀而登上了历史舞台。⑤ 十分明显，他们身后并没有像魏晋贵族那样，具有强大的一体化背景。而且他们始终依存于王朝，所以最后随着东汉王朝的瓦解而走向消亡。⑥ 与此相比，魏晋贵族有着异常强大的团结，发

---

① 在三国鼎立的状况中，要回归汉代那种普遍国家的形态，显然已不可能，于是士大夫的关心从政治转向了纯粹的思想上，魏晋时期盛行的清谈即是一种体现。关于此点，参见宇都宫清吉《世说新语的时代》（《东方学报》，京都，第10—2册。后收入《汉代社会经济史研究》）以及板野长八《清谈的一个解释》（《史学杂志》50编3号，1939年）。

② 参《唐书·宰相世系表》。

③ 《廿二史札记》卷5。

④ 外戚的马、阴、窦、梁、邓各家以及与帝室联姻的樊、耿、来、寇、岑诸氏都是通过门第的延续以及累代出任高官而加入到贵族的行列。每家谱系均见《后汉书》各传，此处从略。

⑤ 前注所举诸氏中，阴、邓、樊、来与光武帝有姻戚关系，邓禹年少时便与光武帝交往甚厚。其他各氏也都各自在地方协助过光武帝。

⑥ 外戚诸氏在外戚相争以及与宦官的斗争，或是在汉末的混乱中陆续消失，与帝室联姻的诸氏也长期绝迹。《后汉书》列传9《耿恭传》末"耿氏自中兴已后迄建安之末，大将军二人，将军九人，卿十三人，尚公主三人，列侯十九人，中郎将、护羌校尉及刺史、二千石数十百人，遂与汉兴衰云"之文，堪为典型。另，所谓"四世三公"或"四世五公"的官僚贵族中，汝南袁氏在汉末混乱时期有袁绍、袁术等军阀，不过或许是他们还留有贵族的弱点，所以终为曹操所灭（参《三国志》卷14《郭嘉传》注引《傅子》所载郭嘉的袁绍、曹操比较论），之后，汝南袁氏便似消失。只有弘农杨氏历经汉末的混乱，在魏晋时期仍以"名德"之家而得以延续，或许是因为这一家保持着与清流士大夫相通的生活态度而被视为"名士"之故。

展成为实力雄厚的势力，即便不是曹操而是其他某个政权，他们的出现也是必然的。基于此点，本文才旨在通过魏晋贵族来考察中世贵族的成立问题。

结　语

以上，我将中国中世贵族的成立放在魏晋贵族的成立过程中来考察。在我看来，魏晋贵族源于汉末清流势力，所以，清流势力的结构对其性质有着重要影响。不过，这仅仅是魏晋贵族成立的第一阶段，在此之后建立了九品中正制度，其意义应如何思考呢？等等，还有很多问题需要探讨。九品中正制度的意义，将在下面第三、第四两章中有所涉及。本文发表于1950年，在那以后受到学术界的一些批判。面对这些批判，我觉得首先需要弄清的是汉末清流势力究竟产生于什么样的社会基础之上这一问题。在此基础上，也打算对当时的社会状况作更深层次的探讨。

（原题《中国中世贵族政治的成立》，
1950年8月《史林》33卷4号。1979年8月修订）

第二章　汉末的抵抗运动

前　　言

在第一章的论文中，我对六朝贵族政治体制成立的问题作了以下分析，指出六朝贵族渊源于汉末清流势力，清流势力的结构是一个具有相互联络和组织的团结体，它的形成依据了儒家的国家理念，而背景则是建立在这种理念之上的大规模士人舆论，其核心是享有声誉的代表性名士。这篇论文发表以后，在很长一段时期内，对我的上述理解有着几种批判，其中尤以增渊龙夫氏的批判，促使我在清流势力的理解问题上作出了重大反省。增渊氏指出，“试图将清流势力放在其指导理念中加以理解，这样一种主观上的解释对当时知识阶级的现实动向似有理想化之嫌”，而且“徐穉、姜肱等具有逸民风格的人士，通过坚守逸民的生活态度，既显示了对宦官势力的批评态度，同时也是在暗中批判那种讥讽宦官的一般知识阶级的风潮”。增渊氏此语，意在强调不能过度理想化地解释清流势力，同时也暗示，不能忽视逸民人士采取上述批判态度的社会基础。①

就我的理解而言，逸民人士是当时知识阶级的一个组成部分，既然说清流势力构成了知识阶级的主体，那么便不能将逸民人士从清流势力中切割开来，所以支撑逸民人士的社会基础必然与清流势力的社会基础有着关联。我在第一章的论文中没有对此作充分考察，值得反省。根据增渊氏的意见，我将在本章中把清流势力与逸民人士看作是互相连结的，而

---

① 增渊龙夫《后汉党锢事件的史评》(《一桥论丛》44 卷 6 号，1960 年)。

主要想解决的问题，就是看看他们到底产生于什么样的社会基础之上。

可是，知识阶级的批判或者说抵抗运动的根基又是怎样的呢？这一问题与下层贫农的抵抗密切相关。所谓贫农层的抵抗，毫无疑问就是导致汉帝国崩溃的黄巾大起义。因此，从公元2世纪末至3世纪初，持续了约50年以上的清流——逸民——黄巾就是一系列声势浩大的反对派运动，而且彼此之间互为关联。这种巨大的反对运动长期发生于社会各阶层，对汉魏六朝之际的社会发展方向形成了极大影响。从社会史的角度来看，这一系列的运动归根结底在反对什么？抵抗对社会发展的方向又产生了什么样的作用？摆在我们眼前的问题，十分重大，已经大大超过了一篇论文所能涵盖的范围。对此作充分的论证，需要花费较多的笔墨，尽管资料有限，我还是愿意在此提出自己的大致见解，希望为今后的进一步研究打下基础。

首先需要思考的是，不应将增渊氏所提到的逸民人士视作清、浊流对立之外的第三种势力，①而应作为清流势力的外延，下面就来看这一点。

一、逸民式人士与清流势力

照《后汉书》作者范晔的看法，逸民是所谓"不事王侯，高尚其事"的人物，他们的生活方式与巢父、许由或者伯夷、叔齐相通，即便是在圣天子尧抑或周武王的治世之下，也拒不出仕，而在我们现在将要探讨的污浊时代，这些人更是"绝尘不反"，面对"邪孽当朝"的局面，他们"抗愤而不顾"。虽同为义愤之举，但逸民之士与奔波于俗尘之中的清议之徒却有所不同，这一层在"陈留老父"这位既不知其名亦不知其生地的人物形象中得到了极好反映。党锢事件起，守外黄令张升因为党人而遭免职，在回归故乡的途中，与友人一道仰天长叹时局的暗淡，悲自己不知能否活到明

① 说增渊氏将逸民人士视作第三种势力，可能有些过头，而且也非增渊氏本意。但我在第一章中，太过强调清浊之间的对立，没有涉及到清流内部的种种情况，增渊氏批判的正是这一点，也正因为如此，人们有可能将其作为第三种势力来认识。

日,见此情景,“陈留老父”言道:“夫龙不隐鳞,凤不藏羽,网罗高县,去将安所?虽泣何及乎!”随即悠然而去,不知所终。[①] 这样一种人物,是范晔脑海中描绘的极为纯粹典型的逸民,他原本是一种超越时空的形象,但却被安排在了党锢事件发生的时期。就人物类型而言,这种纯粹的逸民与在浊世中上下浮沉的清流士人大异其趣,从“陈留老父”对张升的批判上也可以清楚地看到这一点,他们始终坚持远离浊世的态度,而且毅然斩断对政治的迷恋。正因为纯粹的逸民在东汉时期增加极多,而且对逸民本身的兴趣也在增加之故,《逸民传》才首次出现在了正史之中,这本身就是一个值得探讨的问题。在下面的考察中,我们当然不会完全忽视逸民这一存在,但我们将要讨论的“逸民式人士”与纯粹的逸民相比,却可以说是一些较为接近俗世与政治世界的人物。

增渊氏所举出的徐穉、姜肱等“具有逸民风范的人士”,主要见于《后汉书》列传43。照范晔的话讲,此卷集中了“邦有道则仕,邦无道则可卷而怀也”的蘧伯玉式人物,认为他们都能“识去就之概,候时而处”。换句话说,他们虽然身怀在世间实现大志的愿望,但对时势却有着极为深刻的认识,十分清楚在时势与自身之间存有鸿沟,所以判断目前无法实现自己的志向,仕宦并无多少意义可言。至少按范晔的理解,这种态度与《逸民传》中那些原本就“不事王侯,高尚其事”的人物并不相同。他们虽然关心政治,对政治有着自己的见识,但仍然断绝了出仕于当今的念头,也就是立志作一个处士。因此,对这些人物“区而载之”的《后汉书》列传43与《逸民传》相比,可称作“处士传”。

诚如增渊氏所论,这些处士对时势认识深刻,洞察到清议的危险性,对于一般知识阶级舆论中的煽动性及行动的轻佻浮薄持批判态度。同时,他们还预见到清议有可能被卷入内朝政治斗争的泥坑中,由此授宦官势力以口实,进行反击。如果对增渊氏的意见再作一点补充的话,即其中有人似乎很早就预测到了汉帝国的崩溃。

徐穉曾为太尉黄琼所辟,不就。延熹七年(164),琼死归葬,徐穉专

---

① 以上见《后汉书》列传73《逸民传》。张升的事迹,见同书列传70《文苑传下》。

程前往参加葬仪，哀哭后即行离去，同时参加葬仪的郭泰等名士派使者前往追赶，此时徐穉对使者说了如下一番话："为我谢郭林宗，大树将颠，非一绳所维，何为栖栖不遑宁处？"①

清议之徒直到此时，依然指望能够改造汉帝国，并没有预见到大树将倾的必然。是否意识到帝国必然崩溃，直接影响到他们对待政治的态度。或许可以认为，清议之徒与逸民人士之间产生差异的契机之一，就在于是否拥有这种认识。

如果认为逸民式人士与纯粹逸民之间的区别，在于是否立志作处士的话，那么在所谓清流士人之中，就可以发现许多与此相近的人物。在清流人士与逸民式人士之间，很难划上一条明确的分界线。

那些被称为清流或是党人者，原本就如"天下豪杰及儒学行义者，一切结为党人"②所见，其中含有不同类型的人物，这里暂且将《党锢列传》所载人物作为清流的中心存在。郭泰为八顾之一，"并不应"辟举，始终坚持处士的立场。他"不为危言核论"，使宦官无法加害自己，在第一次党锢起时，与另一位逸民式人士袁闳幸免于难。③ 郭泰原是太学生"浮华交会"中的象征性人物，如果说这种风潮在朝"求名蹈利"方向发展的话，那么或许应把郭泰与批判这一风潮的逸民式人士明确区分开来。不过侯外庐氏曾尖锐地指出，以党锢为契机，清议之中出现了方向转换。照此思路，郭泰自身似也有一个类似的转向过程。④ 当预见到镇压可能发生时，他便早早转为逸民，或者说极为谨慎地采取处士的态度，这样理解，也似无不可。党人中与"处士传"众人关系密切的实际上正是郭泰，在他那里，我们的确可以感到有着转向逸民式人士的迹象。

不过，与郭泰同列八顾的党人夏馥比郭泰更具有逸民的风格。陈留人夏馥据说是"安贫乐道，不求当世。郡内多豪族，奢而薄德，(馥)未尝

---

① 《后汉书》列传43《徐穉传》。《后汉书》卷22没有将此事系于黄琼的葬仪，而是称以书信的形式言于郭泰。郭泰死于169年的第二次党锢之前，因此不管怎样，这都是较早时期的事情。

② 《后汉书》卷8《灵帝纪》"建宁二年条"。

③ 《后汉书》列传58《郭太传》。

④ 侯外庐编《中国思想通史》第2卷(1957年，人民出版社)页40以下。

过门。躬耕泽畔，以经书自娱。由是为豪势所非，而馥志业逾固，为海内所称。诸府交辟，天子玄纁征，皆不就。尝奔丧经洛阳，历太学门。诸生曰：'此太学门也。'馥曰：'东野生希游帝王之庭。'径去不复顾。公卿闻而追之，不得而见也"。[①] 因此，虽然他"不交时宦"，但因名列八顾，而"以声名为中官所惮，遂与范滂、张俭等俱被诬陷，诏下州郡，捕为党魁"，在此情况下，夏馥最后不得不剪须变形，隐姓逃亡。[②]

党人夏馥面对太学中那声势浩大的浮华交会风潮视而不见，始终坚持"安贫乐道"的生活态度，这几乎与逸民式人士属于同一类型。如果以生活态度为基准的话，名列八及的党人檀敷虽曾有过仕宦的经历，但也被描述为逸民式的人物。[③] 党人的中心人物里有逸民式人物，反过来说，在记录逸民人士的"处士传"亦即《后汉书》列传 43 中，也有像黄宪那样与清流交往甚密者，他们一般都受到了清流人物的极高评价，有的还被引以为师。总之，清流人物并没有觉得逸民人士与自己有何不同。郭泰母去世时，逸民人士徐穉前往吊唁，也反映出他们并没有刻意回避清流人士。逸民人士与党人的关系，如同袁闳与袁忠的例子所显示出的那样，有时甚至还是兄弟。[④]

党锢之网撒到了逸民人士那里，以夏馥为首的许多人物因此遭到了拘捕。部分逸民人士虽然幸免于难，但是否能说宦官将他们与党人作了明确的区分呢？这一点不得而知。但他们为了逃避党锢之祸，却是费尽了心思，有的将自己装扮成无辜的百姓，有的则与世隔绝，如袁闳的例子，"党事将作，闳遂散发绝世，欲投迹深林。以母老不宜远遁，乃筑土室，四周于庭，不为户，自牖纳饮食而已"，[⑤]这就好比事先把自己关进了监狱。除此以外，两年前便已预料到党锢将起的申屠蟠也是"乃绝迹于梁、砀之间，因树为屋，自同佣人"，后来在党锢时，据说以此"确然免于疑论"。[⑥]

---

① 《后汉纪》卷 22。
② 《后汉书》列传 57《党锢列传 · 夏馥传》。
③ 同上《檀敷传》。
④ 《后汉书》列传 35《袁闳传》。
⑤ 同上。
⑥ 《后汉书》列传 43《申屠蟠传》。

由此可见,为了摆脱嫌疑,需要在平时付出巨大的努力。

综上所述,所谓逸民人士与清流势力并无明确的区别,两者之间还有着千丝万缕的联系。这里必须指出,逸民人士就是构成清流势力这一抵抗运动的要素,或者说位于这一要素的延长线之上,他们针对清流的批判,就是在批判构成清流的另一部分要素。增渊氏论文对这另一部分不纯的要素有着详尽的分析,不过我还想补充一点,这就是宫崎市定博士曾经指出,构成清流势力的另一类要素是类似"八厨"那样的"以财救人"式游侠富豪。① 也就是说,清流势力的中心是"儒学行义"者,在其两侧则分别是游侠式富豪与包括逸民人士在内的各色人物。这些形形色色的要素逐渐汇成一种政治运动——抵抗运动,其中原因在第一章中已有所分析。当党锢之网撒向这一势力时,在其两极上当然会有人幸免于难。有关这两极的具体状况,我将在后面提及,这里主要想确认如下一点,这就是逸民人士与清流势力一样,站在了一连串的抵抗路线上。而且,促成逸民人士与清流人士一道奋然抵抗的原因,并非只是基于其理念,还应从他们实际生活的社会基层那切切实实的利害关系之处进行理解。所谓利害相关之处,就是当时的乡邑社会。

二、乡邑秩序的分裂

根据刚才所引《后汉纪》,夏馥因不交接郡内"奢而薄德"的豪族,而"为豪势所非"。据《后汉书》本传,夏馥为陈留圉人,所谓郡内豪族,即是圉县富豪高氏、蔡氏,对他们"郡人畏而事之,唯馥比门不与交通,由是为豪姓所仇"。虽与这些豪族同城而居,却并不屈服,这或许也是夏馥"声名"迅速提高的一个原因。可也正是这一"名声",使他"为中官所惮",最终被卷入党锢之中。夏馥后来曾对此事作了一番回顾,说是"吾以守道疾恶,故为权宦所陷",从上面所述他的经历来看,此话可谓不虚。上述夏馥的记载,十分简单,下面我们就以此为线索来看看当时地方城郭都市

① 宫崎市定《亚洲史研究》第二(1959 年,东洋史研究会)页 100。

的内部状况，[①]具体分为以下几个方面：

第一，富裕豪族支配周围的意图极为露骨，所谓“薄德”之状，即是其表现。关于豪族支配的具体状况，似无须赘言，如那些拥“连栋数百，膏田满野”的大土地豪族就是“行苞苴以乱执政，养剑客以威黔首。专杀不辜，号无市死之子。生死之奉，多拟人主。故下户踦嶇，无所跱足，乃父子低首，奴事富人”。[②] 这种状况在规模上固然有大有小，但我们在上面所见夏馥的例子也可以看到。面对不向“富殖”之辈低头的夏馥，这类“薄德”豪族视之如“仇”，或许还利用手下“剑客”相威胁过。总之，当时的豪族依仗财力与武力，十分露骨地想支配自己周遭的乡邑社会。对于这种十分明显的倾向，我使用豪族的领主化倾向这一概念加以把握。豪族的上述倾向，当然不是开始于这一时期，但从上面崔寔或仲长统的话中可以感觉到这一时期是相当激烈的。在面积不大的乡邑中，豪族的领主化或许比较容易推行，可是在类似圉县这样的县城中，事态就并没有那么简单，这里有必要考虑下面第二点。

圉县的豪族，至少有高氏、蔡氏这两家。不难想象，当只顾自家财富、视不从己者为仇敌的豪族在乡邑之中存在着好几家的话，那么围绕着乡邑支配权，彼此之间极有可能发生冲突。举例来说，阳球生于渔阳郡泉州县的大姓冠盖之家，当有郡吏侮辱自己的母亲时，他召集少年数十人复仇，竟灭郡吏之家。[③] 一般来说，郡吏之家在当地都是极有势力的。东汉初，郅恽为汝南郡西平县门下掾，有友人叫董子张。据《后汉书》列传 19《郅恽传》注引《东观记》，子张“父及叔父为乡里盛氏一时所害”，于是郅恽率客复仇。不过，《东观记》的这段记载在《后汉书》本传中被简述“父先为乡人所害”。虽说是“乡人”，但还是可以感到此事背后有着盛氏一

① 当时形成城郭都市的乡邑的形状，主要依据宫崎市定《中国聚落形态的变迁》（《大谷史学》6号）、《中国村制的成立》（《东洋史研究》18 卷 4 号）以及《汉代的里制与唐代的坊制》（《东洋史研究》21 卷 3 号。以上三篇后均收入《亚洲史论考》中卷，1976 年，朝日新闻社）。将汉代的聚落称之为乡亭或乡里，或许比较忠于原意。不过本文暂且使用乡邑一词，其内涵既有基于里制的乡、亭之意，也包括了县城。

② 《后汉书》列传 39《仲长统传》引《昌言・理乱篇》以及《通典》卷 1 引崔寔《政论》。

③ 《后汉书》列传 67《阳球传》。

族的强大势力。再来看我们所讨论的党人，名列八俊之一的会稽上虞人魏朗，少为县吏，因“兄为乡人所杀”，于是他便“白日操刃报仇于县中，遂亡命到陈国”。[①] 这里的乡人，如果理解为是魏朗所处乡邑的豪族或是其同伙，应不致有误。[②] 牧野巽博士曾经指出，复仇在汉代是公开的行为，其方式也多半是聚集亲族或宾客、朋友等，结成党与，以集团的形式来进行。[③] 即便起因于侮辱，但在此类集团已颇具规模的东汉时期，侮辱本身也多半是在豪族间紧张对立的背景下发生的。“在汉代，官方并没有禁止人民报复私怨，所以一般民家都建有高楼，上置大鼓，遇有紧急情况，便登楼击鼓通知邻里，相互救助”，[④]尽管如此，乡邑的这种状况并不意味每个小农民都要树立高楼来自卫。要知道，乡邑之中原本就有带高楼的亭，而亭长的职责便是负责维持治安及乡邑秩序。如果说在亭以外，民家也开始修建这类高楼的话，恐怕只有认为这些是乡邑中的实力人物亦即豪族的所为，才比较自然。在乡邑之中耸立着这么几座高楼，实际上也就说明乡邑秩序在豪族的自卫形态下，开始呈现出了分裂之态。

看到这种豪族的角逐致使乡邑内部呈现出紧张的空气，似乎可以充分理解不与这些豪族交结的夏馥及“不受乡里施惠”的檀敷的态度。[⑤] 桓帝时，有富人王仲向逸民方士公沙穆言道：“今多以赀仕，吾奉子以百万，唯子所用。”对此，公沙穆辞谢云：“斯意厚矣，夫富贵在天，得之有命，以贿求爵，奸莫大焉。”[⑥]这条材料使我们看到，乡邑富人的施惠往往意在向政界输送人物，然后自己成为后盾，以便今后从该人身上获得某种利权。

---

① 《后汉书》列传57《党锢列传・魏朗传》。

② 增渊龙夫氏指出这两件复仇的例子“不但见于豪族与士大夫之间，也见于同一村内部的一般庶民之间”（《中国古代的社会与国家》，1960年，弘文堂，页78以及页91注2），也就是认为乡人一语指的是同乡之内并非豪族的一般庶民，但乡人就是盛氏一族，其力量足可杀人父亲、叔父，而复仇一方也是率客复仇，所以并不能断定乡人就不是豪族或其手下。如果再考虑到后来豪族势力的迅速发展，难道就不能认为魏朗之例中的乡人极有可能就是豪族吗？

③ 牧野巽《汉代的复仇》（《中国家族研究》，1944年，生活社；《牧野巽著作集》第2卷，1980年，茶水书房）。不论牧野氏的文章，还是前见增渊氏有关任侠习俗的论文，都是限定在“社会的考察”之内，今后有必要在此基础上作进一步的历史考察。

④ 《太平御览》卷598所引《僮约》注。参牧野巽《中国家族研究》页435—436。

⑤ 《后汉书》列传57《党锢列传・檀敷传》。

⑥ 《太平御览》卷471所引《典略》以及《后汉书》列传72《方术传下・公沙穆传》。

富裕的豪族们将这样的人材拉入自己的阵营中，指望将他们送到政界以后，日后得到回报。但是，这种期待却并没有得到实现。其中原因，在于如果受到这类施惠或恩义，那么自己将来的行动便会受到制约之故。拿夏馥来说，完全可以想象得到，蔡氏、高氏竞相拉拢他，对此他并不买账，结果招致双方的怨恨。我们可以设想逸民人士大量出现的社会条件，有以下两种状况：其一，豪族在乡邑中利用各种手段支配了一切；其二，这种支配与豪族之间的激烈竞争互为关联。

第三，乡邑的豪族中，全部或一部分与宦官之间结成了相互利用的关系。我们从崔寔《政论》中所谓"上家累巨亿之赀，斥地侔封君之土，行苞苴以乱执政"的描述中，便可以看到这种情况。对那些"固天下良田美业"的贪婪宦官[①]来说，"苞苴"的礼物是有效的。作为回报，与宦官勾结的豪族在乡邑"专杀不辜，号无市死之子"，获得了类似人君支配一样的保证。当我们将宦官与豪族的相互勾结，放在乡邑中豪族激烈竞争这一背景之下思考时，便会得到更为清楚的认识。为什么呢？当豪族处于互相竞争的状况时，为了压过其他豪族，其中某一家便会异常渴望交结到上层权力。当乡邑中的某个豪族得到了上层权力的庇护，试图以不法手段攫取统治地位时，其他豪族势必在服从与反抗中作出抉择。当某个豪族与宦官交结时，不想遵循这条路线的豪族便被迫走上了反对的道路。清流势力作为反对宦官的势力，其中之所以含有富裕豪族，原因即在此。所以说，当时的地方状况并非如一般认为的"乡邑秩序由豪族来维持"，[②]实际上是豪族之间出现对立，导致了乡邑的分裂。

第四，豪族对乡邑的露骨支配，在夏馥那样的"书生"也就是知识阶层眼里是一种"恶行"，引发了他们报之以"疾行"来与之对抗。至于抵抗的内容，视条件而有所不同，夏馥采取的是"守道"，而魏朗勇于复仇，亡命他乡，行动较为激烈。不过这里应该注意，针对乡邑出现对立的状况进行抵抗，其结果便是逐步形成了一种容纳上述受乡邑疏远或孤立的知识

---

① 《后汉书》列传57《党锢列传·刘祐传》。

② 增渊龙夫《后汉党锢事件的史评》页62。

人物的环境，而且，进行某种抵抗，还是获取“声名”的一个原因。这种环境，不用说便是清议的世界，它超越了乡邑，形成一个巨大的空间。乡邑的斗争于是也被引入到一个规模更大范围更广的地域之中。例如，扶风平陵豪族苏谦为郡督邮，因揭发与宦官勾结的美阳令李暠的赃罪，被暠所杀。苏谦子不韦，以极惨厉的手段向李暠复仇，针对他所用的方法，当时发生了议论，清议派领袖郭泰以其为是，站在不韦一方，“议者于是贵之（不韦）”。不久，宦官一派的司隶校尉段颎杀掉苏不韦一门60余人，但后任司隶校尉阳球站在反宦官的立场上，又杀掉了段颎，“天下以为苏氏之报焉”。[①] 这一事件显示出，豪族之间的私斗演变成了宦官与其反对势力的政争，同时也反映了司隶校尉所代表的国家权力已经丧失了公共性，变为私人的权力。在这里，国家权力已经堕落成了私人权力。

党争即是“清流、浊流两大豪族集团争夺政治地位进行的死斗”，[②]杨联陞氏的这种解释，应该说有其妥当的一面，但更为重要的是应深入到乡邑之中，分析这两大集团产生的原因，由此进行新的理解。在我看来，这种原因应放在乡邑秩序经由豪族之间的竞争与紧张关系出现裂痕或者说已经分裂的状况中来探寻。

在乡邑豪族群的竞争过程中，一部分豪族为了进一步贯彻露骨的支配而与上层权力相勾结，这样一种权力路线推进了豪族的领主化。宦官本身并非豪族，但宦官政府的性质却正是豪族的领主化路线。被排除在这条所谓实权派路线之外的其他豪族与小农民，针对豪族的领主化路线进行了抵抗。这一抵抗渗透到了上层权力，通过公共权力揭发实权派的罪恶，从不惜身死地积极抵抗到逸民采取消极的“守道”，其形式可谓多种多样。在第一章中我曾指出，将各种不同的抵抗团结成为一股势力，主要依靠的是根据儒家理念形成的舆论世界以及把抵抗人士连接到一起的人间关系。随着这些知识阶层逐渐成为抵抗路线的核心，同时也随着针对抵抗的压力在增加，这种核心在各种类抵抗行动中发挥了求心力的作

---

① 《后汉书》列传21《苏不韦传》。

② 杨联陞《东汉的豪族》（《清华学报》11卷4期，1936年）。

用。在其右翼，是进行一定程度抵抗的游侠式富豪以及苟活于欲罢不能的政争中的官僚；在其左翼，则是放弃了知识阶层特权的逸民，他们在与本人意志无关的情况下被迫推向了抵抗战线的核心层。左翼方向，还有不属于知识阶层的一般小农民及贫农的抵抗，①我们将在后面具体分析这一方向。总之，产生以上抵抗的基本社会条件是豪族围绕乡邑的支配进行激烈竞争的状况，再明确地说，就是豪族领主化倾向引发小农民的没落以及阶层分化的加速，导致古老的乡邑秩序面临分裂与崩溃的危机。清议之徒的主张是吸纳有德的贤人以及遵守选拔人材的乡举里选之法，这些都是一种重建秩序的要求，其背景正是古老乡邑秩序迅速崩溃的状况。

三、豪族的自我矛盾

我在上面强调了乡邑的豪族领主化倾向与豪族之间紧张的竞争对立，并设想由此产生了乡邑秩序的分化与对此进行的抵抗。乡邑之中的豪族，基本可以说在上述过程中扮演了重要角色，但是导致这种局面复杂化的还有另外各种原因。乡邑秩序解体的程度因地而异，而且乡邑规模的大小也十分重要，它除了导致豪族领主化倾向的程度差以外，也引发了各种复杂的状况。另外，虽说豪族之间竞争激烈，但其中也夹杂着婚姻等协力关系。本文不准备详细叙述这些，而着重想探讨导致豪族领主化走向复杂以及对之进行监视的一个重要问题，这即是当豪族具备儒家思想教养时所产生教养与欲望之间的矛盾。

前面我们把陈留圉县的状况作为线索进行了考察。宇都宫清吉博士曾指出，②将书生夏馥视作“仇”的“薄德”“富殖”豪族蔡氏产生了一流的

① 我曾经将清议之徒的抵抗视为左翼，认为逸民的方向是右翼（拙搞《六朝贵族制》，载《历史教育》12 卷 5 号，1964 年，页 27），这主要是以抵抗的积极性与消极性来划分的。可是本文从逸民具有的更接近民众这一性质来考虑，将上述左右之别作了重新划分。有关逸民的阶级性质，请参阅本章第四节。

② 宇都宫清吉《汉代社会经济史研究》（1955 年，弘文堂）页 468。

学者文人蔡邕，而高氏则与居“草屋蓬户”、“瓮缶无储”，以“勤身清名”作为理想的高慎（东汉初期人）同族。《后汉书·蔡邕传》载邕父“亦有清白行”，而据蔡邕自己的文章即《蔡邕传》注引《蔡邕集》，“太山党魁羊陟与邕季父卫尉（蔡）质对门九族（甥舅关系）”，蔡羊两家本是姻家。羊陟是名列八顾，在《党锢列传》中确有记载的人物。蔡邕于光和元年（178）为宦官所陷，后在吴会地方亡命12年，其间“往来依太山羊氏”。清白如高氏、蔡氏，尤其是蔡邕一家还与党人羊陟有着姻戚关系，那么应如何解释他们与压迫党人夏馥的“薄德”“富殖”豪姓高氏、蔡氏之间的矛盾呢？众所周知，儒学在东汉时期渗透到了豪族阶层之中，因此豪族具有的领主化倾向与对其进行抑制的教养——意识形态——之间的矛盾，并不限于高氏、蔡氏，它是一个涉及面极为广泛的重要问题。

对这种矛盾，上田早苗氏有一个解释，即清白的高氏、蔡氏，只是指高慎、蔡邕的家门，他们以清白为根基，选择的是一条代代走二千石之位的道路，与此相比，其他同族宁愿留在乡邑中露骨地扩大财富。在上田氏看来，同族之间存在着官僚学者与地方殖产这样一种分业状况，①作如此解释，饶富趣味。蔡邕本传虽记其为“陈留圉人”，但有迹象表明他家却在远离圉县八九十华里的现蔡庄附近，②这一点似可支持上田氏的看法。欺压夏馥的圉县城内蔡氏与居于蔡庄的蔡邕一家之间似乎没有直接的联系，但即便居住地有所不同，我们也不能说同族之间完全没有相互的影响。实际上如果观察一下蔡邕的生涯，就会发现他本人似乎对上述矛盾陷入了烦恼之中。

蔡邕27岁时，与宦官政府有了某种联系。他自己作的《述行赋·序》云：“延熹二年（159）秋，霖雨逾月。是时梁翼新诛，而徐璜、左悺等五侯擅贵于其处。又起显阳苑于城西，人徒冻饿，不得其命者甚众。白马令李云以直言死，鸿胪陈君（蕃）以救云抵罪。璜以余能鼓琴，白朝廷，敕陈留太守发遣余。到偃师，病不前，得归。心愤此事，遂托所过，述而成

① 上田早苗《巴蜀的豪族与国家权力》（《东洋史研究》25卷4号，1967年）页18—19。
② 李村人《关于蔡文姬故里资料》（《胡笳十八拍讨论集》，1959年，北京中华书局）页259。

赋。”在霖雨的背景下，全篇的色彩较为郁闷，给人一种沉重之感，但最后终于“言旋言复，我心胥兮”，[①]吐露出了内心得到解放后的欢快。对于宦官政府的厌恶之情，在约30岁后所作的《释诲》[②]中也历历可见。在这篇文章里，决意去掉“卑俯乎外戚之门，乞助乎近贵之誉……下获熏胥之辜，高受灭家之诛”的愚昧，以华颠胡老那种“抱璞而优游”的生活方式作为自己的指针。可是到建宁三年（170），也就是第二次党锢开始的第二年，素来受到敬仰的陈蕃、李膺[③]等人被杀，38岁的蔡邕应司徒桥玄之召，出仕于自己曾万分憎恶的宦官政府。至于原因，或许是宦官政府采取了极为强制的方法，迫使他不得不步入官场，[④]或许是他本人对辟召者桥玄的硬骨风范寄予了某种期待之故。但不管怎样，他的官僚生活注定是要遭遇失败的。光和元年（178），46岁的蔡邕直接向灵帝递交了一份反映宦官们胡作非为的秘密文书，被宦官发觉后即遭到报复，欲治其罪。此时蔡邕处境艰难，不得不以“与陟姻家，岂敢申助私党”之语，极力为自己辩解。在被判大不敬，弃市之刑后，得有诏减死一等，流放朔方五原。也正是在这段长时期的流放生活中，时代也走向了崩溃。在这场大混乱中，蔡邕最终没有逃脱处刑的命运。[⑤]

或许由于生长于富裕豪族之家，所以就蔡邕的立场来说，原本不会拒绝与豪族相连的宦官的要求。[⑥] 但是，当站在知识阶层的立场时，他又无法抑制住对上述立场的厌恶与批判之情。这两者之间的矛盾，应该说是导致蔡邕走上悲惨结局的一个原因。从社会史的观点来看，富裕豪族必然具有的自我扩大性与知识阶层监督上述露骨行为的一般思想意识之间，充满了矛盾，而这一点又集中体现在了蔡邕的身上。

---

① 见《蔡中郎集》。末句“胥兮”当是取《诗经》“君子乐胥”之意。另参林春溥《郑大司农蔡中郎年谱合表》。

② 《后汉书》列传50下《蔡邕传》所引。惠栋认为是在30岁之后的作品。

③ 蔡邕关于陈仲举、李元礼论的轶文见严可均辑《全后汉文》。

④ 《后汉书》列传16《韦彪传附韦著传》称其时“诏书逼切”。

⑤ 以上请参《后汉书》列传50下《蔡邕传》。

⑥ 据本传，他还在陈留时，接受邻人招待，但到门口，从里面的琴声中感到了杀意，因而折回。这件事主要称赞蔡邕的音感与众不同，但也说明他在乡里的生活必须要小心谨慎。或许正是这样一种氛围，最后将他推倒了宦官一边。

如果可以这样理解蔡邕的立场，那么当时具有教养的豪族出身者们或多或少都有这种矛盾性。东汉时期，儒教意识形态广泛渗透到了豪族阶层当中。如果考虑这些，那么对我在上一节中强调的乡邑豪族领主化倾向以及豪族之间的激烈竞争等现象，就有必要作出某些限定。为什么这样说呢？这是因为在豪族自己那里存在着使豪族领主化不能贯彻到底的因素。① 这就是当时知识阶层的抵抗呈现出极为复杂的状况，并不能简单用阶级斗争来理解的原因所在。② 当时的豪族本身，具有乡邑秩序的破坏者与维持者这种互相矛盾的性质。两种方向，无论朝哪一方转化，思想意识的作用都是显而易见的。所以说，清流与浊流的对立是包括豪族引发的乡邑秩序的分裂，豪族群自身性格的分裂，以及乡邑秩序破坏下发生的豪族与小农民之间的阶级斗争这三者交织在一起的复杂对立。但是在最后，正是儒家思想意识以清议的形式把这些对立结成为统一的抵抗运动。

党锢事件正是在这样一种状况下发生的，它对上述对立关系产生了什么样的作用呢？这一问题实际上又与黄巾起义密切相关。

四、从党锢到黄巾运动

党锢事件发生了两次，尤以 169 年的第二次党锢最为彻底，作为清流势力的核心，“儒学行义”的官僚层遭到重创，他们的势力被排除在了官界之外。前面提到过的抵抗战线的右翼就此脱离了战线，而被吸收到了宦官政府那里。被吸收过去的知识阶层已经丧失了统一的抵抗，即便有，也是个别而无力的，因此非常容易被击破，这一点在蔡邕的例子中十分明显。宦官政府的方针，在 178 年的买官行为中暴露无遗，所谓“公卿州郡

---

① 监督乡邑豪族的竞争，使其不致表面化，以此维持着微妙的均衡，在此过程中，乡邑知识阶层应发挥了极大的作用。王烈（《独行传》）以及蔡衍（《党锢传》）等，作为乡邑争讼的调停者拥有一定的影响力，或许就是在这种状况之下。

② 好并隆司在《荀悦的社会背景及其政策》（《冈山史学》2 号，1956 年，页 75 以下）一文中，借用周一良氏的用语，认为浊流派与清流派的对立是大地主阶层与小地主阶层的对立。必须认为，事实并没有如此简单明确。

下至黄绶各有差”,也就是以钱换官。[1] 宦官的政府机构充满了铜臭,完全以富裕程度为标准,构筑自己的权力体系,这与前述富裕豪族自我扩大的倾向是一致的。可以说,169 年以后权力机构完全由浊流势力掌握,此时突显出来的正是前面指出的豪族两面性之中,富裕豪族自我扩大的方向——领主化倾向——乡邑秩序破坏者的性格这一侧面。在那之后的数十年间,乡邑秩序土崩瓦解,处于豪族统治下的中小农民源源不断地走上没落与流亡之路。庞大的贫农层与富裕豪族层、已成为富裕豪族层的权力机构的宦官政府之间的对立成为基本的对抗关系,它构成了当时一个主要倾向。第二次党锢后的状况,为具有两面性的豪族群间复杂的对抗关系作了一番清理,代之而起的是位于豪族对抗之间的中小农民与豪族的对抗,再加上饥馑与灾害的侵袭, 中小农民的贫农化日益严重。贫农的大量增加,正是这一时期太平道的快速传播以及贫农阶层由此得以组织的基本社会条件。

在另一方面,原本试图阻止乡邑分裂倾向的知识阶级又是如何进行抵抗的呢? 党锢事件沉重打击了知识阶级的抵抗战线,作为其核心的儒家官僚群全军覆灭,右翼从此脱离了战线。所以整个抵抗战线必然开始向左翼集中。此时,左翼即是逸民的方向,它正向民众方面接近。

侯外庐氏等指出:“与政治上的党锢同时,思想上也有了‘清议’的‘禁锢’。禁锢了的清议,不得不开始转向,另求出路,其结果是清议转而为清谈。从是非臧否,到(阮籍的)‘发言玄远,口不臧否人物’;从空洞无物的纲常名教,到纲常名教的否定而‘叛散五经,灭弃风雅’。……”这种转向的契机是什么呢? 侯氏认为是以“虽善人伦,而不危言核论”的郭泰以及与郭泰一样“避实就虚”的徐稺等逸民式人士,此外再加上荀淑、陈寔等一群人。[2] 清议是否经党锢之后,便一举向魏晋式清谈转变,值得商榷,不过看到此时知识阶层的思潮在朝“隐逸君子”方向倾斜,不能不说独具慧眼。[3] 所谓“隐逸君子”,即便不是“陈留老父”那样全然无名的逸

---

① 《后汉书》列传 42《崔烈传》。
② 侯外庐等编《中国思想通史》第 2 卷,页 404。
③ 同上,页 409。

民，他们的生活态度也与“自同佣人”的申屠蟠、“卖卜给食”的姜肱类似，接近文盲无学式的庶民生活。宫川尚志氏曾经指出，当时“避世”、“隐居”的学者，其思想与行动中混有图谶、方术与老庄等知识，具有走近民众的性质。[①] 比如我们所看到的逸民人士袁闳，“潜身十八年，黄巾贼起，攻没郡县，百姓惊散，闳诵经不移，贼相约语不入其间，卿人就闳避难，皆得全免”。[②] 无论儒还是道，只要诵咏其经典，在那时就有一种魔术般的效用，对此前人的一些研究也有所论及。袁闳诵经与黄巾、五斗米道徒诵经，无疑属于同一类型。值得注意的是，黄巾并没有侵入与自己有同类行动的逸民所居住地区。徐稺子徐胤也是一位隐居诵经的人物，对此汉末寇贼敬其礼行，“转相约敕，不犯其间”。[③] 贼寇受隐者德化一类的例子，此前也有，如因党锢之禁而在民间教授的大儒郑玄曾道遇黄巾数万人，他们见玄皆拜，极为尊敬。[④] 这些或许与“螟不犯境”等一类表现相同，只是为了赞扬上述人物的道德之高。不过在我看来，上述例子中的一般民众对逸民人士是有着亲近感的，如黄巾等将他们视作“所谓贤人”，[⑤]似乎显示出了当时的民众运动的一种方向，即对什么怀抱亲近，又对什么进行抵抗。

法国的汉学与西藏学研究者，成就斐然的斯坦氏在参照以大渊、福井、宫川诸博士为代表的日本学术界的成果后，指出上述廉直的儒者、方士、隐士的行动规律与黄巾、五斗米等道教运动有类似之处，认为这两种行动有着共通的基调。[⑥] 这篇论文极具启发，我特意把它翻译在了《道教研究》第2册上，敬请参阅。斯坦氏对于道教运动的社会侧面，有着什么样的基本看法呢？这里略作介绍。这里的所谓共通基调，就是指尊奉贤者、有德者为代表，推行共同体生活（vie communale）的理想，它是产生于

---

① 宫川尚志《六朝史研究·宗教篇》（1964年，平乐寺书店）页81以下。

② 《后汉书》列传35《袁闳传》。

③ 参《后汉书》列传43《徐稺传附徐胤传》以及注引《谢承书》。

④ 《后汉书》列传25《郑玄传》。

⑤ 《后汉书》列传43《姜肱传》注引《谢承书》。

⑥ R. A. Stein, “Remarques sur les mouvements du taoïsme politico-religieux au Ⅱ^{e} siècle ap. J. C.”, *T'oung Pao*, Vol. L, Livr. 1—3, 1963.

共同体生活之中的道德，也是这种生活环境、社会环境的真实写照。黄巾、五斗米等道教运动在“道德与社会侧面上表现在以下方面：选择共同体生活，选举贤者作为首领的心情；与建立在功德之上的等级制度相适应的共同体组（organisation communautaire）；想实现理想之国的意志”。[①] 道教运动所寻求的共同体侧面，大渊氏已经作过某种程度的归纳，[②]不过斯坦氏论文涉及的领域十分广阔，他试图通过各种各样的现象——人们的行动方式、思考方式、既成样式——中相类似的规律，摸索潜藏在现象下面的结构，由此揭示整体构造的相关性。这里需要说明的是，斯坦氏的最终目的是从公元2世纪道教运动的底层所见整体结构的关联性来展望后世的民间宗教，以此来探讨整个中国的宗教结构与社会结构。尽管如此，当我们将他提示的道教运动的结构重点放到公元2世纪，思考为什么会在这一时代激发了如此大规模的谋求共同体的运动时，便可以清晰地理解前面所述清流势力——逸民人士——黄巾这一系列抵抗运动的方向。

我在前面曾指出，豪族间围绕乡邑的统治展开激烈竞争的状况，在此过程中小农民逐渐走向没落，阶层分化日趋严重，古老的乡邑秩序面临着分裂、崩溃的危机，这些就是导致清流势力——逸民人士进行抵抗的社会条件。所谓古老乡邑的秩序，指的是乡邑贤者或有德者顺利受到“乡举里选”的一种共同体式秩序。清流——逸民的抵抗，就是知识阶层面对导致这种共同体秩序瓦解的势力所作的抵抗。豪族成为瓦解乡邑的力量，同时又是知识阶层，这时所产生的自我矛盾使破坏与抵抗呈现出了极为复杂的状态，但是，抵抗势力意在阻止共同体秩序瓦解的意图并无变化。当知识阶层的这种抵抗横遭党锢之禁，遭致重创之后，乡邑秩序的崩溃已势不可挡。在此状况下，下一阶段的抵抗已不再是中间层的知识阶级，而只能是在乡邑秩序的崩溃过程中分离出来的并无多少知识的小农、贫农大众建立的宗教组织。他们喊出了“苍天已死，黄天当立”的口号，

---

① 斯坦、川胜义雄译《公元2世纪的政治＝宗教的道教运动》（《道教研究》第2册，1967年）页54及页94。

② 大渊忍尔《中国的民族宗教的成立》（《历史学研究》179、181号，1955年。后载入《道教史的研究》1964年，冈山大学共济会书籍部）。

也就是要打倒汉帝国这一成为富裕豪族的权力机构，然后建立他们自己的共同体秩序以及与“德”相应的宗教等级秩序。斯坦氏指出，在民众期待的道教共同体秩序与知识阶层期待的儒教共同体之间或其基底处，有着既相通也相似的规律。在民众推动的第二次抵抗运动中，黄巾、五斗米与逸民人士、潜行地下的清流余党相结合的可能性确实存在。184 年，黄巾起义爆发后，宦官吕强便发出警告，认为长期遭受镇压的党人有可能与黄巾合流，①于是由政府发下诏敕，宣布大赦党人，唯不赦张角。应该说，这一针对黄巾与知识阶层之间有可能出现的联合战线而实施的离间计，取得了某种成功。不过，害怕黄巾与党人合谋，也显示出清流——逸民——黄巾正是一连串针对同一路线的抵抗运动，不用说，这即是对宦官掌握的东汉政府进行抵抗。重要的是，东汉政府的性质已经变成了破坏古老共同体秩序的富裕豪族的权力机构，也就是推进豪族领主化倾向的权力机构。当然不能说宦官就是豪族，但是宦官政府的性质已经变成正在领主化的豪族政府。对这种政府进行抵抗，实际上也就是在抵抗豪族领主化，而其志向即在于重建共同体秩序。

上述针对汉末抵抗运动的理解，与如何理解汉代中期的赤眉起义，以及如何理解支撑汉帝国的社会基础等重大问题有关。限于篇幅，这里不可能对此作出全面回答，只想提示几点基本思路。

河地重造氏曾经考察过赤眉起义的性质问题，认为当时以三老、父老为中心的共同体式村落生活对义军的意识起着影响作用，同时指出，与豪族集团对立的赤眉集团在豪族力量的增长导致农民阶层出现阶级分化的背景下兴起，他们的起义就是小农民面对上述事态所作的抵抗。② 这种理解值得肯定，本章有关汉末抵抗运动的性质与河地氏所论赤眉起义的性质完全符合。甚至可以进一步说，从赤眉与黄巾，同样的事态以更为强烈、更为深层次大规模的形式出现。不过事态并没有呈直线运动。“赤眉的巨大能量，迫使豪族阶层不得不服从于‘为民所思’的汉王朝”。③

① 《后汉书》卷 8《灵帝纪》“中平元年”条的注。

② 河地重造《赤眉之乱与后汉帝国的成立》(《历史学研究》161 号，1953 年)。

③ 同上，页 23。

兴起于南阳豪族阶层的光武帝政府,由于亲眼看见了这一能量,所以才不得不将自己的王朝导向"为民所思"的方向。至少,东汉初期的三代还是能够控制这一方向的。从公元1世纪末开始,东汉政权本源自豪族层的性质逐渐与上述制御能力展开了博弈。前面已述,豪族层本身出现了争斗与分裂,至2世纪中叶以后,这一现象日趋显著。

可是,"为民所思的汉王朝"为何?所谓制御又是指的什么?这些问题非常重要。从赤眉到黄巾的抵抗运动性质来看,"为民所思"的,是以父老为中心的共同体,而"为民所思的汉王朝"则是建立在该共同体之上的汉王朝,或可说是温存该共同体的汉王朝。河地氏指出,汉帝国的"专制政体在温存、利用封闭的共同体村落时,对其中成长起来的土豪层(父老、三老——川胜注),试图从上加以掌握,由此达到巩固统治体制的目的"。[①] 但是在我看来,不能一开始就设想专制的存在,我认为应是以父老(在此阶段是否可以称为土豪,暂且不论)为中心的共同体本身为了保护、维持自己的秩序,对上层权力提出了要求,汉帝国就是为适应这一方向而建立的。这一点,比较接近守屋美都雄氏"从(以父老为中心的)'里'之上来把握汉朝国家权力的基础"这一思路。[②] 至少,儒教的意识形态作为汉帝国的国家理念,其最高境界就是将植根于这种共同体之上,并对其统率的国家视为一种理想形象。这种意识形态形成于汉代,在极为广泛的范围内有着强大的影响力,其中原因,当是汉代社会的现实在某种程度与之相近之故。虽然这里限于篇幅,不能对此作出详证,但汉初文帝或自觉意识更为高涨的宣帝时期,汉帝国似乎呈现出了能证明上述判断的现实基础。[③] 赤眉标榜复兴汉朝,东汉初也还能够维持这一方向,原因就在于这样的现实基础仍然存在。黄巾高喊"苍天已死",那是因为它

---

① 河地重造《赤眉之乱与后汉帝国的成立》(《历史学研究》161号,1953年),页19。

② 守屋美都雄《父老》(《东洋史研究》14卷1、2号,1955年)页57,后载入《中国古代的家族与国家》(1968年,东洋史研究会)。

③ 例如,在主张进用贤者的上疏中,左雄说道:"至于文、景,天下康乂。诚由玄靖宽柔,克慎官人故也。降及宣帝,兴于仄陋,综核名实,知时所病,……是以吏称其职,人安其业。汉世良吏,于兹为盛,……"(《后汉书》列传51《左雄传》)崔寔《政论》也反映出文帝、宣帝治世是值得学习的"君臣和睦,百姓康乐"的时代。在东汉时期的知识阶层之间,似有这种共识。

几乎荡然无存,而现实中的汉帝国已经面目全非的缘故。所谓面目全非,就是以共同体为基础的国家变质成了破坏共同体的豪族的权力机构。

豪族的存在确实是整个汉代的大问题,它总是在与共同体进行角逐,国家权力有时也不免被拉到豪族一边,出现动荡。当来自共同体秩序的制御能力还有效时,构成共同体的自由民与建立在其上的皇帝就是汉帝国的基本关系。此时破坏这种关系的豪族,自然成为国家权力弹压的对象。① 约在党锢事件以后,国家已经十分明显地成为豪族的权力机构,上述基本关系就此转化为豪族对豪族或者豪族对小农、贫农,我们之所以把巨大的社会变化设定在这一时期,其因就在此。

以上,我们从汉末的一系列抵抗运动探讨到汉帝国的性质。接下来,应该再看看这种抵抗运动到后来对社会的发展方向造成了何种影响?这里仅仅只能作出展望,并以此为结语。

结　　语

——对下一个时期的展望

针对乡邑的豪族领主化倾向以及支持豪族的政治权力,知识阶层进行了抵抗,由此引发了 166 年与 169 年两次党锢事件。知识阶级的抵抗受挫之后,豪族领主化进一步扩展,对此范围更广的贫农阶层发起了有组织的武装斗争,这即是 184 年爆发的黄巾、五斗米大起义。知识阶层虽然失败,但是仍在作顽强的抵抗,他们与黄巾的斗争本来都具有同样的方向,所以 184 年的状况可以将两者联系起来。对此,政府的离间计发生了作用,因而可以腾出手来专门对付黄巾。起义领袖张角兄弟不到一年便先后死去,群龙无首的义军在各地处于四分五裂的状态,但是抵抗运动的

① 增渊氏在前引《中国古代的社会与国家》一书中(页 84 以下),详细叙述了豪侠盘根错节于国家权力的末端,妨碍或破坏弹压的情况。不过这里也应引入历史的视野,阐明究竟如何盘根错节,又是怎样妨碍弹压的等问题,同时必须澄清豪侠与公权力的关系有着什么样的变化。镇压豪族在西汉时期十分严厉,效果也明显。与此相比,东汉时期的弹压力度逐渐缩小,这种倾向可以说十分清楚。

能量并没有轻易地被制伏,“汉行已尽,黄家当立”的理想与口号直到192年,仍在青州黄巾军那里得到了坚持。[①] 武装斗争旨在建立新的共同体秩序,但结果却让国家陷入战乱与毫无秩序的状态中,虽然如此,抵抗运动仍然具有使豪族领主化倾向作出修正的作用。一个重要的事实就是,不管黄巾是否拥有这样的意识,就结果而言,他们的斗争起到了支持知识阶层的作用。为什么可以这样说呢?

189年,在执政何进的筹划下,东汉政府征召了包括海内名士荀攸在内的20余位旧党人。[②] 此外,聚集在各地军事首领之下的名士也肯定不在少数。尤其耐人寻味的是,代表性名士荀彧早在191年左右便开始协助属于宦官系统的军事领导者曹操。这实际上也就显示出,面对黄巾起义造成的巨大混乱,站在豪族领主化路线上的统治阶级对此路线加以修正,与抵抗这一路线的知识阶层进行了妥协或说是合作。

更重要的是,从对立到合作的转换并不只限于上层权力体系,我们在社会基层部分的乡邑中也可以看到这种转化。据《三国志》卷14《程昱传》,东郡东阿县城在黄巾的进攻下陷入极度混乱之中,此时大姓薛房与足智多谋的程昱携手合作,恢复了秩序。接着,程昱再与荀彧一道,使县城成为上层权力亦即曹操的地盘,这样既保全了整个县城,同时也稳固了曹操的基础。在这一过程当中,无论大姓抑或曹操本人都没有参预其中。我们从这个例子可以得到如下认识。

黄巾起义给各个地方带来的大混乱,使乡邑处于危急存亡状态,这促成了本来相互对立的大姓与知识阶层最终联手合作。在乡邑秩序得到恢复以后,为了进一步确保安全,有必要与强大的权力体系取得联系,于是知识阶层在此过程中发挥了穿针引线的作用。在上层与下层两种权力中间,知识阶级成为媒介,对上下双方,他们都可以凭借另一方的权力背景,增加自己的发言权。至少,与位于下层权力的大姓相比,以上层权力为背景的士人有着明显的优势。即便是在大混乱中,知识阶级利用这种方法,

---

① 《三国志》卷1《武帝纪》“初平三年”条注引《魏书》。

② 《三国志》卷10《荀攸传》。

日渐成为上下权力之间的媒介层,这一点十分重要。当然,这些是乡邑大姓亦即豪族的领主化还不成熟的情况。党锢以来,豪族领主化虽有发展,但由于社会各个阶层的顽强抵抗,以及第三节所述豪族自身的矛盾,豪族领主化始终得不到贯彻,也正是在此时,进入到由反对领主化的农民运动卷起的大混乱之中,类似这种情况的乡邑是相当多的。正因为如此,在众多的乡邑中,知识阶级作为上述媒介者活跃的机会一定是相当多的,而且由于经历了清流与浊流的对立,所以当知识阶级成为媒介者之后,彼此之间横向的连带意识一如既往地得到了维持。作为将各个强弱不等的权力体结合起来的媒介者,知识阶级形成一种社会阶层。我曾在第一章指出清流势力发展成为整个士大夫集团,其实正确的说法应是知识阶级成为这种横向连带的权力媒介阶层。成为权力媒介阶层的知识阶级,一方面与下层权力的地方大姓相比占据着优势,抑制了他们的强大化——领主化,另一方面又作为下层权力的代表者,也就是所谓“民望”,①支持着上层权力,同时也限制了其权力扩张。要之,知识阶层成为“士”这一身份阶层,以此为基础,又建立了文人贵族制社会。

以上叙述了以豪族领主化并不彻底的乡邑为基础,权力得以形成并得到整合的过程,同时也分析了知识阶层通过立于权力体相互结合之处,逐渐形成为“士”阶层的原因。当然,由于地方不同,也有一些豪族领主化迅速进展的地区,如东阿之南的乘氏县就是一例。据《三国志》卷18《李典传》,该县李氏拥有宗族宾客数千家,其中李乾曾率私兵相助曹操,而当曹操的死敌吕布逼近县城时,同族李进靠自己的力量将其击退,这些都足见李氏力量之大,②所以称李氏为乘氏县的领主,似不过分。我们看到,当乘氏县与作为上层权力的曹操相结合时,即便无须知识阶级介入其间,此时只要李乾主动承担兵役,以此获得乡邑的统治权就足够了。事实上,《李典传》载吕布乱起时,曹操让李乾回乘氏县慰劳周围诸县,就使我们感到安抚自己所领土地的倾向那时并非不存在。而且这种力量关系如

① 在这里引用的《三国志》卷14《程昱传》中,荀彧称程昱为“民之望”,委其保护出身地的东阿及邻近的范这两座城。

② 《三国志》卷1《武帝纪》“兴平元年”条。

果继续存在，到上述倾向稳定下来时，在曹操与李乾、李乾子李整、从子李典这一世袭的权力体之间，便可以结成类似采邑制一样的关系，也就是说有着形成武士阶级的可能。但是，就在曹操统一华北大势已定时，李典却亲自请求把部曲宗族12000余人从乘氏县迁至曹操治下的邺，他本人则采取“好学问，贵儒雅，不与诸将争功。敬贤士大夫，恂恂若不及”的态度，也就是放弃作为土著领主的地位，在士大夫阶级面前低头并试图跻身于其中。此事显示出，试图通过上下结合的采邑关系，被权力媒介阶层的知识阶级亦即“士”阶级的力量从横向切断。士人阶层的形成发挥了抑制武人领主成立的作用，同时也迫使豪族经历了从武人领主转为文人士人阶层的根本性质变。这种状况在整个华北，类似乘氏县那样强大的领主逐步形成的地区并不是很多，在领主化缺乏贯彻，知识阶层的活动尚有余力以及豪族本身成为士人，因这种自我矛盾而阻止了领主化贯彻（见第三节）的地方却要多出许多。致使领主化不能从整体上贯彻的主要原因，正如本文所示，是从知识阶层到贫农阶层的一连串抵抗。尽管处于战乱时代，但这种运动的结果，是阻止了武人领主形成阶级，而促使文人形成了士人阶层。

汉末巨大的抵抗运动，抑制了向典型的封建社会的发展，促成了以士人阶层为基础的贵族制社会的成立，如上所述，在这一运动之中，有着重建共同体的志向。不管运动的规模如何巨大，它终究无法逆时代潮流而动。在遭到破坏的古老乡邑，出现了新的聚落——村，此时，通过大姓与知识阶层的合作，或者以具有士人性格的豪族为中心，形成了新的乡村秩序。增渊氏通过与战国秦汉相比较，详细分析了田畴的豪族共同体。① 在我看来，这是三国以后乡村秩序的一个理想类型。率领家属、宗人三百余家，据守徐无山中的田畴，善击剑，具任侠之风，同时又是“好读书”的士人。在他周围，聚集的是由各个父老土豪率领的总计约五千余家的大集团，他们视上述性格的田畴为“贤长者”，推戴其为首领。田畴不但制定刑法、礼法，尤值得注意的是还“兴举学校讲授之业”，受到整个集团的

① 参前引增渊氏《中国古代的社会与国家》，页160—161，以及页170以下。

支持和尊奉，以豪族为中心的共同体就此形成。它是将豪族领主化与追求共同体这两种倾向结合在一起的一件杰作，具有建立在深山之中，"道不拾遗"的理想乡之风。当具有步入士人阶层资格的地方豪族，在建设新的地方秩序时，田畴集团可以说是一种理想的类型。田畴后来将家属、宗人三百余家移至邺，他领导的巨大豪族共同体似就此解体为一些较小的父老、土豪共同体。① 这种理想的共同体形象便长久留在了人们心中，但在现实当中，它们不久便趋向消失。领主化（纵向关系）与共同体要素（横向关系）以复杂而不完整的形式交织在一起，在此过程中，诞生了士人阶层，而且在士、庶内部各自也产生了微妙的纵向关系，实际的社会正是这样在向纵横交错的阶层社会发展。

（1966 年 2 月《东洋史研究》25 卷 4 号，1979 年 8 月修订）

① 《三国志》卷 11《田畴传》。

第三章　魏、西晋的贵族层与乡论

前　言

在前一章中，我试图把从东汉末（2 世纪末）兴起的清议运动到黄巾起义的一系列抵抗运动，看作是汉代“乡邑社会”崩溃过程中的一个必然产物，进行了统一的理解。在我看来，这是包括知识分子、贫农在内的社会各阶层，面对迅速蔓延于各地乡邑社会的豪族领主化倾向所作出的抵抗，它监视着这一倾向，旨在重新建立以贤者、有德者为代表的共同体秩序。从结果来看，这种巨大的抵抗运动阻止了武人领主阶级的形成，同时还促成了文人“士”阶层的建立。也就是说，一方面各地都出现了豪族领主化现象，由此加剧了社会阶层的分化，而另一方面则存在着监视上述动向，并力图重建共同体关系的志向，这两种矛盾激烈冲突的时代，正是 2—3 世纪从汉末至魏晋的社会写照。同时，调节与克服上述矛盾也是该时代最为基本的课题。以上所述，便是我的大致见解。“士”阶层的形成、以此为基础建立的贵族支配体制，都是在这两种路线的矛盾与对立之中产生的。

在那之后，堀敏一氏援引谷川道雄氏的思路，将魏晋贵族制社会“植根于豪族支配的乡党社会”这一认识与形成于乡党社会中的“乡论”结合起来，在此基础上论述了贵族制社会的制度基础——九品中正制。[①] 对于堀氏将贵族制社会的基础置于乡党社会之中的研究方向，我是赞同的。

---

① 堀敏一《有关九品中正制度的成立》（《东洋文化研究所纪要》45，1968 年）。

在本书第一编第一章里,我即主张魏晋贵族具备了代表乡党舆论的性质。由此看来,"乡论"的结构潜藏着认识魏晋贵族制社会的钥匙。这里,只有通过仔细分析汉代逐渐形成的"乡论",才能做好上述研究工作,限于篇幅以及现阶段的准备状况,本章只想就"乡论"与贵族制社会的关系问题提出初步意见。

在我看来,3世纪亦即魏晋之际华北贵族制社会的理想型,是一种乡论环节的重层社会,同时也是建立在这种社会之上的社会体制。乡论与乡论的重层方式,是在上一章指出的社会基本矛盾——豪族领主化倾向=社会阶层的分化与试图阻止此倾向并志在重建共同体关系的倾向——的相互冲突过程中形成的,以下对这一思路试作简单说明。

一、乡论的性质

所谓乡论,当然是各地的舆论,再具体地说,就是在各地进行的人物评论,主要是甄别、支持当地的贤者、有德者。不过,"乡"显示的范围并非那么明确。乡村或县一级单位的舆论固然是"乡论",在更为广阔的地区,如包含数县的郡一级,其舆论也可称作"乡论",此后进一步扩大到州,此时形成的舆论也可视为"乡论"。也就是说,"乡论"实际上是针对民间舆论的一个较笼统的称呼,在那里,根据舆论形成地域的规模大小,舆论犹如圆圈一样重叠在了一起。

有汉一代,上述乡论在各地逐渐生成,不过得到飞跃的发展,还是在2世纪后期的"清议"运动之中。可以说没有高涨的乡论,也就没有清议运动,而由于这一运动,乡论自我形成的一面也日趋强烈。视清议为乡论的同义语,①也就十分清楚地反映出了这一点。

那么,推动乡论的是什么样的人,乡论又显示出了什么样的方向呢?增渊龙夫氏曾经指出,②"所谓乡党舆论,由当时的乡邑社会构造本身来

① 堀敏一《有关九品中正制度的成立》,页57—58及页60。

② 增渊龙夫《中国古代国家的构造》(《古代史讲座》4,1962年,学生社),页185—186。

决定”,对此我并无异论。不过,对于增渊氏“当时的乡邑秩序依靠土豪层来维持”,“乡论的直接形成者是具有父老性质的土豪层,他们是乡里的自律秩序的维持者”等观点,却不敢苟同,或者说,对这一论断似应作某些限定。

上面曾提及,当我们探寻从汉末清议运动到黄巾起义这一系列抵抗运动的社会基础时,必须承认在许多先进地带的乡邑之中,乡邑土豪层之间有着激烈的竞争与对立。所以说,乡邑秩序并非靠土豪层来维持,豪族间的竞争、对立引发了乡邑秩序的断裂与迅速崩溃。反过来说,如果认为“乡邑秩序依靠土豪层来维持”的话,那么在上述乡邑面临危机时,与造成崩溃的要素进行斗争,同时积极谋求重建乡邑共同体的巨大抵抗运动又怎么可能出现呢？这一点无法说明。

一般认为,党人之议最初发生于甘陵。在那里,同桓帝有师生关系的周福与反周福的房植之间,“二家宾客互相讥揣,遂各树朋徒”,“由是甘陵有南北部”(《后汉书》列传57《党锢列传》)。如增渊龙夫氏所论,它显示出将一郡分裂为二的乡论,经众多依附于土豪的宾客煽动而成。必须承认,在直接形成豪族,并对其进行支持的方向上,乡论是较为容易受到操纵的。但应注意的是,甘陵的“乡人”(并非只是受周氏、房氏控制的人,也应包括那些更广范围内的自立小农民)之间有这样一句风谣:“天下规矩房伯武,因师获印周仲进。”(《后汉书》列传57《党锢列传》)它说明乡论的主要方向并没有支持依靠与皇帝的关系而走上显达者,而敬重作为“天下规矩”的人物,这与当时的许多清议——乡论是相通的。所以说,尽管当时的乡论易受掌控乡邑的豪族操纵,但乡人基本上却是倾向于支持贤者、有德者,亦即支持志在重建乡邑共同体秩序的人物。具备这种性质的乡论,其存在本身就制约了乡邑豪族的存在方式,是阻止我所称的豪族领主化倾向——朝武人领主发展方向——的重要原因。

所以在清议运动兴起当初,参预乡邑社会乡论者远远超越了阶层之差。经由乡论而成名者,也并不限于乡邑的统治阶层。卑贱的牛医子黄宪,连村里私塾也上不起的贫穷书生邴原等,就受到了乡论的极高评价。再如,当时名声极大且被视为党人的大儒郑玄,在远离故乡的异地依靠客耕维持生计，这些都说明汉末的知识阶级包含着十分广泛的社会阶层。正因为如此，由这些广泛的社会阶层构成的乡论亦即清议的性质，才能把批判的锋芒对准了在乡邑社会推动领主化倾向的那些豪族们。

汉末豪族的领主化倾向引发了小农民的没落与阶层的分化，与此同时，对此进行抵抗的乡论也在风起云涌，这种局面似乎可以使我们感受到华北小农民所具有的自立性。本书第二编将要谈到江南的社会状况，将两者作一比较，可以说自营农民在主体上的强大正显示出了华北社会的先进性。

二、乡论环节的重层结构

上述乡论，有着重层结构。正如增渊、谷川、堀等氏所论，汉末徐无山中大规模的田畴集团虽然以豪族为中心，但其结构却由具备共同体性格的小集团层层累积而成，它为我们了解乡论的重层结构提供了极好的例证。

田畴集团由大约五千余家构成，规模巨大，增渊氏推测它远远超过了县而与郡相仿。[①] 如果说田畴自己率领的核心集团与各个父老率领的小集团大致与县或郡的规模相当，那么首先可以考虑，这些父老是得到乡或县程度的乡论推举而成为各个小集团首脑的。与乡、县规模相仿之地形成的乡论，我暂称之为第一次乡论。当第一次乡论推举的几位父老聚集在一起，尊田畴为“贤长者”，推其为自己的首领时，这些父老阶层形成的乡论规模也就扩大到了与郡相当的范围。这时的乡论，我暂称之为第二次乡论。受到第二次乡论支持的田畴，不久离开了这个集团，前往曹操所在的邺，也就是受到郡规模大小的第二次乡论支持的“士”，进入到了中央。汉末大混乱造成了“人士流移，考详无地”[②]的状况，因而“魏司空陈群，始立九品之制，郡置中正，评次人材之高下，各为辈目”。[③] 按照晋朝

① 增渊龙夫《中国古代的社会与国家》，1960 年，弘文堂，页 172。

② 《晋书》卷 36《卫瓘传》。

③ 《文选》卷 50 沈约《宋书·恩幸传论》注引《傅子》。

卫瓘的说法是,“其始造也,乡邑清议,不拘爵位,褒贬所加,足为劝励,犹有乡论余风”。[①] 如果将田畴进入中央的事例加以一般化,那么把郡规模的第二次乡论支持的“士”吸收到中央的途径,正是九品中正制度。因此,九品中正制度是建立在民间形成的乡论重层结构之上的,它的制定以民间的乡论作为前提。

冈崎文夫氏曾指出,九品中正制度忠实地继承了汉代乡举里选的精神。[②] 我们有必要从上面所述具有反映乡论的功能这层意义上,对这一论述重新进行审视。当由第二次乡论支持的“士”通过该制度进入中央时,在这种第三次乡论的形成之地,便产生了特定的贵族阶层。继续用“乡论”的概念来称呼这一远离乡邑,以中央为重心所在的高层次地方——与贵族直接相关联——或许并无多大意义。但是,通过《世说新语》这部书,我们很容易发现即便在贵族阶层及其周边,也形成了与下层乡论性质相同的人物评价圈。事实上,《世说新语》三分之一以上的内容直接与人物批评有关,而且几乎全用言语机智、仪容形象、才能等等来评判登场人物高低。人物评价,是构成《世说新语》的基本要素。[③] 一般认为,这部书非常生动地描绘了魏晋贵族社交界的氛围,那么,当时的贵族阶层及其周边所形成的圈子,与以人物评价作为基本构成要素的“乡论”,应该说是具有同一性质的。

综上所述,汉末到魏晋形成的贵族制社会,其典型模式可以用如下结构来理解:即从基层开始,首先在县、乡一级形成第一次乡论,接着以第一次乡论所支持的人士——有时亦用父老这一较古老的词汇来称呼——为中心,在郡一级形成第二次乡论,此时得到支持的名士亦即“贤长者”进入中央,形成了第三次乡论。以这种乡论环节的重层结构为基础,位于最上层的便是贵族社交界。

不过如上反复所述,在各个乡论环节的圈子内,社会阶层的分化产生

① 《晋书》卷36《卫瓘传》。

② 冈崎文夫《魏晋南北朝通史》,1932年,弘文堂,页488。

③ Y. Kawakatsu, “Sie Ling-yun et le *Che-chouo sin-yu*,” dans *Mélanges offerts à Monsieur Demiéville*, vol. 2 (Paris, 1975) 及《世说新语的编纂》(本书第三编第二章)。

了两种力量,即豪族的支配力与构成乡论的全体成员追求共同体关系的力量,二者复杂地交织在一起,所以不论构成第一次乡论的方式还是层层积累的方式,在各个地方都不尽相同。上面所勾勒的模式是一种理想型的社会形象,其典型即是田畴集团的"豪族共同体",在那里,豪族的支配力与其抵抗势力的力量以一种较为理想的形式综合在了一起。在现实当中,贵族制社会并非全都如此井然有序。不过尽管是一种典型模式,但当时它也是建立在九品中正制度之上,并且以该制度作为前提而存在的。

三、上层游离于基层之外

可是,即便在田畴割据的右北平这样边远的地区有着"豪族共同体",但在颍川、陈留、汝南、山阳等先进地区,如上一章所指出的那样,却存在着豪族的竞争,乡邑秩序就此出现分裂,豪族的支配力与一般农民的共同体志向之间,冲突激烈,此时乡论显示出的倾向是超越县、乡一级较狭隘的地区,扩大到了一个更为广阔的地域。早在166年的党锢事件以前,八俊、八顾等人物评判已经在山阳郡自然形成,而且在上述地方,有许多人都进入了全国性范围的"天下名士"的排行榜之列。这种倾向在历经党锢事件,名士遭到弹压以后仍然得到继承。以汝南地区著名的汝南月旦评为首,包含颍川在内的该地区,成为产生全国性大名士的清议中心。也就是说,该地作为先进地带,没有如第三次乡议的圈子那样借助国家权力,而是依靠乡论环节自下而上,层层累积,自然形成的。

这一广阔的空间,超越了第一次乡论与第二次乡论的场,它一旦形成,其自身便作为一个独立的圈子,与原本作为其形成基础的第一次乡论不同,有着独自运行的可能性。于是在乡论环节的重层结构中,便开始出现上层游离于基层之外,开始独立运转的倾向。它主要经由下面两点而日趋显著,一是基层——也就是作为第一次乡论场所的县、乡等乡邑社会——在长期的战乱中受到了严重破坏;二是位于已经形成的上层乡论圈的名士,构成了新政府的重要组成人员。正如荀彧所预见的那样,曾经作为清议中心的颍川乃"四战之地",与陈留一道,遭到了董卓麾下军队的彻底破坏。[①] 非常有名的蔡文姬《悲愤》诗，[②]对陈留一带的惨状作了如下描述：

卓众来东下，金甲耀日光。
平土人脆弱，来兵皆胡羌。
猎野围城邑，所向悉破亡。
斩截无孑遗，尸骸相掌拒。
马边悬男头，马后载妇女。
长驱西入关，迥路险且阻。

在异民族处经历了12年之久的囚人生活，回到故乡陈留所看到的情景是：

既至家人尽，又复无中外。
城郭为山林，庭宇生荆艾。
白骨不知谁，从横莫覆盖。
出门无人声，豺狼号且吠。
茕茕对孤景，怛咤糜肝肺。

这样一种乡邑社会的破坏，当然也就切断了那里的第一次乡论，尽管不久县城等地得以复兴，但社会构成与先前迥然不同。其最为显著的情况，可以在颍川郡许县看到。

在许县，过去以陈群的祖父陈寔为中心，清议之徒层出不穷。[③] 汉末

---

① 《三国志》卷10《荀彧传》。

② 见《后汉书》列传74《列女传》所载董祀妻传。该诗如《后汉书》所云，果真是蔡文姬《追怀》诗的话，未免含有一些夸张的成分。又，自苏东坡以来，大多认为该诗为后人的伪作，因而其中描述的陈留的惨状，也不得不令人心生疑虑。但是，对于伪作说，也有一些不同的意见（《胡笳十八拍讨论集》，1959年，北京）。而且陈留、颍川一带遭到董卓军队的极大破坏，这是不争的事实。因此，我们利用这首诗来想象当时破坏的状况，并无不妥。

③ 参见《后汉书》列传52《陈寔传》。陈寔84岁死去时，从各地赴其葬仪者超过了3万人。

的战乱，使那里遭到上述那种破坏。后来，曹操将献帝迎于此，在其四周大规模屯田，以此作为军政府的根据地。所谓屯田，就是没收流散没落的小农民以及受到打击的属于宦官系统的豪族所有的土地，①重新进行设置。因此，应募的屯田民并非都是这里的原先住民。而且，社会构成与以前也完全不同，因为处于国家权力的严格统治之下，所以乡论无法恢复以前那种生机。显赫一时的陈群等人，都是出自当地的名士，可是许县的一般住民以及许县的屯田民们在面对他们时，却并没有视其为自己的代表这种自豪之感，有的只是面对一种既成的高高在上的存在，产生出一般性的崇敬而已。

另一方面，上层的名士试图在自己的出生地重新恢复基层乡论，与之建立一种新的联系，从中发掘新一代人材。这种努力之一，正是九品中正制度。如前所述，这一制度既生成于乡论环节的重层社会，也以这种社会作为前提而制定，同时，它还提供了一个应具有的社会形态并努力使其再生。这些都是以该制度的制定者陈群等人为首的上层名士们所具有的性质来决定的，他们在汝、颍等先进地区乡论的高涨中，较早登上了具备全国规模的高层次乡论之上。这一高层次乡论的场所，逐渐成为新政府的重要构成要素，因此，他们虽然站在权力者的立场之上，但也并没有失去自己过去所带有的性质。

可是，他们作为中央政府的重要成员，而且还是第三次乡论的中心存在，尽管施行了从较低一层的基层乡论之中挑选优秀的人材进入官僚阶层的九品中正制，但还是有着自我保存与扩大再生产的一面。曹魏初期，已经获得公卿职位的陈群、华歆、王朗等人分别向仕于蜀的友人许靖——曾经是汝南月旦评的中心人物——寄去了书信，“申陈旧好，情义款至”，劝其去蜀归魏。② 这也就显示出，在九品中正制施行以后，构成魏国上层的人物试图在现在的基层乡论以外，重新集结过去在汝南、颍川、北海等地形成的，属于民间的第三次乡论集团。重新团结过去的集团，这一动向

---

① 颍川出身的宦官张让将其父归葬颍川（参《后汉书·陈寔传》）。善于蓄财的张让恐怕在故乡拥有大量的土地。

② 《三国志》卷38《许靖传》及注引《魏略》所载王朗的书简。

也就必然向集团的自我保存与积极地扩大再生产的方向迈进。随着时代从魏向晋进展，这一倾向日渐分明。正如一般所言，司马懿设置州大中正是通过既成的上层集团掌握州大中正，来达到保存既得权力与自我势力再生产的目的。其结果，便是九品中正制度刚开始具有的"乡论余风"渐渐消失，"遂计资定品，使天下观望，唯以居位为贵"，[①]使得这项制度不得不背上"上品无寒门，下品无势族"的非难之名。

九品中正制度本来是以乡论环节的重层社会作为前提，并以其为社会常态而制定的。果真这样纯粹地发生作用的话，可以整齐地排列个人的顺序，也会出现贤者、有德者的金字塔式等级制度，而且即便出现这样的状况，也并不一定会出现家门的高下等产生贵族制社会的基础。所以说，已经形成的第三次乡论的中心集团，为了自我保存与自我的扩大再生产，利用了这项制度。于是我们看到，这项制度导致了上述中心集团走向贵族化，确立了贵族制，同时也在维持贵族制社会中发挥了作用。不过，既成的上层集团之所以能够这样利用这一制度，首先一点是如前所述，大多数乡邑社会在汉末的大混乱中瓦解，原本应从主体上参加乡论的知识分子大量地没落、离散，[②]其结果是导致了第一次乡论的断绝，或者可以说是乡论的淡化。另一点是，这种基层乡论的衰落与乡论本身具有的易为土豪层或支配阶层所操纵的弱点连在一起，促使了既成的上层集团有可能操纵乡论。基层乡论的衰落相反促成了上层乡论集团的固定化，增大了上层与基层乡论之间的裂痕与差距。也就是说，他们作为贵族日趋固定，上层乡论的场直接变成了贵族社交界。贵族社交界勉强地通过吸收下部乡论的渠道——九品中正制与个人的关系[③]——保证了一些新鲜血液的输入，同时它自己也维持着一个自我完结的圈子，即便脱离了基层乡论，也可以得到建立。如此堆积起来的贵族社交界，通过3世纪的百余年时间，逐渐加深了与基层乡论的场相游离的程度，但是他们自身的权威

---

① 《晋书》卷36《卫瓘传》。

② 《三国志》卷21《刘廙传》注引《刘廙别传》云："乱弊之后，士之存者盖亦殆无。"

③ 所谓个人关系，可以想到的是超过了上下身份差别的亲爱感情及恩义关系等。门生故吏关系（参本书第二编第五章）等在这时也发生了很大作用。

却已经得到了确立。

结　语

如上所述,魏晋交替之际,在文人贵族制社会的形成过程中,从制度上起到决定性作用的是九品中正制。这一制度设立的宗旨,原是以乡论环节的重层结构作为前提,并以上述结构作为社会应有的形态,然后再依据乡论来登用人材。但是,在实际的运用过程中,占据乡论重层环节最上层的集团,以现实中基层乡论逐渐衰弱为背景,操纵着乡论,由此使既成的上层集团作为贵族相对固定下来。此时成立的贵族社交界,结果将九品中正制作为维护贵族制的制度基础而加以运用。可是,贵族社交界是在第三次乡论的圈子内形成的,它并没有丧失人物批评这一本来的性质。于是,有一种可以称之为乡论主义的思想在此出现。也就是主张应与过去的基层乡论一样,通过认定贤者、有德者的人物评价,建立一个政治社会的等级秩序。通过3世纪约百年的实际成就,人们开始自觉认识到,这种乡论主义的意识形态乃是维持公共秩序的唯一原理。

进入4世纪以后,从八王之乱到永嘉之乱,局面异常混乱,此时上述贵族社交界也随之面临瓦解的危机。贵族之中,有的人回到基层乡论之处,勉力生存,有的则为了避开战乱而避难江南或其他边缘地区。可是,在多数贵族流寓的江南地区,在这些北来逃难贵族的领导下,贵族社交界再次得以重生。最重要的原因,是如上所述,他们在华北经过一百余年已经成功地建立了一个既可以自我完结,也与其他阶层保持联系的极为柔软的圈子,同时也成功地培育了一种可以称之为乡论主义的先进理念(在接下来的第二编中将要论述此点)。之所以能做到这两点,主要是因为一方面在华北地区,豪族的力量得到了增强,而另一方面是,与导致社会阶层分化的豪族之力相对抗,使其不致发展成为领主,而是向乡邑之"望"的方向发展的强大乡论——也就是支持乡论的自立农民主体上的力量高涨——的存在。在这两种处于紧张状态中的力量之上,便产生了上述特殊的贵族制社会。

以上,从第一章到第三章的论述是我长期以来对如何理解贵族政治与贵族制社会的成立及其本质的问题所作的一些思考。在第四章中,我将对一些针对我的批判意见重新进行回应,同时也想对自己的思索过程作一次整理,虽然由此在叙述上不免有些重复,但也不能说全无意义。为什么呢?因为它可以对到目前为止我对这一问题的思索作一个结论。

(原题《贵族制社会与孙吴政权下的江南》,1970年3月,
收入中国中世史研究会编《中国中世史研究》,东海大学出版会。
本章为该文的前半部分,1979年8月修订)

第四章　贵族制社会的成立

一、问题的基本视角

在直接进入课题之前，有必要首先回顾一下前人是如何认识贵族制社会的？又是怎样看待贵族制社会在汉末即公元3世纪以后中国史上所具有的意义的？由此可以更加明确问题的核心所在，以及面对课题时，我们所应采取的基本态度。

所谓贵族制社会，是指广泛存在着的贵族或豪族阶层在政治、社会、经济、文化等所有方面处于中心地位的一种社会体制。这种社会体制在3世纪以后的整个六朝时代，乃至直到唐代以前的中国社会具有鲜明的特色。这种特色又使这个时代在中国史上占有特殊地位，具有作为一个独立时代的价值。众所周知，这大体上是内藤湖南以来称之为"中国贵族制论"的基本观点。

但是，自20世纪50年代以来，对前述贵族制社会的独特性出现了否定的见解。例如越智重明氏即认为："构成其（指贵族制）概念基础的'政治统治阶级的世袭性'，从宏观上来看，并非限于这个时代，而且，也并非是从这个时代开始的。和其他时代政治统治阶级所具有的世袭性质相比，这个时代只不过具有更加突出的'程度'而已。"因而，贵族制社会的问题，并不具有"发展阶段"的意义。① 这样，问题的重心被置于统治阶级在政治舞台上的存在形式这种政治史、制度史的视角上。从这样的视角

---

① 参照越智重明《魏西晋贵族制论》（《东洋学报》45卷1号，1962年），尤其是第93页。

出发,质的问题就被转化成量的问题。

可是,自从谷川道雄氏把1965年初以前学术界的主要动向进行整理后,关于理解贵族制社会的根本问题所在已经很清楚了。[①] 其中指出的最重要问题之一,是应如何看待六朝贵族制采取官僚制的形式,即"当时的统治阶层(贵族阶层)是因国家权力的存在才得以成立,因而具有官僚性的呢?还是统治阶层不以国家权力的存在为前提,它本身就是统治阶层,只是其存在形态包含有官僚性呢"?[②] 同意第一种观点即贵族阶层因国家权力才能得以成立的有前面提到的越智重明氏,而矢野主税氏的观点更明确,提出所谓"贵族即寄生官僚论";[③]持相反观点即贵族阶层不以国家权力的存在为前提,其本身就是统治阶层的大体上是内藤湖南以来的所谓"中世贵族论",或在其基础上批判性地发展了的观点。[④] 那么,自身作为统治阶级的贵族阶层,为什么"其存在形态要带有官僚性呢"?对这个问题,正如谷川氏指出的那样,后者的理论并没有很好地意识到,倒不如说,由于"贵族即寄生官僚论"的刺激,才终于自觉地意识到这个问题。我就想带着这样的问题,进入贵族制社会的成立这个课题。但在此之前,我还想对"贵族即寄生官僚论"中的基本思考方式,稍加批判。

众所周知,战后前田直典氏的论文《东亚古代的终结》引发了一场大讨论。[⑤] 依据其时代区分的"古代"帝国构造尤其是国家权力的统治形式,成为许多人热心钻研的课题。结果,出现了西岛定生氏的观点,他认为不仅秦汉帝国,隋唐帝国也是古代专制国家,从皇帝对人民的个别人身

① 谷川道雄《六朝贵族制社会的历史性质及向律令体制的展开》(《社会经济史学》31卷1—5合并号,1965年。后收进《中国中世社会与共同体》,1976年,国书刊行会,第2部第3章)。

② 同上,《中国中世社会与共同体》页153。

③ 矢野主税《门阀社会史》(1965年,长崎大学史学会油印)、《门阀社会成立史》(1976年,国书刊行会)等。

④ 《内藤湖南全集》第8、10卷(1969年,筑摩书房);冈崎文夫《魏晋南北朝通史》(1932年,弘文堂);宇都宫清吉《汉代社会经济史研究》(1955年,弘文堂)、《中国古代中世史研究》(1977年,创文社);宫川尚志《六朝史研究——政治社会篇》(1956年,日本学术振兴会);宫崎市定《九品官人法研究》(1956年,东洋史研究会)等。

⑤ 收入铃木俊等编《中国史的时代分期》(1957年,东京大学出版会)。

支配中，发现了中国古代的固有阶级关系。[①] 一直到现在，它还在学术界占有一席之地。如果从这样的立场来推断，处于秦汉帝国和隋唐帝国之间的六朝各国，不论它们是怎样的分裂，统治力如何薄弱，也实施着某种形式的个别人身支配。但是，历经300年以上长期分裂和权力分散而生长起来的六朝贵族制社会，用这样的观点，是无法解释的。因为仅从皇帝权力对个别人身支配的减弱很难作出令人信服的回答，还必须进一步说明促使其减弱的原因，而要做到这一点，单从皇帝与人民的阶级关系出发是不够的。即使再引入良贱制这样的视角，[②]也不可能得到充分的说明。不幸的是，学术界至今还有人试图从这样的立场去解释分裂的六朝时代。

矢野主税氏的“贵族因国家权力的存在才得以成立”的“贵族即寄生官僚论”，正是受到了这种从20世纪50年代以来，热心追求古代专制国家权力构造的学术思潮的影响。实际上，矢野主税氏为了奠定“寄生官僚制论”的基础，利用了马克斯・韦伯的家产官僚制论和西岛氏的秦汉帝国权力构造论以及越智氏关于南朝宋代皇帝权力的研究。[③] 这里，且不谈对韦伯的理解如何，矢野氏构想中受到西岛说极大影响是很清楚的，利用越智氏的研究虽然不十分明了，但当贵族即寄生官僚论者说“皇帝单方面的统治体制”时，就如谷川氏确切指出的那样，那已经不过是“抽象的、形式上的概念而已”。[④] 西岛氏是以解析古代帝国皇帝统治的基盘和构造为问题的中心，但是贵族即寄生官僚论者对基盘和构造问题的关心已经淡薄，而突然把所谓“皇帝单方面的统治体制”作为“没有丝毫疑点”的东西置入头脑里，实际上已经偏离了西岛氏的基本问题意识，只不过是相当简单地接受他的观点并受其影响的产物。

一般来说，在重视中国专制主义国家权力的视角中，隐藏着向所谓“亚细亚停滞论”回归的理论陷阱。我们不应把国家权力或皇帝支配作

---

① 西岛定生《中国古代帝国的形成与构造》(1961年，东京大学出版会)等。

② 参照岩波讲座《世界历史5・古代5》(1970年，岩波书店)第9章尾形勇氏论文及同氏《中国古代的“家”与国家》(1979年，岩波书店)。

③ 前引矢野主税《门阀社会成立史》，页13。

④ 前引谷川道雄《中国中世社会与共同体》，页156。

为一个固定不变的东西去把握，而有必要注意从内部支撑及随着时代的发展使其变化甚至超越的因素。[①] 然而，“贵族即寄生官僚论”的“皇帝单方面的统治体制”的构想，把皇帝权力作为普遍的、超时空的存在，极易导致僵化，难以理解历史过程中千变万化的特殊存在。这样的思考倾向，与本文的主题即怎样把握贵族制社会的成立，有着直接的关联。

我曾经以六朝贵族政治体制的成立为题，论述过六朝贵族源于汉末的清流势力。[②] 关于清流势力的构成，后文将详细讨论。不过矢野主税氏并不赞成我的观点。他以《东汉书·党锢列传》中的人物为中心，对清流势力的人物作了逐个调查统计，结论是这些人的子孙在西晋时代几乎没有高官显贵，因而“不能不认为西晋门阀贵族是汉末以后至三国之间，同三国政权有着密切关系的人们”。[③] 虽然我对矢野氏的统计手法本身抱有怀疑，但我从清流势力中寻找魏晋贵族源流的观点，与矢野氏同样持“贵族即寄生官僚论”的越智重明氏大体也是赞同的，[④]因而没有必要再详细反驳。这里想指出的是：矢野氏所谓“只有从汉末至三国，同三国政权关系密切的人们”中担任三国（主要是魏）至西晋高官者才能成为门阀贵族的结论以及满足于这种结论的思维方式，其本身就是有问题的。

自然，靠拢某一个政权或与其密切合作，便能成为高官，反之，疏远或不合作就不能成为高官。这种解释，只不过是提出了一个在人类社会中，不分东西南北，也不论什么时代都适用的普遍而又稳妥的原则。它不是阐明一定时代特殊状况的历史性理解，而只是单纯地向一般原则还原，确实只能算是“抽象的形式的”理解。这种抽象的理解以及满足于这种理解的思维方式，与那个称作“皇帝单方面的统治体制”这种“抽象的形式的概念”的构想，在本质上是共通的。当然，历史的理解并不是向单纯的一般原则还原就能达到目的的。以前我之所以说“魏晋贵族……使其能

---

① 川胜义雄、谷川道雄《中国中世史研究的立场与方法》（中国中世史研究会编《中国中世史研究》，1970年，东海大学出版会）。

② 参见本编第一章。

③ 矢野主税《试论门阀贵族的系谱》（《古代学》7卷1号，1958年。后增补收进《门阀社会成立史》，页29）。

④ 前引越智重明《魏西晋贵族制论》，页97。

够长期垄断官僚机构而不受王朝更替的影响，不仅仅在于他们是否与王朝合作，其中肯定有某种更深刻的原因”，①就是认为应该避开这种是否“与政权有密切关系”的向一般原则还原的思考方式。

而且，在“西晋门阀贵族是汉末以后至三国之间，同三国政权关系密切的人们”这种结论中，忽视了三国政权是汉末以后混乱中逐渐形成的政权。曹操起兵时，在关东诸将当中不过是一支很小的势力，以致在公元190年率先引兵讨伐董卓之际，很快就在荥阳一败涂地。当然，这决不是说政权从一开始就是和曹操个人共存亡的。曹操的势力发展成为一个政权，如果没有从191年起支持曹操的荀彧和以荀彧为中心的清流势力的合作，是不可能的事。这些士大夫，并不是在政权之外，向已建成的政权靠拢，寄生于其中，而是和曹操一起，积极主动地构筑政权。政权是由人建立的不断变化的产物，既需要而且也在不断寻求自己的支持基础，决不是一成不变的东西。（参见［补记1］）

因而，当我们面对贵族制的成立课题时，不能只限定在政治史、制度史的视角里，有必要更深入地从社会构造的变化中来发掘问题。为此，必须从东汉时代社会基层的变化开始探讨。虽然这要花费许多笔墨，但它不仅是贵族制社会成立的前提，也关系到贵族制社会的本质理解。正如杜勒鲁奇（1865—1923，德国新教神学家、哲学家）所说的那样：“从起源中理解事物，就是从本质上理解事物。”

二、豪族在乡村的统治与自耕农民

使贵族制社会得以成立的社会条件，首先不能不提到汉代各地乡村社会中豪族势力的逐渐成长，特别是东汉时期，豪族在乡村的统治得到长足发展。这里，想在分析汉末社会形势的必要限度内，对乡村社会中豪族势力的扩张及所引起的问题进行探讨。

大体上，典型的汉代乡村社会，与在河北省武安县午汲镇北方“午汲

---

① 川胜义雄《六朝贵族制》（《历史教育》11卷5号，1964年），页25。

古城"遗址中所看到的那样,由矩形土城环绕的小街所构成(参见本书24页注1)。在那里,自耕农民以"三族制"的家庭形态聚居在一起。[①] 各家的耕地散布在街道周围,他们一般白天在田地劳动,傍晚回到家中,过着朝出晚归的生活。[②] 这样的聚居区当时称作"乡"、"亭"或"众"。分别由"父老"即有丰富人生经验的年老者为中心形成自治体。人们相互之间由共同体关系结合在一起。那里有称作"亭"的建筑物,从这个字形就可以想象到,那是有二层楼的建筑物,或是附有两层屋顶的小塔楼,以用于瞭望。亭作为保护共同体秩序的场所的同时,里面还附有教育年轻人的"塾",以及可以制作饮食的"厨"。[③] 正如人所熟知的,亭里也备有驿马,远地来的行人可在此住宿。自治体内部的集会大概也在那里举行。建筑物的管理者称作"亭长",负责维持地方社会的治安,一般都从镇上德高望重的老人中选拔。当时构成"乡"、"亭"的基层单位是"里",我们姑且把这样的乡村共同体称之为"里共同体",汉帝国就是在"里共同体"基础上建立起来的。

在这种"里共同体"的原型中,自耕农民是由相当平等的共同体关系联结在一起的。(参见[补记2])但随着里共同体生产力的提高,内部发生了阶级分化,即富裕的豪族与贫苦农民之间的分化,前者对后者的支配日渐扩大,以致如东汉末期仲长统所说"豪人之室,连栋数百,膏田满野,奴婢千群,徒附万计"。[④] 崔寔也谓:"上家累巨亿之赀,斥地侔封君之土,行苞苴以乱执政,养剑客以威黔首。专杀不辜,号无市死之子。""故下户踦岖,无所跱足,乃父子低首,奴事富人。"[⑤]如果这种状况继续下去,里共同体就会完全解体,豪族对乡村的一元化支配,即如"封君"般的领主性

---

① 宇都宫清吉《汉代的家与豪族》(前引《汉代社会经济史研究》第11章)。

② 宫崎市定《中国聚落形态的变迁》(《大谷史学》6号,1957年。后收进《亚洲史论考》中卷,1976年,朝日新闻社)。

③ R. A. Stein,"Remarques sur les mouvements du taoïsme politico-religieux au Ⅱ^{e} siècle ap. J.-C", *T' oung Pao*, Vol. L, Livr. 1—3, 1963.(Stein、川胜义雄译《公元2世纪的政治宗教性道教运动》,载《道教研究》第2册,1967年,页81—82及91)。

④ 《后汉书》列传39《仲长统传》载《昌言·理乱篇》。

⑤ 《通典》卷1引崔寔《政论》。

支配体制就会确立。我把这种倾向称之为"豪族领主化倾向"。实际上，这是豪族成长的一大原因。在汉帝国崩溃的大动乱中，像乘氏县（今山东曹县东北）李氏那样的豪族，从其下属的"宗族宾客数千家"中，组织私人武装，父子三代几乎都可以称之为军事领主。如果这种状况发展遍及华北，各地因军事领主的强弱而产生种种权力实体，权力实体相互之间又构成一定的关系，说不定会形成采邑式体制。至少，军事豪族变成统治阶级，从而产生武士阶层的可能性并非完全没有。然而形势没有那样简单地、直线般地发展下去。

如果从近来所谓生态史观的角度看，像华北那样的雨水灌溉农耕地带，属于草原或平原地域，容易孕育大帝国而不容易形成地方分权的封建国家。由于温度和湿度等原因，那里的森林发育不充分，一旦遭到砍伐，即难以再生，因此容易导致集团性的迁徙，相互间的交流也从很早就开始发达起来。与森林发育地域不同，这些地区降雨量的变化，对农作物的生长几乎具有决定性的影响，因而收获没有保障，甚至地区之间也产生了明显的丰歉之差。为了在地区之间互通有无，只有把广大的地域合并成一个统一的社会。这种统一的社会与发达的交流相结合，就很容易形成大帝国。①

的确，从战国到秦汉时代，"里共同体"周围土地的垦殖和"里共同体"自身的增殖主要是通过豪族雇佣众多劳动力大量开发荒地来实现的。开荒使华北平原本来发育就不充分的森林，遭到大片采伐，此后又难以形成第二次森林。在农地一望无际的华北大平原上，尽管豪族领主化倾向在不断发展，但他们作为封建领主割据并维持地方分权的封建国家所需要的经济的、地理的条件，却已经不复存在了。

当然，仅仅把握历史类型的生态学观点并不能完全解决问题，因为推动历史发展的动力，存在于克服并解决各自社会内部矛盾的人类主动的、创造性的努力之中。汉末社会豪族领主化倾向之所以没有一直发展到形成军事领主制社会，并不仅仅在于华北平原生态学的条件，更根本的原

① 谷泰《干燥地域的国家》（川喜田二郎等编《人间——人类学的研究》，1966年，中央公论社）。

因，存在于汉末社会内部的自身条件之中，即不是使其形成军人领主制社会，而是成为由具有教养和知识的文人支配的贵族制社会的第二个社会条件。

所谓第二个社会条件，是指从士大夫到贫农的广泛的社会阶层，长期顽强地反对豪族领主化倾向，展开了一系列抵抗运动。而使抵抗运动可能产生的基本社会基础，不能不考虑到以下事实，即构成里共同体的自耕农民，在整个汉代，随着农业生产力的提高，自身的独立性也在增强。农业生产力的提高，像已提到的那样，一方面使各地乡村社会中的富裕豪族成长起来，产生了豪族对乡村一元化支配的领主化倾向，使丧失了独立性的小农民不得不隶属于豪族的情况变得普遍起来；另一方面，也不能小看农业生产力发展对增强乡村社会自耕农民生活基础的作用。无视这一点，就不能说明汉末一连串抵抗运动之所以产生的原因，也无法理解贵族制社会为什么得以成立。

实际上，这个抵抗运动首先是从士大夫开始的。众所周知，汉武帝以儒教为国教，在首都设置"太学"，开辟了培养儒家人材作为官吏的道路。但儒学的真正普及是进入东汉以后的事，太学学生数目的变化就充分说明了这一点。武帝时太学学生定员只有 50 人，以后逐渐增加，西汉末期大体上达到千人左右的规模，到东汉质帝即公元 146 年时，有 3 万以上的学生来到首都洛阳游学。这些人又将儒学传播到各地，如清朝学者赵翼所指出的那样："及东汉中叶以后，学成而归者，各（在故乡）教授门徒，每一宿儒，门下著录者，至千百人，由是学遍天下矣。"①自然，优裕的经济状况为做学问提供了便利的条件，故儒学首先进入富裕的豪族阶层。但这样大量的学生并非全都出身于豪族，东汉第一流学者郑玄，就曾因家贫离开故乡到外地租地耕种，据说相从而去的学生达数百千人。连不是自耕农的租地农民阶层里，都出现了第一流的知识分子，它真实地反映了当时知识阶级的丰厚土壤。知识阶级的扩大，是以当时农民独立性的增强与广泛发展作为基础才有可能的。

---

① 赵翼《陔余丛考》卷 16"两汉时受学者皆赴京师"条。

东汉末期，以里共同体为基础的华北乡村社会的发展，一方面，使豪族的力量得到扩张，即所谓豪族领主化倾向引起了里共同体的阶层分化，威胁到共同体本身的存在；另一方面，小农民的力量也在成长，具有强烈独立性的农民阶层也在广泛范围里相当地成熟起来，并竭尽全力维持共同体秩序。在这种情况下，当豪族强行推进其在乡村的统治时，引发抵抗是很自然的事。东汉末期的社会，是豪族领主化倾向同与之对立的强大抵抗运动激烈冲突的时代，也是寻求克服其矛盾的时代。强烈的抵抗运动最终阻止了豪族的军人领主化，将其扭转到士大夫化的方向，由此形成了文人贵族制社会。为了说明这一点，下面我们来看看汉末社会矛盾及其冲突演变的具体表现形式。

三、清浊二流的对立及其社会基础

汉末社会矛盾的激烈冲突首先表现在政府和知识阶级之间。所谓政府，并不包括它的全体成员——政府中多数成员还是知识分子——而是指掌握政权的实权派。这些人把激烈反对实权派路线的知识分子官僚看成“党人”，作为镇压对象。所谓知识阶级，也不是指全体知识分子，因为知识分子中也有追随实权派的人。因而，双方势力构成是十分复杂的，只是大体上，可看作政府与知识阶级的对立。下面先看看双方激烈冲突的具体事件。

桓帝延熹九年（166）和灵帝建宁二年（169），由宦官势力控制实权的政府，将批判和弹劾其统治的大量知识分子及官僚，加上“党人”的罪名进行镇压，尤其是169年第二次镇压之际，上百位著名的士大夫官僚被处以死刑，有幸逃脱的知识分子也被通缉。还有数百名党人遭到“禁锢”——罢免官职，禁止入仕——不久又株连到家族门人。一直到184年黄巾之乱爆发前，延续了近二十年。这就是历史上所谓的“党锢事件”。

事件发生的原因，据《后汉书》著者范晔认为是“逮桓、灵之间，主荒政缪，国命委于阉寺，士子羞与为伍”。这种状况又引起民间“匹夫抗愤，处士横议，遂乃激扬名声，互相题拂，品核公卿，裁量执政”（《后汉书·党锢列传》)。知识阶级批判宦官政府的舆论称作“清议”,因清议而东山再起的党人集团称作“清流”。作为发动清议的原动力,前面提到的大量太学生和各地书生在其中发挥了重要作用。范晔说:“太学诸生三万余人,郭林宗(泰)、贾伟节(彪)为其冠,并与李膺、陈蕃、王畅更相褒重。学中语曰:‘天下模楷李元礼(膺),不畏强御陈仲举(蕃),天下俊秀王叔茂(畅)。’”(《后汉书·党锢列传》)由于这种宣传支持了政府中反对宦官势力的正直官僚,引发了批判政府的广泛舆论,终于受到政府的严厉镇压。

我刚才说过,东汉末期的社会,是豪族领主化倾向同与之对立的抵抗运动激烈冲突的时代。那么,怎样说明这种冲突以及宦官政府与清流势力的激烈斗争两种矛盾之间的关系呢?为回答这个问题,不能不先大致了解造成宦官政府同清流激烈冲突的前史。因为党锢事件之所以发生,是在此之前矛盾长期积累的结果。

宦官控制政权,首先是由于东汉帝室外戚长期垄断政权导致的。外戚的横暴及其对政权的垄断,早在建国之初已显露端倪了。光武帝皇后阴氏的宾客依仗权势在广汉郡(四川省)横行不法,郡守蔡茂上奏弹劾说:“顷者贵戚椒房之家,数因恩势,干犯吏禁,杀人不死,伤人不论。”(《后汉书·蔡茂传》)由于东汉帝室和开国功臣之家——皇后也常常出自这样的家族,即贵戚之家——多来自南阳(河南省南部)和其他地区的豪族阶层,东汉政府的权力,从一开始就有被一部分豪族用来追求私人利益、贯彻私人支配的倾向。但在章帝之前的三代里,建立在里共同体基础上的国家自发地抑制了这种倾向。章帝以后,相继由幼主即位,皇太后摄政成为惯例,外戚为了私人统治,利用政权的状况渐趋严重。公元 88 年章帝死后,皇后窦氏以皇太后摄政,其家族占据了公卿大臣许多重要职位,太后兄弟“(窦)宪、(窦)景等日益横暴,尽树其亲党宾客于名都大郡,皆赋敛吏人,更相赂遗”。“其余州郡,亦复望风从之”(《后汉书·袁安传》)。像这样由一部分外戚垄断政权,继窦氏之后还有邓氏、阎氏,而接连拥立冲帝、质帝、桓帝三代幼主的外戚梁冀,从 140 年代至 150 年代,一直控制政权,外戚专政的弊端达到极点。这里值得注意的是,以上外戚的行为方式,同前文引用过的崔寔批判地方豪族“行苞苴以乱执政,养剑客以威黔首。专杀不辜，号无市死之子”相比，性质是一致的，不过行动规模更大些。

外戚的这种动向，如增渊龙夫氏正确指出的那样，①是西汉已经显露苗头的内朝对外朝的优势，进入东汉以后，则采取更加露骨的形式表现出来。不满外戚垄断政权的皇帝，依靠亲近的宦官，诛杀外戚，夺回权力。前述窦氏，就是宦官郑众设谋诛灭的。邓氏以下，也都被宦官势力打倒。不可一世的梁冀，死于单超等宦官之手。内朝宦官势力由此逐渐强大起来，梁冀被杀之后，形成了“国命委于阉寺”的局面。容许收领养子的宦官，将其亲朋或买来的奴隶认作养子，任命为州郡长官。这些人在各地巧取豪夺，几与盗贼无异。② 在皇帝利用宦官把权力从外戚手中夺回时，权力无形中又转移到宦官手中去了。正如增渊氏所说的那样：“章帝以后内朝的历史，是围绕谁实际控制政权而展开的宦官与外戚之间激烈争夺的历史。”

宦官虽然可以通过收领养子建立家族，但它并非属于“豪族”范畴。不过在为了私人统治利用权力方面，他们与可放入“豪族”范畴内的外戚并无二致。仲长统有云：“权移外戚之家，宠被近习（宦官）之竖，亲其党类，用其私人，内充京师，外布列郡，颠倒贤愚，贸易选举，疲驽守境，贪残牧民，挠扰百姓，忿怒四夷，招致乖叛，乱离斯瘼。”③这种状况是宦官和外戚共同的“政治荒谬”造成的。外戚也好，宦官也好，“为了在外朝和地方的官僚机构中扶植各自的势力，向外朝和各地官僚施加压力，请托选举，无视乡党舆论，将自己的家族及依附他们的地方豪族子弟送进官府，使所谓选举普遍变得腐败，引起了激于乡党舆论的清议”（前引增渊论文）。外戚和宦官虽然在内朝你死我活的斗争，但就其在整个国家社会中所起的作用来说，二者是没有差别的。因而有理由把他们都包括在与“清流”势力相对立的“浊流”势力之中。

这些浊流势力无视乡党即乡村社会的舆论，普遍败坏选举，作为其间

① 增渊龙夫《后汉党锢事件的史评》（《一桥论丛》44 卷 6 号，1960 年）。

② 《后汉书》列传 68《宦者列传·单超传》。

③ 《后汉书》列传 39《仲长统传》引《昌言·法诫篇》。

媒介的是那些“与其勾结的地方豪族”。我在前文已指出外戚行为方式同地方豪族属于同一类型。地方豪族虽说具有领主化的倾向,但仍未强大到单靠其自身的力量就足以推动这种倾向的程度。因而有必要“行苞苴,乱执政”,结交上层权贵作为靠山。而能够成为其靠山的,再也没有比惯用“相互贿赂”、扩张利权的外戚与宦官更好的对象了。地方豪族勾结利用外戚、宦官等浊流势力来推进其领主化倾向,因而,外戚和宦官虽然在内朝经常处于敌对关系,但从整个社会来看,都站在豪族领主化路线一边。具有这种性质的浊流政权,与建立在里共同体基础上的汉帝国本来的性质是矛盾的,或者不如说,汉帝国已经朝着异质的政权转化,变成了正在领主化的豪族政权。

对于东汉政权朝这样的方向发展,具有儒家教养的官僚、士大夫从一开始就坚决反对。光武帝时,弹劾外戚阴氏的蔡茂和“举奏”窦宪兄弟一伙的袁安等,不过是几个著名的例子。尽管如此,东汉政权演变为浊流势力政权的趋向愈来愈严重,这种趋向直接影响到各地的政治与社会,其集中表现是仲长统和增渊氏指出的选举问题。

所谓“选举”,是地方郡守依据“孝廉”等儒教的道德标准向中央推荐人材,从中录用官僚的制度。随着西汉末期至东汉期间儒教的逐渐普及,通过选举制度录用的人材在官僚中占有相当比重。① 而选举制度可以看成是将当时乡村共同体——我把它称为里共同体——的构成原理作为国家制度的自觉体现。因为里共同体中一般人际关系的基础是“父老与子弟的关系”,其中的“内在规律即具有所谓长幼之序的‘孝悌’,是规定人际关系的自律性伦理”,“孝既是家族伦理秩序的原理,同时又超越家族,而在更广泛的共同体民众生活中,作为一种秩序体系的基础,以各种不同的形式存在着”。② 前面,我已极简略地勾画了当时里共同体的面貌。指出里共同体的指导者“父老”、“亭长”都应是当地德高望重的长者。以

① 关于选举制度的研究很多,如永田英正《汉代的选举和官僚阶级》(《东方学报》,京都,第41册,1970年)。

② 宇都宫清吉《把握中国古代中世史的一个视角》(前引中国中世史研究会编《中国中世研究》)。

"孝廉"为中心,以及"贤良"、"方正"、"茂才"、"直言"等科目被推荐的人材,应是基于这种里共同体的评判——当时称作"乡论"——被推举出来的。使这些贤者、有德者能够成为官僚去治理国家的方法就是选举,这种选举对于实现以里共同体为基础的国家起着关键作用。

然而浊流势力"无视乡党舆论,将自己家族及与其勾结的地方豪族子弟接纳进官僚阶层,普遍败坏了选举"。因此,"以乡党舆论为基础的清议",及以太学生、地方书生为巨大原动力的清流士大夫在广泛范围内对浊流势力展开了猛烈批判。其所以会舆论沸腾,如前所述,正是以贯穿于里共同体和国家理念的儒教意识形态广泛普及为基础。此外,由于浊流势力的所作所为破坏了现实中应有的形象,促使乡党舆论即乡论更强烈、自觉地兴起。因此,这不应仅仅理解为既成意识形态的普及,而是同浊流势力结合的一部分乡村豪族在推行所谓豪族领主化路线时,在现实中破坏了里共同体,威胁到农民生活基础所带来的结果,各个阶层自觉地起来反抗这种路线以捍卫自己的生活基础。

上面我想说明浊流政府与清流势力的激烈冲突,基本上是东汉末期社会中豪族领主化倾向同由此被破坏的乡村社会中出现的这种抵抗倾向、推举德高望重者为指导者积极维持、建设共同体秩序运动两者之间的激烈冲突。那么,这种对立与激烈冲突是否可以理解为浊流与豪族对清流与农民之间的阶级斗争呢? 事情并不是那样简单,正如历来指出的那样,清流势力中也包含有许多豪族。作为清流势力最大构成要素的知识阶级中,不用说,多数是出身于富裕阶层即豪族。在历来接近于社会史的方法中,因清流势力中多数是由豪族所构成,一般也就倾向于把它从豪族这一方来把握。但像本章一开始所谈到的,如果豪族是指拥有广大私有地,结集大量宗族,依仗财力豢养众多宾客、剑客,胁迫周围农民,以实现对乡村的统治,那么清流势力中豪族出身者则与这种豪族的本来性质相反,他们反对领主化倾向,站在力图维持和重建正在崩溃的乡村共同体关系一边。因而仅从豪族的本来性质不能把握住清流豪族,相反,倒是他们具有浓厚的乡村共同体性质。易言之,清流豪族否定了作为豪族本身存在基础的阶级原理,而将自己置于与此对立的共同体原理基础之上。那么，清流豪族这种自我矛盾的性质又是怎样形成的呢？

如刚才提到的，儒家的教养首先浸透到豪族层中。如果儒家观念形态是以里共同体构成原理为基础的国家的理念化，那么具有这种观念形态的豪族就会自我抑制力图支配乡邑的本来倾向。例如东汉末期的大学者蔡邕，出身于陈留郡圉县“富殖德薄”的豪族蔡氏一家，他的身上就集中体现出了这种矛盾（参见本书第一编第二章第三节）。但对豪族自我控制本来的倾向，单从其自身的观念形态并不能很好地加以说明。作为豪族，其自我控制本来的倾向——扩大自己财富，依照阶级原理向领主化发展的倾向——也应该是有着不得已的现实社会条件。

其中条件之一是，在华北乡村社会中，一个豪族压倒其他豪族占有优越地位的情形比较少，多数情况是许多豪族为了发展，各自与周围的豪族展开激烈的竞争。在汉代乡村社会，“时官不禁报怨，民家皆作高楼致其上，有急则上楼击鼓以告邑里，令救助也”。[①] 拥有高楼的民家，大概是当地乡村中的豪族之家，豪族以此来增强自己的自卫能力。如前所述，亭本来就是乡村中的高楼建筑，亭长是乡村中有威望的人物，负责维持当地的秩序。乡村中的豪族家家造高楼自卫，说明乡村中的秩序因豪族之间互不合作而陷入分裂状态。在豪族之间对立竞争的状况下，其中一家为了取得优势，极力希望勾结上层权力，在其保护下增加对乡村的控制力。公元1世纪以后的上层权力，就是实际掌握东汉政权的外戚、宦官等所谓浊流势力。当某些豪族通过“行苞苴”勾结上层权贵，强化领主化路线时，与这种路线没有关联的同乡其他豪族为了抵抗来自这种路线的压力，不能不采取相反的路线。所谓相反路线，就是和一般农民联合，一起维持共同体秩序，宣扬作为其意识形态的儒教理念，自身也力图去实行这种理念。于是，以这种理念为内容的乡论盛起，而乡论又以这样的豪族为贤者、有德者，支持他们，把他们推到前列。由于乡论是以儒家的意识形态为内容的，它超越了狭小的乡村社会范围，具有广泛的共通性。由乡论支持的豪族为了在乡村中抵抗豪族的领主化倾向以及作为其后盾的浊流势

---

① 《太平御览》卷598所引《僮约》注。

力，遂联合其他乡村中同样立场的豪族或士大夫，建立共同战线，形成了广泛的清议网络。针对浊流政权所庇护的领主化路线，包括豪族层在内的各个社会阶层，在更大范围内展开了抵抗运动，我想，这就是之所以普遍产生"清流豪族"这种自我矛盾现象的社会基础。

汝南、颍川、陈留、山阳等为中心的地区，是以出身于清流豪族或一般农民阶层为主体的"清议之士"集中的地区。它包括从首都洛阳的河南省至山东省、河北省南部的整个华北发达地区。由于上述社会形势的影响，在县、乡等基层乡村社会中形成的第一次乡论，向周围延伸，产生了具有郡规模的更高层次乡论网络，例如山阳郡称张俭以下八人为"八俊"，刘表等八人为"八顾"，郡自身形成独自的名士等级。郡规模的第二层次乡论网络，再与其他郡联合，在太学生的舆论影响下，组成了全国规模的"三君"、"八俊"以下的名士等级。在这可称之为第三层次的乡论网中，张俭和刘表两人置于"八及"这样的地位。由乡论环节重层构成的清议世界里，①按照政府官僚的序列另外制造一个名士的序列，就好像反对政府的在野党建立自己的影子内阁那样。政府将这些人称之为党人，开始对他们镇压，甚至处刑。

以上，我花了相当篇幅探讨清流势力与浊流势力的激烈冲突以及引起这些冲突的社会基础。从这些在激烈冲突中出现的我称之为以自我矛盾形式存在的清流豪族身上，已经可以看到魏晋时代贵族的原形。贵族制社会的成立，就是他们自觉地认识到自己的存在根据，将其制度化的过程。那么，前面论述的汉末社会矛盾，在党锢事件以后怎样发展？当时社会矛盾中产生的清流豪族，又如何同魏晋贵族制相联系？这就是下节要讨论的问题。

四、逸民人士与黄巾之乱

通过两次党锢事件，尤其是169年第二次镇压，作为清流势力核心的

---

① 参见本编第三章。

儒家官僚被彻底从政界清除出来。隐姓埋名躲过追捕的党人名士，潜入地下；免官罢职的党人，则蛰居故乡，以教授门徒度日，清流势力从此在官界销声匿迹。但深深植根于乡邑社会乡论之中的清流势力，却不可能彻底根绝。清议作为在野的潜在势力，仍顽强地生存着。实际上，以免遭逮捕的颍川陈寔为中心，新的在野名士不断出现。另外，许劭、许靖等主持的有名的“汝南月旦评”，也是认定天下名士的权威人物评论场所。我所提到的乡论网络，一直到第三层次的乡论网络，依然继续存在。但是，如侯外庐氏所指出的那样，以党锢事件为发端，清议之士普遍开始转向“隐逸君子”的方向。[①] 关于这一点，我想留待后文再论述，这里先看前节提到的社会矛盾，在党锢事件以后怎样发展。

通过党锢事件，宦官势力将反对它的清流势力驱逐出了政界，控制了政府大权。外戚、宦官等浊流势力，从社会全体来看，是站在所谓豪族领主化路线一边。由宦官势力控制实权的东汉政府，实际上已经成了向领主化倾向发展的豪族权力机构。与此相联系，豪族对乡村支配的强化，加速了乡村共同体秩序的瓦解，促使中小农民的没落和流亡。在知识阶级抵抗领主化倾向的斗争因党锢事件遭到挫折后的十多年里，由于乡村秩序的急剧崩溃和频繁发生的饥馑灾害，产生了庞大的贫农阶层。追求共同体秩序的运动，越过了中间媒介的知识阶级，直接变成了广大贫农阶层的自身行动。标榜完全平等的“太平道”在贫农阶层迅速传播，并形成了宗教性组织。于是“十余年间，众徒数十万，连接郡国，自青、徐、幽、冀、荆、扬、兖、徐八州之人，莫不毕应。遂置三十六方（大教区或军区）”（《后汉书·皇甫嵩传》）。这是以社会矛盾加速激化为背景才可能出现的局面。184 年春天，以 60 周年一个周期的甲子年为期，佩戴黄巾的数十万信徒，举起“苍天已死，黄天当立”的旗帜，“同日反叛”。在社会矛盾激化基础上淤积起来的贫农大众的反抗精神，终于一时爆发出来。

关于黄巾起义，这里不准备详细论及，只想提请注意一点，导致东汉帝国灭亡的这个巨大动乱，不仅仅是宗教运动，同时也是政治运动和社会

---

① 侯外庐等《中国思想通史》第 2 卷（1957 年，人民出版社）页 404 以后。

运动。他们希望建立的“黄天”世界，正是以道教的“德”为基准，拥戴贤者、有德者为领导的宗教性、政治性共同体。那里的等级制度是根据宗教性的道德指定顺序的。黄巾运动的目标就是要实现这种重叠等级制度的共同体式理想国。① 尽管愿望如此，他们所开展的激烈武装斗争，结果只是使全国陷于战乱和无秩序状态。但不能不注意到，在他们武装起义 8 年后的 192 年左右，青州黄巾军中仍顽强坚持着“黄天”理想。实际上，从陕西省南部至四川省一带，一直到公元 215 年之前约三十年间，曾建立了一个十分相似的“五斗米”道王国，前面那种理想国的形象似乎已经一定程度得以实现。这的确说明，黄巾、五斗米道的宗教运动，同时又是建立一种新的共同体秩序的强烈政治运动、社会运动。

但是，贫农大众强烈追求道教共同体的运动之所以爆发，是因为知识阶级冀求儒教共同体的运动即清议运动，因党锢事件遭到挫折以后，作为豪族领主化路线权力机构的东汉政府的压力，直接加在贫农大众身上的结果。从儒家观念来看，贫农大众是属于相对于“君子”的“小人”阶层，“君子”所具有的儒教意识形态，即使已成为包括“小人”阶层在内的整个共同体社会的构成原理，变成了一般观念，但当儒教的“君子”即士大夫的抵抗运动受到挫折，“小人”即贫农大众的抵抗运动开始兴起时，这些“小人”大众也不可能原封不动地接受“君子”的意识形态。他们所寻求的精神纽带，只会是身边能引起共鸣的东西，即与君子们的儒教意识形态有别的道教观念。虽然表面上儒教和道教的表现形式不同，但它们都是基于乡村社会共同体急剧衰落这种现实产生的。②

前面我根据侯外庐氏的观点，谈到清议之士的思潮以党锢事件为契机转向隐逸的方向。逸民本来是不愿出仕的在野批判者。党锢事件中被免官的清议之士，由于出仕之路被堵死，自身也沦落至与在野逸民相近的处境，公开批判政治已被禁止，只得作为沉默的批判者。但隐士逸民并不是由于党锢事件才产生的，在党锢事件爆发之前，就有一部分士大夫主动

---

① 参见 R. A. Stein 58 页注 3 论文，译文页 94。

② 参见上引 R. A. Stein 论文以及本编第二章第四节。

地坚持这个方向。如增渊龙夫氏指出的那样,在党锢事件之前,逸民隐士已经冷眼看待围绕政治批判和人物评论兴起的一般士大夫的舆论,即清议中所潜藏着的轻佻浮薄、伪善、蛊惑人心的一面,并预见到它会被肮脏的内朝政治斗争所利用,给宦官以反击的借口。[①] 逸民人士是"宦官蚕食政权这种特殊情况下的产物","与党人派的诞生如出一辙","东汉中后期,隐逸的态度在士大夫社会中,的确成为占统治地位的风潮"。至少,逸民和党人"两者都是作为宦官的对立物出现的,这是范晔的解释"。[②] 果真如此,那这个时代的逸民人士也如前节所述,是出自于产生清流党人同样的社会基础。同时,党锢事件被镇压后的一般士大夫,亲身体验到逸民人士曾经预见过的清流运动的弱点,重新意识到隐逸君子的存在价值,从而倾向于这个方向,也是容易理解的。

逸民本来是在野的,从这个意义上说,他们是站在民众一边的。其清净、超俗的生活态度被看作源自传说中的隐士,如许由、巢父道家般的高洁和伯夷、叔齐儒教式的纯洁。由于许由、巢父是圣天子尧时代太平盛世的逸民,因而人们一般具有"太平逸民"的印象。实际上并非如此,历史上逸民多集中出现在乱世,不是什么"太平逸民",而是"乱世逸民",是一种甚至对尧及周武王那样的圣天子所具有的权力也视作肮脏之物的反权力存在。

以党锢事件为契机,士大夫普遍倾向于隐逸君子的方向。这是一般士大夫向民众的立场靠近,也意味着以逸民的清净、高洁作为至上价值标准的风潮流行。实际上,如黄巾等被称作寇贼的民众,就有以逸民人士为"贤人"的。这说明当时的一般民众,多少超越了意识形态的差异,对逸民人士表现出了亲近感。如果士大夫中这种接近民众立场的,以清净、高洁作为至上价值的风潮普遍盛行,那么豪族中的知识分子也不会置身于风潮之外。上田早苗氏曾经指出,[③]在东汉至魏晋南北朝之间,再没有比"清"更频繁使用的词了。"清"成了当时士大夫们最重要的生活理念,它对理解贵族制社会有着不可或缺的重要性。党锢事件以后,由于一般士

---

① 参见前引增渊龙夫《后汉党锢事件的史评》。

② 吉川忠夫《范晔与后汉末期》(《古代学》13 卷 3、4 号,1967 年)页 159。

③ 上田早苗《贵族官制的成立》(前引中国中世史研究会编《中国中世史研究》)。

大夫普遍倾向于隐逸君子的方向,因而“清”的理念自觉地流行起来。自然,“清俭好施”型的儒家官僚在东汉初期就存在,逸民在王莽时代也有许多记载。正像“清议”的盛行与乡论的兴起是通过与浊流势力的对立,使儒教的意识形态自觉地普及一样,“清静寡欲”、“清虚”等“清”的理念的普及与流行,也与在浊流势力重压之下,隐逸的观念,即儒家道家融合的观念,向一般知识阶级的渗透相应。这种情况意味着向在一般民众中形成的道教意识形态接近,也与知识阶级倾向于接近民众立场的逸民人士的风潮相关联。

我在前面指出过“清流豪族”自我矛盾的性质。因身为豪族,其本来具有力图统治乡村的所谓领主化倾向,却又站在相反的路线即联合一般农民维持再建共同机秩序的立场上。党锢事件以后,属于这个系统的知识分子豪族,由于增加了隐逸的性质,其自我矛盾更加深刻化了。构成所谓“清”的生活,是通过否定“经营产业”而成立的,它要求“有余财,辄以分施”。这样,正是否定了作为豪族的经济基础。但这种自我否定的行为,反而得到了乡论的支持。从浊流政府的沉重压迫,中间经过黄巾起义引发的大动乱,一直到曹操政权平定华北这长期的灾难期间,正是这些站在民众立场,努力支撑着乡村生活的知识分子豪族(也由此而削弱了自己的经济基础),作为“民望”确立了在乡论中的声价。结果,通过吸收乡论渠道的九品中正制途径,进入了魏晋政权。魏晋交替之际兴起的琅邪王氏等贵族,由于其本来的性质有许多地方不太明确,对其源流应该怎样理解呢?这个问题我受到增渊氏关于逸民人士论述的启发,推测它可能属于汉末逸民士大夫的系谱。① 如果再补充它和乡论的关联,那就是以上所论述的内容。

以上我想说明豪族士大夫的自我限制或自我否定的生活态度即自我矛盾的性格,是由于乡村社会急剧崩溃,从不得不维持、重建共同体关系的必要性中产生的。在与导致乡村社会崩溃的浊流政府以及部分与其勾

---

① 川胜义雄《六朝贵族制》,页26。另“累世官僚,多有贫困之家”(前引矢野主税《门阀社会成立史·前言》)的理由,也能沿着以上叙述的方向得以说明。

结的豪族领主化路线持续不断的反抗过程中，豪族士大夫自我矛盾的性格与自我制约的观念自觉形成了。但我想，促使他们加强自我制约的，并不仅仅是对领主化路线的抵抗，还有着更根本的原因，那就是根源于华北地区的农业生产构造，即自耕农民只有结成某种共同体关系从事农业生产，乡村社会才可能成立。某个豪族把所有农民变成自己的隶属，置于领主体制之下，就会破坏农业生产环节，使乡村社会瓦解，进而剥夺豪族自身生存基础。但对当时华北农业生产构造中的基本制约，现在仍不能作出妥当的说明，这里仅仅只是提出问题。

五、魏晋贵族制社会及其国家

以上两节，我主要考察清流势力——逸民人士——黄巾等一连串针对豪族领主化路线的抵抗运动，特别分析了前两者的性质，即豪族的领主化倾向导致了乡村社会阶层分化，致使乡村秩序急剧走向崩溃，由此又引发了反对这种倾向，维持、重建共同体秩序的斗争。作为两种矛盾激烈冲突的体现，出现了以上一系列抵抗运动，乡论就是兴起于这种矛盾对立之中，并形成了重重相扣的网络。乡论的主要内容是各地的人物评论，支持与认定当地的贤者、有德者，乡论的各个环节或乡论的重层构造并没有因党锢事件而消灭，只不过被乡论支持的人物带有隐逸的色彩。正是从汉末社会矛盾的对立中兴起的乡论及乡论环节的重层构造，构成了使贵族制社会得以成立的基础条件。因为贵族制社会的成立是以公元 220 年陈群制定“九品官人法”或称作“九品中正制”为标志，而九品中正制正好是在乡论的重层构造上成立的，也是依据这个构造而制定的制度。

所谓九品中正制，是汉末大乱之后，因为士人流移，散居无定，所以任命各郡国出身者担任各自家乡“中正”。中正参考乡论，对当地人物品定乡品。中央政府在采用这些人物为官吏之际，根据其乡品授予官品。宫崎市定氏研究的一大成果，是明确了乡品与官品的对应关系。① 例如乡

① 宫崎市定《九品官人法的研究》(1956 年，东洋史研究会)。

品二品的人物，任官之际，按低四级的六品官采用，以后官阶可以升迁到二品官为止。这样依据乡论品定的乡品，被置于官僚体系的基础之上。时谓这个制度“始造也，乡邑清议，不拘爵位，…… 犹有乡论余风”（《晋书·卫瓘传》）的理由就在于此。乡论的基本倾向是支持乡村社会的贤者、有德者。由于乡论的重层构造产生了贤者、有德者的金字塔式等级体系，所以基于乡论决定官僚序列的九品中正制度，至少在制定当初，其基本精神是把乡论中所反映的共同体原理贯彻到整个国家社会中去。从这个意义上说，九品中正制度是试图完全实现汉代的乡举里选。

九品中正制度如果单纯沿着它的基本精神发展下去，应该以贤德为基准决定每个人物的等级顺序，产生贤德者的等级秩序，而不是建立门第高下的贵族制社会。但实际上，这个制度并没有如此运行，最初“犹有乡论余风，中间渐染，遂计资定品，使天下观望，唯以居位为贵”（《晋书·卫瓘传》），以至发展到“上品无寒门，下品无势族”的地步。九品中正制脱离其本来的精神，归根结底是因为授与乡品的“中正”官并非如字面所表示的那样中正，而是偏向权力者一方。司马懿设置州大中正以后，拥有比郡中正更广泛地域乡品授予权的少数州大中正，更是热衷于自己的权力，使这个偏向愈加难以逆转。但我们要注意到，这个制度逐渐演变，结果是导致了门第固定的贵族制社会的产生，其中根源，在中正制度的运用是基于现实的力量对比关系上，易言之，在于这个制度不得不如此运行的各种现实条件上，与制度本身的原理是性质不同的两个问题。连极力批判中正制度的偏颇，要求废除它以建立更公正反映乡论渠道的卫瓘，也认为这个制度出现当初，“犹有乡论余风”。总之，虽然这个制度在实际运用中存在许多问题，并且也的确起到了固定门第和确立贵族制的作用，但这个制度本身是从尊重民间形成的乡论的有效性立场出发，在乡论重层构造的基础上并以此为前提制定的。

实际上，制定九品中正制度的曹魏大臣陈群，是在汉末乡论即清议最兴盛时期成长起来的。他的祖父颍川陈寔是汉末天下名士，虽然与党锢事件有牵连，但幸免被捕。他的故乡颍川，即使在党人遭到弹压时期，也是名士辈出的中心。当陈寔以 84 岁高龄去世时，各地赶来参加葬礼的达

3万人以上,由此可以看出他在当时名声之大。在党人被镇压后,纯粹依靠民间维持的乡论网络中,陈寔处于最高层次即第三次乡论的中心位置。在这种环境中培养起来的陈群那里,反映出民间的乡论构造是很自然的事。

但如果按照吉川忠夫氏通过《后汉书》著者范晔史观所理解的那样,陈寔在汉末的立场"既与具有鲜明政治立场、始终不妥协地贯彻自己正义的党人不同,又与逃避现实的逸民相区别,他的处身之道是站在第三种立场",即"若即若离",其实质是精通于"以权道对正道的政治手腕"。陈寔以及采取同样生活方式的颍川荀氏一族和太原王允等,是创造东汉末期以后新时代的"胜利者"。"开创六朝贵族制社会的,自然既不是逸民,也不是党人",至少,这可以说是范晔的看法。① 在前二节里,我认为党人和逸民在使六朝贵族制社会成立上起有重要作用。那么吉川氏的见解同我的观点之间,有什么联系呢?

渡过了围绕党锢事件的最艰难时期,陈寔一族和荀氏一族等一直保持了在第二次乡论中的核心地位,可以称之为在野的胜利者。荀彧等在黄巾起义后的大动乱中,及时洞察到曹操的前途,聚集了一批士大夫,积极地同其合作。他们的生活方式与宁为玉碎的党人和只是作为沉默批判者的逸民确实不同,涉足于权谋术的世界里,费尽心机,委曲求全。例如公元194年曹操困于兖州时,荀彧与出身于东阿并在当地有影响力的谋士程昱等合作,确保了东阿等三县,维护了曹操的势力地盘。虽然东阿当地有豪族薛氏,但荀彧、程昱等智谋之士起到了把曹操的权力体同地方豪族权力体互相结合的作用。尽管这些士大夫自身没有武力,但他们通过把在大动乱中产生的大小不一的割据势力相互结合起来,置于曹操的控制之下,从而把握了各权力集团相互之间的联结点。同时,清流士大夫在长期与浊流势力的斗争中,相互之间也建立了横向联系。掌握了各权力体相互联结点的这些士大夫,形成了作为横向连带的权力媒介阶层,即"士"的阶层。他们由于具备上层权力的背景,比处于权力基层的豪族具

---

① 前引吉川忠夫《范晔与后汉末期》,页161—163。

有优势，能够抑制其军人领主化。同时，又是作为以下层权力为后盾的“民望”，支撑上层权力，并制约其方向。“民望”，即意味着得到了乡论的支持。这些具有“名望”的士大夫，形成了作为权力媒介的“士”的阶层，为了扶植曹操政权，最终只能采取进入曹操政权官僚系统的形式。因而，曹操政权的官僚阶层，是由党锢以来纯粹在民间维持的乡论重层结构逐渐发展演变而来。

但党锢以后，倾向于隐逸态度的一般士大夫很难就这样渡过汉末的大混乱期。在各种武装集团的混战、掠夺、破坏中，乡村社会的存在受到极大威胁。为了拯救社会危机，乡论倾向于支持智谋之士是自然不过的事。曹操录用人材的方针重才轻德，这不单是取决于曹操个人的性格因素，而应该理解成克服汉末大动乱的时代要求。将乡论的重层结构引进曹操政权，并以九品中正制的形式将其制度化的主要动力，就是士大夫中吉川氏称之为站在“第三种立场”的权道派。但正如陈寔被看作党人一样，权道派也一定是出自党人即清流势力中。前两节谈到的从清流势力到逸民人士的在野抵抗路线，也是通过以权道派为主体的媒介，才能有效地贯彻到政权中去。豪族领主化路线或军人领主阶级的形成由此在现实中被抑制。九品中正制度的实施，最终确立了文人统治体制。在这个过程中，权道派一直掌握主导权，他们站在权力者的立场上，利用九品中正制从基层乡论中选拔人才，当然会把它引导到自我保存和发展的方向上去。另外，乡村社会经过长期战乱破坏后，构成乡论主体的士人大量流移离散，许多地方的乡论中断或衰落下去。由此使已经形成的上层乡论集团即权道派的核心能比较容易地操纵基层乡论，从而其亲族及攀附者常能得到高的乡品及相应的官品。结果，通过高门的形成及固定，他们最终成了直接开创贵族制社会的主角。

作为权道派核心的司马懿，是由荀彧推举进入曹操政权，并与陈群有极亲密的关系。他通过不断在官界，特别是军队中增加支持者，逐渐形成了潜在势力。当反对派曹爽占据政权中枢时，他隐忍自重。公元 249 年，司马懿见机行事，利用中央军断然发动政变，控制了中央政权，并依靠掌握的强大中央军，分别击破了各地反抗势力。终于在公元 265 年，魏王朝正式将政权禅让于司马氏,晋王朝成立。

前面曾提及,司马懿设置州大中正后,站在权力者立场的权道派核心,通过控制乡品授予实权,轻易地操纵基层乡论,扩大了上层同基层乡论之间的游离程度,加速形成了仅限于上层的贵族社交界。当然,由此而成立的上层贵族社交界不可能与作为其基盘的乡论动向完全隔绝。曹操统一华北以后,在从魏至晋之间的一段安定时期内,曾一度为了克服乡村社会危机而支持智谋之士的乡论,与由破坏走向重建的朴素乡村生活相适应,再一次把目光转向有德之士——汉末以来倾向于隐逸的士大夫——是理所当然的事。这种回潮也反映在一般士大夫中,在经过大动乱社会生产力低下的情况下,“清俭”、“清素”成了一般士人,甚至一般贵族表面所提倡的最高道德,隐逸风气成了整个贵族制社会的普遍风潮。

逸民的确不能成为开创贵族制社会的直接主角,因为逸民和贵族本来就是矛盾的。开创贵族制社会的也不是首当其冲受到严厉镇压的党人,而确实是采取“第三种立场”的权道派。但他们本身是清流或源自清流,他们与逸民两者都是党锢事件的产物。因此从广义上可以说,开创和发展贵族制社会的是清流系士大夫,只是清流系士大夫内部又存在着所谓权道派、隐逸派及其他倾向各异的派别。这种差异以及带来这种差异的原因,还有它们在魏晋贵族制社会中所起作用的微妙差别,应该通过今后的研究加以明确。①

曹魏末期,掌握政权的司马氏已经征服了蜀地,晋武帝又在公元280年平定江南吴国,统一了黄巾之乱以来分裂近百年的中国全土。之后,武帝以“将辑干戈”,发诏悉罢州郡兵。与此相关联,又颁布了有名的“户调式”,其主要内容是:(1)关于每户每年应交纳“调”的规定;(2)男子70亩,女子30亩的占田规定;(3)丁男课田50亩、丁女20亩,次丁男半之,(次丁)女不课的规定;(4)区别、限定丁、次丁年龄的规定;(5)对远夷等课赋的规定;(6)一品官50顷,以下依官阶每5顷递减,至九品官10顷的

① 胜村哲也《后汉士大夫的地方差与自律性》(前引中国中世史研究会编《中国中世史研究》)即为其中的一个尝试。

“占田”规定;(7)依官品高下免除亲族赋课范围的规定;(8)依官品高下占有衣食客、佃客数额的规定。

关于户调式的记载,仅见于《晋书·食货志》和《通典·食货》,其他相关史料极少,因而对其内容的解释众说纷纭,迄今学术界尚无定论,这里限于篇幅,无法对诸说逐一讨论。最近的研究,大都倾向于把“占田”解释成“申告田地”之意。如藤家礼之助氏就曾认为,第(6)条是按照官品申告田地,得到政府正式承认后,可以享受某种(大概是免除赋课的)特权。这与河地重造氏对第(8)条的解释相呼应,他认为第(8)条所规定的佃客等数,不是限定一般佃客的数量,而是限定完全免除课役的佃客数量。① 总之,第(6)条至第(8)条,可以看作是表示授予官僚特权基准的规定。另外,第(1)至第(5)条关于一般百姓的占田和课田规定,如果是实际施行的或积极准备实行的,从当时具体情况来看,我比较倾向米田贤次郎氏的观点,②即这规定只是以原来的屯田土地、政府所有的空闲地等国有土地为对象,第(2)条的占田规定,只不过是表示第(3)条课田民以外的一般自由农民应该申告所有土地的基准面积。这个作为培养自耕农民的必要土地基准,当然具有尽量接近实际情况的意图。第(6)条以后的规定也同现实无关,只是表示作为官僚特权的基准。就这一点说,它们具有共同的立法精神。

当时实际情形是作为官僚的贵族和一般豪族多数都拥有广大的土地,雇佣大量的佃客。户调式规定一品官占地50顷,拥有佃客15户的基准,从当时的实际情况或与前后时代的标准相比较,都显得过少,这是学者们一致公认的。因而不能否定这一规定的法律精神是限定官僚应有的特权。我在前面已经注意到,汉末以来的一般士大夫,即使是豪族,也以“不营产业”的“清”的生活成为“民望”。九品中正制度的基本精神就是

---

① 藤家礼之助《西晋的田制与税制》(《史观》73册,1966年)及河地重造《关于晋限客令的若干考察》(《经济学杂志》35卷1、2号,1956年)。另藤家氏论文详尽地介绍了米田贤次郎《晋之占田、课田》(《历史教育》12卷5号,1964年)等诸种观点,有参照价值。

② 米田贤次郎《汉魏的屯田与晋的占田、课田》(《东洋史研究》21卷4号,1958年)及前引同氏论文。

将这种“民望”即“乡论”的构造引进官界。因而在魏晋时期，即使是上层贵族，也生活在不能不把“清俭”、“清素”标举为最高道德的风潮之中。户调式所规定的官品特权标准与现实相差甚远，之所以制定这种体现魏晋贵族的自我制约精神的法律，是不是可以解释为渊源于党锢以来清流士大夫或豪族士大夫自我矛盾性格的一种表现呢？这种精神与基于乡论贤德者的等级的九品中正制度精神一脉相通。它以追求共同体关系的精神为基础，因而是形成自耕农民的必要条件。尽管与现实相距甚远，但其精神是以一般农民夫妇占地百亩作为不言自明的基准，具体表现则是对一般庶民的占田规定。至少，户调式的精神是魏晋贵族制这种共同观念的反映。因而，不应理解为晋皇帝权力对个别人身的一元化支配，相反倒是作为豪族共同体国家的贵族政权所具有的一种理念，即共同体原理的表现。

当然，另一方面，使豪族得以成立的阶级原理也在其国家中发挥作用。束缚到国有土地上的课田农民被占有土地、耕牛等生产资料的国家以地租形式掠夺了收获量的一半或更多。国家和课田民的关系，正好与各地乡村中豪族同被迫耕种其私有地的佃客之间的阶级关系相对应。但如本章所论述的那样，豪族对乡村的统治，并不仅是基于其对私有土地上佃客的支配关系而成立的。虽然它以这种支配为核心，但它同时又自我制约这种阶级统治的倾向，与周围自耕农民层建立共同体关系，在此基础上成为“民望”，然后才能确立对整个乡村的领导地位。这样，乡村的构造就成了以豪族为中心的阶级关系和共同体关系的综合体。如果将这种构造称之为“豪族共同体”，那么户调式中的课田规定即阶级原理，与占田规定即共同体原理的共存，正是表示国家的统治形态与“豪族共同体”内豪族的统治形态相对应。九品中正制和户调式中所体现的魏晋政权，可以看作是豪族共同体累积型的贵族制社会在国家形式上的表现，或更明确地说，是作为豪族共同体国家的表现。

（1970年9月，岩波讲座《世界历史5·古代5》。1979年8月修订）

［补记1］本文发表以后，矢野主税氏在《门阀贵族的系谱试论再说》

(《史学杂志》81编10号,1972年)以及收录其文的大著《门阀社会成立史》(1976年,国书刊行会)中,对我的见解展开了全面批判。这使我后悔在本文的开头部分对矢野氏的批判言词有些过火,不过我并不能就此收回自己的基本见解而遵从其寄生官僚制论。尽管我感到有义务陈述自己的理由,对矢野氏的批判进行反驳,但是这样一来,恐怕就会掉入论争的泥淖之中,反倒可能失去建设性的方向。对于矢野氏的大著,已经有了窪添庆文氏(《史学杂志》86编3号,1977年)和东晋次氏(《东洋史研究》35卷4号,1977年)的书评,所以现在毋宁说,可以让作为第三者的读者们来作出公正的批判。

不过,基本的问题似在如何思考中国的官僚或官僚制这一点上。矢野氏简捷明了地指出:"寄生官僚是直接寄生于国家的官僚","寄生官僚制成立的必要而充分的条件"是"连续几代就任中央官僚",为什么呢?"能连续几代产生中央官僚,并非只是说现实中生活的场所位于中央(也就是丧失了土著性而完全成为俸禄生活者——川胜补),而主要是精神上、肉体上服从于皇帝的权威"(前引《门阀社会成立史》,页361)。可是,从东汉到六朝,国家权力经常出现崩溃和动摇,皇帝权威也处于风雨飘摇之中,并不稳定,面对这样的现实,贵族仅仅寄生于这样的国家权力与皇帝权威,应是无法维护自己门第的。作为单纯寄生于国家权力的官僚,贵族只是为了保身而奔走于各个政权之间,如此理解,很难令人信服。能够超越国家的兴亡来维持所谓"寄生官僚制",这本身不就证明了官僚制并非只是寄生于国家权力的存在吗?

对中国的官僚制始终怀有极大兴趣的白乐日氏,在其最后的遗稿《中国的官僚君主制》(La monarchie bureaucratique en Chine)中,提出了与矢野氏完全不同的见解,此点值得参考,他说道:

为了尽可能表现出神的尊严,被称作"天子"的君主,……他们那实际上自周代封建制度下的先王们以来所拥有的神权遭到了剥夺,深居于宫殿之中,以官僚制作为后盾,虽然还是神圣的象征,但却变成了无力的存在。如果还能对他所代表的人们的利益有用,那就是神圣不可侵的,可是一旦犯了哪怕小的错误,或是滑出了道德秩序的轨道,便立时受到惩罚。他们在不停地受到大臣的制御和监视的过程中,位于法家、儒家官僚制国家的顶点之上。

在这段话之后,白乐日举出了一些例证,又说道:

总之,中国的独创性在于,创造出了一种文人官僚们作为社会集团明确地统治国家,可以说一党支配体制(regime monocratique)的形式。……君主制作为正统性的象征、抵押品、屏风和保管者,尽管位于优势地位,实际上仅仅只是次要的存在。……[E. Balazs, *La bureaucratie céleste*, Paris(Gallimard), 1968, pp. 28 et 32.]

白乐日的结论或许有较为片面的地方,但是对于中国的官僚只是君主的手足,官僚制只是专制君主权力的执行机关等一类先入为主的观点进行反省,从根本上来重新思考的时期难道不早已来临了吗?贵族制社会的成立这一问题,也是白乐日所谓"文人官僚的一党支配体制"如何创造出来的问题。

[补记2]"(汉代的"里共同体"中,)自耕农民是由相当平等的共同体关系联结在一起的",这一观点最初见于我与谷川道雄氏联名所撰《中国中世史研究》(1970 年,东海大学出版会,页 13)中。后来一些学者将此主要作为谷川氏的观点,予以了批判。关于这点,我已经在《重田氏的六朝封建制论批判》(《历史评论》247 号,1971 年,页 59 与页 66)一文中指出,这篇联名论文基本上是由我执笔的,所以"文责在我",上述观点的责任也主要应由我来承担。现在针对下面三篇论文的批判,简单阐述一下我的意见。

① 五井直弘《中国古代史与共同体——以谷川道雄氏的所论为中心》(《历史评论》25 号,1971 年)

② 鹤间和幸《汉代豪族的地域性格》(《史学杂志》87 编 12 号,

1978 年)

③ 渡边信一郎《古代中国小农民经营的形成——旨在推进古代国家形成论》(《历史评论》344 号,1971 年)

正如②所概括的那样,①的思路为"汉代的共同体,并非四分五裂地沉淀下来的小农民的'平等共同体',在氏族共同体的分解方式本身与动产所有的不均等有着对应关系的情况下,它是一个以父老式土豪为中心的阶层共同体"。②虽然在一定程度上对①的观点给予了评价,但认为"仅仅如此,并不能回答为什么以小农民经营为基础的专制国家权力能够建立这一问题",由此对汉代各个不同地域的豪族分布以及在前后两汉都能找到系谱的姓氏进行了详细调查,最后得出结论如下:"必须认为,战国以降小农民经营作为一种支配性的生产关系出现在国家权力新设的新县里,另一方面在旧县中,位居次要的豪族经营在邑共同体崩溃的过程中成长起来","而不应该作(邑)共同体的分解→小农民的析出→豪族的经营这样一种理解。"③主要通过近年从湖北省江陵县凤凰山汉墓(公元前 2 世纪前期)出土的木简、竹简记载,揭示出当时多数农民家族属于贫农层,此外还有拥有许多奴隶的"大家富人",认为"初期汉代社会并非以往所认为的那种平等的无阶层社会"。江陵属于②所分类的旧县,就现在要探讨的问题而言,可以说③为②的一部分。

在我看来,汉初的社会并非就是豪族或"大家富人"与贫农层毫无分化的"平等的无阶层社会"。如本书所述,"豪族的存在确实是整个汉代的大问题,它总是在与(汉帝国的基础)共同体进行角逐"。正因为如此,国家权力在汉初以来,经常以徙居陵邑地的形式将关东豪族强制性地迁移至关中,其目的十分明显,就是削弱地方豪族的势力。可是,能够做到强制迁移豪族,不单显示出当时的豪族还没有挤入国家权力中,同时不也显示出他们还没有植根于乡党社会之中吗?在汉初,以货币经济的盛行为背景,如五井氏所说的那种"动产所有的不均等"的状况下,出现了不少"大家富人",但是像西汉末南阳樊重那样,以不动产与庄园性农业生产为中心,与地域住民紧密相连的豪族似乎还不多。宇都宫清吉氏早就指出(《汉代社会经济史研究》,1955 年,弘文堂,页 194 以下),以汉武帝盐铁专卖与抑商政策为转机，商人对土地的兼并转为庄园主经营，也就是当“大家富人”从商人转向土地经营时，豪族的成长才正式起步。

因此，至少在汉武帝以前的汉初时期，即便是“旧县”，“相当平等的共同体”与拥有动产的商人式“大家富人”也有着共存的可能性。这种共存的状态，能否用“以父老式土豪为中心的阶层共同体”来定义，我深感怀疑。尽管如此，“由自耕农民相当平等的共同体关系联结在一起的里共同体”，仅仅只是一个支撑汉帝国基础的模式而已，此点敬请方家理解。

第　二　编

朝向封建制的倾斜与贵族制

第一章　曹操军团的构成

前　　言

承继汉帝国崩溃之后的魏晋南北朝时期,其特点为长期处于分裂状况之中,而且分裂的倾向呈现出细分之势。不用说,在这样一种时代里,军队具有极其重要的意义。对于这一时期的军队,滨口重国氏、何兹全氏等有着出色的研究,不过他们的观点基本上立足于制度史,如滨口氏有关兵民分离的研究,无论是重视身份上的区别,还是研究所用的方法,都有着明显的制度史倾向。这些方法在研究军队时当然有效,有关的优秀成果也层出不穷。可是,国家权力经常处于衰落状态的这一时代,从社会最基本的团结体中,自然产生了自卫的武力集团,经过一系列的统合之后,它们许多都在国家制度下变成军队。面对这样的军队,除了制度史以外,从社会集团的结合层面亦即集团社会学的见地进行探讨,也应是一项有效的研究方法。由于史料的制约,运用这种方法或许会遇到不少的困难,但本章还是想站在这一立场上,利用最近有关汉代社会的出色研究,对魏晋南北朝初期的曹操军团试作考察。

一、民间武力集团的结集

曹操起兵,始于讨伐拥汉帝于洛阳、暴虐无道的董卓军时。同时蜂起的还有山东群雄,曹操为其中之一。不过其他群雄多为地方长官,可以动员汉帝国的地方军，[①]而曹操虽有典军校尉一职，但刚从董卓支配下的洛阳改名潜逃而出，可谓在赤手空拳状态下起兵的。从洛阳逃出的曹操到陈留，在友人张邈及其部下卫兹的帮助下，散家财集义兵，族人曹洪与亲族夏侯惇率先响应，[②]曹操的军队以此作为母胎逐渐壮大。但需要注意的是，刚开始它并非以汉朝的既成军队作为根基。

在此以后，有关曹操增强兵力的方法，滨口氏、何兹全氏已经作了论述，[③]大致而言有三种：(1)招募及征发亡户；(2)招纳自愿合作或归顺的武力集团；(3)投降军队的重新编制。

这里需要注意的是，在曹操军团的上述形成过程中，许多兴起于汉末混乱之际的地方武力集团原封不动地加入进来，并有效地发挥了战斗力。《三国志》卷 18 所载李典、李通、臧霸、吕虔、许褚等人的集团——相当于上述第 2 类方法——就是比较典型的例子。第 1 类的招募，也是曹操委派部下募集兵士，然后命其直接指挥所募兵士并组建成军，此外再无重新整编的迹象，此点有例为证。[④] 即便是第 3 类的投降军团，也没有先将其解散，然后分别划给麾下的各支部队，许多例子显示出，一般是将投降集团整体保留，直接将其纳为麾下一军。[⑤]

构成曹操军团核心的，不用说是起兵当初由曹操直接统率的军队以

---

① 案汉制，中央发放的虎符在地方太守处得到确认后，才能允许发兵（程树德《汉律考》5“擅发兵条”）。可是在非常时期，尤其是汉末黄巾起义造成的无秩序状态中，这一点能否忠实地执行，令人怀疑。

② 参见《三国志》卷 1《武帝纪》及卷 9《曹洪传》。曹洪在起兵之初，得到友人陈留太守张邈部下卫兹的支援，而卫兹也积极地协助曹操（《三国志》卷 1《武帝纪》及卷 22《卫臻传》），但卫兹军的统辖权似仍属张邈（同书卷 7《张邈传》）。因此，卫兹军作为太守军队的一部分，即便是汉朝的既成军队，但还不属于曹操军。

③ 滨口重国《后汉末曹操时代的兵民分离》（收入《秦汉隋唐史研究》上卷，1966 年，东京大学出版会）以及何兹全《魏晋南朝的兵制》（《中研院历史语言研究所集刊》16 本，1948 年。后收入《读史集》，1982 年，上海人民出版社）。

④ 曹操遣乐进回本郡募兵。其兵千余人作为同乡集团，让乐进统辖，应为最有效的方法（《三国志》卷 17《乐进传》）。另，作为一般事例，还可参同卷《张辽传》。

⑤ “太祖既平冀州。遣（朱）灵将新兵五千人，……太祖戒之曰：‘冀州新兵，数承宽缓，暂见齐整，意尚怏怏。卿名先有威严，善以道宽之’”（《三国志》卷 17《徐晃传》注引《魏书》）；“初，黄巾降，号青州兵。太祖宽之，故敢因缘为略”（同，《于禁传》）；“会太祖崩，（臧）霸所部及青州兵，以为天下将乱，皆鸣鼓擅去”（同，卷 18《臧霸传》注引《魏略》）等即是其例。

及曹氏一族、亲族夏侯氏或者史涣等直属曹操的宾客[①]所领军队（亦即曹操直辖军），但在其外沿，却包含着前述其他武力集团，它们与汉帝国的兵制并无纠葛，而是在对付无秩序状态中成长起来的纯粹民间的、自然发生的武力集团，此点值得注意。即便是曹操的直辖军，仅从其起兵的过程、武力结集的方式来看，同样也可以认为是起自民间的武力集团。（参见下面表1）因此，如果说曹操军团以民间武力集团为基础发展而来，那么我们必须探讨下面这样一个问题，即这些民间武力集团又是以什么为基础形成的呢？此外，它们作为集团的结合形态又呈现出什么样的特点呢？

二、民间武力集团的内部构成

首先根据《三国志》的记载，我们把曹操麾下各类民间武力集团中，较容易推测其构成的人物作如下整理。

表1

	姓名	个人的性格、关系	集团构成	《三国志》卷数
1	张燕	本非冠盖，剽悍捷速过人。	聚少年为群盗，遂号黑山贼，旗下有小帅孙轻、王当等各率部众相随。冀州平定时归降曹操。	8
2	张绣	当县吏时，曾为长官复仇。	招合少年，为邑中豪杰。跟从族父济，济死后领其众，对曹操反复无常，最后归降。	8
3	曹仁	曹操从弟，少好弓马弋猎。	阴结少年，得千余人，为曹操别动队。弟纯继承其父家财，僮仆人客上百。	9
4	曹洪	曹操从弟。	率家兵千余人，另加众多募兵。	9
5	田畴	好读书，善击剑。	初在刘虞手下，率其家客与年少之勇壮慕从者活跃于疆场。后举宗族及其他附从数百人，入徐无山中建立独立集团。曹操伐乌丸时，为先导。	11

① 关于史涣，参见《三国志》卷9《夏侯惇传》末注引《魏书》。

（续表）

	姓名	个人的性格、关系	集团构成	《三国志》卷数
6	鲍信	出生儒者之家。	在乡里募兵千余人，附以多数之众，与曹操合作。	10 注
7	任峻	曹操妻以从妹。	收宗族及宾客家兵数百人，从曹操。	16
8	张辽	初避怨变姓，武力过人。	为丁原从事，领兵。加以募兵，辗转于群雄之间，后归于曹操。	17
9	乐进	以胆烈从曹操。	曹操遣其还本郡募兵，得千余人，为其长。	17
10	李典	儒雅。	从父乾合宾客数千家组织为军，归曹操后，经乾子再至典，三代掌此军。	18
11	李通	以侠闻。	与其郡人陈恭共起兵，众多归之。	18
12	臧霸	父遭拘捕时，率客数十人强夺之后亡命，由是以勇壮闻。	与孙观、吴敦、尹礼等并聚众，霸为帅，形式上接受曹操的统制。	18
13	吕虔	有胆策。	率家兵抚平降众。	18
14	许褚	勇力绝人。	聚少年及宗族数千家组成集团。归曹操后，引入宿卫，手下侠客，皆为虎士。	18

〔注〕 曹操军团主要由载于卷 9 的同族、卷 17 相当于禁卫军的诸将军、卷 18 的外围军团构成。其他卷中所载与此有着程度上的不同。上表 1、2 都是与曹操对等的大集团，他们的归属实际上也就是降服，此时其集团的大部分都被解散或是分别配属于上述曹操军团之内，将军的地位也尽量压到与曹操麾下诸将同列。5 纯粹是处于自卫而组建的，随着其所在地的秩序恢复后便自行消灭。6 是曹操起兵当初，拥有与曹操对等的兵力，与曹操相合作的势力，在鲍信战死以后，也就渐次分置于其他诸将所部。7 主要负责兵员输送。

通览此表，可以看到构成这些集团的或是少年，或是家兵，或是宗族宾客。关于家兵，滨口重国氏在《唐贱民、部曲的成立过程》①中列举了许多例子作了证明，指出它们是经过武装的私家贱民，始终在身份上、经济

① 收入滨口重国《唐王朝的贱人制度》（1966 年，东洋史研究会）。

上隶属于主家,受到强有力的束缚。因此,家兵集团之长可以认为就是平时的"豪族"。如果说这些"豪族"是以宗家为中心,加上周边的许多宗族、附庸的宾客以及下户等构成的话,①表1中以宗族宾客为主构成的武力集团,可以说便是由豪族直接转化过来的武装集团。

不过,这里值得注意的是上表中的少年集团。所谓少年,如增渊龙夫氏在《汉代民间秩序的构造与任侠的习俗》一文中所指出的,并非只是单纯的年轻人,实际上可以说是侠客。② 增渊氏论文分析了汉代社会中的任侠关系,针对它是如何在广大范围内成为习俗,又是在什么样的形式下决定了当时民间秩序的性质等等问题,作出了诠释。增渊氏对这种极个人极具体的人与人结合方式所作的描绘,可以说为我们提供了十分鲜明的印象。可以认为,那些原本属于无赖轻侠的少年群体中,具有财力者依据任侠式的结合方式,将集团予以重新整合,此时出现的便是上述较为纯粹的少年集团。但是一般来说,首先是具有财力的家族,依靠同族结合的方式成为中心,然后通过任侠习俗,将其周边人群结合到一起。"汉代的所谓地方豪族,其实际状况并非只是单纯依靠同族的团结与大土地所有,而是在其家族外沿处,聚集了众多游侠刺客出身的客,借此来武断乡曲",增渊氏的这一论述为我们的考察提供了重要思路。根据增渊氏的理解,前述所谓宾客就是在任侠习俗下集结在主家外沿处的人物,对此观点,我表示赞同。以往针对这类人物的存在,比较重视其同族结合的一面,因而使用了"豪族"这一概念。增渊氏在分析其任侠性时指出,这种人物面对具有同样性质的另一类人物时,往往通过信义相交,否则便互成仇敌,二者必居其一。对于这种人物,我比较重视他们在转化成武力集团时对社会产生的作用,因此在下面的论述中,我将根据其社会功能,用我所称的"豪侠"这一概念来把握。在这当中,还有一些纯粹的游侠集团,他们既非大土地所有者,也没有强大的同族结合,但就社会功能而言,毋

---

① 参见宇都宫清吉《汉代的家与豪族》及《僮约研究》(收入《汉代社会经济史研究》,1966年,弘文堂)。

② 增渊龙夫《汉代民间秩序的结构与任侠习俗》(收入《中国古代的社会与国家》,1960年,弘文堂)。

宁说也具备了同样的性质。

让我们再次把目光转向曹操军团。曹操自己便是一位"任侠放荡，不治行业"的人物(《三国志》卷1《武帝纪》)，在刚开始起兵时，便有类似史涣一样的任侠者作为客从军(参本书87页注①)。在一族之中，既有曹仁结集了少年千余人，也有曹洪拥家兵千余，还有曹纯率僮仆人客数百。如果这些构成了曹操的直辖军，那么可以不折不扣地说它是豪侠集团。加入曹操军团的形形色色的兵团，如上表所示，有的具有服从族长支配的豪族集团的性质，有的则持纯粹意义上的任侠集团的性质，虽然在体现这些性质时，程度不尽相同，但它们都可以说具备豪侠集团的性质。因此可以说，曹操军团是武装化的豪侠集团的复合体。下面我们应探讨的问题就是，这种武装集团的结合纽带与结成复合体时的上下统属关系如何。

三、集团的结合纽带

通过上面有关豪侠的一般定义，我们马上可以想到同族结合与任侠结合作为豪侠集团的结合纽带，具有重要作用。不难想象，在采取战时体制进行武装时，豪侠集团内部的侠客者流的比重更会有一个飞跃性提高。侠，本起源于春秋末期封建秩序瓦解过程中出现的漂浮性士人阶层。① 他们是好勇的剑客，看重私人的交谊与信义，视死如鸿毛。这种侠客的性质，在封建性士人阶层解体以后也基本不变，历经汉代进入本章所论述的时代以后，少年仍被称为侠客或是剑客(《三国志·许褚传》)。战争对于这样的人来说，无疑是雄飞的绝好机会。而那些集团的首领，为了增强自己的战斗能力，对这些侠客者流也寄予了期待。② 他们在整个集团内部成为一队之长，可是集团长与他们之间并非单方面的支配=隶属关系，而可以说是建立在相互信赖之上的关系，也就是通过一种相当柔软的个人

① 宫崎市定《关于游侠》(收入《亚细亚史研究》第一，1957年，东洋史研究会)。另请参增渊氏论文《汉代民间秩序的结构与任侠习俗》。

② 参《三国志》卷28《诸葛诞传》、《晋书》卷100《苏峻传》。他们为了加强自己的战斗力，极力招揽轻侠亡命之徒。

之间的主客关系——任侠的结合关系——两者联系在了一起。平时，即便是那些并无生业，寄食于主家，在经济上几乎完全隶属于主家的人，在战时依靠自己的战斗能力便可以提高地位，将支配＝隶属关系改变成相互信赖的主客关系，这种情况在当时可谓一般的倾向。

这一倾向在集团内不占优势时，对已成为一队之长的集团首领的同族，也自然而然产生某种影响。这些宗族在多数情况下掌握着家兵部队，为了有效地使用家兵，并增强其战斗力，单纯依靠奴隶支配式的统治方式能否产生效果，令人怀疑。一般而言，即便是在耕作方式上，比起奴隶来，承认自家经营的小耕作方式往往更有效率。更何况在需要将生命置于危险状态之中并忍受异常苦难的战斗部队中，兵士的自发性是绝对必要的。家兵本来是隶属性相当高的私家贱民，但到战时，对其统治也一定有所缓和。① 如果说这一时代最为强大的武力集团的存在形态体现在自发的相互信义——以任侠关系作为纽带而结合在一起的侠客＝剑客集团身上的话，那些行使父家长权力的一般武力集团的首领必然或多或少受其影响，力图采取这一形态。

在武力集团通过募兵，吸纳投降者而逐渐扩大膨胀的过程中，上述倾向也日趋显著。通过同族结合而联系在一起的本来的集团成员，随着集团总人数的扩大而相应减少了其所占比例。异己分子的迅速增加，使得原先的同族结合方式适应不了新的局面，只有渐渐融化在一个更为宽松的主客关系之中。

以上论述了武装豪侠集团内部的结合纽带问题。我们看到，建立在任侠习俗式信义之上的主客关系逐渐取得了优势。即便是那些原先从族长式同族结合出发的武力集团，在面临战时的状况以及为了处理急速增加的异己分子问题时，其结合样式也开始出现向当时已经广泛存在的任侠式主客关系变化。那么，在这些武装豪侠集团的复合体中，其上下统属关系又如何呢？

---

① 滨口氏也在《唐代贱民、部曲的成立过程》（收入前引《唐王朝的贱人制度》）中认为，部曲后来被称为上级贱民，其理由为与其他贱民相比，平素待遇稍好之故。

四、统属关系——质任

首先,下面所举稍晚时期的例子显示了各种各样的武装集团聚集在更为强大的集团之下的典型形态。在东晋与石勒势力范围的中间地带,与汉末一样,呈现出了无秩序状态。在那里,各自拥有数百之众的董瞻、于武、谢浮等十余支势力归于更加强大的张平集团,然后在谯城,以张平为中心组织了数千人的兵团。但如谢浮的例子所示,兵团之长与上述小武力集团之长的关系是极为浮动的,而支撑这种关系的,是极为个人的恩义关系,它从中起到了重要作用。[①] 一个典型的形式就是,大致数百人的各个小武力集团一面保持着自己的独立性,一面归依于一个更大的集团,然后再归属于更加强大的权力体系,从那里接受刺史、太守、将军等称号。[②] 这一形式在汉末完全相同,被曹操委以青徐二州的臧霸,其部下就有孙观、吴敦、尹礼等集团。曹操与臧霸,臧霸与旗下的集团长关系在表面上显示了相互信义的一面。[③] 一般而言,这一时期的武力集团原本是豪侠集团,推举任侠者流作为首领的事例在《三国志》中不胜

---

① "初,北中郎将刘演距于石勒也,流人坞主张平、樊雅等在谯,演署平为豫州刺史,雅为谯郡太守。又有董瞻、于武、谢浮等十余部,众各数百,皆统属平。……(樊雅等攻逖)蓬陂坞主陈川,自号宁朔将军、陈留太守。逖遣使求救于川,川遣将李头率众援之,……李头之讨樊雅也,力战有勋。逖时获雅骏马,头甚欲之而不敢言,逖知其意,遂与之。头感逖恩遇,每叹曰:'若得此人为主,吾死无恨。'川闻而怒,遂杀头。头亲党冯宠率其属四百人归于逖。"(《晋书》卷62《祖逖传》)

② "时坞主张平自称豫州刺史,樊雅自号谯郡太守,各据一城,众数千人。帝以(桓)宣信厚,又与平、雅同州里,转宣为参军,使就平、雅。平、雅遣军主簿随宣诣丞相府受节度,帝皆加四品将军。"(《晋书》卷81《桓宣传》)

③ "黄巾起,霸从陶谦击破之,拜骑都尉。遂收兵于徐州,与孙观、吴敦、尹礼等并聚众,霸为帅,屯于开阳。太祖之讨吕布也,霸等将兵助布。既禽布,霸自匿。太祖募索得霸,见而悦之,使霸招吴敦、尹礼、孙观、观兄康等,皆诣太祖。太祖以霸为琅邪相,敦利城、礼东莞、观北海、康城阳太守,割青、徐二州,委之于霸。太祖之在兖州,以徐翕、毛晖为将。兖州乱,翕、晖皆叛。后兖州定,翕、晖亡命投霸。太祖语刘备,令语霸送二人首。霸谓备曰:'霸所以能自立者,以不为此也。霸受公生全之恩,不敢违命。然王霸之君可以义告,愿将军为之辞。'备以霸言白太祖,太祖叹息,谓霸曰:'此古人之事而君能行之,孤之愿也。'乃皆以翕、晖为郡守。"(《三国志》卷18《臧霸传》)

枚举。因此，不难推测这些复合集团内部的上下统属关系中多有任侠结合的要素在内。

在这一时期，上下统属关系的一个重要形式是质任关系。关于这一点，何兹全氏在《魏晋南朝的兵制》（见本书 86 页注③）一文中指出："上下不能互信，便以父兄子侄作质任，官吏对于皇帝有质任，士兵对于长官亦有质任。士兵的家属都要聚居一起，集中管理。"（见《读史集》，页 286）但何氏同时又举出父、兄、族弟三代相助曹操的李典的例子，认为李典自愿将自己一族以及部下移至曹操所镇的邺一事也属于质任。自发送质的例子在《臧霸传》中也可以见到。臧霸曾帮助吕布与曹操相抗，吕布败后为曹操所获，不过曹操对其十分宽大，委以青徐二州，所以臧霸几乎在不受任何束缚的情况下协助曹操。当华北平定在即时，他自求将子弟及麾下诸将的家属送往邺，对此曹操表示并无此必要，但也不打算拒绝。① 这两个例子都是在曹操平定华北已成事实之际，原本属于外围军团的将军，从今后的自身安全考虑，认为有必要再次表示效忠而作出的某种被动举措。或许在这背后有着来自曹操一方的强制，但至少在表面上并没有显示这一点的史料。我们也可以假定这完全是一种表面上的姿态，但是并没有强制，而且还是自发地送质入邺，而且还因此受到了称赞，这本身就使我们感到某种疑问，即质任关系的本质难道就只是要解除上下出现的相互不信任吗？

如果下对上怀抱不信，那么从理论上说，面对自己不能信赖的对象时，是不会送自己的妻子眷属去作人质的。如果是上层强制性地凭借实力将其妻子眷属作为人质夺走的话，那这就不再是质任的关系，而是劫质，是掠夺。劫质通常发生在敌对集团之间，劫掠与被劫的集团之间非但不能和解，相反还会发展为仇敌关系。② 现在所涉及的质任关系，是与复

---

① "太祖破袁谭于南皮，霸等会贺。霸因求遣子弟及诸将父兄家属诣邺，太祖曰：'诸君忠孝，岂复在是！昔萧何遣子弟入侍，而高祖不拒，耿纯焚室舆榇以从，而光武不逆，吾将何以易之哉！'东州扰攘，霸等执义征暴，清定海岱，功莫大焉，皆封列侯。霸为都亭侯，加威虏将军。"（《三国志》卷 18《臧霸传》）

② 进入劫质关系的两个集团，依然不停止对立抗争。《三国志》卷 9《夏侯惇传》载有曹操的军令，其云"自今已后，有持劫者，皆当并击，勿顾质"，也就是并没有给集团带来团结，还破坏性地发生作用。

合集团内部的上下统属形式——杨联陞氏所论的 internal hostage[①]——有关的，有着维持复合体的一面。劫质与质任，在人质上尽管一样，但是所反映的人际关系、社会关系却并不相同。“任”一语在对人关系中原本意味着保证或者是彼此之间的信义。[②] 在质任中，一定程度的相互信赖是必须的条件。[③] 也就是下对上抱有信赖之心，才将自己的妻子眷属作为人质交出，而上如果不认为这一行动是忠诚的表现，那么质任便不会成立。当然，上对下施以压力等，导致下对上的信赖极度微弱，或是上对下的忠诚抱有怀疑的情况并非没有，但既然是质任关系，那么就不会脱离上述原则。因此，自发地结成质任关系，可以理解成是信赖程度极高的体现。

这种信赖程度极高的质任关系与游侠式的人与人结合关系似乎并不矛盾。游侠对与自己结有个人关系的人，有着一种“其言必信，其行必果，已诺必诚，不爱其躯，赴士之阨困”（《史记·游侠列传》）的伦理感。在个人结合的关系范围内，它以信义作为至上的价值观，为此连死都可以蔑视。当这种崇尚信义的信念从下向上发动时，面对与自己结有信义关系的主人，愿意付出自己的生命，而且也是为了表现出这一信义——对上的信义与忠诚——不惜将自己的妻子放置于主人那里。当然，上面所述有些理想色彩，实际上的行动也许并不这样简单。但是既然质任是没有信义便不能成立的关系，那么它与以信义作为第一原理的游侠式人际关系，就并不能说是完全不能两立的。在这一时代，质任之所以盛行，一方面是因为人际关系在战时状态中处于不安定中，上不能相信下；另一方面是当时人们的一般观念认为，下为了显示对上的忠诚，与之结为质任关系乃是当然。它作为表现忠诚的一种契约形式，得到人们的认同，因此也可以说是一种习俗，[④]而且这一习俗与上述任侠的习俗并无性质上的不同。

---

① Yang lien-sheng, “Hostages in Chinese History” (*Harvard Journal of Asiatic Studies*, XV, 3—4, 1952).

② 《说文解字》段注。参见增渊氏前引论文《汉代民间秩序的结构与任侠习俗》。

③ 加藤繁《支那与武士阶级》（载《史学杂志》50 编 1 号，1938 年）也云，质任是拥有部曲时的一种保护与服务的契约。

④ 滨口重国《晋书武帝纪中所见部曲将、部曲督与质任》（收入前引《唐王朝的贱人制度》）从制度上对质任加以把握。不过，似乎应把它看作是习俗变成了习惯法，而不应只是单纯考虑是由上制定的法律。

综合以上所论,我们认为质任起因于上下不信的看法,主要是站在上的立场,只看到了事物的半面,如果立于下的立场,就会发现质任没有信义便不会成立,而且这一习俗与视个人信义为生命的任侠习俗也并非毫无关系。实际上,曹操军团所包含的各种武力集团是豪侠集团,其首领多为任侠者,此点前面已述。这一集团的统属关系中盛行的质任关系反映了任侠习俗,这并非不可思议。也就是曹操军团中的多数武装豪侠集团以任侠的结合纽带作为非常重要的要素来组成自己的集团,并在维持这种团结的过程中,被统合到了任侠性统属关系之中,以此构成了曹操军团的一部分。这一情况在曹操的直辖军,尤其是在其核心的禁卫军中也可以看到,以下我们就来分析这一点。

五、曹操直辖军

下表反映的是史料中所见的曹操直辖军情况。

这些大体上以禁兵为主,不过在称为"禁兵"者中,也似乎有在曹操身边护卫,或在征伐之际作为曹操的手足参加战斗的最精锐直属部队这两种。据《曹休传》中,以休"领虎豹骑宿卫",将虎豹骑与宿卫并列书写,给人一种两者本来不一样的印象。而且在实际上,也有像曹真一样,率虎豹骑部队在远离曹操所在之地展开行动的例子。中领军在后来制度得到整备以后,始统辖宿卫禁兵(《晋书・职官志》),但在曹操时代,大概与中护军等中坚军队一道作为征讨的直属部队,并非直接以护卫为目的,此点可以从表2中附有△记号的诸将军不在曹操身边一事中加以推测(参见各人本传)。因此,纯粹意义上的禁卫军见于表中的2、3、4,具体来说,由典韦、许褚统率。

表2

	军团或军职名	统率者名	职　　掌
1	领(将、督)虎豹骑	曹纯、曹真、曹休(仅曹休兼领宿卫)	制度未整,不明
2	将亲兵	典韦	同上

（续表）

	军团或军职名	统率者名	职　掌
3	领虎士	许褚	同上
4	武卫中郎将（后为武卫将军）	许褚	掌禁旅
5	中领军（领军）	史涣、夏侯渊、韩浩、刘晔、曹休、曹真	掌禁兵
6	中护军（护军）	韩浩、曹洪、夏侯渊、王图、牵招	掌禁兵
7	中坚将军	曹休、张辽、许褚	后掌禁兵，但曹操时未详

〔注〕 此为建安末制度上尚未整备时内容，所以不能像《晋书·职官志》等所见那样进行详细的区分。表中曹姓者均为曹操同族，有○记号的为史料中明确记有“任侠”者。基于汉制的五校之营属中领军。参见洪饴孙《三国职官表》及何兹全《魏晋的中军》（《中研院历史语言研究所集刊》17 本，1948 年）。关于△记号者，请见本章所述。

除此两人外，即便再加上前述的曹休，也会让人清楚地看到非曹氏出身的他姓任侠人物在曹操的禁卫军中占据了很大比重。尤其是曹操与许褚的关系饶富趣味。如表 1 所见，许褚在汉末，聚集少年及宗族数千家盘踞于谯，可谓豪侠。当他归顺曹操时，手下的这支强大集团也原封不动地被编进了曹操的直辖军中，许褚本人则成为最为亲近的宿卫队长。① 以后受到曹操的厚遇，并无一刻离开曹操左右，其禁卫军团长的地位并非止于曹操一代，在文帝、明帝时，也继续任之。许褚当初组建自己的集团，尽管与曹操毫无关系，但后来受到重用的理由，大致可以推测主要是因为与曹操同乡，而且其人号称“痴”，性格老实正直的缘故。但是不能否认，将曹操与许褚这两位任侠者联结在一起的还有信义，正因为如此，当曹操死去时，许褚的反应异常悲伤，史称“号泣欧血”（《三国志·许褚传》），这

① “许褚字仲康，谯国谯人也。……汉末，聚少年及宗族数千家，共坚壁以御寇。……由是淮、汝、陈、梁间，闻皆畏惮之。太祖徇淮、汝，褚以众归太祖。太祖见而壮之曰：‘此吾樊哙也。’即日拜都尉，引入宿卫。诸从褚侠客，皆以为虎士。”（《三国志》卷 18《许褚传》）这里的虎士与虎豹骑相对应，当属曹操的直辖军。不过，虎士是否为常随的护卫兵呢？亦即许褚是否率领自己手下的侠客而直接成为禁卫军呢？对此还存有一些疑问。不过，何兹全氏认为他们是由宿卫队长许褚率领的（参见表 2 注引《魏晋的中军》）。

在其他将军的传记里是看不到的。至少,曹操在安排侧近的禁卫军首领时,比起同族来,更信赖任侠式的人物,这一事实就足够说明在曹操军团的核心部分也有浓厚的任侠式结合 = 统属关系存在。①

综上所述,我们可以将曹操军团视作一个由许多武装豪侠集团构成的复合体。这些武装集团历经汉末的混乱时期,在民间以自发的形式产生。无论集团内部的结合纽带,还是形成复合体以后的上下统属关系,都是以任侠式的人间结合形式作为支柱。尤其值得注意的是,即便在曹操的身边,上述任侠关系的存在亦不能忽视。应该说这种构成在曹操以外的军团中也是一样的,②只是限于篇幅,这里不能对此作具体的讨论。

可是,这种以个人之间的信义作为第一原理的任侠型结合关系在本质上是非常个人的关系。在那里,没有强制性的客观规定使人结合在一起,相互依靠的只是主观感情上的意志,或至多是信义规范上的约定而已。不过,在那种赌以生死的危机状况中,无论人们怎样重视信义,在主观上还是不能避免动摇。作为人与人之间的一种结合形态,任侠型的结合关系也有着不太牢靠,或者说是隐含着分裂的倾向。如果假定曹操军团是依据这一离心式结合形态而勉强得到统一的话,那么不用说它要成为国家形成的基本力量,还是非常薄弱的。此时,必然需要一种向心式的政策来进行统制。逐渐得到整备的各项制度、法律便是适应统制的客观规定,它们带来的作用便是权力向中央集中。对此进行考察是思考军团的构成之间必不可少的问题。以下,所要探讨的便是曹操的所谓法术主义。

六、关于所谓法术主义统制

根据冈崎文夫博士的名著所述,东汉末的思想家们,面对呈现出乱离

---

① “初,(许)褚所将为虎士者从征伐,太祖以为皆壮士也,同日拜为将,其后以功为将军封侯者数十人,都尉、校尉百余人,皆剑客也。”(《三国志》卷18《许褚传》)当我们思考侠客 = 剑客的性质时,其作为魏军中坚所发挥的作用不容忽视。

② 即便在汉帝国军队中,也早有类似孙坚的游侠集团发挥了重要作用(《三国志》卷46《孙坚传》),它也十分清楚地显示了此时的军团一般为豪侠集团的复合体。此点也希参见下一章。

之兆的现实社会，认识到传统的德治主义散漫政策没有收拾乱局的作用，为此主张有必要施行严格的法治主义，曹操的政策即是这种思想的具体体现。① 对此稍加整理，可知曹操的所谓法术主义就是将统制力最大程度地置于曹操直辖军，然后再加以信赏必罚、拔擢才能之士、利用密探（校事）收集情报等方法。但实际上执行法术主义，对军团的专横采取必罚态度加以惩处的，都是那些有才能的官僚。因此在考察曹操的法术主义时，我想从执行这一政策的官僚性质上着手。

一般而言，成为官僚的都是知识阶级出身的士大夫。不论出身豪族还是贫家，本来与是否具有成为士大夫＝官僚的资格并无关系。但实际上，如果通览一下《后汉书》，便会感觉到官僚多由豪族所占据。看来，要观察这一时代的官僚还必须再次从豪族那里出发。

大家都知道，两汉四百年最大的社会问题就是豪族兼并。如滨口氏所论，在汉代，人口最多的是自由民，②到东汉末，即便豪族与其依附民之间没有走向彻底的阶级分裂，但在王莽的社会政策失败与东汉的散漫政策之下，豪族依靠自己的社会经济力量与公权力的勾结而获得了政治上的某种背景，力量日益增大，较之西汉初年，实有天壤之别。一般认为，豪族武断乡曲的手段是经济压迫与豢养游侠刺客实施暴力压迫的双重形式，不过它与公权的结合方式——某种意义上的社会功能——有两种。第一是对公权的基层部进行收买，或是干脆自身担任属于公权基层部的下级地方官职，以此来维持强化自己的地盘，也即是甘愿作民间的“豪侠”；第二是以自己的经济实力为资本，掌握学问与教养，然后成为官吏，在公权之上确保自己的地盘。后者实际上具有知识分子的性格，我暂将其称为“豪绅”，③这其中还有一些实际上没有成为官吏，但作为知识的掌握者可以成为官吏的豪族。这些包括豪族与非豪族的知识＝官僚阶层，

---

① 冈崎文夫《魏晋南北朝通史》（1932 年，弘文堂）外编第 1 章第 3 节、第 4 节。

② 滨口重国《关于中国史上古代社会问题的备忘录》（收入前引《唐王朝的贱人制度》）。

③ 当时的文献中，没有豪绅一语，与此相当的有冠盖一词（例如《三国志》卷 8《张燕传》的用法）。不过这主要指的是官吏。对是否使用这一词语，笔者比较犹豫，最后决定暂用豪绅来命名，但这又容易与近代常用的概念相混淆。在找到一个较为合适的词语之前，请允许笔者暂用此语。

构成了士大夫阶级的一部分。

从上述与公权相联结的层面上，如果可以将“豪族”分为“豪侠”——与第三节中设定的概念相符——“豪绅”的话，构成曹操军团的各个集团属于“豪侠”的系谱。这一点可以从前揭表 1 中，除曹氏以外的诸将军祖先既无出任官吏的迹象，[①]其本人也看不到有何教养上加以推测。[②] 一般而言，在对公权力不能作期待的无秩序状态中，实力不用说可以支配一切，这时，仅仅只是依存于公权的人物只能走向没落。当时包括豪绅在内的一般士大夫，夸张一点说，面临“乱弊之后，百姓凋尽，士之存者盖亦无几”[③]一样的处境，他们极为艰辛地据守城墙，等待着当地秩序的恢复，[④]几乎无人统率宗族宾客驰骋于战场。

不过另一方面，曹操政府的官僚如本书第一编第一章所述，作为东汉末清流势力的核心而出现。一些身怀高洁之志的士大夫以儒家的国家理念作为旗帜，志在打倒现实中蹂躏这一理念的为政者，他们集结在一起，在全国范围内开展抵抗运动。这一行动得到广泛的士大夫舆论的支持，其势力迅速扩大，不论豪绅与否，几乎所有士大夫都加入到其中。不过想要掌握学问教养，还必须说财产最为有利，当看到汉代豪族猛烈地进入政界时，不能不说清流势力的中心还是豪绅。而且，当时问学似乎并没有今天想象的那样困难，只要拿出束脩之资进入师门，即住在师家（《管子·弟子职》），至于以后的谢礼，极有可能通过在师家的各种劳动予以交纳。[⑤] 即便是那些清贫之家，只要拥有这些众多的有劳动力的诸生，也可以将其视为与豪绅同一类型。清流的社会势力是以互相联络的豪绅力

---

① 鲍信是与曹操对等的汉廷官吏，因此与其把他同诸将军排在一起，不如说是汉末群雄的一员较为妥当。

② 李典好儒学，据说读过《左传》及其他经书。不过太祖在称其好学问时却“试以治民之政”，由此可知其学问的程度不过只能试用为地方官而已。所谓“敬贤士大夫，恂恂若不及”，也似说明他并非士大夫阶级（《三国志》卷 18《李典传》）。

③ 《三国志》卷 21《刘廙传》注引《廙别传》。

④ 《水经注》卷 7“济水”记有钟繇坞的存在。钟繇之家，清流势力的代表人物辈出。

⑤ 《世说新语·德行》载华歆、管宁同在园中锄菜，并一道读书。这不就是两人在异国游学时的事（《三国志》卷 11《管宁传》）吗？此外还有诸生为师王裒割麦，不为裒所喜的例子（《三国志》卷 11《王修传》注引《王隐晋书》）。这不也显示了为师割麦是常有的事吗？

量为中心,以周围许多非豪绅的知识分子合在一起的团结体。

支撑清流势力团结的人际关系,除了领导者相互之间的友人关系以及与此直接相关的师徒关系以外,还有一般意义的门生故吏关系亦即主从关系的存在,这一点在第一编第一章已有所论述。这种主从关系是一种极为个人的结合关系,它首先确认对方的人格,然后以此为基准为其斡旋做官,双方关系至此宣告成立。另一方面,任侠的结合关系也是一种极为个人的结合关系,它首先体现了双方的意气相投,并通过财产的无偿施与[①]为媒介而成立。因此可以说,这两者作为人间结合的样式属于同一类型。对此显示得非常清楚的是,任侠者在清流势力中扮演了极为重要的角色。为清流舆论所推崇的许多代表人物中,有八厨。他们并非学识德行上的代表性士大夫,而是任侠者。[②] 这就显示了舆论构成者中,侠客者流的人物占据了多数,同时也暗示出诸生风气中有着任侠倾向。此外还有一点,也说明在他们之间,门生故吏或是任侠关系并无不同。我们在这里可以将当时民间集团的结合用下图来表示:

清流指导者——豪绅——诸生(门生故吏关系)
军团指导者——豪侠——少年(任侠关系)

先撇开两个系统中的文武之差不谈,即使从社会的存在形态来看,也可以说都具有同一性质,从同一社会构造之中产生。值得注意的是,支撑上述系统的人际关系是非常具体而个别的,对诸生、少年来说,他们对豪绅、豪侠的关系是绝对的、首要的,超过了其他任何关系。他们也不可能超越直属的豪绅、豪侠,而与更上一层的领导者发生直接联系。他们只能通过自己直属的豪绅、豪侠与上级领导者之间个别而具体的联系,来与上级领导者建立间接的联系。因此可以作如下理解,即上述两种关系本来具有分散独立性的倾向,但在共通的儒家国家理念,在打倒浊流政府这一共通的

---

① 对这一时代的任侠者,史乘多用“轻财好施”的词语加以形容。

② 《后汉书》列传57《党锢列传序》云“厨者言能以财救人者也”,在这八人中,度尚与张邈有传,他们同为“轻财好施”的任侠一类人物。

目标之下，清流士大夫＝豪绅结集在了一起，另一方面，军团领导者＝豪侠通过与曹操的结合，以排除其他武力集团作为目标也走到了一起。曹操正是双脚站在了这两者之上的。

执行曹操法术主义的官僚，是以继承这些清流指导者的人物为中心形成的。成为法术主义统制对象的，是与这些执行者拥有同样性质的社会存在。所以在这当中自然会有某种界限，正如冈崎博士所指出的，曹操的法术主义“指的是一种因时制宜的方法，绝没有立于客观标准之上来规定一般秩序的涵义”（参本书98页注①）。这就如同秦始皇，并没有彻底执行作为客观规定的法律。本来，法家视儒与侠为国家的蠹毒而给予了打压，[①]而现在的状况是儒与侠已经成为国家形成的基础，因此法术的锋芒也不得不相应地有所减弱。可以说在两者相悬隔的四百余年间，社会状况已发生了巨大变化。

这一点与刘邦集团和曹操集团之间的不同有关。刘邦集团“从严格意义上说，并不与豪族构造相关”，[②]它是聚集了游侠的豪侠集团，但也不是那种侠客固定并包含在豪族构造内部，使得豪族本身在社会上展开侠客式行动的豪侠集团。秦汉之交的豪侠集团所具有的一般性质，是远离生活集团的政治战斗集团，正因为如此，很容易将其解散。最后只有刘邦集团占据优越的地位，可以支配其他集团，由此建立了家产制支配机构。

以上我主要论述了曹操军团的构成中内含的离心分散式性质。不过由于略去了制度层面上的向心力，所以整个论述或许并不完整。但这里只想举出一点，那就是上述离心分散式的侧面，正是后来招致六朝时期陷入长期分裂状态的基本原因，因此具有重要意义。

另外，附带提及的是，曹操军团内部的个人结合关系——亦即曹操与军团领导者＝豪侠之间的任侠关系——并没有持续发展升华到一种主从关系，进而成为统一曹魏政权下的华北社会的主轴。毋宁说，清流派领导者＝豪绅这一系统，也就是知识分子们作为横向联合的“士”阶层形成官

---

① 木村英一《法家思想的研究》，1944年，弘文堂。

② 守屋美都雄《中国古代的家族与国家》，1968年，东洋史研究会，页177。

僚层，发挥了从横向切断试图形成纵向主从关系的作用。关于此点，第一编第二章及第四章有详细叙述，希请参照。

可是，形成封建性主从关系的倾向，依然顽强地植根于六朝社会。后面第二编第五章所要论述的“门生故吏关系”即是其特殊的表现形式。在3世纪，也就是与曹操同时的孙吴政权下，上述倾向在江南社会显著出现，下一章便准备对其进行考察。

（原题《关于曹操军团的构成》，1954年11月，
载《创立廿五周年纪念论文集》京都大学
人文科学研究所，1979年8月修订）

第二章　孙吴政权与江南的开发领主制

前　　言

在曹魏政权正式成立(220)之后,222年,孙权以建业为首都建立了吴国。孙吴政权割据的江南社会,不论是在地理上风土上,还是在残留下来的先住民族的问题上,都与华北有着不同的环境与历史背景。

早在春秋战国交替之际,江南就兴起了吴、越等国。不用说越国,就是在吴国也拥有众多的异民族色彩。进入汉代以后,到公元前2世纪末,仍然还有着越族所建的半独立国家。在那之后的江南异民族状况,尽管从史料上看十分模糊,但我们在后面将要详细论述到,承继其后的山越十分活跃,它成为3世纪孙吴政权的最大问题。如果考虑到这些,那么似乎可以认为,通过吴国的建设,江南地区在3世纪首次迎来了汉民族进行的大规模开发。对于汉民族而言,江南是所谓边境地带,是处于开发之中的殖民地。我们可以充分想象,在3世纪孙吴政权的统治下,江南地区的开发取得了飞速发展。但是,与作为先进地带的华北相比,那里还是呈现出了完全不同的景况,对于这一点,应作充分的认识。

我在本书第一编中,分析了华北贵族制社会在2世纪与3世纪相交之际,是如何历经华北的大混乱后而得以形成的这一问题,指出作为贵族制社会形成的基本要素出现在两种力量的冲突之中:第一是豪族的力量在非常广的范围之内得到了增长;第二是阻止这种增长直线上升的乡论也广泛存在——自营农民主体力量的高涨。我们将要探讨的江南社会,如果处于同一时期、同样的条件下,那么原本也会生成其独自的贵族制社会的。

在后来的4世纪初期,从八王之乱到永嘉之乱,华北陷入了大混乱之中,作为支配阶层的贵族,许多都离开了自己在华北的固有根基,而亡命于江南的新天地,在那里,他们吸收了一部分江南的一流豪族,重新建立并维持了以华北贵族主导的支配体制。如果此时,江南形成了自己独自的贵族制社会,即便主动容纳从华北避难而至的贵族,也决不会将整个领导权拱手相让的。事态之所以没有向这一方向发展,主要原因是否在于3世纪孙吴政权下的江南缺乏形成独自的贵族制社会的基本条件,也就是豪族力量的增强与自立农民力量的高涨从总体来看,仍然处于尚未成熟的阶段呢？这一问题也与4世纪初期,从华北亡命到江南的贵族们一方面犹如浮萍般丧失了自己固有的根基,另一方面却为什么能在根基完全不同的新天地中重新建立自己的支配体制这一问题密切相关。面对上述问题,我想首先考察3世纪江南社会的状况。

一、孙吴政权的成立

首先应该探讨的是,吴郡富春(杭州西南)孙氏所创吴国的性质。这里能否像以往的研究那样,将其简单地认为是以富春豪族孙氏为中心的江南土著豪族的政权呢?

确实,以吴县(苏州一带)、会稽(绍兴一带)为中心的豪族力量有着显著的增加,但是富春孙氏并非那种能与吴之顾氏、陆氏相匹敌的强有力豪族。富春这块土地在江南的汉民族殖民地中,原本处于最前线,经常面临蛮族的袭击这一危险状况之中。当孙策平定长江下游三角洲一带的江南地区并于200年死去之际,富春的官吏们准备参加葬礼,但是出于"邻县山民或有奸变,远委城郭,必致不虞"这一担心,最后不得不留在当地服丧。[①] 此外,在富春东南方的会稽剡县,有豪族斯从为县官吏,与周围的山越相勾结干着违法的行径,弄得整个县处于一种"今

① 《三国志》卷57《虞翻传》。

日治之，明日寇至”的状态。当准备处其死刑时，同伙一千余人竟来袭击剡县。[①] 如后所述，山越为江南的土著民，当时的状况就仿佛是美国西部片中新开拓土地的最前线基地一样。在这样一种地方，对付好像印第安人一样的山越，已经是十分不易，像孙氏那样并非强有力的豪族，似并无在当地结集民众，在江南一带建立独立政权的力量。孙坚、孙策父子的举兵，并非在这样一种状况的富春，而是在远离此地的长江以北，这就很值得注意。

孙坚年轻时，便是这种边境地方风头十足的人物，他为人“轻狡”，一般人都不愿嫁之以女。[②] 不过他擅长战斗，以其功绩，被东汉政府授与江北盐渎县次官之职，从此便接二连三地就任江淮之间各县的次官。也就在这一时期，184 年黄巾之乱起，时任下邳县次官的孙坚在汉帝国将军朱儁手下组成一支部队，亲自带领从军。这支队伍由跟从孙坚来到下邳的江淮之间的“少年”或是“淮泗精兵”组成，合起来千人左右。[③] 也就是说，并非是在故乡富春结集豪族的力量，以此为中心建成的军队，而是在远离故乡的江淮之间，聚合一些无赖之流而成的乌合之众。孙坚即是这支无赖任侠者集团的首领，并且以之为自己的势力核心，此后一直到 192 年战死为止的 9 年间，主要活动于长江以北。在这当中，从 187 年后期到 189 年年底的约两年时间，孙坚还作为长沙太守驻今湖南省地区。但即便在这一时期，他也没有割据江南的意图，与故乡富春也几乎没有发生什么关系。不过在富春，听闻孙坚壮举的其弟孙静“纠合乡曲及宗室五六百人以为保障（或许是搭建堡垒自卫），众咸附焉”，[④]但是这与孙氏平定江南也没有什么直接的关系。

孙坚在湖北省战死后，拥有上述特色的其核心部队，在孙贲率领下归于袁术，由后者直接指挥。另一方面，孙坚子孙策其时年仅 17 岁，但依靠自己在江北寿春、舒县的广泛交游，而且在其舅丹阳郡长官吴景的帮助

① 《三国志》卷 60《贺齐传》。
② 《三国志》卷 50《孙破虏吴夫人传》。
③ 《三国志》卷 46《孙坚传》。
④ 《三国志》卷 51《孙静传》。

下，招募兵士数百，此外再从袁术那里借得其父的"部曲"千余人，组成了自己的核心兵力。因此可以说，孙策与孙坚一样，都以江淮之间的无赖任侠者集团作为自己的中心势力。

孙策以这些势力作为基础，决计离开袁术，割据江南。从195年开始正式展开征讨江南的战斗，他军规严谨，"一无所犯"，在各县发布告"来降首者，一无所问；乐从军者，一身行，复除门户；不乐者，勿强也"，于是据说"旬日之间，四面云集，得见兵二万余人，马千余匹，威震江东，形势转盛"。① 这是为了掌握江南当地的民众，并以其为自己的基础而首次采取的具体政策。而且在这一方针下，孙策还积极开展拉拢吴、会稽等地的势力派豪族入自己阵营的工作。对江南的土著豪族而言，比起一些弱小的政权割据江南各地的状况，他们更希望建立一个将整个江南团结在一起的强大政权。为什么呢？如后所述，因为当时的江南正是处于开发途中的殖民地，因此树立一个能够强力推动开发的权力，是他们共同的愿望。为了理解这一点，有必要概观当时的江南土著民亦即山越的问题。不过在这里，先总结一下上面所述内容。

孙吴政权是以江北任侠无赖者集团为核心的军事势力来到江南后，与江南土著豪族合作建立起来的独立政权。如大川富士夫氏所指出的那样，孙吴政权的人员组成，江南系统与江北系统各占一半。② 这也就显示出，仅仅依靠江南土著的豪族势力并不能建立自立的军事政权。而且似乎也说明吴、会稽以外的一般江南社会的土著豪族的成长还不成熟。另外，孙吴政权的核心部分是无赖任侠者，这一点也显示了孙坚父子与诸将军关系中的任侠因素。

当时的江南是处于开发途中的殖民地社会，因此当孙吴政权在此建立时，其性质受到了这种殖民地社会形态的极大影响。为了更好地理解这一点，我们下面就来概观一下上面经常提到的江南土著民——山越的问题。

---

① 以上见《三国志》卷46《孙坚传》及注引《江表传》。

② 大川富士夫《孙吴政权的成立》（《立正史学》31，1967年）。

二、山越问题

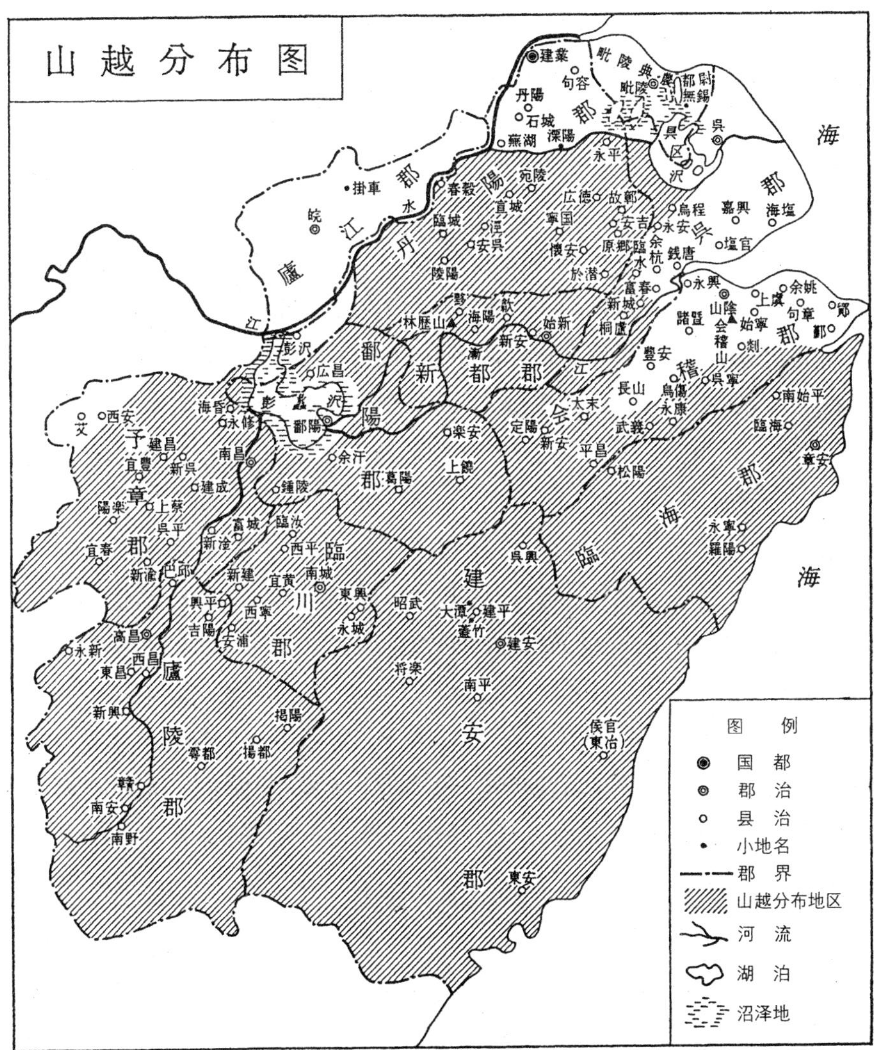

〔注〕 这里借用了陈可畏《东越、山越的来源和开发》(《历史论丛》第 1 辑，1964 年，北京）中所载地图。此图的西面、南面以郡界为境描成白地，但实际上也分布在西、南部。不过，西方似乎逐渐转为武陵蛮等异种。

山越对孙吴政权来说是一个极为重要的问题。《三国志》著者陈寿指出:“山越好为叛乱,难安易动,是以孙权不遑外御,卑词魏氏。”①实际上,孙权派遣张温作为使节访问蜀时,也说了如下一番话:“卿不宜远出,恐诸葛孔明不知吾所以与曹氏通意,故屈卿行。若山越都除,便欲大构于丕。行人之义,受命不受辞也。”②由此可以看到,山越从内部极大地制约了孙吴政权的行动。如前面的富春以及剡县的例子所见,与山越的活动地区接近的地方经常处于十分不安的状况中。而且这些地区十分广阔,这从“山越分布图”可见一斑。那么,山越到底是什么样的民族,其文化与社会又呈现出什么样的状况呢?

山越是春秋战国时期在此地立国的“越”族的后代,这一点在学者之间并无异论。西汉时期,史载“文身断发”的越族或者说是在战国时期建立越国的部族,在临海郡一带建立了东瓯王国,在建安郡一带建立了闽越王国,(见“山越分布图”)受到汉帝国的保护,但实际上却处于独立的状态。吴楚七国之乱时,败走的吴王刘濞被东瓯国兵杀于丹徒(南京以东),由此来看,其时越族的势力似乎扩大到了南京附近。之后,东瓯国与闵越国分别在公元前138年和公元前110年被汉帝国夺走了独立。但是,越族并没有因此而云消雾散,西汉、东汉两政府都在当地设置镇抚越族的都尉。随着汉人逐渐进入该地,越族也吸收了汉文化。不过,在相当于东瓯国的临海郡,与越族的原型最为相近的种族在以后相当长的时期内一直存在,有关这方面的记述,见于孙吴时期沈莹(?—280)所撰的书中。这部被称为《临海水土志》的当时的地方志,现在已残缺不全,现将有关部分引录于下:③

安家之民,悉依深山,架立屋舍于栈格上,似楼状。居处、饮食、

① 《三国志》卷60末评语。

② 《三国志》卷57《张温传》。

③ 此书另有《临海土物志》、《临海异物志》、《临海水土记》等名,仅见于《太平御览》698、780、861、946以及《后汉书·东夷传》注等所引部分。成书时期约为264—280年之间。有关详细,可参凌纯声《古代闽越人与台湾土著族》(《学术季刊》1—2,1952年,台北)。本书所引据宋本《御览》780,另外也参照了《后汉书》注。

> 衣服、被饰与夷州（夷洲，台湾）①民相似。父母死亡，杀犬祭之。作四方函以盛尸，饮酒歌舞毕，乃悬着高山岩石之间，不埋土中作冢墎也。男女悉无履。今安阳、罗江县是其子孙也，皆好猴头羹……

"今安阳、罗江县"，也就是现在的浙江省南部的瑞安（温州市以南）到福建省北部的连江（福州市以北）的沿海一带。根据沈莹的看法，这一带的住民是"安家之民"的子孙。在孙吴时期，上述记述中的风俗在这一带似乎仍在实行。与"安家之民"相似的"夷洲"亦即台湾的住民，沈莹作了如下记载：

> 夷州在临海东南，去郡二千里。土地无雪霜，草木不死。四面是山谷，众"山夷"所居。山顶有越王射的正白，乃是石也。此"夷"各号为王，分画土地人民，各自别异。人皆髡头穿耳，女人不穿耳，作室居，植荆为蕃障，土地饶沃，既生五谷，又多鱼肉。舅姑、子妇、男女卧息共一大床，交会之时各不相避。能作"细布"，亦作"班文布"，刻画其内，有文章以为饰好也。其地亦出铜、铁，唯用鹿觡矛以战斗耳，磨砺青石以作矢镞、刀斧、环贯、珠珰。饮食不洁，取生鱼肉，杂贮大器中以卤之，历日月乃啖食之，以为上肴。呼民人为"弥麟"，如有所召，取大空材木十余丈以着中庭，又以大杵旁舂之，闻四、五里如鼓，民人闻之，皆往驰赴。饮食皆踞相对，凿木作器饰如豨槽状，以鱼肉腥臊安中，十十五五共食之。以粟为酒，木槽贮之，用大竹筒长七寸许饮之。歌似犬嗥，以相娱乐。得人头，斫去脑，驳其面，肉留置骨，取犬毛染之，以作须、眉、髫，编"贝齿"以作口，自战临斗时用之，如假面状，此是"夷王"所服。战得头，着首还中庭，建一大材高十余丈，以所得头差次挂之，历年不下，彰示其功。又甲家有女，乙家有男，仍委父母往就之居，与作夫妻，同牢而食，女以嫁，皆缺去前上一齿。

---

① 夷洲即台湾的考证，见市村瓒次郎《唐以前的福建及台湾》（《东洋学报》8 卷，1918 年），该文也已引用了《临海水土志》。

从这一记载来看，与“夷洲之民”相似的“安家之民”的生活习惯、文化样式，如凌纯声氏所整理的那样，有如下特征：(1)高床式住居；(2)崖葬(也称洗骨葬)；[①](3)猎取人头；(4)缺齿；(5)木鼓；(6)祭犬等。具有这些特征的文化超过了汉泰语系、马来亚=波利尼西亚语系的区别，广泛遍及从中国南部到东南亚、太平洋诸岛(含日本)地区，[②]它对于如何思考这两种语系的关系是一个很大的问题。有的假说认为，两种语系在分化以前属于未分化的汉藏=南岛复合群(Undifferentiated Sinotibetan-Austronesina Complex)。[③] 现在对这一问题暂不予讨论，我们在讨论孙吴时期的山越时，如果将台湾的“生蕃”——暂且利用这一古老词汇的印象——来作为最原始的种族的印象，尽管不一定准确，但似乎也不至相差遥远。

当然，战国时期的越族文化，按现在考古学的说法，相当于“几何形印纹陶器”的文化，在那里可以看到铜器相当广泛的使用，此外还有小规模的铸造。[④] 不过，上述沈莹所记述的台湾住民还似乎处于以石器为主的阶段，从浙江到福建的所谓“安家之民”虽然与“夷洲之民”相似，但比起当时的台湾人，似应处于一个较为先进的阶段。

当然，现在的东南亚考古学与民族学所设想的原马来亚=波利尼西亚社会，除了通过火田农耕栽培山芋等根茎类作物以及水果外，还种稻、粟，与沈莹所说的“生五谷”相应，在被限定在部落单位里的各个部落——沈莹所说的“植荆为蕃障”中，大致采取内婚制，几乎不与其他部落来往。部落之中，有部落长，如沈莹所说的“王”，但据说实际上采取的是家族长们的会议，也就是所谓长老政治 gerontocracy。[⑤]

---

① 后来被道教视为诸神及仙人所在的福建省武夷山即为崖葬的一个中心地。参《太平寰宇记》卷101“福州建阳”条以及凌纯声前揭《古代闽越人与台湾土著族》，页46。

② 凌纯声氏原本研究苗族等中国南部少数民族的言语及习俗，第二次世界大战后定居台湾，发现台湾土著人与中国南部少数民族在生活样式上极为相似，十分惊异，于是对两者进行了比较研究，发表了一系列饶富趣味的成果。

③ 张光直《华南史前民族文化史提纲》(《民族学研究所集刊》7，1959年，台北)。

④ 参张光直《华南史前民族文化史提纲》以及水野清一《中国先史时代研究的展望》(《东洋史研究》16—3，1957年)页36。

⑤ 参张光直《华南史前民族文化史提纲》。

以上设想的越族的文化与社会，有些地方恐怕与最为原始的“安家”种族相当，但是随着与汉民族文化接触的程度加深，状况当然也就发生质变。如果考虑到战国时期已经形成了越王国，而且如后所述，在三国孙吴时期，建立了被称为“宗部”的大规模组织，如此种种，都使我们不得不对各个部落的封闭性这一特点持更加谨慎的看法。此外还可以认为，已经越过了火田农业的阶段，稻作农耕得到普及。① 不过，即便与汉民族有了交流，即便到了三国孙吴时期，上面所设想的属于纯粹越族的习惯还有很多依然存在。

据《后汉书・刘宠传》，东汉末年，会稽郡长官刘宠奉诏还都，由于在任期内对淳朴的“山民”行善政，于是“有五六老叟，龙眉皓发，自若邪山谷间出，人赍百钱以送宠。……曰：‘山谷鄙生，未尝识郡朝。它守时吏发求民间，至夜不绝，或狗吠竟夕，民不得安。自明府下车以来，狗不夜吠，民不见吏。年老遭值圣明，今闻当见弃去，故自扶奉送。’”这是从东汉时便得到大力开发的会稽山阴（绍兴）的事情，它使我们感到，在使用汉朝货币的“山民”部落，仍旧残留有长老政治的影子。

另外，孙吴、西晋时期有名的周处在《阳羡风土记》中，记载了结拜兄弟时以白犬为祭的“越俗”，在酒宴时，据说是“击鼓盘以为乐，取大素圆盘广尺六者，抱以著服，以右手五指，更弹之以为节，舞者应节而举”。② 前者与“安家”种族的狗节有关，后者则与“夷洲之民”的木鼓相通。③ 阳羡即今宜兴，位于太湖西岸，接近山越分布的北部区域。周处为当地人，④其《阳羡风土记》并非只记述该地风俗，但是所谓“越俗”，至少应是

---

① 印度尼西亚诸民族的火田农业的一个特点是带有明显的固定性。固定性可以发展灌溉农业以及水田耕作（古野清人《原始文化记录》，1967 年，纪伊国屋新书，页 40）。司马迁记述中所见江南的“火耕水耨”，虽没有确凿证据，但似乎可以推测是江南越族的一般的农法。

② 参守屋美都雄《中国古岁时记的研究》（1963 年，帝国书院）页 299。

③ 如夷洲民的情况一样，木鼓除了召集部落民以外，还用于祭神时，并伴有歌舞（参凌纯声《古代闽越人与台湾土著族》，页 49）。另，普遍见于岭南西南夷的铜鼓也是除了祭神外，还用于召集并指挥族人时（吴越史地研究会编《吴越文化论丛》，1937 年，江苏研究社，页 119—120）。

④ 第二次世界大战以后，在宜兴发掘了周处墓（《考古学报》1957 年第 4 期），出土了非常精美的越窑陶器。

他本人实际所见到的。

这种"山越"在语言上,当然与汉民族不同。东汉末,丹阳郡宣城县(参前所示"分布图")长官抗徐曾"悉移深林远薮椎髻鸟语之人置于县下"。① 从汉人来看,类似鸟叫一样的言语,就如晋郭璞在《方言注》中所云"今江南山夷呼虎为兔,音狗窦(koutou)"的语言。根据松本信广氏的意见,泰语系的语言中,ku 是一种接头辞,显示虎的发音是 tou,似与苗语的 t'ő'u' ,傣族的 dié',僮族的 ku-tailah',抑或日语中的 tora 属同一系统。②当然,由于言语学上的这些资料十分有限,并不能起到决定性作用,但是现在的苏州语中,存在着代名词的近称、中称、远称这三种系列,③而且这三种系列的存在是南方各种语系的特征。由此不得不使我们认为,从战国时期的越族到山越,南方系统的民族对江南产生了极为深远的影响。

以上,我对山越尚未开化的性质以及与汉民族的不同作了较为详细的论述。但是,我们是否能就此认定分布在广阔地域上的孙吴时期的山越全都是具有与汉民族不同性质的南方系未开化民族呢?对此,还有一些值得探讨的问题。例如,汉民族与越族的混血,以及后者同化于前者的问题。不用说,从汉代开始,随着县以及都尉的设置,进入这些地区的汉人显著增加。所谓"逋亡宿恶",④也就是为了躲避赋役而逃亡的人以及犯罪者,许多都逃到了丹阳郡或是其他地势险恶的山越居住地区。此时,当然就会出现混血与同化的现象。可是在今天,并没有资料显示出同化的具体状况,因此对同化的程度应如何评价,主要取决于学者自身主观上的判断。在中国学者中,如吕思勉、唐长孺这样的著名学者一般倾向于高度评价汉族的同化能力,此点饶富趣味。例如吕思勉氏将前面引用的

---

① 《后汉书》列传 28《度尚传》。

② 松本信广《印度支那的民族与文化》(1942 年,岩波书店)页 298。

③ 日语中代名词的三种系列指コ・ソ・ア(コノ・コレ・ココ为近称,意这里;ソノ・ソレ・ソコ为中称,意那里;アノ・アレ・アコ为远称,意那里)。据小川环树教授教示,汉语中没有中称,而苏州语中的该葛 gégeq(コレ)、葛葛 geqgeq(ソレ)、归葛 guégeq(アレ)以及该搭(ココ)、葛搭(ソコ)、归搭(アコ)却表示上述三种系列(参见赵元任《现代吴语的研究》1928 年,清华学校研究院,页 98—100)。这些即为南方系统言语的特征,关于此点,还可简单参看大野晋《日本语的起源》(1957 年,岩波新书)。

④ 《三国志》卷 64《诸葛恪传》。

“椎髻鸟语之人”也解释为是汉人,批判使用这一表现词汇的《后汉书》著者范晔,认为“不免妄饰之讥”。[①] 根据吕氏的意见,“三国时期的山越,是入居越地的中国人”。唐长孺氏也基本上继承了这一主张,认为“山越虽然从称谓上表示其为一种种族,实质上除了福建、江西一些偏僻之区之外,只能认作居于山地的南方土著”,“本来居山的越人已和汉族难以区别”。[②]

令人感兴趣的是,在并没有吕、唐两氏那样著名的学者中,一般却将山越视作蛮族。[③] 清朝著名学者何焯怀疑“宗部”、“宗贼”中的“宗”字乃是四川省东部的蛮族“賨”之意。[④] 何氏所论,如唐长孺氏指出的那样,或许并不能成立。[⑤] 可是,正史中有关山越、山民、宗部、宗贼的记述,如果平心来读的话,就会很容易地理解为什么何焯要怀疑是蛮族的“賨”,而一般学者为什么要将其理解成蛮族。

比起硕学的吕、唐两氏,在这里我比较赞同一般学者的素朴意见。不过,山越决非全都是类似“安家之民”那样的未开化蛮族,也必须承认,汉民族的同化正日趋显著。可是,尽管山越有时被书写成山民,尽管汉人确实进入了其居住区域,但无论如何不能否定他们具有的蛮夷性质。孙吴政权对山越的讨伐,与日本史上源氏征伐虾夷相当。位于关东北部到东北地方的虾夷之地,不用说已经开启了与日本民族同化的进程。阿倍氏以及清原氏都是早先讨伐虾夷的旧族。这些豪族,再加上藤原秀卫、泰衡等吸收了王朝文化并且自身拥有日本人骨格的豪族一道,率领进入这一

---

① 吕思勉《山越》(《燕石札记》,1937 年,上海商务印书馆)页 103。

② 唐长孺《孙吴建国及汉末江南的宗部与山越》(《魏晋南北朝史论丛》,1955 年,三联书店)页 11。不过,唐氏在《三至六世纪江南大土地所有制的发展》(1957 年,上海人民出版社)一书的第二章对前文作了若干修正,注意到了与华北社会的差异问题,可以说这是对山越的理解作的微妙订正(参同书,页 18)。

③ 叶国庆《三国时山越分布之区域》(《禹贡》2—8,1934 年)、高亚伟《孙吴开辟蛮族考》(《中法大学月刊》8—1,1935 年)、李子信《三国时孙吴的开发江南》(《食货》5—4,1937 年)、傅乐成《孙吴与山越之开发》(《文史哲学报》3,1951 年)。

④ 何焯《义门读书记》“后汉书卷三刘表传”条。

⑤ 唐长孺《孙吴建国及汉末江南的宗部与山越》,页 3—6。不过井上晃在《三国时代的山越》(《史观》17,1938 年)一文中倾向于何焯说。

地区的日本人或是日本人化的虾夷，隐然成为与源氏相对抗的一个敌对国家。统帅山民的“旧族名帅”①中，即便夹杂着汉人，但他们那里并没有类似陆奥藤原氏那样开化的痕迹。不管怎样，将孙吴时期的山越以及其所处的历史条件与平安末期到镰仓时期的虾夷以及东国的状况作一比较，应该较为容易理解。

以上我对山越问题作了较为详尽的叙述。认为山越蛮族的性质较强，或是如唐长孺氏那样，认为与“一般人民没有什么差别”，这两种不同的主张实际上与怎样理解孙吴政权下的江南社会有着极大关联。像我这样，重视山越蛮夷性质的话，就会将当时的江南理解为还有许多地方尚未开发的殖民地社会。也可以将孙吴政权在讨伐山越的同时巩固其统治基础的过程，理解为是贯彻军政殖民地的统治。可是，如果按照唐长孺氏的看法，那么这种殖民地的性质就十分稀薄，不如可以理解为与华北社会有着同样的性质。实际上，如果遵循唐氏的理解，那么因为山越与一般人民并无区别，所以形成的“宗部”也就是山民在大族手下结成的宗族集团，就与当时华北或江南汉族社会普遍所见的“以宗族、乡里为核心的武装组织”完全一样。因此，孙吴政权粉碎山越宗部的抵抗，在江南立国便是“以孙氏为首的若干宗族对于另外各个宗族集团即宗部的胜利”，这与“曹魏建国同样的是代表若干宗族联盟对于其敌对宗族联盟的胜利”。②

可是，我们能否认为组织宗部进行抵抗的山越集团，同与曹操敌对的袁绍的宗族集团有着同样性质呢？宗部之中，难道就没有与汉族社会的豪族集团全然不同的，例如部落联盟的形式吗？有助于我们了解“宗部”实际情况的史料极为有限。唐氏所依据的会稽剡县“大族”斯从的例子，尽管是其中的一种形式，但似乎并不能以这一例来否定其他形式的存在。

总之，分析江南社会的性质，仅仅只分析山越或者山越所形成的宗部

---

① 《三国志》卷60《周鲂传》。
② 唐长孺《孙吴建国及汉末江南的宗部与山越》，页26—27。

还并不充分。毋宁说从孙吴政权征服山越，瓦解宗部的同时所建立了自己的统治体制中，来探讨江南社会的实际状况或许是有效的。下面就从这一方向来考察孙吴政权的性质及其统治下的社会状况。

三、孙吴政权下的开发领主制社会

众所周知，孙吴政权存在着特殊的制度，与当时的华北不同。其最为显著的便是所谓“世兵制”。吴国的将军们，父子兄弟可以世袭继承麾下的军队。有吴一代，它作为一项制度持续了半个世纪以上。将军如果可以世袭继承自己所率的军队，那么这支部队就比较明显具有将军的私兵性质，而类似的各个军团不用说，也就有着较强的独立性。将其作为一项制度予以承认，也就意味着以武力作为基础的吴国具有私兵集团的联盟这一性质。

在当时的华北，并没有制度上的世袭性军团，但事实上在某个时期却是存在的。乘氏县豪族李乾——李整——李典之间相承的私兵部队即是一例，在第一编第二章中，我认为其显示了“豪族的领主化”。不过，当曹操即将平定华北时，李典放弃了自己所具有的这一优势。正如以前所分析的那样，华北地区抵制武人领主化的力量从中起了极大作用。可是在江南，世袭的军队作为一项制度得到承认，就显示出了抵制武人领主化的力量远逊华北，孙吴政权自身可以说具有推动武人领主化倾向的性质。江南与华北，迥然不同。

支撑这种吴国将军所拥世袭军团的经济基础，首先可以举出“奉邑制”。前人的研究已经证明，奉邑是“孙氏给予主要将领一县或数县，以为其麾下军队的给养费用”，这些将军“可以自由支配从奉邑上纳的租赋”。[1] 而且，这些将军还拥有自由任命奉邑之县的“长吏”，即令、长、尉的权限。[2] 对于得到的奉邑，有着完全支配权的将军实际上就可以视作

① 滨口重国《秦汉隋唐史的研究》上卷（1966 年，东京大学出版会），页 435。

② 陶元珍《三国吴兵考》（《燕京学报》13，1933 年），页 84。

该地域的武人领主。

可是,根据《三国志·吴书》的记载,获得奉邑的将领在吴国众将中,仅仅只是一部分。这些人的出身,除了孙氏一族外,几乎全为江北出身者。江南出身者只有巴郡临江(四川省忠县)的甘宁与丹阳故鄣的朱治两人而已。这似乎可以说明,在赏赐奉邑以为军团给养之际,优先考虑的是安抚从江北流入的无赖集团。实际上,既为江南土著豪族又为孙吴将军的朱、张、顾、陆吴郡四姓及虞、魏、孔、贺会稽四姓等已经拥有了充分给养自身私兵部队的经济基础,无须等待奉邑。他们占有的广大土地号称"牛羊掩原隰,田池布千里",而且"僮仆成军,闭门为市",①以此为根基的土著豪族们"陈兵而属,兰锜内设"。② 在他们手下的众多佃客随时可以化为私兵,而私兵在平时即为佃客。法律上虽为官兵,实际上却无法避免地成为豪族的私役,③因此可以说,土著豪族的领主化倾向在江南要明显超过华北。

有关奉邑制,还有一点值得注意,这就是其所在地大致以下面三处为中心分布:(1)首都建业东部一带;(2)荆州一带(今武汉以西的长江与汉水沿线)以及武汉以东长江中游沿岸;(3)当时的丹阳郡亦即进入安徽省南部山地的入口附近。以此作为奉邑,获得给养的军团,其设置的主要目的也就是:(1)护卫首都及环视东部;(2)防卫魏、蜀;(3)镇压江南内地的山越。

另一方面,如滨口重国氏所论,孙吴王朝建立以后,即撤废了"奉邑制",不过考虑到将军个人的荣誉及其一家的经济而改换为"封爵制",④果真如此,依靠奉邑制而豢养的军团在该制度废止以后,又是依靠什么获得给养的呢?如果是依靠国家财政的支出的话,又是一种什么样的形式呢?

---

① 《抱朴子·吴失篇》;唐长孺《孙吴建国及汉末江南的宗部与山越》,页12。

② 左思《吴都赋》;唐长孺《孙吴建国及汉末江南的宗部与山越》,页22。

③ 《世说新语·政事篇》"贺太傅"条,载吴郡豪族顾氏、陆氏"役使官兵及藏捕亡"。唐长孺《孙吴建国及汉末江南的宗部与山越》,页24。

④ 滨口重国《秦汉隋唐史的研究》上卷,页436—437。

最为普通的军团给养方式，应是军团自身的屯田。曾为首都东边奉邑的毗陵，在赤乌年间从各郡“出部伍，新都都尉陈表、吴郡都尉顾承各率所领人会佃毗陵，男女各数万口”。[①] 这种形式的屯田，并不限于毗陵一县。如万绳楠氏所论，首都周边的丹阳、晋陵一带在孙吴政权下是大规模的屯田地区。[②] 除此以外，在今江西省寻阳地方，原本设置了屯田，在将屯田的600户赏赐给了庐江郡长官吕蒙以后，把寻阳作为奉邑也赐给了吕蒙。[③] 也就是说，屯田并不限于丹阳、晋陵一带，也还存在于其他各地，屯田地域与奉邑之间较为容易互换。

如唐长孺氏指出，孙权时期的吴国是“战士不给他役使，春惟知农，秋惟收稻，江渚有事，责其死效”，他们“决非是单管打仗的兵士”，“孙吴的兵是负农耕任务的”，[④]也就是说，众将军各自所率私兵色彩极浓的世袭军团原则上采取屯田形式，实际上一个重要的目的即是自给。

当然，问题在于各个军团是否全都依靠屯田，而且各个军团的自给程度也会有所差异。根据《三国志》卷57《朱据传》，嘉禾五年（236）孙吴政权铸造了一当五百的大钱，当时为左将军驻屯芜湖的朱据军本应得到“三万缗”作为军费，可是却被“工”——似为造币技师——所贪污。还没弄清谁是犯人，朱据军中负责出纳者便受到调查，最后受杖而死，“典校”亦即监察官进而怀疑到朱据身上，于是朱据变成“待罪”之身。后来幸而查出了真正的犯人，相反监察官倒受到了惩处。这件事显示出，国家财政对认为有必要的军团支付高额的军费，而且，监察官对这笔费用的动向是高度注意的。有的军团受到孙氏的中央政府这类财政上行政上的极大束缚，但所有军团是否全然如此，值得怀疑。为什么呢？拿朱据来说，是从孙吴的中央政府官僚出外转为将军的，因此其军团极有可能属于新近组建而成的。总体来说，各个军团基本上是以屯田自给，遇到费用不足或不

---

① 《三国志》卷52《诸葛瑾传》注引《吴书》。

② 万绳楠《六朝时代江南开发问题》（《历史教学》1963年第3期）。

③ 《三国志》卷54《吕蒙传》及滨口重国《秦汉隋唐史的研究》上卷，页436。

④ 唐长孺《孙吴建国及汉末江南的宗部与山越》，页18以及《三国志》卷61《陆凯传》“谏二十条”中第十五条。

时之需，便依靠国家财政来补偿。补偿的程度也视各个军团的情况而定，由此当然可以认为，随着补偿量的增加，来自中央的统制力量也得以加强。

如果各个军团基本上是以屯田来自给的话，那么就可以认为当时存在着广阔的荒地以及尚未开垦的土地。在首都附近的丹阳等地，实际上已经通过挖凿沟渠而排水造"湖田"了。[①] 苏州一带以及绍兴附近虽很早便得到开发，但当时的江南还有众多的未开垦地等待开发。配置于各地的屯田军在土地开发方面发挥了重要作用，可以说是开发的尖兵。

孙吴政权之下的兵士，于是也就带有极强的从事开发的劳力性质。不用说，开发需要众多的劳力，在未垦地很多的情况下尤其如此。可是，从何处可以找到劳力呢？这正是山越。唐长孺氏指出："孙吴一代的经营山区，其目的不在于开拓疆土而在于扩大对劳动力的控制。"[②]对于唐氏的这一论断，我想给予最高的评价。讨伐山越并非是直接获得殖民地的战争，用一般的话来说，就是猎人战争，用极端一点的话讲，便是获得奴隶的战争。将征服或是降服的山民分给征讨将军及其部将们，[③]"强者为兵，羸者补户"。吴郡名族陆逊讨丹阳山越就曾获精兵数万，此外，他还被会稽郡太守告发"枉取民人"。[④] 看来，不单来自江北的将军，就是连江南的土著豪族对猎人战争也极为热心。

如上所述，我对将讨伐山越视作劳动力获得战争的唐长孺氏的观点表示全面赞成。可是，这一认识与前面所提到的唐氏的主张，即孙吴政权针对拥有宗部组织的山越进行的战争意味着"以孙氏为首的若干宗族对于另外各个宗族集团即宗部的胜利"，并指宗部 = 宗族集团与汉族集团同质的看法是否有着某些抵触呢？为什么呢？因为在汉族社会内部，豪族集团之间的战争尽管并非全然没有上述猎人的成分在内，但也决非显著之故。唐氏的"劳动力获得战争论"不用说与将江南社会视为同华北

---

① 《三国志》卷64《濮阳兴传》。

② 唐长孺《孙吴建国及汉末江南的宗部与山越》，页17。

③ 《三国志》卷64《诸葛恪传》云老幼相携而出的山民中，诸葛恪自己领万人，余下的分给诸将。

④ 《三国志》卷58《陆逊传》。

等质的社会这一立场是相抵触的，可是同将江南社会看作后进的边境地区，重视山越未开化一面的立场倒是相对整合衔接的。

所获山民中，强壮者派作兵士，成为屯田军。江西省的鄱阳郡长官周鲂指挥的军队据称有“山兵吏民”，而且还让潘濬召集“夷、民”以为兵，[①]似为一支汉族、蛮族混成部队。值得注意的是，率领屯田军的将军被任命为其驻屯地的“督”——司令官——虽为一般情况，但如周鲂那样被任命为一般郡县长官的例子也不在少数。这时的郡县统治，实际上就带有一种以屯田军为核心的军政统治的性质。

郡县的一般农民在什么样的形式下受到统治，详情不得而知。不过，虽说是载于郡县户籍上的“正户”，有的与依附于私家的佃客处于完全一样的状态中。《三国志》卷55《陈表传》，曾获“复人”亦即佃客[②]200户的将军陈表，在讨伐山越之际，上书说佃客之中有堪当兵士者，而“空枉此劲锐以为僮仆，非表志也”，于是“乞以还官”，也就是将其作为国军兵士返还给国家，而实际上是“充部伍”，也就是编入自己指挥下的军队之中。对此予以嘉纳的孙权“下郡县，料正户羸民以补其处”。也就是说，尽管是郡县的正户，其“羸民”——似与山越的“羸者补户”之“羸者”相对应[③]——容易成为私家的“复人”亦即佃客，他们都处于“僮仆”的状态之中。同时，私家的佃客也很容易编入成为兵士。如前所述，兵士平时在屯田上从事农耕。因此，郡县的正户（至少是羸民）与私家的佃客以及屯田军的兵士，这三者实际上是既相似也可以相互转化的存在。而且，在统率他们的支配者看来，这三者在实体上并无区别。

此事实首先显示，郡县正户这一公权统治的对象与私家佃客这一私人统治是有所混同的。公私混同，在前面所见吴郡土著豪族私役官兵的例子中也可以看到。兵士本身在将军的世袭式统领下，已经成为私兵一样的存在。郡县制这一公权的统治体系在这种状况下，

---

① 《三国志》卷60《周鲂传》。

② 滨口重国《唐王朝的贱人制度》（1966年，东洋史研究会），页477—478。

③ 滨口氏将此处“羸民”释成“贫困之户”（见《唐王朝的贱人制度》，页477—478）。即便如此，羸有弱之意，因此也可指被征服的山越中之“羸者”，补户编入民籍。

也不得不带上私人支配的色彩。其长官为将军的情况下,以具有私兵色彩的屯田军的武力与财力为基础,当然可以将附籍于管下郡县的羸民紧缚于屯田地上从事农耕,同时也当然可以驱使于私役。由此我们可以设想,公权的郡县制在多数情况下不得不倾向于私人军团的军政统治。

从《陈表传》以及上述所引各材料中可以看到的第二点是,以统治屯田兵、正户的羸民、佃客等为核心的这种军政统治是非常严厉的,比如兵士——羸民——佃客之间的位置转换,便只在统治者的一念之间。屯田军政通过劳动力获得战争,一边加入被征服民一边以开发作为目的,在这种状况下,支配下的农民便不可避免地陷入"僮仆"的状态之中。这种社会与自立小农民广泛存在的华北是截然不同的。

处于开发途中的江南大多数地区实行的,就是这样一种将军们各自统率带有私兵色彩的屯田军,依仗其武力与财力实行的军政统治。其中还有如步骘——步协——步阐父子那样,以西陵督"继业",在近半个世纪的时期内代代君临西陵。步阐在凤凰元年(272)被征召回中央时,因恐其"失职",一族大小上下全都叛归西晋。① 所谓"失职"之"职",应是指统治西陵及其附近一带的各项权利。这实际上与日本中世的"职"有着相似的含意,接近于领主统治。步骘一家的例子在孙吴属于少数,可是,带领开拓屯田军的将军们有着开发领主的倾向,这一点不容否认。不过,作为土著豪族的开发领主化出现,只是在吴以及会稽等先进开发地区可以寻其端倪,而较为一般的情况是,在各个尚未开发的地区,采取的是一种自上而下、自外而内的君临形式。在日本史中,也有可以与之相比较的例子,如在边境的先进开发地区的东国,土著豪族走上开发领主化道路,而陆奥出羽的阿倍氏及清原氏则作为外部进入者君临其地。

孙吴政权就是建立在这些内含开发领主倾向的诸将军之上的纯军事

---

① 《三国志》卷52《步骘传》。当然类似此处"职"的用法,古已有之。例如《汉书·高帝本纪下》所载汉五年春二月诏,立亡诸为闽越王时,称"勿使失职"。

政权。各自率领拥有独立性的军团的诸将军与对此加以统辖的孙氏之间，其关系是由任侠关系升华的人格主从关系来支撑的。① 因此，孙权死后，这一人格上的主从关系出现破绽，给孙吴政权造成了致命的打击。

导致孙吴政权崩溃的当然还有其他一些原因。这些与上述孙吴政权之下的社会形态有着极深的关联。当江南社会摆脱了这样一种政权的直接束缚以后，便与华北的贵族阶层发生了直接联系。贵族制在江南的确立过程，还有许多问题需要深入探讨，其中详情，请见下一章。下面将以上所述，作一个简单的总结，同时也对今后的研究，略作展望。

结　语

针对3世纪在华北成立的贵族制为什么能在4世纪的江南得以再生这一问题，我在上面的叙述中考察了3世纪的江南状况。为了对南北作一个比较，首先来概述一下3世纪华北的贵族制社会的结构。如第一编第三章所述，可以用乡论环节的重层结构来加以把握。对于各层乡论的形态以及形成重层的方式产生影响的，是两项基本的社会条件，其一是由豪族伸张引起的社会阶层分化的方向；其二是尽管如此，意图对豪族的领主化进行阻止的自立小农民怀有寻求共同体关系的强烈志向。乡论的高涨，如果没有乡邑豪族支配能力的伸张与为其触发的中小农民的抵抗是不可能实现的。后者对于共同体的追求，结果对乡论的本质产生了重大影响，致使豪族朝文人的贵族化而非武人领主方向发展。

可是同时，这里也留下了朝此方向发展的豪族一方操纵乡论的可能性。当形成高层次的乡论环节的上层集团成为政权的核心并加强其统制能力时，这一点尤其明显。负责与下层乡论进行沟通的九品中正制度也随着他们在现实上逐渐游离了下层乡论的区域而成为他们自我保存与自我再生产的利用工具。总之，乡论环节的上层集团形成了贵族，并在3世

① 《三国志》卷47《吴主传》"赤乌元年"条有孙权对诸葛瑾以下诸将所下诏敕，其略云"今日诸君与孤从事，虽君臣义存，犹谓骨肉不复是过。荣福喜戚，相与共之。……同船济水，将谁与易"。"恩如骨肉"之语，除此之外，孙权还常用于他处。

纪的百余年中树立了他们自己的社会权威。但是必须指出,如果忽视了豪族的伸张与对此进行抵抗并具有使乡论高涨能力的自立小农民的成熟,便无法理解产生上述这种体制的华北社会。

与此相对,在江南3世纪成立了带有开发领主制倾向的军事政权。这与当时江南社会汉民族的开发还处于发展中这种后进性是相对应的。土著豪族的领主化倾向仅仅见于吴及会稽等开发较早进行的先进地区。来自江北的武将们之所以能以屯田军为核心进行开发领主化的统治,正好也就反映出了江南的一般土著豪族的不成熟。同时,由武将们推行的严厉的军政统治也只有在自立小农民的不成熟这一社会条件上才有可能执行,而且反过来还妨碍了后者的成长。在这种状况下,除了在江南的先进地区吴、会稽能稍微见到一点以外,根本无法期待乡论在其他各地的高涨。①

大川富士夫氏曾经高度评价孙吴政权下士大夫的作用与华北社会一样。② 可是就一般而言,在上述这种后进的社会中,并不能对士大夫阶层的力量作如此的期待。就我的理解来看,孙吴政权是武人领主制色彩极为浓厚的纯军事政权,至于士大夫,仅仅只需要像张昭那样人数极为有限的顾问以及若干负责行政事务的官员而已。吴郡的豪族顾氏以及陆氏虽然也在积累文化人的教养,但是多数仍旧作为武将活跃,这与华北的土著领主李典在贤士大夫面前屈膝一事形成了对照。在江南,即便连教养人相反也欲为武人。

一般来说,在古代帝国的崩溃时期,十分清楚地显示出向封建领主制倾斜的是帝国周围的边境地区、后进地区。在日本的平安末期,在像东国那样处于开发途中的后进地区,而非先进地区的畿内,上述特征十分显著。尚在开发之中的3世纪江南,或许正好同日本的东国作一比较。相当于畿内的广阔的华北,在自立农民的抵抗下,武人领主制很难得到形

---

① 《三国志》卷57《虞翻传》注引《会稽典录》称,虞翻对会稽的人物评论经由朱育介绍。深受民众欢迎的高岱(《三国志》卷46《孙策传》注引《吴录》)也为吴郡出身,后隐居会稽余姚的人物。

② 大川富士夫《孙吴政权与士大夫》(《立正大学文学部论丛》33,1969年)。

成。其结果,便是不得不形成能够反映出乡论的贵族制。与此相比较,在自立农民并无多大抵抗力的江南,相反较明显地出现了领主化倾向。一般认为封建领主制是超越古代的一个标志。在日本史中,倒是经常把贵族统治的庄园制视作古代的残留物。可是,"保存"了这些的畿内在当时不用说乃是先进地区,在那里,并不用等待后进地区的领主制出现便应独自超越了古代。应该说,在华北这一中国的畿内出现的贵族制,比起遥远的江南开发领主制体制,提前迈出了超越古代社会的一步。

可是,江南开发领主制的体制为什么没有全面开花而被华北的贵族制所压倒了呢?下一章便准备来回答这一问题。

（原题《贵族制社会与孙吴政权下的江南》,1970 年 3 月,
收入中国中世史研究会编《中国中世史研究》,东海大学出版会。
本章为该文的后半部分,1979 年 8 月修订)

第三章　从孙吴政权的崩溃到江南贵族制

前　言

4世纪初期，历经八王之乱与永嘉之乱等大混乱时期，华北贵族阶层的大多数离开了其根本所在的华北而流寓到遥远的江南，而他们在这片新天地上，却将江南的土著豪族尽握于手中。那么，这一支配体制是如何得以再生的呢？带着这一问题，我在前章试图弄清其前提亦即3世纪孙吴政权之下的江南社会结构，但结果仅仅只是指出了3世纪孙吴政权下的江南社会与华北社会迥异这一层，对于上面的问题而言，这只能说还处于问题解决的初步阶段。

这里首要的问题是需要弄清，上一章所见3世纪江南社会的结构到4世纪初期遭遇到从华北逃难而至的贵族时，发生了什么样的变化？这一点实际上与第二个问题相连，也就是来自华北的贵族们身处历经上述变化的江南社会，又是如何重建他们的支配体制的呢？本章即准备对这些问题作些探讨。

为行文方便，首先将前一章所论孙吴政权下的江南社会作一番梳理。3世纪前期，孙吴政权建立时的江南尚有许多未开发土地，还属于后进地域，同时也是汉民族的开发正在逐步推进的殖民地式社会。以吴、会稽为中心，逐步发展的地方豪族并没有力量建立他们独自的政权，而是与从江北来的孙氏统率下的武将们的屯田军互相协力，建立了开发领主制的体制。因此，孙吴政权是在吴、会稽成长的地方豪族的开发领主化倾向与君临于未开发土地之上的开拓屯田军将们确保地盘的欲求之间，相互协助，为保证他们的支配而树立起来的权力体制。我从一个较为广泛的意义上，将这种体制称为开发领主制的体制。他们在这种体制下，推行极为严厉的军政统治。之所以能做到这一点，其主要原因是在吴以及会稽等较早得到开发的地域之外，江南一般豪族力量的增长还处于不成熟状态，同时，自耕农的成长从江南总体来看，要比华北落后许多。另外，依靠这种体制的严厉的军政统治，又进一步阻止了自立农民的成长。在先进的华北社会，豪族的力量虽然持续增强，但与此同时，广泛存在的自耕农的成熟引发了以共同体志向为本质的乡论的高涨，并以此来抵抗豪族的领主化倾向，最终使后者朝文人贵族化而非武人领主的方向发展。这一状况与江南社会显然是大相径庭的。在江南，自立农民整体的不成熟，一方面容忍了土著豪族的开发领主化，另一方面也使外来的武将们能够展开以屯田军为核心的开发领主统治。

那么，究竟是什么原因致使这种开发领主制的体制得不到全面开花，而最终孙吴政权也走向崩溃的呢？这一体制之所以在孙吴政权那里得到执行，第一个理由是率领相当独立的世袭军团的诸将军与孙氏之间建立了主从关系。下面，我们首先以这一主从关系的性质及其关系的变化作为线索，来探讨开发领主制的体制变质及其解体的过程。

一、孙吴政权中主从关系的瓦解

主从关系作为维护孙吴政权下江南社会的枢轴，是原本存在于孙坚、孙策、孙权父子与诸将军之间的任侠关系升华后的一种形式。关于其性质，值得注意的是，从作为臣下的将军方面来说，这种主从关系始终只是针对自己视之为主人的个人尽忠，并没有扩展到对于主家孙氏一族的关系上。例如，孙权从弟孙皎曾因一件小事而与将军甘宁发生矛盾，于是有人规劝甘宁。可是甘宁却回答道：

> 臣子一例，征虏（孙皎）虽公子，何可专行侮人邪！吾值明主，但

当输效力命，以报所天，诚不能随俗屈曲矣。

听到此语的孙权马上送书孙皎而非甘宁，令其不许因私愤而贸然行事。[①]

孙权为了维持这种与众将个人之间的信赖关系，煞费苦心。因为这种关系正是维持孙吴政权的支配体制以及在这种体制下整合社会的一个关键。主从关系在迫使双方需要携手合作，一致克服困境，例如草创时期或是强敌压境时，显得异常牢固。可是，当草创时期过去，事态朝安定方向发展时，就不可避免地出现微妙的变化。不用说，即便是孙权，也不能单纯依靠这种极易变化的主从关系，因而在另一方面，就需要实施对臣下进行监视的措施，中书典校或校事制度即相当于此。

孙权信任自己的心腹中书吕壹及秦博，使其"典校诸官府及州郡文书。……举罪纠奸，纤介必闻"。[②] 他之所以试图用这样的手段来掌握臣下的一般动向，并不能仅从不相信臣下这一点来考虑。通过迅速收集到的详细情报，可以及早了解到臣下的不满，由此可以及时采取有效的对策，因此这些情报有助于加强与臣下之间的相互信赖关系。可是，情报收集的目的仅仅只是倾向于"举罪纠奸"时，抑或主君只是对可称密告者的校事加以信任时，这一制度就会对主君与臣下的信赖关系产生破坏作用。吕壹等依仗孙权的信任，毫无根据地告发将军朱据，[③]并"奏按丞相顾雍、左将军朱据等，皆见禁止"，直接干预丞相的人事，由此令诸将军痛恨不已。[④] 到238年，吕壹的恶行终于暴露，于是孙权诛吕壹后，立即派遣中书郎袁礼作为使者向诸将谢罪，并附书强调"虽君臣义存，犹谓骨肉不复是过"，望众将军能够提出针对时事损益的意见。[⑤] 这些都反映了孙权对校事的擅权予以反省，并且对主从之间人格信赖关系的重要性再次作出了确认。

吕壹事件就此得到解决，在这一阶段，孙权与大臣以及将军之间的主

---

① 《三国志》卷51《宗室・孙皎传》。
② 《三国志》卷52《顾雍传》。
③ 《三国志》卷57《朱据传》。
④ 《三国志》卷61《潘濬传》。
⑤ 《三国志》卷47《吴主・孙权传》"赤乌元年"条。

从关系之间还没有出现裂缝。可是到 241 年，太子孙登病死，242 年孙和被立为太子后，与其弟鲁王孙霸之间发生矛盾，事态顿时出现危险之兆。其因在于孙权过于宠爱鲁王孙霸，使其与太子孙和之间并无明确的差距。于是拥护鲁王的一派便开始进行策动，244 年鲁王党已经对太子位形成威胁，与太子亲近的顾谭等人被处流刑，太子太傅吾粲身死狱中，拥护太子并向孙权进谏的丞相陆逊在第二年，也因孙权不纳忧愤而死。[①] 太子党与鲁王党之间的相争持续近十年，在此期间，因为这一问题，据说是"中外官僚、将军、大臣举国中分"。[②] 这种举国一分为二的状况，到 250 年，终于以太子孙和废位，鲁王孙霸赐死这一两败俱伤的形式收场。其时年方 9 岁的末子孙亮重新被立为太子。可是，将群臣一分为二的如此长时期的内部分裂，不能不说给予支撑孙吴政权的主从关系留下了极其深刻的裂缝。两年后，252 年孙权死去。年仅 11 岁的孙亮即位，尚未得到缝合的裂痕终于引发了重大事态。

这一事态由孙权遗诏辅佐幼主的顾命大臣的成员以及他们所实施的政治得到证明。顾命重臣与他们两年前分属的党派如下：[③]

大将军　诸葛恪　太子和党
太　常　滕　胤　太子和党
将　军　吕　据　鲁王霸党
中书令　孙　弘　鲁王霸党
侍　中　孙　峻　鲁王霸党

这其中，"诸事一以相委"[④]的诸葛恪，根据《三国志・吴志》本传所载，发觉中书令孙弘矫诏欲除己，于是斩弘，接着废除"视听"制度以及中书系统的"校官"，同时也停止征收滞纳税及关税，于是受到了人们的欢

---

① 《三国志》卷 58《陆逊传》。

② 《三国志》卷 59《孙和传》注引殷基《通语》。

③ 《三国志》卷 59《孙和传》注引殷基《通语》："丞相陆逊、大将军诸葛恪、……会稽太守滕胤……等奉礼而行，宗事太子。骠骑将军步骘、……左将军吕据、中书令孙弘等附鲁王。"关于孙峻，同处注引《吴书》在太子孙和被废后云："（孙）权寝疾，意颇感寤，欲征（孙）和还立之，全公主及孙峻、孙弘等固争之，乃止。"

④ 《三国志》卷 64《诸葛恪传》注引《吴书》。

迎。其年冬,诸葛恪试图在与曹魏的战争中一战而胜,于是不顾和自己有姻戚关系的滕胤等人的极力反对,在253年强行北伐,结果大败而归。失败的诸葛恪采取强硬态度,"愈治威严","曹所奏署令长职司,一罢更选","复敕兵严(准备出征),欲向青、徐"。

采取这种强硬的政治态度,一方面是针对同为顾命大臣的孙峻、吕据之间的矛盾,试图对这些过去曾反对自己的人物加以威压之故。另一方面更为一般的情况是,孙权死后的状况极为不安。当时从外部观察孙吴状况的魏将邓艾,曾有如下一番描述:

> 孙权已没,大臣未附,吴名宗大族,皆有部曲,阻兵仗势,足以违命。① (诸葛)恪新秉国政,而内无其主,不念抚恤上下以立根基,竞于外事,虐用其民。(《三国志》卷28《邓艾传》)

各自拥有世袭的军团,其力量足够与中央命令相抗衡的各地"名宗大族"——用我的表述即是开发领主们——一直是以对主君孙权的主从关系为中心而维持其团结的,而现在失去了自己的中心,于是便显示出了"违命"之迹。此外,以顾命重臣们为主的"大臣"也是逐渐分成党派进行明争暗斗,呈现出"未附"不安的状况。面对这一行将分裂的局面,"诸事一以相委"的诸葛恪必须首先重新恢复中央政府的权威,然后依据这一权威来防止分裂的危机。作为一名出色的军事谋略家,诸葛恪不惜"虐用其民"而采取了"竞于外事"的政策,也就是希望通过北伐的胜利来重新恢复中央政府的威信。在"大臣未附",各地的"名宗大族,……足以违命"的状况中,诸葛恪或许已没有其他方法来重新恢复权威了。当他的计划落空,结果朝相反的方向发展时,他仍然"复敕兵严,欲向青、徐"。透过这一强硬的姿态,我们可以感到他的信念以及重建权威的急迫心情。可是,为了建立权威而一再推行不合理的政策,实际上也就自掘了自己的

---

① 原文为"足以建命",《资治通鉴》卷76"嘉平五年"条作"足以违命",此处从《通鉴》,改"建"为"违"。

坟墓。针对他的反感正迅速扩大,原本就反对他的孙峻乘机于 253 年 10 月杀害了诸葛恪。

孙峻从 253 年到 256 年掌权,他死后,接替他的从弟孙綝于 256 年到 258 年,分别掌握着中央的实权。不用说,中央政府的权威依然得不到恢复,作为当权者,客观状况依然要求他们重新恢复权威。这两个人并不具备诸葛恪那样的才能,当处于不安定的政局中时,实际上已经全然找不到肩负这一重担的任何方法。他们能做的,只是依靠个人的情绪来恣意地行使权力。《三国志·吴志二·二孙传》称孙峻"骄矜险害,多所刑杀";具有废掉吴主孙亮之权的孙綝也是"负贵倨傲,多行无礼"。在这样一种盲目的权力意志之下,除了毫无意义的自我显示以外,看不到任何可圈之处。

诛杀横暴的孙綝是第三代君主孙休(258—264 年在位),但是他却逃避政治,一心读书做学问。在其下,实际的掌权者是张布等人,不过史书对他们的评价都不高。接着即位的孙皓(264—280 年在位),更是一位极端暴虐的君主,可以说是以后六朝尤其是宋、齐时期集中出现的暴君型天子的先驱。之所以出现这一状况,如前所述,在领主式人物割据各地,呈分裂趋势的客观局面与极为不安定的政局之中,肩负恢复权威之任的当局者不但毫无任何有效的方策,相反还急于满足自己的权力欲望,盲目地行使权力之故。①

如上所见,失去了孙权这一主从关系的中心,以及在其晚年出现的由于群臣之间的分裂,导致了主从关系的分裂,其主要原因在于中央政府的掌权者触发了开发领主制内本来内在的分离化倾向,进而在阻止这种分离时,又采取了种种不合理的措施。这种不合理,又加剧了主从关系的恶化,促成了其解体。也就是这里开始了一种恶性循环,支撑孙吴政权的人际关系走向全面崩溃。作为孙吴灭亡的一个基本原因,陆机在《辩亡论》

① 另,关于孙皓,还有《世说新语·排调》的一则记事:"晋武帝问孙皓:'闻南人好作尔汝歌,颇能为不?'皓正饮酒,因举觞劝帝而言曰:'昔与汝为邻,今与汝为臣。上汝一杯酒,令汝寿万春。'帝悔之。"将皓描写成是一位正常而敏锐的人物,同时也似说明,当人从权力的位置上解放出来后,是可以恢复正常心态的。

(《文选》卷 53)中所指出的“人和”的瓦解,便是经历了上述过程后的结果。

下面,我们以上述对政治侧面进行的考察作为线索,看看它与江南基层社会的动向是如何对应的。

二、孙吴社会的不均等化与流动化

孙权之死,进一步引发了拥有世袭军团,驻屯于各地,而且有着开发领主一面的诸将军的独立倾向,中央的掌权者为了对此加以阻止,急于树立权威,此点已见前述。急躁的结果,便是在缺乏冷静的思考下发动战争,由此蒙受了本来可以避免的损害,为了加以弥补,便开始进行不合理的征发。此外还有如孙皓那样为了自我显示而进行无益的土木工事。这些不合理的行为,马上便表现在针对中央政府所能控制的地区进行强制性掠夺。为了树立中央政府的权威而施行的措施是如何与强制性掠夺相连的呢?作为被掠夺对象的地区主要又是哪些呢?下面试作分析。

陆凯在 269 年死去之前,或是在更早一些时候的 266 年以后,为劝谏暴君孙皓,说了这样一番话:

> 自从孙弘造义兵以来,耕种既废,所在无复输入,而分一家父子异役,廪食日张,畜积日耗,民有离散之怨,国有露根之渐,而莫之恤也。民力困穷,鬻卖儿子,调赋相仍,日以疲极,所在长吏,不加隐括,加有监官,既不爱民,务行威势,所在骚扰,更为烦苛,民苦二端,财力再耗,此为无益而有损也。(《三国志》卷 61《陆凯传》)

这里所强调的当然是孙皓时期的状况,但是值得注意的是上述状况是孙弘创设义兵制度以后的一种现象。

如前所述,中书令孙弘在 252 年以及孙权死去那一年即被诸葛恪所杀。因此,这一制度在孙权治世的最晚年,亦即太子和与鲁王霸两大党派的纷争得以结束的 250 年或翌年设置的。有关“义兵”的史料只此一条,其中详细，全然不明。不过“义兵”即从义之兵，至少名义上应属于志愿兵。但是根据这段材料，实际上却是强制征发本在地方从事耕种任务的屯田民，将其作为义兵带至首都建业或是指定的军营，由中央政府发放廪食。之所以判断征发的是屯田民，原因在于“父子异役”中的“役”是义兵之役以及与此相当的重役之意，还有一点即他们来是从事“耕种”的。由征发义兵造成了“耕种既废，所在无复输入”的局面，也可推测被征发为义兵的屯田民是相当多的。而且，创设这一制度的孙弘是中书令，因此也暗示了义兵是直属于中央的军队。或许是因为孙权已至耄耋之年，卧病不起，为了提高摇摇欲坠的中央政府权威，以增强禁卫军以及中央直属军为目的而采取了这项强制性措施。

据上引陆凯的话，这一制度在制定者孙弘被杀以后仍旧存在。诸葛恪以后，当局者的政治姿态一如前述，用华覈的话来说，①即是“大皇帝（孙权）……早弃万国。自是之后，（诸葛恪、孙峻、孙綝）强臣专政，上诡天时，下违众议，亡安存之本，邀一时之利，数兴军旅，倾竭府藏”，在这样一种状况中，这种义兵应该是最容易受到驱使的。受到驱使的当然不止这些义兵，因为当时的普遍状况是“兵劳民困，无时获安”。② 永安二年（259）三月，亦即孙休即位半年，杀掉横暴的孙綝 3 个月后，发布了下面一条诏敕：

> 自顷年已来，州郡吏民及诸营兵，多违此业，皆浮船长江，贾作上下，良田渐废，见谷日少，欲求大定，岂可得哉？亦由租入过重，农人利薄，使之然乎！今欲广开田业，轻其赋税，差料③强羸，课其田亩，务令优均，官私得所。（《三国志》卷 48《嗣主传》“永安二年”条）

这条诏敕不用说是试图缓解孙休即位以前那些强硬派掌权者们——诸葛

---

① 《三国志》卷 65《华覈传》。

② 《三国志》卷 65《华覈传》。

③ “差料”，原文作“差科”。“差科”作为役法用语，后世频见。不过三国时期似嫌过早，这里从卢弼《集解》，改作“料”。

恪、孙峻、孙綝——从不合理的方针出发,而强加给一般兵、民身上的苛刻负担。可是,这条敕令并没有收到所期效果,这从华覈在上引上疏(于267年提出)中所云"今之存者乃创夷之遗众,哀苦之余民耳"以及前面陆凯所论到孙皓时期仍以义兵为中心的状况中,得到很好的证明。

不过,在上述诏敕中需要注意的是,它并非意味如其他时代所见的那种自由农民自发地转向商业以及对此采取的对策。因为"差料强羸,课其田亩"一句中的"强、羸"是与孙吴的众将军在讨伐山越或山民时所获得的投降者或是被征服民时所云"强者为兵,羸者补户"中的"强者"、"羸者"相关。正如在上一章中所探讨的,派作兵士的强者被编入屯田军——上引诏敕称"诸营兵"(当然这里也有禁卫军及前面所论的义兵等并非屯田之营)——之中,战时出征,平时负担农耕之任。补充入户的"正户羸民",从诏敕所云"课其田亩"来看,可以说作为屯田民紧绑在了国有地上。在诏敕中"州郡吏民"的"民"中,这种"正户羸民"以及与此类似的隶民应该是占绝大部分的。为了澄清这一点,针对屯田兵与屯田民以及一般庶民之间的关系,这里有必要提出我的见解。

孙吴的屯田之中,下面几点极为明确,首先是将整块广阔的地区作为屯田地带,与郡县不同,另置典农都尉或是屯田都尉加以管理的大屯田区。包括吴郡无锡以西设置的毗陵典农都尉所管辖的大屯田区在内,这种十分清楚的屯田区存在于各地。在这种大屯田区中,有着军屯与民屯相混的痕迹。① 第二,如上一章所述,孙吴的诸将军各自所统世袭的军团,基本上以屯田来自给,因此军团的驻屯地大致可以认为即是军屯地,在无难督、濡须督等之下,应有这一形式的屯田。第三,这些诸将军在很多情况下被任命为郡县长官,此时,各个郡县的内部一定有着军屯地。在这里,那些"正户羸民"于是便"课其田亩",耕作于民屯。如果郡县长官没有统领军团,那么或许也就没有军屯,可是从《三国志》卷55《陈表传》"下郡县,料正户羸民以补其处"这种较一般的措辞来看,郡县中由"正户羸民"耕作的民屯地带似非普通的形式。果真如此,那

---

① 参见唐长孺《三至六世纪江南大土地所有制的发展》(1957年,上海人民出版社),页27—28。

么可以认为郡县长官是以这些军屯与民屯作为基础来统治其他一般庶民的。现将以上所述,列简表如下,可以看到孙吴政权统治下的领域主要分为三种:

(1) 典农(屯田)都尉	军屯	兵(强)	
	民屯	民(羸)	
(2) 督	军屯	兵(强)	
(3) 郡县长官	[军屯	兵(强)]	(有军屯、无军屯两种情况)
	民屯	民(羸)	正户
	一般庶民居住区	民	

据《三国志》卷58《陆逊传》,陆逊初“出为海昌屯田都尉,并领县事”。也就是在海昌地方,(1)与(3)是相兼的。是否可以认为,刚开始是将(1)与(3)进行明确的区分,但地方郡县后来却逐渐将(1)与(3)进行了整合呢?

正是由于军屯与民屯并存于各地,屯田兵与屯田民的区别日趋暧昧,所以才在永安二年(259)感到有“差料强羸,课其田亩,务令优均(其负担)”的必要。而且,此时的诏敕虽然将一般广大的“州郡吏民”作为对象,但是从其后半部分所述“强、羸”差料的措施来看,诏敕主要关心的对象与其说是郡县的一般庶民,不如说是在以屯田兵与屯田民为中心考虑。就一般常识而言,中央政府的掠夺应该首先针对的是较为容易榨取的屯田地域,因此对这一问题极为关心,可谓理所当然。

因此,这种隶属程度较强的兵、民不可能各自从事自由的商贩行为。不如说,屯田体制内拥有一定实力的统帅者阶层驱使指挥下的兵、民运送管辖下的生产品,使其通过劳役或服务的形式参加商贩行为。或许,这种行为的意义在于针对中央政府加强掠夺——“租入过重”——而通过“利薄“的屯田农业进行补充,以此维持屯田农民的最低生活。但是在屯田内部,结果却是导致直接生产者的劳役过重,另一方面,屯田统率者阶层从克扣之中得到不少利益。早从孙权时代开始便受到严重剥削的兵、民在孙权死后,陷入了更加凄惨的状态之中。这一点从前引陆凯、华覈等人的上疏中亦可见到。

尽管如此，这种商贩行为的加速还是带来了以自给为原则的屯田体制的解体。本来，被紧紧束缚在屯田土地上的兵士以及农民即便是做劳役，但只要从事商贩行为的机会增多，通过在市场上获得的其他地区的情报或是逃亡机会的增加，他们便开始逃亡到负担较轻的地区。如左思《吴都赋》所述，首都建业由于人口的集中出现了喧闹繁荣的景象。在建业以外，应该有许多地方是可以容纳他们的，并无必要一定要逃到中央政府命令不及的远方。在稍晚一点时期的凤凰三年（274），病中的陆抗上疏云：

> 又黄门竖宦，开立占募，兵民怨役，逋逃入占。乞特诏简阅，一切料出。（《三国志》卷58《陆抗传》）

临终前的这份上表当然不会被已经陷入混乱状态的孙皓所采纳，但是它显示出，从沉重的负担中逃离出来的兵、民奔向的是与中央最为接近的宫中人物手下。在那里的负担比屯田地要轻，生活也较容易应付。至少，是在一份期待的心情下，被紧绑在屯田地上的兵、民才到此“入占”的。那么，这里的“占募”究竟指的是什么呢？

关于孙吴时期的“占募”情况，除上面《陆抗传》所载以外，还另有一条，据《三国志》卷57《骆统传》，骆统在孙权时期的一份上书中，曾提到“占募在民间长恶败俗，生离叛之心，急宜绝置”。据说孙权在与骆统交换了书信以后，最后采取了禁止占募的措施。如唐长孺氏所论，从这两条材料中，完全看不到响应占募的入占之兵、民肩负何种义务。① 可是，占募对孙吴的体制——兵、民就地屯田体制——产生了破坏作用，用唐氏的表述来说，即是“豪门地主”的利益与此相关，此点应无疑问。而且民间一般“豪门地主”的占募在中央政府的命令下，起初或许受到某种程度的抑制，可是到孙吴末期时，皇帝的宠臣抢先开始了

---

① 参唐长孺《三至六世纪江南大土地所有制的发展》，页27。

占募。

这种局面，与葛洪（283—343）在《抱朴子·吴失篇》中，以“余师郑君，具所亲悉，每诲之云”所作的一番描述并非无关，其略云：

> 吴之晚世，尤剧之病，贤者不用，滓秽弃序，纪纲弛紊，吞舟多漏。贡举以厚货者在前，官人以党强者为右，……主昏于上，臣欺于下，……背公之俗弥剧，正直之道遂坏。……秉维之佐，牧民之吏，非母后之亲，则阿谄之人也。进无补过拾遗之忠，退无听讼之干，……势利倾于邦君，储积富乎公室。……僮仆成军，闭门为市，牛羊掩原隰，田池布千里。……商贩千艘，腐谷万庾，园囿拟上林，馆第僭太极，……

在这段文字中，首先值得注意的是在显示孙吴时期豪族的大土地所有的状况时，通常引用的“僮仆成军，闭门为市，牛羊掩原隰，田池布千里”一句，在《抱朴子》中指的是“吴之晚世”；第二，作为这样一种大土地所有者的，主要是那些可称为“非母后之亲，则阿谄之人”的“秉维之佐，牧民之吏”。这些当然不是一般官僚阶层的腐败。“母后之亲”，很有可能是养育孙皓的何姬亦即上尊号为昭献皇后的何氏一门。① 在这些大土地所有者之中，也应包含“阿谄之人”之最的“黄门竖宦”。如此一来，说他们开立的“占募”是设置上述那种广大的占有地，然后募集必要的劳动力从事耕作与经营，应无不妥。

根据刚才所举274年陆抗的上疏，“兵民怨役”，于是响应这种占募而“入占”。实际上，前面已经说到针对兵、民的剥削是十分残酷的。据与陆抗上疏同时，或是于275年被惨杀之前的贺邵的上疏，当时的状况是“自（孙皓）登位以来，法禁转苛，赋调益繁；中宫内竖，分布州郡，横兴事役，竞造奸利；百姓罹杼轴之困，黎民罢无已之求，老幼饥寒，家户菜色，而所在长吏，迫畏罪负，严法峻刑，苦民求办。是以人力不堪，家户离散，呼

---

① 《三国志·孙和传》。

嗟之声,感伤和气”。[①] 黄门竖宦通过对一般庶民的极端剥削,将他们驱使到自己开立的庄园上。

这种大土地所有者并非只是依靠阿谀而轻易获得特权的黄门竖宦,如《抱朴子》所云“纪纲弛紊”亦即有着扩大到一般官僚阶层的倾向,那么可以想象,即便在中央政府命令所达的地区之中,除屯田区以外的地方,都出现了大大小小有着私人性质的庄园。如前面所指出的那样,中央政府的不合理方针以及由此带来的进一步剥削,使屯田体制在受到打击后趋向解体,而上述想象无疑加剧了这一过程的演进。

如上所述,中央政府的命令所及地区,包含军屯、民屯的屯田地域以及其他地域之间,随着时代的推移,产生了社会的不均等现象,这种差异十分显著。即便在一般庶民的居住区,大土地所有的发展也扩大了内部差距。与这种地域的不均等与商贩行为的扩大相适应,兵、民开始向负担较轻,可以保护自己最低生活的地方流亡。这即是屯田体制的崩溃,同时也是作为这一体制最大支柱的孙吴军事政权从其内部而且是其命令最容易转达的膝下开始了崩溃。《抱朴子·吴失篇》所描写的那种“背公之俗”、“纪纲弛紊”正是过去曾见的主从之间的信赖关系全面消灭的身影。通过阿谀获得特权的大土地所有者的行为,实际上是亲手动摇了他们赖以生存的孙吴政权本身的权力基础,也就是自己的权力基础。

在中央命令所及地区出现的上述这种固定社会的流动化、商业活动的增加以及随着而来奢侈之风的扩大,[②]立即波及到其他地区。即便在由将军们率领开拓屯田军进行自上而下的统治地区——其中有的地区具有“足以违命”的力量,中央的命令实际上很难贯彻到那里——或许也有着程度上的差别,但就一般而言,似也正发生着与此类似的固定社会的流动化现象。也就是说,屯田体制的崩溃,以及另一方面有着大小不等特权的大土地所有者的发展,在固定社会流动化的波涛下持续发生。而这也正显示出将开发屯田体制作为一根重要支柱的开发领主制度的根基,从

---

① 参《三国志》卷65《贺邵传》。据说贺邵所遇护江兵士,均为“父子相弃,叛者成行”之状。

② 参《三国志》卷65《华覈传》所载上疏。

内部开始走向瓦解。

不过，在吴以及会稽等土著“名宗大族”的统治力量强大的地区，他们的根基并非如此简单地就瓦解了的。他们与开拓屯田的将军合力支撑着孙吴政权，利用后者的开发领主制体制，使自己也走向开发领主化的道路，其他地区的一般大土地所有者的发展，本来就是他们这些土著豪族自身发展的路线，所以这种状况对他们来说是值得欢迎的。可是，在其他地区，与固定社会的流动化波浪中发展起来的大土地所有相反，也有使土著豪族感到威胁之处，这就是当时社会流动化的波浪波及他们的地区，使处于安定状态中的他们从根本上发生动摇。吴郡陆氏一家以及会稽的贺氏直到最后也热衷于维护孙吴政权的旧体制，其中一个理由就是他们可能想到屯田体制的全面崩溃会激化社会的流动现象，由此极为担心这一大浪会掀翻他们在吴以及会稽的基础。他们所期待的是维持现状，是江南社会本身的安定。

以上，针对孙吴政权依靠的社会机构从内部崩溃的过程，阐述了我自己的意见。不用说，对这一崩溃过程给予致命一击的是280年的西晋军队征服江南以及孙吴政权的灭亡。接下来，我们想看一下在西晋统治下，上述江南社会的各种倾向又是如何变化的？

三、西晋统治下的江南

西晋打倒了孙吴政权，实际上也就意味着上一节中所见孙吴政权以及拥有世袭军团的众将军执行的严厉的军政统治走向解体，尤其是在此解体过程中发生的一部分特权阶层的残酷剥削，至此也得到了缓解。孙皓投降不久，西晋政府首先是“其牧守已下皆因吴所置”，采取了“除其苛政，示之简易”的政策，于是“吴人大悦”。① 的确，对于上节所述的那些受到极度欺凌的一般民众来说，孙吴政权的灭亡应是一件值得庆贺之事。可是，对于那些曾在孙吴政权下依靠附庸权力获得了巨大私利的人来说，

① 《晋书》卷3《武帝纪》“太康元年条”。

一定有着众多的不满。

太康年间(280—289),父祖代代出仕于孙吴的华谭被举秀才,晋武帝亲自对其进行策问:

……蜀人服化,无携贰之心;而吴人趑雎,屡作妖寇。……今将欲绥静新附,何以为先?(《晋书》卷52《华谭传》)

实际上,平定孙吴以后的第二年,移镇秣陵的扬州刺史周浚因"时吴初平,屡有逃亡者(实际上是吴民中尚未服从者发动的寇乱),频讨平之"。[①] 这类叛乱中最大规模的是282年"吴故将莞恭、帛奉举兵反,攻害建邺令,遂围扬州"的事件,在徐州刺史嵇喜的支援下,最后终被平定。[②] 但武帝对华谭的策问,可以说正是以这一江南的状况为背景的。

针对武帝的提问,华谭的回答见于上引《晋书》本传,大致有铨衡登用江南的人士,礼遇贤才,挑选并任命足以立威的牧伯,轻赋敛等,都为一般性的意见。但几乎同一时期,淮南国相刘颂对江南社会的状况以及应该采取的政策作了较详细的阐述:

自吴平以来,东南六州将士更守江表,此时之至患也。又内兵外守,吴人有不自信之心,宜得壮主以镇抚之,使内外各安其旧。又孙氏为国,文武众职,数拟天朝,一旦堙替,同于编户。不识所蒙更生之恩,而灾困逼身,自谓失地,用怀不靖。今得长王以临其国,随才授任,文武并叙,士卒百役不出其乡,求富贵者取之于国内。内兵得散,新邦乂安,两获其所,于事为宜。(《晋书》卷46《刘颂传》)

刘颂所指的首要问题,是江北出身的晋军兵士长期担任江南的警备亦即占领体制的长期存在所带来的弊害。刘颂在上面这段话之后,又说到他

① 《晋书》卷61《周浚传》。《资治通鉴》卷81"太康二年"条作"吴民之未服者,屡为寇乱,浚皆讨平之",应更为接近实情。

② 有关莞恭等人的叛乱,参《晋书》卷3《武帝纪》"太康三年条"。

们这些兵士"戍守江表，或给京城运漕，父南子北，室家分离"，尝尽了辛酸，而这样做的结果，只是导致江南民众丧失自信。第二个问题是，孙吴政权下的统治阶级现在沦为同编户一样的地位，他们的不满成为江南社会不安定的原因。为了解决这两个问题，刘颂的意见是在江南封建一位"长王"，王国之内的官职多用江南人材，这样也就可以解决第二个问题。王国内部的兵役以及徭役也是江南人民负担，于是可以通过"内兵"的撤废来解决第一个问题。也就是说，他的封建论就是给予江南某种程度上的自治。

刘颂的献策并没有马上得到实施。但是以陆机、陆云为首的江南名士们在太康末年（280 年代末左右）受中央所召，江南人士得到了进用，其背景应与这份上疏有关。与此同时，刘颂还指出江南的警备对北方的晋军兵士而言不堪重负，那么由此也可使人推测，警备体制正日趋弛缓。当 280 年代任扬州刺史的周浚在江南士人的惋惜声中死去后，[①]直到 3 世纪结束之际，被部下赞为"性沈毅"的淮南王司马允为都督扬江二州诸军事。[②] 虽然并没有出现如刘颂所提议的那种具有自治性的江南王国，但是西晋对于江南的统治，实质上大体是与刘颂所提出的方向相一致的。

也就是说，从孙吴灭亡的 280 年到 3 世纪结束的约二十年之间，江南社会从孙吴的"苛政"中解放出来，归于较为宽容的西晋统治之下。西晋将江南的优秀人才吸收进中央以后，对江南基本上并没有实行何种政策而是一种放置。因此，孙吴时期受到极度剥削的民力，逐渐得到某种恢复。但是，也正因为政府的限制并不严厉，所以上一节中见到的孙吴末期的社会基本动向也就直接延续到了西晋统治之下。

孙吴末期，一方面是在屯田体制的解体过程中，此前一直被紧缚在屯田地区的农民的流动化现象逐渐趋于激烈，与此同时，另一方面是大小不等的特权所有者推进着大土地所有的发展。孙吴政权的消灭首先通过屯

① 《陆士龙文集》卷 10《与戴季甫书》云："周安东昔奄薨徂，追慕切剥，不能自胜，勋业有究，早尔背世，遗惠鄙州，民物同哀。"

② 《晋书》卷 64《淮南王允传》。

田军政的完全解体带来了大部分旧屯田地域的解放,①其次是与孙吴政权紧密相连的特权阶级——尤其是孙吴末期显著出现的黄门竖宦等——所有的广大土地也被没收或是遭到解体。被紧捆在这些土地上的隶属农民结果如何,并不清楚。不过,其中有的或许在这些土地上作为自立农民逐渐得到成长,有的为了追寻更加舒适的生活而移往他处。也就是说,自立农民终于在一个较为广阔的范围内得到了成长,但另一方面,从孙吴末期开始的社会流动化现象不但没有减弱,相反倒日趋显著。

与此同时,就大土地所有者来说,黄门竖宦等依附于孙吴政权者一定走上了与政权消灭同样的命运;但是对政权依存程度较弱者继续存在于西晋统治之下,这与吴及会稽的名族们的情况一样。如前所述,西晋政府在灭吴之后施行的措置,首先是"其牧守已下皆因吴所置",所以旧吴国的地方以下各级官僚在吴亡之际的变动时期,是有一定的时间可以用来应付周遭变局的。即便不久,他们的身份跌落至"一旦堙替,同于编户",但在民间建筑起来的利权并不会全部丧失。大土地所有的动向,虽然在政权交替之际多少有些影响,但在其后较为宽和的西晋统治下,可以说是保持现状或是有了更进一步的发展。

由上述所见孙吴末期江南社会的动向,也就是社会的流动化现象与大土地所有的动向,在3世纪结束之前的西晋统治下,并没有受到严厉的限制而是任其自然地得到了延续和发展。不过,作为一种新出现的现象,自立农民终于开始了广泛成长,但他们的基础还十分薄弱,即便受到较小的打击也容易出现流动,抵抗力也很弱小,因此比较容易为大土地所吸收。也就是说,通过孙吴政权的消灭,自立农民普遍出现,但是并没有适当保护他们的措施,而是被放置到一边,这即是社会的流动现象与大土地所有的发展能够继续下去的原因所在。

3世纪末的二十年间,这种被置于一旁的自然发展进入4世纪以后,从流动现象的激化逐渐陷入混乱或是毫无秩序的状况之中。最先给予这

① 这里所云大部分,是因为一部分乃西晋江南警备军,其屯田地区或许依旧得到确保。东晋屯田,确实有之。

一方向沉重打击的是303年发生的石冰之乱。

是年初(《通鉴》记为三月),盘踞于今湖北省的张昌纠合亡命兵士及流民发动叛乱,点燃了正在进行的社会流动化现象之火,叛乱迅速波及到各地。张昌的部下石冰率领的流民叛乱军至长江下游,使江南陷入混乱之中。对此,江南的豪族感到了这股大浪所带来的威胁,他们意图社会的安定,于是推戴吴国以来的名族吴郡顾秘,同时以阳羡大豪族周玘为中心讨伐石冰。《抱朴子》的著者葛洪也率领数百人编成一支部队,参加了防卫江南的豪族联合军。这些豪族的联合部队,与江北的晋朝军队协力,在第二年(304)三月,平息了石冰领导的流民叛乱。乱平之后,他们"不言功赏",①"不论战功",②立即解散了联军,返回各自的乡里。在这一阶段,他们最大的关心是其在故乡的立足基础是否安稳,并无利用战功获得政治权力的企图。只要社会流动的大潮能够平静下来,就能安心立于自己的根基之上,按各自的意志行动。③ 也就是,他们一般已经习惯于二十年来自然发展的状态,在上述时期,还能保持乐观的态度。

可是,社会流动化的大潮紧接着又从一个更为巨大的震源地汹涌而至。历经八王之乱、永嘉之乱,华北大地陷入无边的混乱之中。第一股波涛便是305年发生的陈敏之乱。作为在讨伐石冰过程中立下大功的西晋下级官吏,陈敏与江南豪族不同,以其功劳从广陵国相升至右将军假节前锋都督。在看到八王之乱给中原带来的动荡之后,便对晋朝举起了反旗,意图割据江南,为此,希望得到江南豪族的合作。会稽的贺循等少数人对此坚拒,④但吴郡的名族,如"顾荣等并江东首望,悉受敏官爵"。⑤ 对只是"六品下才"的陈敏,这些江南豪族刚开始也显示出了某种合作的态度,这似乎说明了下面一点,即对于经历了石冰之乱的他们而言,或者干脆说,对于在十年以前便已进入中央,在那里经历了蔑视江南人以及八王

---

① 《晋书》卷58《周玘传》。

② 《抱朴子·自叙》。

③ 例如葛洪到首都洛阳寻找书物(《抱朴子·自叙》)。

④ 《晋书》卷68《贺循传》。

⑤ 《晋书》卷100《陈敏传》。

之乱的顾荣来说，“若江东之事可济，当共成之”，也就是说如果有可能，在江南建立独立政权以防止社会流动的激化。可是，当发觉陈敏并不能满足他们的期待时，他们便转而联合起来对付前者。被江南豪族指挥下的军队所败，单骑逃亡北方的陈敏于307年三月被杀。

打倒陈敏以后的江南豪族们，如果为了获得江南社会的安定而试图积极建立自己的政权的话，其机会便当在他们团结一致成功地击败了陈敏之后。可是，他们并没有这样做。江南豪族的领导者顾荣在这场大混乱的漩涡之中，被西晋政府征召为侍中。为此，他与同时被征召为尚书郎的秣陵名族纪瞻一起离开江南，再次奔赴中原。到了彭城后，终因大混乱而急忙返回江南。就在这之后的307年七月，琅邪王司马睿被任命为安东将军、都督扬州江南诸军事，并于九月在王导的陪同下抵达建邺，在他们的面前，江南豪族可以说很快便俯首称臣。之所以如此，我们从上述顾荣的行动中，似乎感到了某种原因。顾荣等人显然非常清楚中原的混乱，可是为什么在这一时期要选择这一低姿态的行动呢？

顾荣在与陈敏合作的时候，对与陈敏一道热衷于“图纵横之计——亦即割据江南的计划”的江南出身的武将甘卓，说了下面一番话：

> 若江东之事可济，当共成之。然卿观事势当有济理不？敏既常才，本无大略，政令反覆，计无所定，然其子弟各已骄矜，其败必矣。而吾等安然受其官禄，事败之日，使江西诸军函首送洛，题曰逆贼顾荣、甘卓之首，岂惟一身颠覆，辱及万世，可不图之！（《晋书》卷68《顾荣传》）

“素敬服荣”的甘卓“良久乃从之”。[①] 在这一阶段，在甘卓甚或顾荣心中，也都认为只要有可能便割据江南。可是，他们的最后的判断是“观事势当有济理不”。所谓“事势”，首先便是陈敏“无大略”。也正因为如此，他们才与江南的诸豪族合作讨伐了陈敏。在讨伐作战中，江南诸

---

① 《晋书》卷70《甘卓传》。

豪族一致团结，或许超过了顾荣的预想便取得了成功。顾荣手拿白羽扇，亲临指挥，一举击溃了对岸陈敏麾下万余人的军队，史书对其飒爽的风姿记录有加。尽管如此，当打败了"常才"的陈敏以后，他所判断的"事势"一定仍旧是独立无可济之理。顾荣为人"数践危亡之际，恒以恭逊自勉"(《晋书・顾荣传》)，绝非轻举妄动之人，对整个局面也是予以审慎判断之后才做出决策的。那么，究竟是什么"事势"使其不能实现自己的独立呢？

从前面顾荣对甘卓所说的一番话来看，最直接的便是"江西诸军"的力量。当时，在寿春的是镇东将军、都督扬州诸军事的周馥。被顾荣等击溃之后，陈敏单骑而逃，最终命丧周馥之手。[①] 而且，与周馥关系亲密的庐江内史、绥远将军华谭对"顾荣等并江东首望，悉受敏官爵"，"极言其非"，并将此意"露檄远近"。[②] 也就是说，对晋朝极为忠诚的周馥及其"江西诸军"，对顾荣等江南豪族显然是心怀戒备的。江南的豪族虽然击溃了陈敏，但是否就此打消了江西诸军的戒备了呢？如果再进一步走向江南的独立，那么就不可避免与江西诸军产生对决，最终背上晋朝的"逆贼"这一污名。面对上述这些困难，当自问是否具有确保并维持江南独立的能力时，对"以恭逊自勉"的顾荣而言，与其冒"一身颠覆"抑或"辱及万世"的危险，不如向晋朝显示自己的忠诚态度，解消江西诸军的戒备才是为自己为江南诸豪族考虑，避免江南陷入极度混乱之中的一条上策。在我看来，他与纪瞻一道离开江南奔赴混乱之极的中原，即是打消江西诸军戒备的一种表现。

顾荣等人的上述行为，不用说起因于江南诸豪族的弱点。这一弱点具体受到哪些条件的影响呢？应该说，这些也正是后来以司马睿为中心的北来亡命贵族政权能够支配江南社会的各种条件所在。在下一节中，我将要探讨这一问题。不过在这里想指出，如上所见，公元 4 世纪以后的江南，遭受了由石冰之乱引发的社会的流动化以及中原的大混乱等几股

---

① 《晋书》卷 61《周馥传》。

② 《晋书》卷 52《华谭传》。

波浪的袭击，大土地所有者面对这些波涛，必须苦心思考如何维持江南社会的秩序。

四、东晋政权成立的背景

307年七月，由东海王司马越掌握实权的西晋政府任命琅邪王司马睿为安东将军、都督扬州江南诸军事。同年九月，司马睿在王导的伴同下抵达建邺。不过，当时的状况却是“吴人不附，居月余，士庶莫有至者”。于是王导等人“会三月上巳，帝亲观禊，乘肩舆，具威仪，敦、导及诸名胜皆骑从。吴人纪瞻、顾荣，皆江南之望，窃觇之，见其如此，咸惊惧，乃相率拜于道左”。[①] 上述这段材料可谓尽人皆知，但是否能就此全盘相信呢？显然存在一些问题。如果根据《资治通鉴考异》的说法进行稍许补充的话，即是“由此可以想象到当时的状况”。[②] 以此为线索，下面我们就来看看司马睿、王导与江南豪族之间的关系。

这条材料所显示的问题在于，如上节所见，出于向晋朝表示忠诚的考虑，而前往大混乱的中原的顾荣与纪瞻面对来到江南中枢之地的晋室王族司马睿，在相当长的时期内——如果相信这条材料的话，至少是从306年九月到307年三月的半年中——采取了无视的态度，其因何在？这里，也就有必要再次提及顾荣十分关注的“江西诸军”。

“江西诸军”中，实力最大的是前节所提到的以镇东将军、都督扬州诸军事坐镇寿春的周馥军。周馥是在平定孙吴以后任扬州刺史、受到江南人士欢迎的周浚从弟，在陈敏之乱爆发时，与顾荣等关系也最为密切。晋朝的这位将军是个“每欲维正朝廷，忠情恳至”的人物，“以东海王越不尽臣节，每言论厉然”，因而“越深惮之”。[③] 为了与周馥相抗，东海王司马越任命司马睿为安东将军、都督扬州江南诸军事，在官职上与

---

① 《晋书》卷65《王导传》。

② 参见冈崎文夫《魏晋南北朝通史》(1932年，弘文堂)页164。此时，王敦尚未至建邺，因此可判断其军事力量几近于零。关于此点，请参见下章。

③ 《晋书》卷61《周馥传》。

周馥相等,同时也欲从周馥的统辖范围中夺走江南地区,所以说司马睿与周馥两人之间的关系甚为微妙。司马睿初到建邺,就江南豪族而言,当然必须对上述两人的关系加以观察和比较。尽管如此,晋室王族司马睿来到江南中枢之地,其地的豪族们顾虑驻屯在江北寿春的反对派军队,居然在长时期内对之予以轻视,这同时也说明了司马睿的军队其时是相当薄弱的。

如上节所述,江南豪族热切希望流动现象日益激化的江南社会能维持安定。他们甚至感到,如果可能的话,通过自己的合作在江南树立独立的政权。可是在经历了陈敏之乱以后,对于自己抗拒江西晋军的能力或多或少怀有某种不安,而且最为担心的是背负"逆贼"之名而受到四周晋军的攻击。也就是说,他们所缺乏的是与"江西诸军"相对抗所具有的绝对兵力以及不至于使自己成为逆贼的名分。他们深知,陈敏所自称的那种都督江东诸军事、大司马、楚公的形式,在名分上是毫无效果可言的。要发挥大的社会效果,那么就必须要具有传统权威的晋朝——作为权力机构,毫无力量——所授予的将军号以及与此相附随的维持江南一带的权限。但是,这些并不可能直接授予江南的豪族。于是,拥戴具有上述名目的人物,形式上避开"逆贼"之责,在实质上掌握着上述权限的方法最为可行。而且,通过名目及其权限的同时利用,还可以将容易分裂的江南诸豪族团结在一起,使他们在一致的行动中,增强军事力量。当时,维持江南一带秩序的名目与权限由晋朝所授,如前所述,有周馥与司马睿两人。江南的豪族们已经受到周馥的戒备,因此,无法想象他们推戴周馥并将其权限握于手中。而新来的司马睿毫无兵力,与周馥的关系也十分微妙。江南的豪族们对其动向作了一段时间的观察以后,发现司马睿并无对周馥妥协之意,相反对江南的诸豪族怀抱好意,而且其心腹王导也值得信赖,于是他们终于下决心拥戴司马睿,以此维持江南的秩序安定。而象征他们的这一姿态的,便是"拜于道左"这一形式。

推戴司马睿,获得了名分的江南豪族们,为了安定他们的政权而积极行动。顾荣在312年死去之前,作为军司参预各项计划。几乎没有任何军事力量的司马睿等在刚开始时,全盘依靠江南豪族的战斗能力。310

年吴兴钱璯发动叛乱，阳羡大豪族周玘用自己的兵力予以讨平。① 311 年正月，在与江南豪族的眼中之钉镇东将军周馥交战中，发挥中心作用的是南人甘卓、纪瞻等南人。周馥军由此遭致溃灭。② 可是，同年六月，西晋首都洛阳陷落，司空荀藩飞檄天下，尊司马睿为盟主，③此举极大地提高了司马睿的权威。在征讨不服此道飞檄的江州刺史华轶的作战中，北人出身的左将军王敦成为率领甘卓等南人诸将军的总指挥。而且，权威得到了提高的司马睿的命令，最终引发了华轶部下豫章太守周广的内应。④这些无疑显示出，一直支持司马睿的江南诸豪族的比重正在相对低落。石冰、陈敏、钱璯与“三定江南，开复王略”的周玘在建兴之初亦即 313 年前后，已经对“中州士人佐佑王业”、“多居显位，驾御吴人”的状况而“内怀怨望”。就在三年前，面对钱璯的叛乱时，王敦可以说是一筹莫展。想到这些，上述诸人或许会有一种给他人作嫁衣裳之感吧。⑤

我们看到，江南豪族起先表面上尊崇司马睿的名分，私下却意图建立一个由自己掌握实权的政权。可是，随着司马睿的权威升高，其“谋主”王导借助那些陆续汇集于江南的“中州人士”——周𫖮以及祖逖等人——的力量，利用江南人对名分的劣根意识，开始将实权收归北人一边。其时，江南人士的指导者，对北来贵族心存尊崇的顾荣于 312 年死去，这对江南人士而言，无疑是一个相当大的打击。可是，如果考虑到江南豪族本身的弱点的话，最终以名分受制于人，也不得不说是大势所趋。

探讨他们所具有的弱点，首先便是在上一节中所述的经由中原沦陷而引起的几股流民波涛，亦即我所说的，由社会流动现象激化所带来的影响。对于大土地所有的江南豪族而言，一个好处便是可以不断得到劳动力。但这股波涛太过激烈的话，就迫使他们不得不处于守势。他们之所以团结起来与石冰展开对决，之所以暂时投靠陈敏以及最终服从于司马

---

① 《晋书》卷 58《周玘传》。
② 《晋书》卷 61《周馥传》。
③ 《晋书》卷 6《元帝纪》。
④ 《晋书》卷 61《华轶传》。
⑤ 《晋书》卷 58《周玘传》、《周勰传》。

睿,都是因为社会流动的大浪已经到了无法个别应付的局面,因而不得不相互合作维持社会的安定。所以说,他们一方面需要防卫并经营各自所有的大土地,同时另一方面又必须为全体秩序的安定付出巨大的劳力以及费用,甚至离开家乡开展活动。可以说,他们长期以来不得不处于一种两面作战的状态之中。可是,为社会或地域付出这些努力,非但得不到回报,相反来自北方的逃亡者们却轻而易举地站在自己头上。上面所见,周玘已公开表示不满,也可以说是理所当然。周玘愤慨而亡,其子周勰于314年遵照父亲遗言,对北来贵族展开了报复,此时怀有同样不满的"豪侠"们"翕然附之,以讨王导、刁协为名",积极参与叛乱。不过值得注意的是,与他们最近的周玘之弟周札并没有加入这场动乱之中。① 也就是说,江南豪族的第一个弱点即是,作为大土地所有者,他们在社会流动现象的激化之下,既要维持土地经营者的一面同时又要肩负政治家的使命,结果是被这两方面所缠住了手脚,不能展开有效的行动。

江南豪族的第二个弱点是彼此之间基本上没有建立起有效的联合。据《世说新语·政事》,吴末期,会稽人贺邵为吴郡太守时,吴郡顾氏及陆氏一党以"会稽鸡,不能啼",对其加以藐视和嘲弄。贺邵回以"不可啼,(如啼)杀吴儿",并取缔了顾、陆二氏的不法行径。② 由此可以看到,吴郡与会稽的豪族之间有着对抗意识或者说并不合作。即便在后来面对石冰、陈敏、司马睿时,吴郡代表者顾荣采取的方法与会稽的代表者贺循之间,也确实存在着微妙的不同。当石冰之乱波及到会稽时,贺循毅然而起奋力维护一郡的安全,事后"即谢遣兵士,杜门不出";对陈敏抑或后来的司马睿发出的招请,也是始终加以拒绝。③ 这种姿态,或许主要源自他个人的性格。一般而言,在会稽豪族们的心中,比起整个江南的安定,他们更加关心自己的土地或地域的安定。④ 与此相比,以顾荣为代表的吴郡

① 《晋书》卷58《周勰传》。

② 另,此处的不法指的是"诸顾、陆(在其屯邸)役使官兵及藏逋亡",设置"屯邸",显示出了孙吴中期,捕亡的存在与大土地所有之间的关系。

③ 《晋书》卷68《贺循传》。

④ 《晋书》卷43《山遐传》载稍晚时期事,会稽余姚令山遐欲检举同县豪族虞氏等人藏匿户口,相反却丢了官。此事也显示出会稽豪族是热心于土地经营的。

豪族则较为热心于维护江南全体的安定，亦即有着致力于政治行为的倾向。[①] 可以说，豪族式土地经营者性格与政治家性格的不同，直接也反映了地区之间的不同，江南豪族全体之间不能强有力联结的原因也由此而生。

豪族与政治家，这两种不同方向的分离，在前述义兴郡阳羡的周氏身上也有表现。周勰在政治上发泄自己的不满，而"性矜险好利"，"惟以业产为务"的周札则坚持土地经营者的一面。更需要注意的是，当司马睿试图讨平周勰的叛乱时，谋主王导却考虑到当时的状况是"兵少则不足制寇，多遣则根本空虚"，于是建议，周札的兄子，亦即周勰的从兄"黄门侍郎周莛忠烈至到，为一郡所敬。意谓直遣莛，足能杀续"，此外再派壮士百人，即平息了周氏的这场叛乱。[②] 这里十分清楚地显示出，老练的政治家王导是如何巧妙地利用江南豪族之间联系不紧、族内分裂的弱点，在没有军事力量的情况下，又是如何对其加以支配的。

江南豪族的第三个弱点，与刚开始提到的对于名分的自卑感密切相关。源于传统权威的高贵性或是文化的先进性，这些即是江南豪族感到自卑之处。面对毫无军事能力的司马睿与王导等"诸名胜"的"威仪"，顾荣、纪瞻"咸惊惧，乃相率拜于道左"这一幕，即是这种心态的象征。不久，随着众多的华北"名胜"来到江南，归依司马睿、王导之后，这份"威仪"在无形中更具备了极大的压力。这些华北贵族以 3 世纪的百年之间积累下来的社会文化权威作为背景，在江南首先恢复了昔日的社交界，同时运用他们在魏晋的复杂政局中历练的政治能力，利用江南豪族相互之间出现的细微裂缝以及他们面对权威的自卑感展开攻势，于是江南豪族原本在司马睿之下占有的一部分地位便逐渐受到侵蚀。在这种各个击破的战术下，一流豪族与中小豪族之间开始出现了分离。总而言之，到 314 年周勰的叛乱发生时为止，"中国亡官失守之士避乱来者，多居显位，驾御吴人"的形势，已基本成为定局。

---

① 吴郡位于北方流民南来之路正面，受社会流动现象的影响比会稽更要直接，因此较为主动地展开政治活动，意在靠强权来维持社会全体的安定。

② 《晋书》卷 58《周札传》、《周莛传》。

当事态在政治上朝上述方向迈进时，《抱朴子》所称的“京洛之法”，亦即华北中原式的风气及制度滔滔不绝地进入江南社会。对当时社会的这种一般倾向，也不容忽视。① 当然，在孙吴灭亡，西晋入主江南时，这种倾向便已经产生。但是司马睿来到建邺，北人也随之一批一批流入江南时，这种文化作为时代的潮流迅速风靡于江南社会。九品中正制度与其支柱的乡论主义——在乡论之地通过人物评价来构成政治社会等级秩序的思维方式——即是其中之一，或者说是华北中原式先进文化的中心意识。当然，作为一项制度，中正在西晋统治江南时便已设置，但是在西晋时期全国规模的等级构造中，江南人士进入的余地并不多，而且还有原本是敌国这一层制约，因此在江南，对乡论主义应该并没有一种十分贴近的感觉。可是，司马睿于 307 年以安东将军在建邺开府以后，镇东大将军(311)→丞相(313)→晋王(317)→皇帝(318)，地位节节提高，其手下也进用了如丞相府的“百六掾”等相当多的人材，新的江南政治社会等级构造也就此建立。现在放下司马睿任命新的中正始于何时这一问题不谈，至少在这以前，作为支撑先进体制的意识形态，应该是从正面竖起并宣扬乡论主义这一面大旗的。如果想到战后日本的民主主义旗帜，或许就会对此较容易理解。但是，民主主义不知从什么时候起成为形式化遭到了歪曲，变质成为自上而下的民主主义。与此相同，乡论主义在魏、西晋时期已经变质为自上而下的乡论主义，此点一如第一编第三章所述。现在，以这种已经形式化的乡论主义作为旗帜，西晋时期以来的旗手们在后进地区的江南地区意图进行鼓吹时，即便江南的一部分有识之士识破了其中机关，扼腕切齿，但大势却已在这一先进的意识形态面前甘拜下风了。华北的贵族社交界在毫无根基的江南得以再生，最大的原因是有着中原式文化与乡论主义意识形态的广泛流行作为背景。

众所周知，针对这种北方文化的流行以及乡论主义的欺骗性，葛洪进行了严厉的批判。对此，吉川忠夫氏曾作过深刻的分析。② 不过，成书于

---

① 参见吉川忠夫《抱朴子的世界》(《史林》47 卷 5、6 号，1964 年)。
② 吉川忠夫《抱朴子的世界》。

317 年的《抱朴子・自叙》中,有下面一段文字值得我们作进一步的思索:

> 持乡论者,则卖选举以取谢;有威势者,则解符疏以索财。或有罪人之赂,而枉有理之家;或为逋逃之薮,而飨亡命之人。或挟使民丁,以妨公役;或强收钱物,以求贵价。或占锢市肆,夺百姓之利;或割人田地,劫孤弱之业。惚恫官府之间,以窥掊克之益。

葛洪在 305 年以后,曾在广州滞留过数年,后返回故乡丹阳郡句容县。到 317 年写成此书时,对故乡及首都建邺附近所经历的事加以阐述,这即是上文。

这里所谓恶劣行径的"持乡论者",似指在司马睿为晋王的 317 年,任命给事黄门侍郎、领丹阳郡大中正的张闿。[1] 如果其前任或中正官此前也是由司马睿任命的话,那么这里所指的便是位居政府要职的江南出身者,如果再包含那些"有威势者"的话,那就并不限于江南出身者。不管怎样,这种"持乡论者"之中,包含有江南的第一流豪族。这一点从至迟在 317 年为吴郡大中正的吴郡名族陆晔一事上也是十分清楚的。[2]

江南的第一流豪族大致从 310 年代起已经成为自上而至的乡论主义的吹鼓手,面对像葛洪那样的中小豪族,则以"选举"权作为挡箭牌,行欺压、剥削之事。也就是说,从中原亡命而至的贵族们,通过鼓吹进步的乡论主义,将江南的第一流豪族与中小豪族分裂开来,将前者作为自己的走卒,以此来贯彻对中小豪族的统治。中小豪族四分五裂,只有屈服于第一流豪族或是"有威势者"面前,以此获得下级官位或武职,在服务于统治阶层的同时分得一杯残羹剩汁。[3] 在文人统治下划分明确的阶层社会就

---

① 《晋书》卷 76《张闿传》。

② 《晋书》卷 77《陆晔传》。另请参见宫川尚志《六朝史研究・政治社会篇》(1956 年,学术振兴会)页 316—317。宫川氏认为陆晔为吴郡大中正在 311—318 年,不过从 311 年之后是否已在其位,甚为可疑。

③ 作为武将服务于统治阶层的,并不限于中小贵族。"今江东之豪,莫强周、沈"(《晋书》卷 58《周札传》),大豪族义兴阳羡周氏及吴兴武康沈氏受到贵族统治阶层压制的过程,请参见下章。

此产生，其方向早在310年代中期以前就已经决定。

《抱朴子·自叙》一文所显示的另外一事为，第一流豪族们在“逋逃”、“亡命”还存在的社会流动现象的背景下，继续寻求大土地所有及其权利。在江南社会的自立农民尚未成熟的状况下，这也可以说是一个必然的经过。在我看来，这种自立农民的不成熟以及与之相随的共同体追求的不足等基础条件，产生了本节所叙述的江南诸豪族群连带性的不足，因此，通过从上而下的乡论主义的北来亡命贵族的统治，才有了可能。

结　语

以上，我探讨了3世纪中叶到4世纪初期之间的江南社会是如何发生变化的这一问题，试图弄清4世纪初从华北逃难而至的贵族们为什么能在江南社会实施统治。就我的理解来看，以开拓屯田军的军政统治与吴、会稽等地土著豪族的领主化倾向作为两根支柱，形成了孙吴开发领主制的体制。其中一根亦即屯田体制由于被紧绑在那里的隶属农民发生了流动化而走向崩溃。所以，当整个体制瓦解以后，社会流动现象与豪族的大土地所有依然余留了下来。而且，不等从屯田体制的束缚中解放出来的农民建立起自己的基础，华北动乱引发的社会流动的巨大波浪便汹涌而至。流动现象的激化进而也威胁到了江南豪族的基础。对他们来说，为了安定江南社会，能够控制江南地区的政治权力十分必要。如果可能的话，建立自己的独立政权。他们的这些意图，并不能否认。可是，在考虑到4世纪初期周遭的军事状况以及缺乏必要的名分后，他们决定拥戴几乎毫无防备力量的晋室王族司马睿，试图借用后者的名分，建立一个由自己掌控的政权。308年以后数年，他们积极致力于巩固司马睿政权的基础。可是这番努力的果实，却并没有如他们所期待的那样落入自己的手中。

司马睿的“谋主”王导利用他们的积极合作，一方面提高晋王室的传统权威，另一方面又在冷静观察江南豪族整体的不团结与豪族的自身所拥有的内部矛盾。进而，通过陆续亡命而至的华北贵族的影响，利用华北式先进文化与乡论主义意识形态风靡于江南社会的状况，开始向江南豪族的矛盾与弱点采取了攻势。江南第一流的豪族作为华北式先进文化与乡论主义的旗手，被安置于体制内，只有他们才得到了积极合作的果实。在王导的分裂计策下，阳羡大豪族周氏等被清除到了体制之外，他们在吴郡顾、陆等江南先进地区的第一流豪族看来，仅仅只是蛮勇的乡下豪族而已。周氏的奋力结果归于泡影，其愤懑之情，可想而知。但是其子周勰在314年发动的叛乱也如前所见，在王导的离间作战下，简单地遭到平息。这场叛乱的平定，可以说是江南豪族受到华北亡命贵族压制的最初证明。也就是说，308年到314年之间，江南豪族们的优势慢慢变成了华北亡命贵族的优势。

丧失了华北的根基，亡命江南的贵族们，在社会经济上的实力最初可谓微乎其微。江南豪族虽然有着各种各样的弱点，但在这一点上却是远胜前者，此点不言自明。因此，两者之间的力量对比在短短几年之间逐渐发生逆转，其原因就在于用所谓社会经济史的观点无法解释的传统权威或是以文化先进性为背景的政治文化能力之上。

当然，北来贵族群并不仅仅只是依靠其政治文化能力。他们组织北方的流民集团，巩固自己的武力基础，[①]进而在江南的新土地上建立自己的庄园，试图以此形成自己的经济基础。314年平定周勰的叛乱，首次显示出了自己的优势，可是上述这些努力还要经历此后很长一段岁月才最终结出了果实。

在我看来，北来贵族群所领导的江南贵族制，是在极为先进的乡论主义意识形态与古代残余还继续存在的基层社会的过渡性结合上建立起来的。就后者来说，自立农民还不成熟，因而追求共同体的力量十分微弱，大土地所有也较为容易产生，总体来看是一个后进地区。在日本历史上，赖朝政权断绝以后，拥戴宫将军或摄箓将军的气运形成，于是王朝贵族大举前往镰仓避难，在传统权威的背景下，充分发挥政治能力，将北条、和田、三浦等土著豪族予以分开统治。两者相比，或许说有几分相似。我认

① 参见下章及第三编第一章《刘宋政权的成立与寒门武人》。

为，江南的自立农民的广泛成熟，以此作为根基的江南土著豪族阶层要想积蓄力量，进而对骑在自己头上统治的贵族形成威胁，还需要东晋一代，也就是整个4世纪的时间。

（1973年2月《东方学报》，京都，第44分册。1979年8月修订）

第四章　东晋贵族制的确立过程

——与军事基础的问题相关联

前　　言

东晋时代是一个以从华北亡命而来的贵族为中心，再加上若干江南土著的名门豪族，这些贵族阶层本质上具有文人的性质，从政治经济文化甚至军事等社会各个方面成功地掌握着实权的时代。就这一意义而言，可以说是典型的贵族制社会的时代。然而从4世纪初发生在华北的那场大混乱中逃亡到江南的贵族们，尽管完全失去了属于自己的地盘，又是如何在这一新天地上重新建立上述统治体制的呢？如何解释这一近似于奇迹的现象，我很早便在思考这一问题了。到上一章为止，我经过考察得出的结论是，当时的江南土著豪族在力量上尽管比从华北而至的亡命贵族有着绝对的优势，但江南社会受到了较为落后的、还留有所谓古代遗制的社会基础条件的制约，有着各种各样的弱点，因此不得不在北来贵族群鼓吹的先进的乡论主义意识形态面前弯腰屈膝。这是一种"用所谓社会经济史的观点无法解释的"的现象，根基薄弱的北来亡命贵族群之所以能占据优势，其理由归根结底只能从他们所具有的"以传统权威或是以文化先进性为背景的政治文化能力"上来寻求。到今天，我仍旧认为没有必要改变上述结论。不过北来亡命贵族们，也并非全是单纯地依赖其政治文化能力这一精神上的因素。为了巩固基础，必须要确保军事力量，他们在确立贵族统治体制的过程中，又是如何调动必要的军事力量的呢？而且，又是如何将北方流民集团转化为自己的军事基础的呢？这些是本章将要探讨的问题。但是在前一章中，对北来亡命贵族们在最初究竟拥有多少军事力这一问题没有进行充分的考察，值得反省。① 因此本章首先来分析这一问题，然后再对东晋贵族体制在江南的确立过程，以及由此显示出来的东晋贵族制性质作出探索。

一、司马睿与王敦以及江南豪族

永嘉元年（307）七月，司马睿受命为安东将军、都督扬州江南诸军事，同年九月，与其安东府司马王导一起，来到建邺。我在前一章中，仅仅只是在注中言及他们保有的“军事力量几近于零”，②而没有举出具体的例证。因此这里首先想对此点进行补充。

根据《晋书》卷65《王导传》，面对当时“吴人不附”的状况，王导十分忧虑。适逢王敦来朝，于是王导谓王敦云“兄威风已振，宜有以匡济者”，“会三月上巳，帝亲观禊，乘肩舆，具威仪，敦、导及诸名胜皆骑从。吴人纪瞻、顾荣，皆江南之望，窃觇之，见其如此，咸惊惧，乃相率拜于道左”。这时的“威仪”如果是以军事力量作为背景的话，则大多来自“威风已振”的王敦麾下的武力。但实际上，那时王敦并没有来到建邺，这也正是这一故事之所以为故事的原因。根据这个故事，一般容易获得王敦拥有武力的印象，但实际上这并不正确，现对此稍作说明。

对于当时王敦的行动，司马光已经在《资治通鉴考异》（《晋纪》8“永嘉元年九月戊申”条以及“十一月乙亥”条）中征引各种材料指出，307 年底，王敦为青州刺史在现在的山东省方面。就算相信前面的故事，是 308

---

① 吉川忠夫氏对我的上一章论文提出了批评：“一边指出江南豪族缺乏连带性，可是一边又想象司马睿那里具有各个击破这些豪族的军事优势，这就使人不禁想作如下反驳，江南豪族难道不是拜倒在了这一军事优势的面前吗？”（《史学杂志》83 编 5 号，1974 年）本文即是对此作出的回答。

② 参见本书 144 页注②。

年三月的事，但其时王敦奉命从青州赴洛阳，为中书监。王敦来到建邺，要较此晚一年，也就是309年三月，在洛阳掌握了实权的东海王司马越杀害了怀帝的亲信中书令缪播等十余人这一事件之后，东海王司马越将其任命为扬州刺史之时。[1] 在这种情况下，终于来到江南的王敦，他与司马睿、王导所持有的军事实力到底有多大呢？

王敦作为扬州刺史赴任之后不到一年，也就是310年初，被洛阳的中央政府任命为尚书，因此需要返回首都。其时，据《晋书·惠帝纪》，这一年二月发生了钱璯之乱，《晋书》卷58《周玘传》云：

> 初，吴兴人钱璯亦起义兵讨陈敏，(东海王)越命为建武将军，使率其属会于京都。璯至广陵，闻刘聪逼洛阳，畏懊不敢进。(元)帝促以军期，璯乃谋反。时王敦迁尚书，当应征与璯俱西。璯阴欲杀敦，藉以举事。敦闻之，奔告帝。璯遂杀度支校尉陈丰，焚烧邸阁，……来寇(周)玘县(即阳羡)。帝遣将军郭逸、都尉宋典等讨之，并以兵少未敢前。玘复率合乡里义众，与逸等俱进，讨璯，斩之，传首于建康。

或许是这一骚乱带来的结果，王敦最终“不就”洛阳的征召，作为安东将军司马睿府的军咨祭酒，就此留在了建康。[2]

可是，从上述《周玘传》的记载来看，310年当时，王敦的兵力问题似乎根本没有浮现出来。为什么呢？其后元帝司马睿所遣讨伐钱璯的军队不但“兵少”，而且指挥官中也全无王敦之名。我们可以作一些设想，如果王敦在这场叛乱发生的前一年，作为扬州刺史赴任之时带来了若干军队，或是到任以后不到一年之间组织了自己的军队，然后在被洛阳政府征召为尚书时，将其麾下军队交给都督扬州江南诸军事的司马睿指挥，至于自己，则相信钱璯，欲单身与其返洛阳，当知道钱璯的反叛之图，逃回建康

① 参见《资治通鉴·晋纪八》“永嘉三年三月”条。
② 《晋书》卷98《王敦传》。

之后，王敦定会率领属于自己的军队参与讨伐钱璯。可是，上述情况完全没有发生。那么，是否可能把军队的指挥权交给了自己的后任亦即新的扬州刺史刘陶呢？① 但刘陶似乎与镇东将军、都督扬州诸军事周馥有着某种关系，②丝毫没有站在司马睿一侧的迹象。总之，在这一时候，全然不见扬州刺史所统军队的身影，因此说王敦的军队近乎零，似不过分。

这时元帝司马睿的那支“兵少”之军，则由郭逸和宋典率领。有关郭逸，作为司马睿的臣下，在此前起过什么作用，不明。至于宋典，其性格还是可以做出某种推测的。宋典很早便为司马睿手下，早在304年，司马睿参加讨伐成都王司马颖的战斗时，大败于荡阴，之后躲过司马颖设置的严密防线，得以从邺逃脱。那时，成都王下令所有的关口都不得允许贵人走脱，逃到河阳渡口的司马睿为津吏所阻，据《晋书·元帝纪》：

> 从者宋典后来，以策鞭帝(司马睿)马而笑曰：“舍长！官禁贵人，汝亦被拘邪！”吏乃听过。

这一场面类似劝进账的一幕，宋典原本就如辩庆对义经一样，是一位对司马睿极为忠实的“从者”。

也就是说，在310年当时，人还在建康的司马睿的直属部队，是由在华北时便为自己护从的忠实“从者”宋典以及很有可能与其身份相当的郭逸作为队长的、人数不多的兵士所构成。就其本质来说，与警卫队相差无几。这支司马睿的直属部队面对在广陵揭起反旗的钱璯，由于“兵少”而不能单独与之作战。钱璯所属的钱氏是吴兴郡长城县的有力豪族，③钱璯“率其属”亦即其所率军队，很可能是通过钱氏在乡里的力量而集结起来的。不过，钱氏与号称“今江东之豪，莫强于周、沈”④

① 参见万斯同《晋方镇年表》以及秦锡圭《补晋方镇表》。后者“扬州刺史”之“永嘉四年·刘陶”条引《王彬传》记事，将刘机、刘陶混同在了一起。

② 《晋书》卷52《华谭传》。

③ 参见大川富士夫《六朝前期的吴兴郡豪族——特别围绕武康沈氏》(立正大学史学会编《宗教社会史研究》，1977年，雄山阁)，页537。

④ 《晋书》卷58《周札传》。

的阳羡周氏以及与钱氏同为吴郡武康的沈氏相比，似要逊色。钱璯兵团从发起叛乱的广陵，朝周玘所在的阳羡南下。所经路线，从地理上考虑，一定是从广陵渡过长江南岸，然后沿离建康不远的东侧南下。其时，司马睿的军队"以兵少未敢前"，等着阳羡大豪族周玘"复率合乡里义众"，并主要依靠这支力量终于击溃了钱璯的叛乱军。这时司马睿自己的军事力量，毫无疑问还不如大豪族周玘及其家族的实力强大，就是连力量不如周氏的钱氏，也不能进行单独迎击，其力量之弱，可想而知。

因此，当时司马睿的建康政权在军事力量方面，完全依赖于周氏等江南土著豪族所持有的武力。这一状况到第二年仍然如此。在 311 年正月对周馥的作战中，与刚才曾经说过的直属司马睿的建威将军郭逸并肩作战，且发挥主要作用的是南人甘卓所率的军队。[①] 而且还必须加以注意的是，甚至到了 312 年，面对石勒军队的南下，到二月将其击退并确保了寿春的，也是依靠"率江南之众"的南人纪瞻的奋斗。[②] 一般而言，到此时为止，司马睿的直属军队是一支连一个江南豪族也对付不了的极为贫弱的力量。江南土著的有力豪族对此是十分清楚的。我们不如说，他们试图通过自己的武力积极推戴司马睿并拥护晋王室的权威，然后在这一姿态下，努力打造一个实质上属于自己的政权。

但也就是从此时开始，整个局势渐渐显露出变化之兆。311 年六月，当晋朝首都洛阳被陷，怀帝落入匈奴军之手后，司空荀藩飞檄天下，呼吁拥戴琅邪王司马睿为盟主。在此情况下，司马睿从晋王室的一介成员而成为拥有号令天下的资格，其权威由此急剧上升。同时，这也提高了从开始便辅佐琅邪王的王导等人的威望，处于大混乱之中的中原人，不论士人还是庶民，都受到这一号召的鼓舞，可以想象，奔往琅邪王所在的建康，奔往江南避难的人数由此急剧上升。司马睿、王导等人的权威上升与华北等地急速投奔而来的人口，对江南的豪族们来说，一定造成了极大的压力。他们原本打算通过拥戴司马睿建立一个由自己控制的政权，为此也

---

① 《晋书》卷 61《周馥传》。
② 《晋书》卷 104《石勒载记上》及卷 68《纪瞻传》。

付出了相当的努力。

面对荀藩的呼吁以及接受此呼吁的琅邪王的“承制”，江州刺史华轶并没有响应，于是在 311 年六月，琅邪王对其派出了讨伐军，其构成是“遣左将军王敦都督甘卓、周访、宋典、赵诱等讨之”，[①]也就是由王敦指挥具有琅邪王禁卫队色彩的宋典之军与南人甘卓、周访指挥的江南兵团，进行协同作战，但发挥主要作用的还是后者。这样一种相互协同的军团构成，与前面所见讨伐钱璯、周馥的部队完全相同。不过，此时出现的新现象是这样一个事实，即作为这支联合军总指挥官的，是王导的从兄王敦。在一年前讨伐钱璯的作战中，王敦溃不成军，从广陵逃回建康。所以前面推测，他自己固有的军队那时还没有形成。不久，刘陶死，于是王敦承继其后，得以重新出任扬州刺史。[②] 虽然如此，并不能设想短短一年之内，扬州刺史直属的军队就能得到飞快的成长。在此情况下，王敦之所以就任华轶征讨军的总指挥，而且仍然能够让构成这支军队核心战力的江南土著兵团的首领们（参后文）承认这一事实，是因为在琅邪王与王导等人的权威快速上升与华北避难人口的急剧增加等北方要素的加重面前，后者不得不作出让步之故。

以这些北方因素加重的现象——其中包括华北的先进乡论主义意识形态的流布——为背景，江南土著豪族第一次受到北来亡命贵族的压制，首先发生在 314 年阳羡大豪族周玘之子周勰的叛乱过程中。在王导的离间作战下，该事件简单地得到了处理，但其所反映出来的问题，前一章曾做过阐述。但即便在 314 年周勰的叛乱镇压之后，江南的豪族或是土著势力在这种离间作战之下逐渐遭到削弱，还有一番曲折的经过。从军力的视点来看这一过程，可以分为两条线：第一是华轶讨伐战以后，构成初期东晋政权最强兵力的王敦军团中，出现了南北两种势力的关系问题；第二是 312 年以后开始崭露头角的祖逖等北来流人军团与江南势力之间的关系问题。第二个问题将放在第四节以后讨论，这里先来看第一点，即王敦军团的问题。

---

① 《晋书》卷 61《华轶传》。
② 《晋书》卷 98《王敦传》。

二、王敦军团与江南土著势力

正如在上一节中所见，王敦在江南展开令人侧目的活动，是在311年讨伐华轶以后，而真正做到“威风已振”，还是在击溃华轶后，成功地控制了长江中游的局势这一过程当中。

但是，在上述讨伐华轶的作战中，王敦虽然说是征讨都督，但在湓口与彭泽同华轶军展开决战并将之歼灭的，实际上是南人周访以及甘卓指挥的江南兵团，[①]而王敦的参军赵诱[②]以及深具司马睿“从者”色彩的宋典等人指挥的兵团是否大显身手，史书中并没有留下具体的记述。由此似可得出以下旁证，即在这一时期，王敦所指挥的各个兵团中，主力仍旧还是江南兵团；王敦作为总司令官的实际意义，如上一节所论，仅仅只是作为急剧上升的琅邪王的权威体现者或说是象征，在名义上成为团结各兵团的一个中心而已。

击败华轶以后，王敦开始从江州向荆州方面展开攻击，但即便在此时，上述状况也似乎没有实质上的改变。进驻江州的王敦，当然可能尽力增强自己的直属兵力，但实际上从江州开始向荆州方面进军的过程中，引人注目的仍旧还是在平定华轶后接受任命的湘州刺史甘卓、寻阳太守周访及其姻戚武昌太守陶侃[③]等所谓南人将领所率的军队。王敦经略长江中游，与司马睿、王导经略长江下游三角洲地区一样，几乎全盘依仗江南土著势力所持武力的支持。不过在另一方面，江南土著势力也有意利用司马睿及王敦的权威，以此为后盾来提高自己的地位。下面我们就主要通过陶侃的例子来具体讨论晋朝权威与土著势力结成的这种关系。

早在303年张昌之乱爆发不久，陶侃既已在荆州刺史刘弘手下，积极参预平定该地的动乱，那时他手握强兵，威名显赫。305年陈敏之乱爆

---

① 《晋书》卷58《周访传》。

② 《晋书》卷57《赵诱传》。

③ 华轶平定以后，上述诸将被任命为地方长官的情况，根据《资治通鉴・晋纪九》“永嘉五年”条整理。

发，刘弘命陶侃为江夏太守，加鹰扬将军，令其防范陈敏军的进攻，但同时，他对陶侃的忠诚心也有一丝疑虑，即：

> 侃与敏有乡里之旧，居大郡，统强兵，脱有异志，则荆州无东门矣。

听到此语的陶侃，慌忙将其子陶洪与兄子陶臻送往刘弘处，以此来求得“自固”。据说原本就信赖陶侃的刘弘于是授予洪、臻本府参军之职，并“资而遣之”。[①] 作为一方之将，尽管拥有足以展开独立活动的兵力，但想在与上层权力的关系中获得“自固”，必须明确采取所谓质任关系，这便是上述例子所显示的内容。同样，它也是后来江州刺史华轶与琅邪王司马睿的关系中产生的一个现象。

陶侃为之效力的刘弘在306年左右死去，其后当华轶任命陶侃为扬武将军，令其驻屯夏口时，仍然将陶侃兄子陶臻作为参军留置身边，实际上就是人质。可是不久，华轶与琅邪王司马睿的关系逐渐恶化，于是“臻惧难作，托疾而归”。陶侃或许没有像陶臻那样掌握足够的情报，担心断绝质任关系会引起与华轶关系的交恶，所以又遣陶臻返回华轶处，不过陶臻却顺势投奔尚在东方的琅邪王司马睿。琅邪王见到陶臻，十分喜悦，任命其为参军，并加陶侃奋威将军。至此，陶侃才向华轶“告绝”，也即是终结了两者之间的忠诚关系。[②]

手中握有强大兵力的陶侃，在面对华轶与琅邪王司马睿这两股势力时，最终选择了后者。华轶与琅邪王关系恶化的原因似在华轶，他“自以受洛京所遣，而为寿春（镇东将军、都督扬州诸军事的周馥）所督”，因而不受琅邪王之命。[③] 早在307年到308年之际，顾荣及纪瞻等江南三角洲地区的豪族们，在面对周馥的势力与琅邪王司马睿的权威时，最终下定决心拥戴后者，此事在上一章中有所阐述。而此时的情况完全相同。在

---

① 《晋书》卷66《陶侃传》。
② 同上。
③ 《晋书》卷61《华轶传》。

琅邪王的权威得到提高，而且消灭了周馥势力的311年，3年前发生于长江下游的事态又出现在了中游，此时摆在司令官陶侃面前的问题是选择属于周馥系统的华轶，还是选择琅邪王的权威。最终在“自固”这一动机下，挑选了琅邪王权威的陶侃，面对这一权威派出机构的王敦，当然也就有着拥戴的义务。陶侃在讨伐华轶的作战中表现得并不积极，但平定华轶之后，在王敦的名下积极参预镇定荆州的混乱，为提高王敦的权威做出了贡献。

也就是说，308年以后的数年之间，位于长江下游三角洲地区的江南土著豪族们积极行动，力图将仅仅只有劣弱之军的司马睿变为实际上属于自己政权的一块单纯招牌。与此相同，311年以后，以王敦为首的势力在长江中游影响大增之际，周防、陶侃等出身于该地区的实力派将领们指望将来把以荆州为中心的长江中游一带握于自己手中，所以借用琅邪王司马睿、王敦的权威，积极参预平定该地区的混乱。而在王敦看来，以荆州刺史之位作为诱饵，使这些人勤于王事，由此成功地稳固荆州地区的安定，这无疑有助于大大提高自己的权威。当时的荆州一带，号为“用武之国”，[①]杜弢、杜曾等敌对势力活动猖獗，局势相当紧张，而王澄、周顗等出身于华北的文官，于军事一窍不通，只能是束手无策。313年，王敦以陶侃代周顗为荆州刺史。受此付托的陶侃与周防等人奋力苦战，到315年八月，终于歼灭杜弢，平定了南部的湘州。

可是，他们经过努力获得的果实，并没有落入他们自己手中，而是全为王敦所吞。王敦以歼杜弢、定湘州之功晋升为镇东大将军、都督江扬荆湘交广六州诸军事、江州刺史，但在掌握了所辖人事权后，他即将荆州刺史一职留给了从弟王廙，至于曾受托掌管荆州并为在平定过程中立下汗马之功的陶侃，相反却由荆州刺史左迁为广州刺史。这一决定是在陶侃偶尔离开自己的军队，毫无防备地造访王敦时下的。陶侃不得不吞下这一苦果，他现在所处的状况，与两年前长江下游三角洲地区的阳羡大豪族周玘别无二致。周玘“三定江南，开复王略”，在司马睿政权的建立中立

① 《晋书》卷58《周访传》。

下了大功，然而非但没有得到回报，相反从华北避难而至的“中州人士”却不费吹灰之力地“多居显位，驾御吴人”。面对这种局面，周玘在“怨望”、“耻恚”中愤懑而死。① 其子周勰为报仇发动叛乱，但如前所述，遭到了镇压。

陶侃面对这一令人耻恚的局面，采取了隐忍自重的态度。他以其子陶瞻为王敦的参军，重新确认相互之间的质任关系，意在使事态不致恶化，之后便赴广州。广州也是各种势力交错纠纷的边境之地，陶侃到此，实际上是再次为王敦效犬马之劳。不过，他已经意识到自己“威名已著”，似已预见到平定广州并非难事。在掌握了广州以后，便以此地为中心积蓄力量，不再与王敦合作。②

另一方面，陶侃左迁广州之后，留在荆州的部下们因拒绝承认新刺史王廙，举反旗加入了杜曾一方，荆州由此再次陷入混乱之中，到317年，王敦、王廙的军队仍然无法平定。此时，南人周访的兵团再次受到了利用。③ 在王敦“擒（杜）曾，当相论为荆州刺史”的引诱下，周访拼尽死力，最终大破杜曾兵。可结果却是刺史王廙入荆州，立下大功的周访被调为梁州刺史。王廙在荆州，对陶侃旧将及名士大加诛戮，“大失荆州之望”，318 年被召还建康时，其后任本拟用周访，但王敦加以阻止，自己亲任荆州刺史。319 年，周访擒住了杜曾，使长期处于混乱的长江中游地区终于迎来了安定期，但即便如此，王敦依然让他留在梁州刺史之位上，终究没有兑现当年许下的荆州刺史之约。与周玘、陶侃一样，南人周访也是被利用后即遭抛弃。这以后，梁州（襄阳）与王敦处于一种敌对关系中，第二年即 320 年，周访“切齿”而亡。④

---

① 《晋书》卷 58《周玘传》、《周勰传》。

② 以上有关陶侃的叙述，主要依据《晋书》卷 66《陶侃传》。王敦之乱平定之后的 325 年，陶侃为征西大将军、都督荆湘雍梁四州诸军事、荆州刺史（《晋书》卷 6《明帝纪》），在长期的劳苦以及隐忍自重后，总算得到了补偿。不过众所周知，即便成了控制长江中游的一大势力，在 327 年的苏峻之乱之际，并没有即刻发兵赴建康救援。自从左迁广州以来，这种独立的姿态应该说是一贯的。在江南土著中，陶侃可谓最后也是最大的一支势力。庾亮、庾翼等北来贵族继任荆州刺史，掌握他所支配的长江中游地区，还要等到 334 年其死后。

③ 《晋书》卷 76《王廙传》以及卷 58《周访传》。

④ 同上《周访传》。

从上面可以看到，当初军事实力十分薄弱的王敦利用陶侃、周访等江南土著的强大兵团，使他们积极协助自己，从而平定了江州、荆州等长江中游地区，取得了极大成功。但随着局面的改观，对上述土著势力又采取了各个击破的策略予以压制。这种方式，与几年前王导在长江下游针对江南豪族所实施的策略极其相似。可是，这种压制的方法决不可能实施得十分彻底。314 年，周勰之乱后的善后措施是“以周氏奕世豪望，吴人所宗，故不穷治，抚之如旧”，①对于发动叛乱的人物，只能如此。王敦针对陶侃、周访的处置，也只是严防他们掌握荆州后过于强大，至于在边境地区的半独立状况，也不得不默认。之所以对这些南方势力“不穷治”，而是采取温存、默认，根本原因在于他们并没有穷治的力量。对南人势力加以温存和利用，然后微妙地调整各种势力之间的关系，以此来维持或提高自己的权威，除此以外，王导、王敦别无他法。

为什么会出现这一事态呢？这是因为早期的东晋政权需要以南人势力作为自己的军事基础，需要在相当大的程度上依存于江南土著豪族或是土著的强大兵团。政权的担当者尽可能有效地使用他们的力量，必须尽可能地使他们成为支持政权的强大基础；但在反面，又需要压制他们，使其不致太过强大，同时还要采取一些措施，使他们之间不能有效地联系在一起。对上述两种极为矛盾的事态，必须作出适当的调整，这便是执政者所处的立场。这种调整即是一种政治行为，它需要高度的政治感觉与政治能力。北来贵族在避难当初，基础薄弱，要依靠自己的双手维持初期东晋政权，并且提高自己的权威，就必须全神贯注地发挥这种政治能力。

王敦作为北来贵族的实力人物之一，不断发挥这种政治能力，使长江中游地区终于服从东晋政府的权威，同时也提高了自己的权威。但到最后，他却与东晋政权发生冲突，落得个乱臣的污名而从历史舞台上消失。在这一切的背后，各种力量之间的关系又发生了什么样的变化呢？

---

① 《晋书》卷 58《周勰传》。

三、王敦之乱的背景

众所周知，322年正月，王敦以讨君侧之奸为名，在武昌举兵，吴兴武康的大豪族沈充响应起兵。王敦之乱爆发。这一年三月，王敦攻下首都建康。到324年七月死去之前，执东晋政府牛耳。在这一时期，为王敦"谋主"的有两人，除了沈充以外，还有出身于吴兴长城的豪族钱凤。①

王敦之乱的直接原因，始于已为皇帝的司马睿（元帝）的侧近刘隗、刁协为抬高元帝的权威而"排抑豪强"，亦即压制以王导、王敦等王氏为首的势力，②此点十分清楚。可是，王敦将眼光投向东方的长江下游，还有一个原因，这就是如上节所言，在长江中游自己的势力圈内部出现了力量关系上的变化。显示出这一点的，是叛乱的"谋主"亦即吴兴豪族群中的沈充、钱凤的存在。

如前所述，王敦在315年将陶侃从荆州刺史左迁为广州刺史。据《晋书·陶侃传》，在此以前"王敦深忌侃功"，而《资治通鉴》（《晋纪》11"建兴三年八月"条）却云："王敦嬖人吴兴钱凤，疾陶侃之功，屡毁之。"《通鉴》或许别有所据，果真如此，那么从此时起，在王敦麾下的吴兴人志向已呼之欲出。钱凤原本为王敦参军沈充所荐，受王敦赏识，升至铠曹参军。③

将陶侃左迁广州，带来的结果便是从此不再能得到陶侃军团的积极支持，在此之前，他一直是王敦势力最为有力的支持者。当然，由于质任关系依然存在，王敦与陶侃的关系并没有断绝，而且当陶侃完成对广州的支配后，实际上也带来了提高王敦权威的结果，因为后者在形式上还兼任都督广州诸军事一职。可是，已经威名赫赫的陶侃虽在广州积蓄自己的力量，但在荆州仍然具有极大的人望。④ 王敦对此肯定是极为不安，加以

---

① 参见《晋书》卷98《王敦传》及前引大川富士夫氏论文《六朝前期的吴兴郡豪族》。

② 《晋书》卷69《刘隗传》。

③ 《晋书》卷98《沈充传》。

④ 王敦之乱后，陶侃回到荆州就任荆州刺史，"楚郢士女莫不相庆"（《晋书》卷66《陶侃传》）。

戒备的。到319年,王敦与梁州刺史周访之间的关系决定性地趋向恶化。王敦对陶、周等人不断加以利用,后又分别逐至广州、梁州,或许是为了将长江中游的中枢荆州掌握于自己的手中,而不得不采取的一种措置。但结果却招致了一种新的事态,这就是使处于荆州的王敦自己反而受到来自南北两面的压力。对于强调各种势力之间平衡的王敦来说,为了应付这一新局面,就不得不寻求第三支力量的支援。他寄予最大期望的是建康政府,希望从那里得到更多的援助,但建康政府相反却认为王敦的势力过于强大,正在酝酿对其加以压制,此点已为治史者所熟知。

在我看来,这时王敦所寻求的第三支援势力即是吴兴豪族群的军事力量。钱凤"知敦有不臣之心,因进邪说,遂相朋构,专弄威权,言成祸福",而"遭父丧,外托还葬,而密为敦使,与充交构"。[①] 这是什么时期的事情,并不清楚,不过大致应在沈充从王敦参军出任他处之后不久,即320年梁州刺史周访亡,后任的湘州刺史甘卓到州以后,"(王)敦表以宣城内史沈充为湘州",结果是元帝拒绝这一上表,接着为与王敦相抗,任命叔父谯王承为湘州刺史。[②] 在与周访的关系恶化,又得不到建康政府合作的状况下,315年左右便出现在王敦身边的吴兴豪族,于是从中起到了推波助澜的作用。吴兴豪族与王敦的关系,大致是前者不断怂恿后者,而后者也逐渐依赖前者。

如大川富士夫氏所论,吴兴豪族的志向是"期待依靠王敦在政治上出人头地"。[③] 吴兴武康的沈充是与阳羡周氏比肩的江南大豪族,曾铸造"沈郎钱",在当时堪称财阀。[④] 310年代中期,在北来亡命贵族们鼓吹的进步的乡论主义意识形态下,他们与吴郡、会稽等地的江南一流豪族之间出现差别,在建康政府中,位于金字塔型官僚制度的下层。面对这种倾向,所谓田野豪族们显示了反抗。在314年周勰之乱失败后,他们对还不成熟的文人官僚制度已不抱指望,而是把目光投向了君临"用武之国"之

---

① 《晋书》卷98《沈充传》。

② 《晋书》卷37《谯闽王承传》。

③ 大川富士夫《六朝前期的吴兴郡豪族》,页537。

④ 《晋书》卷26《食货志》。

上的王敦,从中乘机加以策动。

王敦向东方的倾斜与吴兴豪族们的志向正相一致。当王敦向建康进军时,阳羡大豪族周札身为石头城守备军长官,却"开门应敦,故王师败绩"。[①] 周氏与吴兴沈氏一样,在建康政府的文人官僚体制中,不用说是被视作田野豪族的。与吴兴豪族同样,周氏也是"期待依靠王敦在政治上出人头地",实际上,周氏以此功"一门五侯,并居列位,吴士贵盛,莫与为比",可谓风光无限。[②]

这些江南的所谓田野豪族们对于建康政府的反抗与对王敦的依存,或许还来自另外一个直接原因。这就是在刁协的献策下,建康政府在321年发出了"免中州良人遭难为扬州诸郡僮客者,以备征役"的诏敕。[③] 这一政策旨在增强中央军力,但却引起了"众庶怨望",而实际上另一方面也含有对抗王敦的意图,因而王敦在陈述举兵的理由时,便以此为借口批判刘隗此策意在谋私。[④] 这一政策对整个大土地经营者的江南豪族是一次大的打击,但是损害最大的还是那些田野豪族。我们可以设想,吴郡、会稽的一流名门豪族在政府的文人官僚体系中或是占据着高位,或是利用各种关系减轻受害程度。确实,"吴、会姓族是忠顺于建康政府的",[⑤]可是所谓田野豪族却与之相反,他们之所以加入到了王敦阵营之中,其理由应在这里。

建康政府在一步一步建设着基于乡论主义意识形态的文人支配体制,从中也得到了已经成为乡论主义旗手的吴、会姓族的支援。而在王敦集团那里,上述特点还未成熟,仍旧有着武人集团堆积而成的色彩。在这时候,江南的田野豪族积极加以策动,并以此作为突破口动摇了前者的体制。但是,王敦暂时的成功却使"谋主"钱凤、沈充更加利令智昏,他们利用王敦族灭了与自己处于同样立场的周氏。处于病危状态的王敦,已经

---

① 《晋书》卷58《周札传》。
② 同上注。
③ 《晋书》卷6《元帝纪》及卷69《刁协传》。
④ 《晋书》卷98《王敦传》。
⑤ 大川富士夫《六朝前期的吴兴郡豪族》,页536。

失去了制御钱、沈等人的力量。失去了平衡感与基于这种感觉的制御能力，也就意味着王敦已不可能再立于这一政治季节了。依据势力均衡的原则，起用郗鉴、苏竣、祖约等北来流人兵团的，还是那些亡命贵族。在这两股势力面前，依靠王敦的吴兴豪族只有束手就擒。

综上所述，在东晋政权的草创时期，发挥领导作用的北来亡命贵族们所固有的军事能力，几乎等于零。即便连王敦，直到最后也并非那样强大。他的军事基础只能依靠江南土著的诸势力，此时最重要的问题便是如何使这些势力协助自己，如何对其加以有效地利用。要维持这些势力之间的平衡，除了需要具有走钢丝一样的技巧以外，并无他法，可以说这是一种政治能力上的走钢丝。从王敦之乱开始，北来流人兵团渐显头角，但是走钢丝的时期一直持续到了苏峻之乱。到320年代底，初期东晋政权在惊险的政治杂技下勉力维持。在这样一种政治的季节里，能够走完这段钢丝，依靠的正是传统的权威以及建立在这之上的政治文化能力。

现在，再让我们来看看北来流人兵团的问题。

四、北来流人兵团与王敦之乱

从八王之乱到永嘉之乱，华北混乱不堪，避难而至长江下游的难民不计其数。其中在有力者的领导下团结起来，以集团形式南下的人们，具有直接作为武力集团参加战斗的机能。这样一种兵团，经由建康政府起用后，历经王敦之乱、苏峻之乱，在320年代的东晋政局中扮演了重要角色。上述集团中，最初出现在江南地区的是祖逖率领的人众，这里首先来看一下它与江南的关系。

早在312年，祖逖作为“行主”率数百家的集团南下抵达泗口，即被建康政府任命为徐州刺史，接着又征召为琅邪王司马睿的军咨祭酒，所领集团也安住于京口。其时，祖逖的“宾客义徒皆暴桀勇士”，而且“多为盗窃，攻剽（扬土）富室”，但是“（祖）逖遇之如子弟”。①

① 《晋书》卷62《祖逖传》。

在大混乱的中原地区忍受住饥饿，在战火中一边自卫一边长途跋涉南下的大小集团中，上述暴桀之士的存在并非罕见。这些集团的到来，对江南土著的人们来说，是相当困惑的，而且也有必要制止住他们的暴行。要做到这一点，与其说南人直接介入其中，不如利用同是北人的琅邪王司马睿、王导等北来贵族政府的名义以及权威更为有效。为此，南人加强了对建康政府的支持，希望借助其日益高涨的权威来统制北来武力集团。在东晋政权成立的初期，江南土著势力积极支持北来贵族政府可以说主要基于这一理由。包含祖逖麾下"暴桀勇士"在内的漫无秩序的北来武力集团，或是大量的北人南下对南人形成了巨大压力，对南人来说，要对这些北人加以统制，就必须建立一个具有权威的北来贵族政权。

十分幸运的是，祖逖的志向是利用这些"暴桀勇士"的能量恢复中原，为此专程上表。建康政府予以嘉纳，任命其为奋威将军、豫州刺史。313 年，祖逖"将本流徙部曲百余家"北上，重渡长江，与南下的异民族展开对决。其后，镇抚纠合散在河南各地的坞主势力，阻止了匈奴的南侵，成为东晋抗北屏障，这些都是周知的事实。在这一时期，当初仅仅只是"将本流徙部曲百余家"，或"屯于江阴，……得二千余人"的北上兵力，在祖逖的努力下，加入了众多归顺者与投降者，"士马日滋"，逐渐发展成为强大的军团。①

祖逖集团对控制了长江中游的王敦来说，已经成为不可忽视的存在。在上一节中，我曾论述了王敦因为集团内部各种势力的平衡问题，而不得不求助于长江下游的豪族势力。对于不从己意的建康当局，王敦"久怀逆乱"之心，但是却"畏逖不敢发"。321 年祖逖死，"至是始得肆意焉"。②

刘隗、刁协等政府当局旨在警惕王敦，疏远王导，同时提高元帝的权威，不过在这一时期，似乎还没有考虑到利用祖逖等北来兵团对抗王敦的武力。在他们看来，北来兵团主要是防止异民族南下的屏障，只要坚守在北方前线即可。至于对付王敦，如后所述，认为只需要动员解放的奴隶，

---

① 《晋书》卷 62《祖逖传》。"屯淮阴"一语，原文作"屯于江阴"，据中华书局版点校本校勘记，改"江阴"为"淮阴"。

② 《晋书》卷 62《祖逖传》。

将之临时组成军队便足够了。指挥这支临时拼凑的军队的，是受到元帝信任的南人戴若思，其官职为征西将军、都督司兖豫并冀雍六州诸军事，具有指挥祖逖军团的权限，这使祖逖内心受到极大伤害，其后忧死也与此有关。①

建康政府的这一举措在内外两方面，都产生了相反的效果。临时拼凑的新设军团，在王敦面前不堪一击，使得后者极容易地占据了建康。同时，不满这一措施的祖逖很快死去，这又引发了石勒等异民族军队的南侵。祖逖死后，统率其军团的是其弟祖约，在石勒军队的压力下，于322年放弃了根据地谯城，被迫退至寿春。与此同时，统率山东流民数万的郗鉴集团、坞主刘遐等迫于石勒之势而分别南下至合肥、泗口，此外还有苏峻集团。这些北来武力集团的存在对江南形成了巨大压力，使人侧目相视。此时，正当王敦侵袭建康的关键时刻。②

继承元帝的明帝在323年"谋仗鉴为外援"，即任命郗鉴为兖州刺史、都督扬州江西诸军事。可是王敦却"忌之，表为尚书令"，同年八月，郗鉴被征召至建康。③ 建康政府对郗鉴兵团成为抗击王敦的支柱，寄予了极大期待，王敦的上表显然是欲从中作梗。郗鉴暂时离开所部集团，兖州刺史刘遐奉诏统领其部。不久，王敦的支配"渐失人心，君子危怖，百姓劳弊"(《晋书·王敦传》)，在此状况下，决意讨伐王敦的建康政府听从郗鉴的建议，"召峻及刘遐援京都"。324年，主要依靠这些北来诸兵团终于平定了王敦之乱。支持王敦占据建康的沈氏、钱氏等吴兴豪族的力量，也被上述兵团一举粉碎。④

如上所见，王敦之乱主要为北来流人诸兵团的武力所平定，具有十分重要的意义。王敦本为北来贵族中最具实力的人物，前一节曾论述其势力得到了南方土著各种势力的支持。建康政府意欲建立一个基于乡论主

---

① 《晋书》卷62《祖逖传》。
② 《晋书》卷6《元帝纪》"永昌元年"条以及《明帝纪》"太宁二年"条。
③ 《晋书》卷67《郗鉴传》以及《资治通鉴·晋纪十四》"太宁元年八月"条。
④ 参见《晋书》卷100《苏峻传》。另，虞潭等吴、会名族也起义兵讨伐王敦，不过似都为配角(参《晋书》卷76《虞潭传》)。

义意识形态的文人支配体制，而在这一体制中遭到疏远的是江南的田野豪族们，于是他们对这一体制表现出了不满。王敦之乱，也正具有这一层色彩。吴兴豪族沈充、钱凤是王敦的"谋主"，阳羡的大豪族周札打开石头城门，倒向了王敦一边，由此造成了"王师败绩"，这些都在说明，当时号称"江东之豪，莫强周、沈"的强大田野豪族们，都在与王敦合作。他们以王敦作为突破口，向建康政府倾泄自己被抛弃在乡论主义文人体制之外的不满。这一运动被北来军团的武力所击碎，这些田野豪族们的势力完全遭到了压制，同时也就意味着至少在长江下游地区，乡论主义体制的巨大障碍得到了清除。事实上，这以后直到 4 世纪末的孙恩之乱爆发为止，一直未见长江下游地区有土著豪族组织发起的反政府运动。

仅就长江下游而言，王敦之乱的结局是带来了北来军事实力对江南地区的压倒性优势。北来流人兵团为北来贵族清除乡论主义意识形态体制的障碍，带领江南社会往此方向发展铺平了道路。他们这些北来军团当然也就会成为支撑北来贵族支配体制的基础。经历了王敦之乱的北来贵族们似乎预感到，在上述期待的支持下，以一个较为明确的形式在江南实现其意识形态支配的机会正在到来。至少作为外戚处于执政立场的庾亮，其所推行的"任法独裁之风"政策，①似乎就显示出了一种基于这种状况把握的强硬立场。

可是，构成北来军团的各个兵团，各自都有十分复杂的起源，因此必须对其加以整理。江南三角洲最大的障碍被拔掉以后，这一整理日益成为一个重大问题，在这一过程中，又经历了一次深刻的局面。

五、北来军团的整理与苏峻之乱

在平定王敦之乱中大显身手的各个北来兵团长，依照论功行赏的原则都被授予开国公、侯的爵位，苏峻为冠军将军、历阳太守；刘遐为监淮北军事、北中郎将、徐州刺史，同时还加散骑常侍，接受三品官待遇。豫州刺

---

① 冈崎文夫《魏晋南北朝通史》(1932 年，弘文堂) 页 175。

史祖约也进位镇西将军(三品)。已经身为尚书令,并参预论功行赏人事的郗鉴在第二年的324年七月,从尚书令出任车骑将军、都督徐兖青三州诸军事、兖州刺史,将交往甚密的刘遐兵团置于指挥之下,其官品为二品,高于祖约、苏峻而成为北来军团的中心存在。两个月后,明帝病笃,临终召王导、庾亮、郗鉴同为顾命。郗鉴以此进位车骑大将军、开府仪同三司,官一品,与其他将军的距离逐渐拉大。①

最初,郗鉴与其他将军一样,仅仅只是从华北逃难而至的一支集团的首领而已。在上节中,我们看到王敦占领建康后,受到压制的明帝向郗鉴求援,而王敦则利用这一机会推荐郗鉴为尚书令。应该说,郗鉴后来之所以能升至其他将军无法相比的地位,其中关键即在此时。郗鉴年轻时,"以儒雅著名",就连王敦也视其为"儒雅之士",当时"名位既重",这就保证了与其他集团首领不同,可以使其升至高位。② 重视"儒雅"之名,正是文官等级体制强调乡论主义及其意识形态的一种反映。当意识到这是贵族制社会与国家存在的前提与基础时,建康政府便致力于贯彻这种原理。为平定王敦之乱而引入的北来诸兵团的首领们,被安排进基于这一原理的文官体制的结构之中,并试图以郗鉴为中心来统制这些兵团。

可是,北来流人兵团依靠的是各自的实力,而贵族政权欲建立一个基于乡论主义的文官等级体制,因此在将前者置于后者之中时,便会出现一些矛盾。自认为"名辈不后"郗鉴等人的祖约,发泄其不满,③正是在这一矛盾中。依据乡论主义意识形态的等级安排,进入这一框架的是郗鉴及其追随者刘遐、郭默的兵团,④而排斥在框架之外的是祖约及苏峻的兵团,两者之间,嫌隙渐生。后者对建康政府志在建立的体制显示出不满,前者当然站在支持的立场上。成为北来贵族政府支柱的北来军团,在依

① 参见《晋书》卷6《明帝纪》及各人本传。

② 参《晋书》卷67《郗鉴传》。值得注意的是,南人纪瞻也评郗鉴为"体清望峻……雅望清重,一代名器",并极力推荐应早予尚书之位(《晋书》卷68《纪瞻传》)。

③ 《晋书》卷100《祖约传》。

④ 刘遐死于326年,郭默继任其后,领其部曲(《晋书》卷81《刘遐传》及卷63《郭默传》)。

据贵族体制的原理进行整备时,出现了内部的分裂。

当时的执政者是庾亮,他不顾王导的反对,急于削弱苏峻兵团的力量,为此不惜使用强硬的手段,想方设法试图将苏峻调离其部队,这便是苏峻之乱爆发的直接原因。不久,祖约也加入其中。包括郭默在内的建康守备军与郗鉴的所率兵团,并不能抵挡住苏峻、祖约联军。众所周知,328 年建康陷入苏峻之手。以上就是针对庾亮等强行实施的贵族制官僚等级制度进行的一次抵抗,造成了极大的破坏。这里值得注意的是,在上述过程中,这一体制的根源亦即传统权威本身并没有被否定。

在苏峻之乱的过程中,成为直接攻击目标的庾亮逃离建康,投奔江州刺史温峤。王导则保护幼主成帝,留在了苏峻控制下的建康。苏峻"以导德望,不敢加害,犹以本官居己之右"。其时,据说苏峻部下"路永、匡术、贾宁并说峻,令杀导,尽诛大臣,更树腹心。峻敬导,不纳,故永等贰于峻。导使参军袁耽潜讽诱永等,谋奉帝出奔义军。而峻卫御甚严,事遂不果。导乃携二子随永奔于白石"。[①] 苏峻以王导"德望"加以尊敬一事,值得注意。而且当苏峻部下想将大臣全部杀掉,也就是试图完全抹消等级官僚制度时,似乎并没有想抹消成帝本身,也就是并没有想从根源上消除传统权威,这一点也值得注意。他们想到的是保留传统的权威,并以其为靠山,通过"更树腹心",也就是建立一个由自己领导的新型等级制度。而且,由王导成功地笼络住路永一事也可以看出,这些武人很难抵挡得住权威的拉拢,本质上很容易转化并对之加以拥戴。同时还显示出,完全没有武力的贵族利用武人之间的裂缝,有着充分发挥以权威为背景的政治能力。这些也就说明,当时传统的权威在政治上、社会上具有极大的意义。即便处于风雨飘摇之中,传统权威也能够继续维持下去,以其作为根基的传统体制也有着重新复活的可能。

在北来贵族政府所期待的乡论主义等级官僚制度原理的影响下,北来军团被分割为两半,如前所述,苏峻之乱便是这一状况所带来的结果。但是,仅仅依靠北来军团中支持现体制的一派,也就是郗鉴兵团的力量并

---

① 《晋书》卷65《王导传》。

不能收拾局面，挽救岌岌可危的传统权威。此时，南人拥有的军事力量不得不再次占据了极大的比重。在长江下游，顾众、虞潭等吴、会的名族为重新恢复贵族体制再次挺身而出。但是，南人中拥有最强军事力量的，是王敦之乱以后，君临于长江中游地区的陶侃军团。有关这一军团及其势力，我在后面将予以论述。总之，江州刺史温峤苦心周旋，终于成功地使陶侃下决心讨伐苏峻。

对三、四两节作一下总结，我们看到从王敦之乱到苏峻之乱，整个320年代可以说争斗不息，其原因如下：北来贵族们以北来的先进意识形态——乡论主义作为自己体制的原理，并沿着这条线建立了等级制度的官僚体制，在这一过程中，处于等级制度体制下层的实力派人物对此显示不满，希图改变自己在这一体制中的位置，为此不惜诉诸武力。长江下游三角地区的江南豪族中，吴、会等地被视为三国孙吴时期以来的名门姓族，作为乡论主义的旗手而置于体制之内，始终扮演着支持这一体制的角色。与此相反，王敦之乱之所以爆发，起因于被排除在体制之外的所谓田野豪族的不满及其武力行使。为了镇压这次叛乱而引进北来军团，其结果是在一个较长的时期内，掐断了在长江下游三角地区有组织的反体制运动的根子。也就是说，在实施乡论主义的等级官僚制度过程中，成功地压制住了可能成为其障碍的土著势力。

不过这时就留下了这样一个问题，即北来军团本身与乡论主义等级官僚体制之间的矛盾相克。北来军团原本是可以成为支持以北来贵族为中心的建康政府的基础的。否则，他们也不会积极镇压王敦的反乱。但是，北来军团由一些有着各种起源的集团构成，所以对之加以清理肯定有其必要。虽说庾亮过于性急地强行清理，促使其中不满分子提早爆发，诱发了苏峻、祖约的叛乱，但是北来贵族政府沿着其体制原理，将郗鉴纳入体制之内，将其他人物置于其下的方向却基本没有变化。在这种状况下爆发的北来军团的动乱，在割据长江中游的南人陶侃军团的干预下得到了平定。其结果，便是北来军团本身在乡论主义等级官僚体制之下得以整顿。

也就是说，建康政府在长江下游实现基于乡论主义等级官僚制度的过程中，江南土著豪族与北来军团之中存在的强大障碍，经过王敦之乱、苏峻之乱，得到了清除。320 年代的上述动荡局面，是希望早期实现这一等级官僚制度所产生的焦躁心情所致。不过，既然上述冲突进一步加强了实现乡论主义原理的志向，那么冲突爆发也不得不说有其必然性。之所以能够克服这些危机，其原因是传统的权威与"德望"——这是乡论主义意识形态的基本要素——等精神要素在当时社会中有着相当的重要性。还有一点就是，以这些精神要素为背景的政治力量成功地控制住了现实中的各种力量。

平定了苏峻之乱，恢复了权威的建康政府，重新以司徒王导为中心，以体制内的忠实势力也是唯一保存下来的北来军团长郗鉴为司空，以割据长江中游的军团长陶侃为太尉，实现了三公处于最高位的形式。这正好象征了东晋王朝的权威是建立在这两支军团之上的。如后所述，南人陶侃的势力圈是现存贵族支配的等级官僚体制不能直接发生作用的另外一种体制。长江下游地区经过艰苦的努力终于压制住了对抗势力，到 330 年代，迎来了一个安定的时期，于是开始着手稳固建康贵族政权的基础。

其中之一是改变从来单靠地方官的努力征收租税的方法，330 年"始度百姓田，取十分之一，率亩税米三升"。① 不过作为与本文直接相关的课题，我们这里还是继续探讨北来流人集团成为建康政府军事基础的过程。

六、北来流人集团的安定

北来贵族政权最初是利用江南土著豪族的力量作为自己的军事基础，然后在这之上运用走钢丝一样的技巧进行政治运营。从这一阶段出发，准备着手建立自己固有的军队时，试图结集的是同样来自北方的流人力量，这一点也可以说理所当然。前面提到的刁协献策，即是最先的一种尝试。

321 年，为了对抗王敦的压力，元帝发诏"免中州良人遭难为扬州诸

---

① 《晋书》卷 26《食货志》。咸和五年（330）实施度田税米制前，有关征税的具体方法，《晋书》卷 70《刘超传》"常年赋税，主者常自四处，结评百姓家赀"可为参考。

郡僮客者，以备征役”，以此组成了征西将军戴若思、镇北将军刘隗这两个军团，各自统兵一万。[①] 为此王敦上疏对这一举措进行了非难，将其作为自己举兵的理由。从王敦的上疏中，我们也可以了解到这两支军队的构成情况。据《晋书》卷98《王敦传》所载这份上疏，刘隗等人的军团大致是经过以下措施组建的：

(1) 以黄(门郎)散(骑常侍)为参军，晋魏已来，未有此比。

(2) 免良人奴，自为惠泽。自可使其大田以充仓廪，今便割配，皆充隗军。

(3) 徐州流人辛苦经载，家计始立，隗悉驱逼，以实己府。

(4) 陛下(元帝)践阼之始，投刺王官，本以非常之庆，使豫蒙荣分，而更充征役。

(5) 复依旧名，普取出客，[②]从来久远，经涉年载，或死亡灭绝，或自赎得免，或见放遣，或父兄时事身所不及，有所不得，辄罪本主。

这些举措招致“众庶怨望”，照王敦的话来说，是“百姓哀愤，怨声盈路”。这里需要注意的是，上面第2条“免良人奴”与第5条“普取出客”，即相当于321年诏敕中“免中州良人遭难为扬州诸郡僮客者”。也就是说，招为兵士的原本是从“中州”亦即中原流亡而至的人们。此外，第3条也是讲征发“徐州流民”为兵士。据此可知，两支新设军团的兵士主要是由中原流亡来的北人构成。

再看第4条，所谓“投刺王官，本以非常之庆，使豫蒙荣分”，乃是如《晋书》卷69《戴若思传》所云“发投刺王官千人为军吏，调扬州百姓家奴万人为兵配之”，是作为一般兵士之上的军吏而征集的。他们原来是318

---

① 《晋书》卷6《元帝纪》“太兴四年”条以及卷69《刘隗传》、《刁协传》、《戴若思传》。

② 参见滨口重国《唐王朝的贱人制度》(1966年，东洋史研究会)第4编第4节第1小节。另，原文“复依旧名，普取出客”中的“旧民”，据《南齐书·州郡志上》“南兖州”条“元帝太兴四年诏，以流民失籍，使条名上有司，为给客制度”的诏敕，似非此年所立名籍，而应在此之前即已有之。

年，元帝践祚初始的“投刺劝进者”，其时已为吏者，加位一等，如果是百姓，则赐司徒吏身份，而且应该是给予免除征役的特权。这一“非常之庆，使豫蒙荣分”者，据说在当时达到“凡二十余万”。[①] 而这时，究竟是以什么样的基准从这些人中“更充征役”的呢？并不清楚。不过，原先劝进元帝践祚而“投刺”者，居住在建康或是其近旁的人较多，[②]不难想象其中有许多来自中原的人，他们对晋朝有着特别的亲近感。可以认为，从“投刺王官”者中征发作为军吏的，主要就是这些北人。

此外，第1条中黄门郎、散骑侍郎等被任命为参军亦即参谋一类级别的指挥官，应该说主要动员的也是北来贵族子弟。戴若思的军司中有出身太原王氏的散骑常侍王遐，即是其中一例。

也就是说，321年在刁协献策下组织的军团中，参军——军吏——兵士，所有级别主要都是由中原流亡而至的北人构成。“（元）帝亲幸其营，劳勉將士”，[③]由此也可见对这支新设军团所寄予的期待之大。可是这次强行征发却招致了“百姓哀愤”、“众庶怨望”，徒具外形的这支乌合之众，没有一点士气，在根本来不及得到正常指挥、训练的情况下，翌年即遭到王敦军队的沉重打击，此点已见前。

可是，北来流寓政权欲加强自己的军事基础时，除了结集这些北来流寓者组成军队以外，并无别的办法。同时也意味着，强制征发自耕农、僮客等已经固定生活在江南者是十分困难的事。因此，结集的方法只有尽可能改成不致招怨的方式。其中之一，便是不进行强制征发，而是募集兵员的方法。

苏峻之乱平定之后，孔坦迁为吴兴内史，加建威将军。其时，建康政府“使坦募江淮流人为军，有殿中兵，因（苏峻之）乱东还，来应坦募，坦不知而纳之。或讽朝廷，以坦藏台叛兵，遂坐免”。[④] 据此可知募集流民为

① 《晋书》卷71《熊远传》。

② 据《晋书》卷71《熊远传》熊远之语“今案投刺者，不独近者情重，远者情轻”，也可知投刺者中“近者”极多。

③ 《晋书》卷69《戴若思传》。

④ 《晋书》卷78《孔坦传》。

地方军这一事实。

可是，更为有效的方法，是将正在流亡之中、尚未安定下来的集团直接转化为自己的军事基础。尽可能把各种各样的北来流人集团转化为支持建康政府的势力，这应该是最可以指望的办法。在这当中，将郗鉴所统率的较易控制的集团与其他集团进行了一番选择，但结果却如前述，引发了苏峻之乱。这场混乱在329年平息以后，以唯一保存下来的郗鉴军团为中心，将北来流民势力固定为政府的军事基础的努力正逐渐展开。

正如《宋书·州郡志一》“南徐州条”在苏峻之乱后云“晋成帝咸和四年（329），司空郗鉴又徙流民之在淮南者于晋陵诸县，其徙过江南及留在江北者，并立侨郡县以司牧之”，或者如《晋书·地理志下》“徐州条”云“郗鉴都督青兖二州诸军事、兖州刺史，加领徐州刺史，镇广陵。苏峻平后，自广陵还镇京口”，当时，兼任徐、兖两州刺史的郗鉴，率领麾下的集团以及管下的流民们移至京口、广陵及其周围各地，立侨郡、侨县定居下来。从339年郗鉴临死前的上疏中，也可以看到这些流民在得到田宅以后，逐渐安定下来的过程。但在另一方面，即便历经十年的定住，这些流亡之民仍然还是处于“少安”的状态中，当领袖人物郗鉴死去时，“众情骇动”，甚者还出现了“北渡”的危险性，这一点必须加以注意。[①] 如本书第三编第一章所述，从南渡到平定苏峻之乱，在郗鉴的指挥下四处转战的北来军团所属流民在京口、广陵及周边地区得到田宅定住以后，其中大部分似成为兵户，有着世代服兵役的义务，也即是所谓北府兵的基础。可是，使其固定成为建康政府的军事支柱还需要一段很长的岁月。在郗鉴最后的上疏中也可以看到，其死后从北来贵族层中挑选“流亡所宗”的人物，以之为徐、兖二州刺史，以此来继续安定他们的生活，这一点极为重要。建设以北来流民为主的北府军团的基本方针，经由郗鉴而得到确定，330年代比较平稳的十年中，这一事业逐渐推进，但是这一军团的安定并不充分。

接下来需要注意的是另外一支从中原流向长江中游并定居的大规模

---

① 《晋书》卷67《郗鉴传》。另请参见本书第三编第一章《刘宋政权的成立与寒门武人》。

北来集团,它与割据此地的陶侃军团有着密切关系,同时也为我们探讨陶侃势力的性质提供了有力的线索。以下,我们就来追寻这一集团的定居过程。

七、桓宣的集团与陶侃的势力

这支集团就是谯国铚县出身的桓宣所率集团,其事俱见《晋书》卷81本传。桓宣原先相助祖逖,镇抚河南的各个坞主,与祖逖一道确保故乡谯国的治所谯城,得授谯国内史之位。祖逖死后,所部由其弟祖约统领。322年,祖约不顾桓宣的反对,放弃谯城,下令撤退。327年,祖约欲与苏峻一道发动叛乱,对此,桓宣加以反对,并最终与祖约断绝了关系。后率领包括颍川郡邵陵人陈光所领数百家在内的数千家集团,南下奔往镇寻阳的江州刺史温峤处。当时,建康周围处于苏峻、祖约等叛乱军队的侵扰之下,与祖约断绝了关系的桓宣集团,绕过此地奔向上游的江州。在同一时期,流民蜂拥而至江州,"自江陵至于建康三千余里,流人万计,布在江州",①正是苏峻之乱以后的状况。在这些流民中,桓宣集团规模最大。

桓宣集团南下寻阳途中,曾在屯驻的皖城附近马头山遭到祖约麾下一军袭击。桓宣向陶侃所遣苏峻讨伐军的前锋毛宝求援。可是,毛宝认为桓宣本来是祖约一党,对此表示怀疑。于是桓宣派其子桓戎再次求援。至此,毛宝才认为这是桓宣的忠诚与信赖的证明,当即以桓戎为先导前往救援。桓宣集团在毛宝的奋战之下得救,最后终于归属于温峤。②

温峤任命桓宣子桓戎为自己的军府参军。这就意味着,桓宣集团在作为独立势力的同时,归属于都督江州刺史温峤。而作为一项证明的,便是上述两者间所结成的质任关系。当时在武力集团之间,下层权力体系将首领之子作为人质交与上层权力,后者将此作为信赖与忠诚

---

① 《晋书》卷81《刘胤传》。
② 《晋书》卷81《桓宣传》及《毛宝传》。

的象征而予以接受，同时将之任命为自己军府的参军或是掾属，即为一般惯习。经过这一程序，在两者之间产生一种保护与效力的义务，当时这也是常识。

温峤死于329年，继任其都督江州的刘胤，或是后来斩刘胤，自为平南将军、江州刺史的郭默，先后都以桓戎为参军。也就是说，他们都希望通过这一质任关系保持与桓宣的联系，通过任用其子来安堵后者，同时也期待得到后者的合作。

实际上，郭默称受诏敕杀掉刘胤以后，听说此事的太尉陶侃断定"此必诈也"，并于330年起兵讨伐郭默。[①] 这时，"（郭）默遣（桓）戎求救于宣"。也就是通过与桓宣之间结成的质任关系，期待着后者能做出回应这份信赖的忠诚行为。对此"（桓）宣伪许之"。按照当时的习惯，对这份期待并不能简单地回绝，而且这也是当时的常识，如陶侃势力之下的"西阳太守郭岳、武昌太守刘诩皆疑宣与默同"，就显示了这一点。可是"豫州西曹王随曰：'宣尚背祖约，何缘同郭默邪！'岳、诩乃遣随诣宣以观之。随谓宣曰：'明府心虽不尔，无以自明，惟有以戎付随耳。'宣乃遣戎与随俱迎陶侃。（侃）辟戎为掾，上宣为武昌太守"（《晋书·桓宣传》）。

桓宣集团与郭默分道扬镳，加入到讨伐郭默的陶侃一边，为了表明这番心迹，除了作为集团首领的桓宣将自己的儿子桓戎毅然从郭默处移到陶侃那里以外，没有其他方法。在当时，这是向世间显示武力集团相互关系的唯一形式。这时，陶侃将其子任命自己军府的掾属，便完成了上述形式，也标志着桓宣集团归属于陶侃。桓宣在陶侃的安排下被任命为武昌太守，从官制上归于荆州刺史陶侃的统辖之下。这实际上也就是朝廷对他们之间的从属关系予以的一种追认。不过，我们从中也可推测桓宣集团似就此迁移到了武昌。

不久，桓宣进位监沔中军事、南中郎将、江夏相，332年与陶侃子陶斌一起击败后赵石勒军，夺回襄阳。陶侃使桓宣军府坐镇襄阳，并以"其淮南部曲立义成郡"。327年离开祖约后，桓宣率领数千家的大集团历经五

---

① 《晋书》卷63《郭默传》。

年的岁月，其大部在襄阳以西的这一义成侨郡总算找到了一个落脚点。[①]在这之后的十余年间，对包括淮南流民集团在内的所部，桓宣"招怀初附，劝课农桑，简刑罚，略威仪"，积极从事农业生产，由此掌握了民心，有效阻挡住了后赵军队的南进。334 年，陶侃死后，庾亮、庾翼兄弟相继为都督荆州刺史。桓宣在其手下，为平北将军、司州刺史或是梁州刺史，有事则"募精勇"，立下了战功。根据本传记载，344 年庾翼大举北伐时，问桓宣丹水失败之责，于是宣"望实俱丧"，愤而死去。

顺便提及，桓宣死后，其部曲为庾翼子庾方之代为统领。345 年庾翼死，后任的桓温将庾方之驱走。[②] 此外还有一点，这就是桓宣子桓戎被任命为襄阳附近新野太守，虽然具体时期不明，但说明襄阳周边的桓氏势力在桓宣"望实俱丧"之后，仍没有简单地被剪除掉。345 年以后，逐步在荆州扩大自己势力的桓温一家是谯国龙亢出身，与谯国铚县出身的桓宣在乡贯上有异。不过两者既然都为谯国桓氏，也就极可能是同族的分家，[③]因此在流寓南土时，作为同国出身者定会有格外的亲近感。桓温弟桓云、桓豁、桓冲等均兼义成太守，而且也都有镇守过襄阳的经历，[④]这也就暗示与桓宣一家奠定的基础并非没有关系。这或许也是从侧面支持桓温一家掌握西府的一个原因。

从陶侃经由庾亮、庾翼，再为桓温所继承的巨大的西府军团中，桓宣从淮南带至襄阳以西的集团，本来仅仅只是最初归属于陶侃的一部分而已。自从八王、永嘉之乱以来，河南以及关中、巴蜀的流民汇集于长江中游地区，像桓宣这样来自淮南的集团相对较少。早在桓宣来到这里以前，包含着上述各地流民群在内的各种各样的武力集团不断地离合聚散。到王敦之乱以后的 325 年，陶侃以荆州为据点逐渐掌控住了整个长江中游地区。334 年，陶侃 76 岁时死去，而桓宣集团加入到陶侃势力之下，也仅

---

① 有关义成侨郡，可见《晋书·地理志上》"雍州"条、《宋书·州郡志三》"雍州刺史"条，俱云晋"孝武立"，似指义成郡遭苻坚来袭，曾一度荒废，其后在孝武帝时得以重立。另，《水经注》卷 28"沔水"条，岘山有桓宣所筑城及其碑。据《湖北金石志》卷 3，此碑后失。

② 《晋书》卷 73《庾翼传》。

③ 岑仲勉氏亦在《元和姓纂四校记》卷 4"二十六桓"（台联国风出版社本，页 377）中，作此推定。

④ 参见《晋书》卷 74 各人本传。

仅只是四年以前的事。

330年，当陶侃将桓宣集团置于自己势力之下时，如前所见，质任关系明确存在，而在长江中游地区，这一行动通常被认为极其自然，此点值得注意。为什么呢？因为早在是年正月，建康政府发布了“除诸将任子”的诏敕。[①] 在长江下游，好不容易从苏峻之乱中恢复正常的建康政府，在清除掉具有发动反体制运动能力的武力集团以后，废除了滨口重国博士所称的“乱世的权法”亦即质任关系，向重建文人贵族制的等级制度方向迈进了一步。然而长江中游地区与此相反，远未达到这一程度。

众所周知，陶侃出身于南方土著寒人，以武将而逐步提高其地位，最终建立了一个号称“自南陵迄于白帝数千里中，路不拾遗”的巨大势力圈。[②] 在这一过程的最初时期，面对比自己强大的势力，则以子弟为质，在质任关系之下依靠“自固”而扩大其势力，这些在第二节中都有阐述。当这一巨大的势力圈在长江中游建立，并于自己的晚年接纳桓宣集团之际，也理所当然地结成质任关系。这是作为武将的他处于自己所生存的时代与地区，在调整并整合诸势力的关系时的一贯原则，同时也在万人的默认中得到了相互谅解。因此，我们可以推测陶侃以长江中游地区为中心形成的巨大势力，是质任关系层层相重叠而成的一支武力集团。

通过质任关系整合武力集团的方法，不用说，盛行于东汉末以来的丧乱时期。西晋时，虽说仅限于下级武将，但仍解除了部曲将、部曲督以下的质任，东晋建康政府则更进一步扩大到“除诸将任子”。这是因为，质任是与基于乡论主义意识形态的文人支配方向不相容的一种风习。可是，孙吴时用妻息为质任乃常例，如陶侃父陶丹为吴扬武将军，将其子陶操——恐为陶侃之兄——送往武昌为任子。可是陶操因探望得病的父亲而偷偷地回来时，陶丹却遣人责之曰：“朝廷以我为边将，取汝为任，而敢越法移行，速还前任。”拒不相见。[③] 在孙吴，质任为“例”为“法”，因此谨

---

① 《晋书》卷7《成帝纪》“咸和五年”条。另可参滨口重国《晋书武帝纪所见部曲将、部曲督与质任》（收入前引《唐王朝的贱人制度》），页411。

② 《晋书》卷66《陶侃传》。

③ 《北堂书钞》卷37“公正”所引《晋中兴书》。

守这一原则,对陶侃来说是一件极为自然的习惯。也就是说,在陶侃建立的势力圈内,其体制有着继承孙吴制度的一面。

所以,陶侃在长江中游树立的势力圈与在建康政府中起主导作用的北来贵族试图依据乡论而建立等级官僚制度相比,在性质上颇有不同。而且,陶侃还从北来贵族的代表人物之一王敦那里备尝辛酸。从那以后,不但是对王敦,对北来贵族把持的建康政府也是保持一定的距离,潜心保持并发展自己的势力圈。在苏峻之乱时,温峤力邀其援手建康,但他却以"吾疆场外将,不敢越局",而保持一种局外者的态度,这一点也是大家所熟知的。后来在温峤不断的请求下,才赴建康救援。可是一俟苏峻乱平,便即刻退回江陵。① 这些都显示出陶侃心中所想的只有长江中游地区,他一边贯彻这种半独立的姿态,一边承认东晋王朝的权威,表面给人一种依存于这一权威之下的感觉。但是,建康政府对于这样一支性质不同的半独立势力,并不能强行贯彻自己所要建设的贵族体制,这一点也十分清楚。不过,在陶侃军府里仍有殷羡、庾翼、孙盛等若干北来贵族与文人,仅仅只是通过这些人引进了一些与建康政府的体制相通的意识形态而已。

可是,陶侃在东晋王朝的权威之下,满足于"位极人臣"的地位,在临终时出于稳便而"逊位",因而其巨大的势力圈落入北来贵族庾亮、庾翼之手。此时的军府,包括殷浩、王羲之在内的优秀的贵族子弟,文人官僚所占比重明显地超过了陶侃时期。但是,反映质任关系的私人主从关系或是私人之间的联系等等,仍旧顽强地残存于该地区。庾翼临终,拟以其子庾爰之继后,以及桓温一家先后占据都督荆州刺史的地位等等世袭化倾向,②便是与该地区的社会中所遗留下来的重视私人关系的特点不无关联。西府动辄与建康政府或是对立或是形成威胁,其主要原因便是以荆州为中心的地域社会与长江下游的社会体制有着性质上的不同。

---

① 以上参《晋书》卷66《陶侃传》。另,陶侃决心援救建康的理由中,有一条是温峤告知其在建康的儿子陶瞻为苏峻所杀,因而大怒。本传记录此事,值得注意。在陶侃的意识中,陶瞻即是送交建康的任子,此点应无疑问。

② 参傅乐成《荆州与六朝政局》(《文史哲学报》4 期,1952 年),页 140。

结　语

以上,我们探讨了北来贵族在重建他们的支配体制过程中,是如何筹措必要的兵力,又是如何通过他们的政治能力克服军事危机的,此外,北来流人兵团与陶侃的势力在东晋贵族体制的确立过程中又是如何发生关联的,等等问题。经过320年代的动荡时期,长江下游地区终于粉碎了与其体制相抵抗的各种势力,进入330年代以后,便开始着手稳固其体制的根基。到这一阶段为止,整个过程犹如杂技中走钢丝一样,惊心动魄。最后之所以能够克服上述危机,基本原因是传统的权威在当时江南社会具有的重要性,以及源于华北的乡论主义原理作为公共秩序形成极为有效的先进原理,得到了承认之故。实际上,王敦也好苏峻也好,都没有否定传统的权威,而且由于并没有取代乡论主义的秩序原理,所以他们的支配没有能够抑制住私人暴力的爆发。长江下游地区的社会,经过这两场大乱,一定深刻认识到了建立公共秩序的必要性,以及作为这一秩序原理的乡论主义的有效性。在此之际,即便这一原理是从上至下所赋予的,作为接受这一原理的中介人,以吴、会的名族们为中心的强有力势力发挥了极为重要的作用。

在330年代以后的长江下游地区,北来贵族摆脱了政治上的走钢丝状况,开始着手稳固自己的基础,但是同时也付出了代价,这便是容忍长江中游的陶侃拥有半独立的势力。在那里,通过私人关系将各种私人势力纠合在一起,其体制中封建色彩较为浓厚。陶侃死后,北来贵族庾氏、桓氏相继掌握了该地区,但尽管如此,乡论主义的意识形态并非轻易地就能渗透进来。在那里,还没有类似长江下游地区吴、会名族那样的势力,来接受北方的这一意识形态,"用武之国"的风气仍然十分强大。结集了这一地区战力的西府军团时常与建康政府相对立,甚至构成了极大的威胁。这不能不说,与该地区残存的封建制体制有关。为了对此加以控制,主导建康政府的贵族依然要依靠以传统权威作为背景的政治能力。

毋庸赘言,包括长江中、下游在内的江南社会在3世纪属于孙吴政权的体制之内，如第二编第二章所述，我把这一体制称为是一种广泛意义上的开发领主制的体制。它是处于开发过程中的后进社会里的一种体制，武力集团相互之间，用私人的主从关系维系在一起。前面所述陶侃之父陶丹例子里的质任关系，便反映了这一点。这样一种封建性的社会关系在280年孙吴灭亡以后，继续长期遗留在江南社会，陶侃之例就是很好的说明。虽说这种体制在长江中游地区较为明显，但必须认为，长江下游原先也是如此。北来贵族将极为先进的乡论主义意识形态带到了该地区，而且较为先进的吴、会名族还主动接纳了这一思想。在长江下游地区，这一意识形态支配的体制得以建立，不久便将其权威影响到了长江中游地区。

在我看来，东晋贵族制的本质非他，乃是以乡论主义作为原理的意识形态支配的体制。在仅以私人关系维系的封建性江南社会中，乡论主义是建立高层次的公共秩序——官僚体系——的唯一的原理，是别处无法看到的先进性思想。在江南的基层社会中，自营农民并没有得到有效的培养，因此植根于共同体意识的乡论在他们那里，并没有盛行，相反倒是容易产生大土地所有，可以说是处于一种落后的、仍留有古代残余的状况之中。乡论主义从北方引进，作为意识形态不用说是从上从外推行于江南社会之中的，但是受到以吴、会的姓族为中心的若干土著名族的积极接纳，逐渐成为江南乡论的代表。尽管经历了一些曲折，乡论主义渐具规模，后进的江南社会并没有取而代之的公共秩序原理，因此只有慢慢予以容纳。在这一过程中，当然会爆发不满。对此，武力、经济实力还十分脆弱的北来贵族只有发挥走钢丝一样的政治能力，予以处理，这些也已见前述。经过320年代疾风怒涛的时期，他们仿佛脱胎换骨一样顽强地生存了下来，这时成为其骨骼的是，传统权威的重要性与实现乡论主义意识形态的决心，除此以外，再无他物。这便是江南贵族制的本质所在，他们培养的军事基础以及不久在各地开拓的庄园等经济基础，都是以这种骨骼作为再生的源泉而派生，并加以弥合的，这一点是第二条主要原因。尽管如此，这种意识形态支配之所以能够实现，其原因在于这一意识形态的先进性与江南社会的后进性之间有着差距。正是因为有了这一差距，才能够发挥令人吃惊的政治能力。

4 世纪初，犹如浮萍一样的华北亡命贵族，与江南的一部分名族联合在一起，历尽艰辛终于成功地重建了贵族支配的体制。这一过程由于利用了江南社会的后进性，因而后来当这一后进的因素得到消除，亦即江南社会得到充实——生产力的上升与自立农民的普遍成熟，以及建立在这之上的土著豪族阶层的实力上升——以后，这些北来贵族们也就开始发生变化，逐渐走向没落。关于这些问题的分析，详见第三编。接下来想探讨的是六朝社会基底之处存在的封建社会的因素，具体来说，门生故吏关系这一特殊的私人主从关系是如何反映在贵族制社会之中的这一问题。

（本文是在 1979 年 3 月《加贺博士退官纪念中国文史哲学论集》所收原题《初期东晋政权的军事基础》以及同年 6 月《东方学报》〔京都〕，第 52 册所收论文《东晋贵族制的确立过程》的基础上，于同年 8 月修订）

第五章　门生故吏关系

前　言

关于六朝的门生，很早就有顾炎武、赵翼、郝懿行等在《日知录》卷24、《陔馀丛考》卷36、《晋宋书故》中，指出其地位低下，与仆隶并无差异。鞠清远氏在《两晋南北朝的客、门生、故吏、义附、部曲》（载《食货》第2卷第12期）一文中，更进一步强调两晋南北朝的门生故吏与奴客地位相当，社会地位低落。自此以后，两晋南朝的门生故吏便大致被认为与奴客同为隶属阶级。可是，门生原本是进入某个师门修习学问，作为学生而登名著录的。尤其是在东汉以后，成为门生，是进入官界的一条重要途径。可以说他们是官僚候补者、官僚后备军。门生要向老师赠送束脩或其他的谢礼，老师一般也不用照料他们的生活。[①] 因此，门生中拥有相当资产的人颇多。如此看来，原本有着相当高的社会地位，在身份上要高于庶民，即便是庶民，在经济上也是属于中产阶级以上的人物，应是构成门生的主体。故吏也不用说，是曾有过一次官吏经历的人物，即便出仕于郡、县一级的地方政府，但在汉代还是当地实力人物居多，所以说他们属于庶民以上的中上流阶级。在汉末，这些门生故吏各自以一种主从关系与自己的老师或以前的长官保持联系，逐步形成为一支不可忽视的社会及政治势力。

由晋至南朝，这种原本属于庶民以上的中流上流阶级的门生故吏，

① 镰田重雄《汉代的门生故吏》（《东方学》7辑，1953年）。

为什么又低落到犹如庶民以下的奴客呢？是否真的如以往所述，他们的地位在晋南朝如此低下呢？本章从这些疑问出发，准备概括一下我的意见。

滨口重国博士在其力作《唐代部曲、客女与前代的衣食客》（《山梨大学学艺部纪要》第1卷，1952年。后收入《唐王朝的贱人制度》）中，对六朝时期类似奴婢的客与属于庶民阶级以上的客，进行了严密区分，就此批评鞠氏关于六朝时期的客基本上地位低下的论断过于粗糙。当我们思考门生故吏时，博士的这一论述极具启发意义。实际上只要通读魏晋南朝的正史，就会感到有充分理由必须对鞠氏所论进行重新审视。不过，针对鞠氏的门生故吏论进行批判的论文还没有出现，因此认为六朝的门生故吏如鞠氏所说的奴客相似，或是如五井直弘氏那样，认为与其主人是一种"父家长式隶属"关系的见解，现在仍然继续存在。[①] 有鉴于此，我准备尽可能弄清六朝门生故吏的地位与身份，由此来探讨应该如何把握门生故吏关系这一问题。不过遗憾的是，针对北朝的史料进行收集分析的工作做得不是很彻底，即便是魏晋南朝的史料也只是局限于正史。这些在今后当然需要进行修改，在此敬请诸位方家不吝赐教。

一、门生故吏的地位

（一）故吏的地位

故吏，不用说指的是那些曾做过郡县长官或是允许开府的特定大官之吏的经历者，遇长官身死或是转任或是以其他理由离开长官的人，对于前主人来说，便呼之为故吏。因此，离开以前的长官后，逐渐走上荣升之路的例子并不少见。例如，魏晋时期担任太守、将军，甚者升至尚书这样一些高位的人们，与过去主人之间的关系，就被视为故吏的一

---

① 参见五井直弘《后汉时代的官吏登用制"辟召"》（《历史学研究》178号，1954年）及《曹操政权的性格》（《历史学研究》195号，1956年）。以下引用时，以前者为第一论文，后者为第二论文。

种特殊情义。[①] 即便是时代往后推移,这种状况也无变化。以下试从《南齐书》、《梁书》、《陈书》列举数例。

从下面的表中一见可知,故吏之中,有的在门第上是堂堂的贵族、豪族,有的在官职上则位居九卿、刺史、太守等中央与地方的大官。在此之中,有一最为显著的例子。东晋末期,琅邪王氏是世所公认的第一流贵族。出自于其家的王珣弱冠为桓温掾,受到厚遇。王珣后来官运亨通,升至尚书左仆射之位,就在此时,太学博士范弘之提议应恢复曾遭桓温所贬的殷浩的名誉,即:

> 又论殷浩宜加赠谥,不得因桓温之黜以为国典,仍多叙温移鼎之迹。时谢族方显,桓宗犹盛,尚书仆射王珣,温故吏也,素为温所宠,三怨交集,乃出弘之为余杭令。[②]

故吏	乡贯与门第	故主及奉侍时地位	作为故吏行动时的地位	作为故吏的行为	出典
何昌寓	庐江灊人,祖叔度为吴郡太守,父佟之为太常。	征北将军、南徐州刺史、建平王刘景素主簿	骠骑府功曹(此前任湘东太守)	景素被诛时,上表齐太祖,为景素乞怜,并为其女筹划婚事。	《南齐书》卷43本传、《梁书》卷41《褚球传》
沈文季	吴兴武康人、宋司空沈庆之子。	南徐州刺史、晋平王刘休佑骠骑长史、宁朔将军、南东海太守	同上	休佑被杀时,文季独自省墓展哀。	《南齐书》卷44本传
乐蔼	南阳淯阳人,晋尚书令乐广子孙。	荆州刺史、豫章王萧嶷骠骑行参军、领州主簿、参知州事	荆州治中	嶷死时,蔼解官赴丧,率荆、湘二州故吏,建碑墓所。	《梁书》卷19本传

① 参越智重明《晋南朝的故吏》(《东洋史学》17辑,1957年)页36所引王基、文钦,页48所引温羡的例子。

② 《晋书》卷91《儒林·范弘之传》。另,王珣曾从尚书右仆射转为左仆射,本文所云尚书仆射,为左为右,不明,但《通鉴》将此事系于左仆射时(参《资治通鉴》卷107"太元十六年九月条")。

（续表）

故吏	乡贯与门第	故主及奉侍时地位	作为故吏行动时的地位	作为故吏的行为	出典
周舍	汝南安城人，晋左光禄大夫周顗子孙，齐中书侍郎周颙子。	丹阳尹王亮主簿	鸿胪卿	王亮得罪归家时，故人莫有至者，舍独敦恩旧，及亮死时，又身营殡葬，时人称之。	《梁书》卷25本传
刘览	彭城安上里人，宋司空勔孙，齐太常悛子。	（徐勉佐史）	尚书左丞	徐勉死后，览等诣阙陈勉行状，请刊石纪德，即降诏许立碑于墓。	《梁书》卷25《徐勉传》及《梁书》卷41本传
杨公则	天水西县人，父仲怀，宋泰始初为豫州刺史殷琰将。	（齐曲江公萧遥欣故吏）	湘州刺史	称萧遥欣子为"桓灵宝出"，及公则卒，几为之诔。	《梁书》卷41《萧几传》及《梁书》卷10本传
欧阳颜	长沙临湘人，为郡豪族，屯骑校尉欧阳僧宝子。	衡州刺史兰钦除其为清远太守	临贺内史	兰钦以疾终，颜除临贺内史，启乞送钦丧还都，然后赴任。	《陈书》卷9本传
萧允	兰陵人，宋征西将军、开府仪同三司、尚书右仆射萧思话曾孙，梁侍中、都官尚书萧介子。	安前将军晋安王长史	光禄卿	晋安王出镇湘州时，请允相随。允以"岂可忘信"为言，毅然放弃光禄卿之位，接受了晋安王的邀请。	《陈书》卷21本传
张种	吴郡人，宋司空右长史张辩孙，梁太子中庶子张略子。	扬州刺史王僧辩治中从事史、贞威将军	廷尉卿、太子中庶子	王僧辩被诛以后，故义徐陵、张种、孔奂等相率以家财营葬。	《陈书》卷34《许亨传》及卷21本传
许亨	高阳新城人。晋许询之后，齐太子家令、冗从仆射勇慧孙，梁太子中庶子、散骑常侍懋子。	仪同王僧辩从事中郎	太中大夫，领大著作	僧辩及其子颜尸，于方山同坎埋瘗，至是无敢言者。亨以故吏，抗表请葬之，乃与故义徐陵、张种、孔奂等，相率以家财营葬。	《陈书》卷34本传

［注］上表中，有故吏之语的材料见何昌寓、乐蔼、杨公则，许亨之例，张种的例子中为故义，不过其行为样式可以划为所谓故吏的范畴之内。

尚书左仆射在当时中央政府内为文官第一流，位高权重。即便是居于此位置的人物，也有着被故吏情义所左右的一面。这一事实，值得重视。此外，一些创业君主在登基以前，也没有摆脱故吏意识的影响。陈高祖（武帝）曾做过广州刺史萧瑛手下的中直兵参军，后来仍在其下任监西江都护、高要郡守。萧瑛死时，武帝不远千里将其遗骸奉送还都。①

以上几例都十分清楚地显示出，并不能简单断定故吏地位到南朝末趋于低下。麴氏在论述故吏时，全以吏僮或下级故吏作为研究对象，而忽视了上述存在于上流社会的故吏，应该说是有失偏颇的。如果要论述故吏的地位与身份，必须将其范围扩到上至尚书左仆射的所有官僚，以及包括以王、谢二氏为代表的第一流贵族。

那么，下限又应定在何处呢？麴氏所举出的吏僮对其长官是否拥有故吏的恩义关系这一问题，在麴氏自身的研究中并不清楚。不过，我自己在这里对此也无法得出精确的结论。吏作为一种役，有着强制性的一面，但即便如此，不能否认在吏与直属长官之间产生私人的情与义关系，当与长官的关系中断以后，这些下级吏员仍被称作原长官的故吏。例如，《南齐书》卷55《江泌传》有如下记事：

> （江泌）历仕南中郎行参军，所给募吏去役，得时病，莫有舍之者，吏扶杖投泌，泌亲自隐恤，吏死，泌为买棺。无僮役，兄弟共舆埋之。

与此相类似的私人关系，在下级吏员与其长官之间应是可以经常见到的。另一方面，据说这种吏僮或下级吏员来自户籍上被称作“役门”的家庭（麴氏前揭论文）。很清楚，役门属于庶民。可是，据《晋书》卷36《刘卞传》，刘卞“本兵家子，……少为县小吏”，又《宋书》卷2《武帝纪》“义熙十一年三月”条以下记事，值得注意：

> 荆、雍二州，西局（征西将军府）、蛮府（南蛮校尉府）吏及军人年

① 《陈书》卷1《高祖本纪》。

十二以还，六十以上，及扶养孤幼，单丁大艰，悉仰遣之。穷独不能存者，给其长赈。府州久勤将吏，依劳铨序。……①

这里"吏及军人"并称，似乎吏与军人亦即兵户受到同样程度的役使。②因此，在吏中间包含了兵户以及与兵户同等阶级的出身者。可是兵户的地位"从当时的社会评价来看，处于良民中的最下层"，③所以又可以说，即便是加入故吏行列之中的地位最低者，仍然不属于庶民以下的阶级。

从上述来看，可以说故吏包含了属于庶民阶级以上的所有地位与身份直至大臣、宰相，因此，应该把它同法律上极端不自由的贱民亦即奴客——鞠氏所云——在身份上作严格的区分。尽管在故吏之中夹杂着法律上不自由的兵户出身者，但所谓故吏，不应该将其重点放在这些社会的下层部分，而应该将其视作以庶民以上的上层部分为中心的一种现象，并由此进行探讨。

如上所述，尽管可以认为故吏的地位属于社会上层，可是之所以引起其地位类似奴客一样的错觉，是来自下级吏员所具有的隶属性。可是，这并非来自自由民与非自由民之间在法律意义上的断层，而主要是因为士人与庶民之间的悬隔这一上层社会内部的阶层分裂所造成的。文官士人阶级的成立，在中国历史上具有重要意义，它在汉代中期以后逐渐形成固定的形式。可是，东汉末期士庶区别还不严格，经过魏晋到南朝后，却变

① 另，宫川尚志氏在《六朝史研究 政治社会篇》(1956 年，日本学术振兴会，页 557) 中，认为将吏并称的吏乃军吏，是地位要低于将的属僚。有关这里的将，请参第二小节。

② 兵户内的余丁被驱使充当官厅的杂役，此点请参滨口重国《两晋南朝的兵户及其身份》(《秦汉隋唐史研究》上卷，1966 年，东京大学出版会) 页 345。

③ 滨口重国《唐王朝的贱人制度》(1966 年，东洋史研究会)，页 488。另，滨口博士在前揭《两晋南朝的兵户及其身份》以及《南北朝时代兵士的身份与部曲涵义的变化》(收入《唐王朝的贱人制度》) 中指出，兵户的社会地位至迟在梁天监十七年诏令为止，身份要低于一般庶民，滑落到近似于官奴婢。可是在博士最新的力作《魏晋南朝兵户制度研究》(收入前揭《秦汉隋唐史研究》上卷) 中，对这一说法作了修正，即"对兵户的社会评价日趋低下，即便这是事实，但肩负国防者的地位在法制上要低于庶民以下，这从当时的时代状况来考虑是不可想象的"(页 402)。

成“士庶之际,犹自天隔”的状况。故吏在南朝,与汉代同样,属于庶民阶级以上的身份。可是,同为这一阶级的社会阶层在南朝明显出现分化。上至第一流贵族,下至役门、三五门、极贫漏户或是兵户,身份各异。故吏存在于上述各个阶层之中。而且,其社会地位将大臣宰相或是吏僮都包含了进去,由此也可见其地位千差万别。要讨论故吏的身份地位,只是泛泛而谈属于庶民阶级以上,是不会迫近故吏本质的。故吏不能从地位身份的观点上来把握,其本质始终是一个人与另一个人的联结方式。对这一关系,应该如何理解,容后在述。接下来,先看看与故吏有关的故将、故义的情况。

(二) 故将、故义等的地位

《晋书》卷98《沈充传》,有“故将”一词:

> (沈充)败归吴兴,亡失道,误入其故将吴儒家。儒诱充内重壁中,因笑谓充曰:“三千户侯也。”充曰:“封侯不足贪也。尔以大义存我,我宗族必厚报汝。若必杀我,汝族灭矣。”儒遂杀之。充子劲竟灭吴氏。

另,《晋书》卷81《朱伺传》:

> 时王敦欲用从弟廙代侃为荆州,侃故将郑攀、马儁等乞侃于敦,敦不许。攀等以侃始灭大贼(杜弢),人皆乐附,又以廙忌戾难事,谋共距之。

同卷《刘遐传》,散骑常侍、监淮北军中郎将、徐州刺史假节刘遐于咸和元年死去,其后,

> 子肇年幼,成帝以徐州授郗鉴,以郭默为北中郎将,领遐部曲。遐妹夫田防及遐故将史迭、卞咸、李龙等不乐他属,共立肇,袭遐故位

以叛。

据此可知,故将一语在晋代已见。《宋书》卷 79《竟陵王诞传》,“司州刺史刘季之,诞故佐也”,这里的故佐是指刘诞为会稽地方会州刺史、安东将军时,刘季之为其参军之事。同时,他还率领一军奔赴战场,为此《通鉴》称季之为故将。① 此外,《南齐书》卷 35《鄱阳王锵传》云:

马队主刘巨,世祖时旧人,诣锵请闲,叩头劝锵立事(反高宗)。

此处的旧人也似为故将的一种。《梁书》卷 6《敬帝本纪》“太平二年四月”条里还有故主帅一语,即萧勃被杀后,“萧勃故主帅前直阁(将军)兰敳袭杀谭世远(杀害萧勃的凶手)”。

这些故将、故主帅等与故吏一道,与以前的主人之间有着特殊的私人关系。当类似吴儒那样践踏与主人之间的大义时,两者之间则转化为深刻的仇敌关系。

不过,所谓将,并不是只表示像将军一样的高级将校。《南齐书》卷 22《豫章文献王传》云:

(豫章王)嶷(时为安远护军、武陵内史)遣队主张莫儿率将吏击破之。

可见这里“将”指的是属于队主以下的下级将校,②当时所称呼的将,其内涵应与现代词语大体上相当,也就是相对兵士而言的军官。成为这种下级军官的,都是来自那些三五门等一般庶民层中征发的民丁③以及兵户

---

① 《资治通鉴》卷 129“大明三年三月条”。

② 宫川尚志氏在前揭《六朝史研究》页 572 中指出,这种将相当于下士官,不过笔者认为,说其相当于尉官程度的下级军官,也似不为过。宫崎市定博士在《九品官人法的研究》(1956 年,东洋史研究会)页 223 中,计算出将是百人左右的长官。

③ 比如《宋书》卷 83《宗越传》“武念新野人也,本三五门出身郡将”,即为其中一例。鞠氏释三五门为军户,而宫崎博士认为似于役门相同(前揭《九品官人法的研究》,页 256)。

子弟等。兵户出身的黄回“出身充郡府杂役，稍至传教。臧质为郡，转斋帅，及去职，将回自随。质为雍州，回复为斋帅。质讨元凶，回随从有功，免军户”。[①] 所谓斋帅，是在州刺史身边护卫的兵士队长，相当于下级将校，担任这些级别者，有可能通过军功免除掉兵户身份。[②] 黄回在那之后被拔擢为白直队长，所以似可认为队主与其下将吏之间有着极大的断层。因此所谓将吏，有可能存在免掉兵籍的兵户出身者与一般庶民相混合的情况。故吏、故将大致包含了以此为下限的身份层之间的人与人关系。

故义或义故的用语，一般是故吏与义附的简称。《隋书》卷18《沈众传》云：

> 侯景之乱，众表于梁武，称家代所隶故义部曲，众在吴兴，求还召募以讨贼，梁武许之。及景围台城，众率宗族及义附五千余人，入援京邑。

由此给人一种强烈印象，即故义有世代依附于家的层面在内。可是前表中所见《陈书》卷34《许亨传》中也有关于故义的记载，时期与上例大致相同，其略云：

> 初，僧辩之诛也，所司收僧辩及其子頠尸，于方山同坎埋瘗，至是无敢言者。亨以故吏，抗表请葬之，乃与故义徐陵、张种、孔奂等，相率以家财营葬，凡七柩皆改窆焉。

在这里，许亨被称为故吏，与徐陵以下三人为故义的写法不同。许亨在王僧辩打倒宿敌侯景以前，就是王僧辩的府从事中郎了。徐陵等人则是王

---

① 《宋书》卷83《黄回传》。

② 不仅州、郡，宫中也有斋帅。据《通鉴》卷127“元嘉三十年正月己未条”胡注，宫中“斋帅主斋内仗卫，又掌汤沐灯烛汛扫铺设”，州的情况应大致与此类似。在非常时，传教或给使也有被免军户的，事见《宋书》卷99《二凶·刘劭传》。

僧辩击败侯景进入建康城以后跟随王的。其中,孔奂为侯景手下心腹侯子鉴的书记。王僧辩入建康以后,辟其为司徒府左西曹掾。后僧辩领扬州时,孔奂也补任治中从事史。张种在侯景势力强大时曾逃回乡里,到此也被王僧辩起用为治中从事史。以这两人为王僧辩故吏,应无问题。徐陵在王僧辩入建康三年之后,才从北齐归来,所以在三人中最晚,但受到了盛情款待,并被重用为尚书吏部郎。其时,王僧辩兼领尚书令。尚书令与吏部郎为尚书省长官与属僚,但因是天子膝下命官,所以一般情况下应该看不到私人之间的关系,正因为如此,僧辩被杀时,徐陵的行动只是"感僧辩旧恩"。除了这种官职上直接的故吏属僚关系以外,还有一种私人之间的恩义关系,如前述张种在母亲去世之际,接受王僧辩的援助,而且因年老无嗣,王僧辩还赠以妾和住居。[①] 用故义而非故吏来形容徐陵等三人,主要看的是这些在官职关系以外的个人关系,如孔奂尽管曾仕于敌,但受到宽待后还被委以重任,这些都是故义一语所强调的地方。故义一词与其说是故吏、义附的简称,不如简单地解释为"本有恩义"更加充分。

上述被称为故义的三人,徐陵任尚书吏部郎,张种任廷尉卿、太子中庶子,孔奂为扬州治中从事史,地位都不低,而且他们的门第也绝不卑贱。根据《沈众传》所述,我们并不能轻易就断定故义类似依附性很强的奴客。《沈众传》所载"家代所隶故义部曲"中的部曲,也未必就是贱民之意,[②]与此并称的故义也不一定就是贱民。故义一词,本来只是相对性地显示人与人相互关系的用语。正因为如此,以此来决定一定的身份与地位,本来就非常勉强。可是,故义还与门生连称,因此了解门生的地位对了解被称为故义者的范围是具有参考意义的。

---

① 见《陈书》卷21《张种传》、《孔奂传》以及卷26《徐陵传》。

② 参见滨口重国《唐代贱民部曲的成立过程》(收入前揭《唐王朝的贱人制度》)。在页523—528中,博士解释"家世有部曲"、"父时旧部曲"的部曲指的是相当于贱民的家兵。可是,这些是否由私家经济所养,并不明确。笔者这里倒愿意同意博士所下的一般定义,即"仅从文献中的部曲一语来看,其涵义为官私的军队、部队、将校、士卒、部下、队伍、队列等,到北周建德六年诏敕之前,除此以外的特殊例子并不存在。……南朝,到陈朝末期为止,几乎全是从前意义上的部曲"(页532—533)。

（三）门生的地位

如前所说，门生本来是拜在一定的师门之下修习学问者。可是至东汉，一般倾向于认为，做门生只是单纯成为官吏的手段，猎官者与其拜大儒为师，倒不如投在官界的实力人物门下，即便没有学问也无关紧要，而且这种倾向日趋显著。但是，与这种变化无关，有一点对他们来说却是不变的，这就是具有获得作为特权阶级的士的身份，并凭此有成为官吏的可能性。他们许多在师家耕作于田地，或是为了老师四处奔走，竭尽全力。这与他们在社会上、法律上的身份要高于庶民，属于上层阶级一事并无抵触。他们有着向老师赠送束脩的财力，有着仕官的可能。他们可以说已经属于士人阶级或是相当于士人，其特权身份得到了保证。从中央太学的学生到郡国学的学生，再到现在讨论的私学门生，享受着免除徭役的恩典，便显示出了这一点。如西晋王裒之例所示，征发门生服役对为政者而言乃是一种羞耻行为。[①] 门生似乎拥有免役权，这与免除佃客的课役，意义完全不同。门生的免役是国家对门生自身的恩典，佃客的免役并非对佃客本身，而是针对佃客主人的恩典，是对主人私役佃客的一种公认。同样是免役，但在结果上却公认了门生与佃客之间相差悬殊的地位。也就是门生属于庶民以上的阶层，有着相当高的社会地位。到南朝，这一情况又发生了什么样的变化呢？

跟随大儒修习学问，这种门生本来的基本形象在南朝依然可以看到，

---

① 《晋书》卷88《王裒传》："门人为本县所役，告裒求属令，裒曰：'卿学不足以庇身，吾德薄不足以荫卿，属之何益！且吾不执笔已四十年矣。'乃步担干饭，儿负盐豉草屩，送所役生到县，门徒随从者千余人。安丘令以为诣己，整衣出迎之。裒乃下道至土牛旁，磬折而立，云：'门生为县所役，故来送别。'因执手涕泣而去。令即放之，一县以为耻。"五井直弘氏在前揭《后汉时代的官吏登用制"辟召"》一文中引用此文，将"告裒求属令"，读为"告裒，求属命"，并释"属命"乃附隶，具有很强的隶属性，认为当时门生的隶属性极强（页28）。五井依据何种版本将"属令"作"属命"，并不清楚。至少笔者所能见到的包括百衲本、殿本、汲古阁本在内的所有版本，在此处全作"属令"。而且"求属令"，也就是门人求王裒给县令打招呼，想办法免掉自己的征役。对此，王裒答云："属之（县令）何益，且吾不执笔已四十年矣。"所谓四十年没有拿笔，也就是写不好给县令的请求信。这里如果不作这样的解释，不执笔云云则语意不通。五井氏的读法明显有误，因此凭据这条史料，无法断定门生的隶属性格。顺带提及，《三国志》卷11《王修传》注引《王隐晋书》在此处作"求裒为属"。

此点不言自明。比如，刘瓛早通五经，聚集门徒进行讲授，刘宋末年，伴随左右的常有数十弟子，到南齐时期，其学冠绝当世，京师的士子贵游无不在其席下受业。他访问友人时，一位门生携胡琴跟随其后。去世时，门人及受学者全都穿丧服临送。① 跟从他学习的刘绘、范缜都还是各自在《南齐书》、《梁书》中立传的人物。与此相似的例子，在当时的史书《儒林传》中随处可见。

有关为门生开仕官之便的例子，《南齐书》卷32《王琨传》有如下记述：

> （王琨）转吏部郎。吏曹选局，贵要多所属请，琨自公卿下至士大夫，例为用两门生。江夏王义恭尝属琨用二人，后复遣属琨，答不许。②

从公卿以下到一般士大夫，有两位门生可以得到吏部的任用，至于手握大权的人物，还不止两人。《南齐书》卷46《陆慧晓传》：

> 尚书令王晏选门生补内外要局，慧晓为用数人而止，晏恨之。送女妓一人，欲与申好，慧晓不纳。

吏部郎掌管令史等勋品的人事，③上面的王琨与陆慧晓因为不屈服于权力者，而受到了称赞，但必须认为，在一般情况下，手握大权者的门生任用率应是相当高的。除了史料中所称的门生以外，还有“游其门者”，即所谓门客、门下客、宾客等也得到仕官上的便利。如梁代初期：

> 任昉有盛名，为后进所慕，游其门者，昉必相荐达。（《梁书》卷30《裴子野传》）

---

① 《南齐书》卷39《刘瓛传》。

② 《南齐书》卷32《王琨传》。

③ 前揭宫崎市定《九品官人法的研究》，页212。

再如同一时期：

> （吏部尚书徐勉）常与门人夜集，客有虞暠求詹事五官，勉正色答云："今夕止可谈风月，不宜及公事。"故时人咸服其无私。（《梁书》卷25《徐勉传》）

以上可以看到，门生是有着仕官可能性的人物，并没有受到主人的蔑视。《徐勉传》载尚书仆射兼中书令徐勉因失去了第二子悱而伤心不已，但又不能因为这样的私事而长期不顾国务，于是忍住悲伤投入到政务中。此时，他撰写了《答客喻》一文，抒发心中的感情，其中描述"门人"忧虑自己"肆情所钟，容致委顿"，于是进言相劝"岂可纵此无益，同之儿女，伤神损识，或亏生务？门下窃议，咸为君侯不取也"，对此自己认为这是"诸贤既贻格言，喻以大理"。以上并非实际的对话，可能还是文言上的美化修饰之语，但使用"诸贤"这一非常尊敬的词语，似乎反映出徐勉心中认为对方是与自己同等的士人。

《宋书》卷81《顾琛传》另有一则记事，载门生不得与士人同席而坐，显示出门生地位较低。清朝以后的史家，由此常常加以引用，其略云：

> 尚书寺门有制，八座以下门生随入者各有差，不得杂以人士。（尚书库部郎、本邑中正）琛以宗人顾硕头寄尚书张茂度门名，而与硕头同席坐。明年，坐遣出（百日间停职），免中正。

可是，这是作为公共场所的尚书省官衙中的规定，还处于无位无官状态的门生不能与在尚书省中勤务的官员同席，应该说并不是特别奇怪的事。相反，官员们带自己的门生到当时的政治中心尚书省出勤，倒是令人吃惊的行为。正如赵翼所解释的那样，作为私门的书生，或许已经开始做与胥吏一样的事务。不过，尚书省有令史一类的书记，所以这些门生可以说是官吏实习生，或是像今天跟随议员左右的院外活动团。实际上，看看今天的议员带着随从进入国会的光景，还不敢肯定这些门生就比院外活动团的层次要低。上述史料中,“人士”一语,与其说是当时社会一般承认的士人阶级,不如认为指的是官制上有所规定的门第二品之官。顾琛为吴郡人,吴郡顾氏是江左名族,琛与同宗的顾硕头在社会上恐怕被视为同属士人阶级的。上述资料固然反映了门生在公务场所与士人有所区别,但仅仅以此便判定门生地位低下,却并不妥当。

另外,门生向师家赠送谢礼事,见《梁书》卷30《顾协传》:

> 有门生始来事协,知其廉洁,不敢厚饷,止送钱二千,协发怒,杖二十,因此事者绝于馈遗。

《隋书》卷27《姚察传》:

> 察自居显要(吏部尚书),甚励清洁,且廪锡以外,一不交通。尝有私门生不敢厚饷,止送南布一端,花练一匹。察谓之曰:“吾所衣着,止是麻布蒲練,此物于吾无用。既欲相款接,幸不烦尔。”

上面这两个例子传达了当时门生束脩及谢礼的状况。据此似可认为,门生中有许多人是拥有相当财产的。《宋书》卷71《徐湛之传》:

> (徐湛之)门生千余人,皆三吴富人之子,姿质端妍,衣服鲜丽。每出入行游,涂巷盈满。

与束脩有关的例子,是御史中丞庾徽之弹劾颜竣的上奏文中有资礼一语,即:

> 凡所莅任,皆阙政刑,辄开丹阳库物,贷借吏下。多假资礼,解为门生,充朝满野,殆将千计。①

---

① 《宋书》卷75《颜竣传》。五井氏认为这条记事中的门生近似债务奴隶,似嫌牵强(见五井氏第一论文)。

这里的意思并不十分清楚，大致是颜竣将官物贷给部下的吏，然后假托门生所呈资礼的形式，从吏那里索取利息或别的什么东西，在名义上将他们视为自己的门生。（参照本书第三编第四章296页）

以上主要阐述的是，汉代以来门生并无多少变化。不过如前所述，在这一时期的门生中，明显有着武人化的倾向，此点值得注意，《南齐书》卷27《刘怀珍传》：

> 怀珍北州旧姓，门附殷积，启上门生千人充宿卫，孝武大惊，召取青、冀豪家私附得数千人，土人怨之。①

此外，在这以前刘宋前废帝时，蔡兴宗对沈庆之言"且公门徒义附，并三吴勇士，宅内奴僮，人有数百"，劝其举兵。"门徒义附"与《刘怀珍传》中"门附"相同，应该说其中含有门生。这些作为勇士的门生，照赵翼的话说，是依附于"目不知书"的武人之下，与本来的门生具有不同性质。但是对于这类门生的出现，并非不能予以说明。

比起追求学问而言，门生主要还是以做官为首要目的，这一倾向在汉代以后常见。魏晋以降，政界为贵族垄断，由于九品官人法的存在，一般庶民入仕之途极为狭窄，士庶之别日渐严格，即便是士人，位于下层的寒门阶层要想出仕也非易事。在此情况下，寒士或庶民要想得到做官的机会，除了军功以外，别无他法。宫崎市定博士在名著《九品官人法的研究》第3章、第4章中，对将军号的急剧增加与勋位确立的背景，作了精彩的说明。应该说，门生的武人化现象与上述趋势是相适应的。东晋时期便已出现这种现象，像杨佺期那样出身汉代以来名家的人物，由于南渡时期稍晚，也很难跨入贵族社会，而只有选择军人立功的途径。此外，与北方民族之间的紧张关系、国内的不安等，都使整个

---

① 此处"土人"，百衲本、汲古阁本作"士人"，殿本作"土人"。此处似非士人，将土人作青冀人解，较佳。五井氏引此例，认为门生起居于主家。但仅从上述史料，似乎还看不出这一点。一般来说，门生中应有与主人同住者，但不住一起的也当然存在。这里的"门生千人"，我们不可能想像全部都起居于刘怀珍家。

时代随时面临战争的危险，而这时跟随在有实力的将军手下，寻找出仕的机会，也可以说是人之常情。这与那些门生为寻求做官而依附于握有实权的大官名下，并无不同，所以说两者可以有同样的称呼，谈不上稀奇。可是，如果这类门生增加，就不可避免地导致门生素质低下。作为主人的手下，竞相接受财货，①门客通赃利，②门下客偷盗主人财物③等现象并不限于武将手下的门生，而是一般的现象。可是，这种门生素质的低下，并不马上就意味着其身份低下。

大家都知道，谢灵运"因父祖之资，生业甚厚。奴僮既众，义故门生数百，凿山浚湖，功役无已"，④因而有种观点认为义故门生与奴僮并称，乃是一种隶属性的存在。确实，他们参与上述劳动乃是不容争辩的事实。梁代徐勉为人清廉，可是其"门人故旧，亟荐便宜，或使创辟田园，或劝兴立邸店，又欲舳舻运致，亦令货殖聚敛。若此众事，皆距而不纳"。⑤ 在热心于货殖的谢灵运那里，是主人驱使门生义故，而在并不热心的徐勉那里，却是门人故旧怂恿主人货殖聚敛。我们看后者，门人故旧劝诱主人从事货殖聚敛，在背后，可以想像到他们也能从中分得利益。主人与门人故旧与其说是阶级对立的关系，倒不如说在阶级上处于同一立场，享受着共通的经济利益。至少，这时的门人故旧是参与田作或是从事各种营利事业的计划与管理。或许，谢灵运的义故门生以及属于贱民的奴僮一起为主家从事肉体劳动，可是仅仅使用这条材料，便解释他们的身份、地位与奴僮类似，似乎无此必要。门生为师家耕田割麦，⑥在此以前就可以看

① "太宗泰始中，（沈勃）为太子右卫率，加给事中。时欲北讨，使勃还乡里募人，多受货贿。上怒，下诏曰：'沈勃……自恃吴兴土豪，比门义故，胁说士庶，告索无已。又辄听募将，委役还私，托注病叛，遂有数百。周旋门生，竞受财货，少者至万，多者千金，考计赃物，二百余万……'"（《宋书》卷63《沈演之传》）"周旋门生"之意，就是出入沈勃之处，与之交结的门生。周旋与现在意不同（参五井氏第一论文）。

② "（江敩）还除太子中庶子，领骁骑将军。未拜，门客通赃利，世祖遣信捡核，敩藏此客而躬自引咎"（《南齐书》卷43《江敩传》）。

③ "（王）志尤惇厚。所历职，不以罪咎劾人。门下客尝盗脱志车轶卖之，志知而不问，待之如初"（《梁书》卷21《王志传》）。

④ 《宋书》卷67《谢灵运传》。

⑤ 《梁书》卷25《徐勉传》。

⑥ 例如王裒的门生为师割麦等（《晋书》卷88《王裒传》）。

到,因此并不能以这种劳动形态便断定门生是隶属于主家的存在。不过,役使义故门生数百人从事林业、水产业、开垦等等营利事业,可以使人想象到,其中有些人在依附于主家期间,逐渐与一般佣客、佃客并无区别。《宋书》卷58《谢弘微传》:

> 义熙八年(412),混以刘毅党见诛,妻晋陵公主改适琅邪王练,公主虽执意不行,而诏其与谢氏离绝,公主以混家事委之弘微。混仍世宰辅,一门两封,田业十余处,僮仆千人,唯有二女,年数岁。弘微经纪生业,事若在公,一钱尺帛出入,皆有文簿。迁通直郎。高祖受命,晋陵公主降为东乡君,以混得罪前代,东乡君节义可嘉,听还谢氏。自混亡,至是九载,而室宇修整,仓廪充盈,门徒业使,不异平日,田畴垦辟,有加于旧。

这里所记的业使,很可能是业主以及经营者的使用人,与此并称的门徒也是从事田地的开垦者。通过上述材料,我们认为这些门徒——其中或许包含所谓门生——同主人结成的与其说是个人关系,不如说其性质主要为依附于主家的使用人,即便主人更换,与他们也无关系,这与前面论述故义时引用的《陈书·沈众传》"家代所隶故义部曲"具有同样性质。正如故义部曲并不一定是贱民一样,门徒业使也并非就是贱民,似可将其理解为类似佣客、佃客。接下来,让我们再来看一下客与门生的关系。

(四) 客与门生故吏

滨口重国博士在《唐代部曲、客女与前代的衣食客》一文中,对六朝时期的客作了详细分析,揭示出了其所具有的多种阶层性。针对各种各样与私家有关的客,博士指出:"按隶属性较少的顺序列举,第一是包括上宾下宾的宾客,第二是雇佣关系中的佣客,第三是小作关系的佃客。"接着又说:"他们都是庶民乃至士族。"①此外还认为在低一层的贱民阶级

① 前揭滨口重国《唐王朝的贱人制度》,页481—482。

中,出现了上级贱民的衣食客(但要排除两晋限客法中所见的衣食客),地位要在从来的奴婢之上。博士的上述分析,为观察该时期极为复杂的社会阶层分化提供了一把标尺。

我在前面论述的门客、门下客在上述分类中,相当于第一类。例如,据《南齐书》卷3《武帝纪》,南齐武帝在刘宋为赣令时,“南康相沈肃之縶上(武帝)于郡狱。族人萧欣祖、门客桓康等破郡迎出上”。此处所见门客桓康,在《南齐书》卷30有传,其略云:“桓康,北兰陵承人也。勇果骁悍。宋大明中,随太祖为军容。从世祖在赣县。泰始初,世祖起义,为郡所縶,众皆散。康……与门客萧欣祖、杨瑑之……四十余人相结,破郡狱出世祖。”①门客萧欣祖如前一例所见,与南齐皇室萧氏同族,其父太中大夫萧道济,②虽说是萧氏获取天下之前事,但也决非卑贱身份。这些门客在滨口博士的分类中,不用说属于宾客。梁代也是如此,《梁书》卷21《江蒨传》:

> (徐)勉因蒨门客翟景为第七儿繇求蒨女婚,蒨不答,景再言之,乃杖景四十。

翟景尽管可以不被视作士人,但却能介入主家女儿的婚姻问题,可以算作宾客一类。

《陈书》卷24《袁宪传》有一条关于门下客的记载。袁君正遣子国子学学生袁宪去博士周弘正处,门下客岑文豪同行。周弘正在试问袁宪后,对岑文豪说,回去后可告袁吴郡(君正),此子足以代自己为博士。当时策问生徒时,贿赂公行,因此岑文豪曾劝袁君正要准备束脩,但袁答不需要。据上似可认为,这种扮演使者角色的人物也是宾客。

实际上,在前面所引《徐勉传》中,徐勉所作《答客喻》正是答门人、门下之喻,而且还知道其门人中,有客名虞暠,所以门人或是门生在许多情况下可以说指的便是客。此时,将客算入宾客之内应无问题。也就是门

---

① 军容的涵义,《通鉴》卷141《齐纪七》“永泰元年五月条”胡注云:“盖皆简拔魁健有武艺之士,使之前驱,以壮军马之容,故以为名。”

② 《南齐书》卷42《萧坦之传》。

生、门客、门下客的等级大体上都是与宾客相同的。①

此外,在有些情况下,故吏也算入宾客之中。《梁书》卷11《郑绍叔传》:

> 梁武帝临司州,命(郑绍叔)为中兵参军,领长流(参军)。因是厚自结附。帝罢州还都,谢遣宾客,绍叔独固请愿留。

高祖故吏郑绍叔为其宾客之一,据此将门生故吏放入宾客的范畴之内,也似无不妥。如果门生故吏可以算是宾客的话,那么故义大致也属于同一范畴。

可是如滨口氏所指出的那样,宾客一词的用法相当广泛,其中尽管较为少见,有时还指佃客及其他卑贱客,而在门生义故之中,也有一些跌落到相当低的地位。前引《宋书·谢弘微传》"门徒业使"中的门徒,《陈书·沈众传》"家代所隶故义部曲"中的故义等即可说是其下限。寻求仕官或是想依靠军功而抬高地位者,依附于实权人物成为门生,或是依靠以前的恩义关系继续出入主人之家的故义,在其后长时期得不到出世的机会,其中一些人陷入经济上的窘迫,于是为主家提供劳役,其地位也跌落到与佣客或佃客同等的地步,这种情况完全有可能出现,而且实际上处于这一地位的门生故吏也不在少数。但如果将此作为门生故吏的一般地位来考虑,则可以说并不正确。如果要考虑其一般地位,门生义故或是故吏在法制上是位于庶民以上并包含士族在内的,在社会上属于本来意义上的宾客范畴。② 尽管清朝的史家们称门生中有的与仆隶无异,但他们所说的仆隶与我们现在所用的"奴隶"这一概念并不相同。

至少根据现存史料,有关整个魏晋南朝门生故吏的例子中,绝大多数都是属于庶民层中的上层人物或是士族。门生故吏的现象不能放在与类似奴客的下层庶民之间,而应该置于上层阶级中。当然由于史料的制约,庶民层中属于下层的门生故吏实际上普遍存在,他们在门生故吏中占据

---

① 另,与宾客门生连称的例子,见《梁书》卷37《何敬容传》"敬容旧时宾客门生喧哗如昔,冀其复用"等。

② 所谓"本来意义上的宾客",也就是不包括滨口博士注意到的地位低落的宾客(参本书203页注①)之意。

着极大的比重,尽管如此,史料上仅见《谢弘微传》、《沈众传》或是《谢灵运传》等,可谓冰山一角。果真如此,如果在这些下层的门生故吏也就是兵户佃客层中,也能看到与普遍可见的门生故吏关系同样的人与人关系的话,这便成为涉及当时整个社会的重要问题。如下一节所述,门生故吏关系并非所谓父家长式隶属性支配服从关系,其本质上是整个人格上的臣从式恩义关系,如果它渗透到社会的下层的话,事态极为重大。

以上,我论述了门生故吏关系的地位并非以往所说的那样类似奴客,它在法制身份上属于庶民以上包含士族在内,其身份并非在魏晋南朝随着时代推移而逐渐低下,从汉代以来一直就属于庶民以上的阶层。可是,魏晋以后的社会出现了复杂的阶层分化倾向,庶民以上的阶层中也产生了多种多样的阶层,与此相适应,门生故吏的社会地位也呈现出极为复杂的状态。正如客对主人依附的方式极多一样,门生故吏对于主人的关系、依附形态也十分复杂。前面在论述故吏的地位时,我曾提到他们对主人的隶属性主要反映在士庶区别之上,门生也是同样。与专收上级士族子弟的国学学生不同,一般生徒与门生主要是下级士族的子弟以及庶民,他们尽管拥有将来取得士人身份的可能性,但在当时的社会仍不得不与士人之间有着差别。要之,门生故吏较多显示出隶属性的一面,这与其说是法制上绝对身份的低下,不如说是社会上层阶级中以士庶区别为首的多种阶层的分化所致。

可是在考察这一时期时,门生故吏所面临的问题并不在于其身份地位,而是它显示了与主人之间的私人结合方式,这一点十分重要。也就是说,不是从平面的身份,而是从立体上看,它与主人的关系含有重要的问题,下面我想从这一层面来考察门生故吏。

二、门生故吏关系

(一) 私人性质

在汉末,门生与师之间的关系,故吏对故主的关系,具体有如下一些表现:门生故吏为纪念老师或故主,为其立碑颂德极为普遍,《隶释》等之中收入了许多这样的碑铭;当主人遭诛戮时,门生故吏宁可犯法弃官也要收容主人的遗体,为之举行葬仪,如对父母一样服丧三年;当主人因罪被处远流时,门生故吏意识到主人可能不能回归故土,便辞别父母陪行,到了流刑地,如果又感觉到主人有生命之忧的话,便袭击负责护送的吏人,与主人一道逃走;①主人死后,如果家属遗儿生活穷困,那么加以救济的例子更是层出不穷。以上这些显示出,宁可无视或否定公权,也要贯彻私人之间的情谊。

与此相同的事例在南朝也可以看到,前面所列的表便清楚地反映出了这一点。故吏宁可弃官对抗公权,也要收容故主的遗体,为之营葬,在墓侧立碑,如果是冤罪,便到朝廷申诉,对故主的遗族始终加以照料。门生也在主人冤死时,到朝廷申述,帮助营葬。② 门客也如前面桓康的例子所见,感到应该营救主人时,甚至袭击郡衙。汉代以来直到南朝末期,门生故吏与师、主之间的关系最重要的是有着显著的私人性质,这一点十分重要。当主人犯法的时候,这一点表现得尤其突出,此时,门生故吏的节义与王法甚或国家意志产生正面冲突。

魏末,钟会被诛,故吏向雄迎其遗骸埋葬。其时,事实上的君主晋文王司马昭对向雄加以责难,曰:

> 往者王经(坐高贵乡公事)之死,卿哭王经于东市,我不问也。今钟会躬为叛逆,又辄收葬,若复相容,其如王法何!

---

① 参见赵翼《廿二史札记》卷5“东汉尚名节”条。

② 《南齐书》卷49《王奂传》载,王奂杀部下的宁蛮长史刘兴祖,帝大怒,责御史中丞孔稚珪纠弹其事。在奏疏中,引用了刘兴祖门生刘倪到台为主辩护的证词。不过,这与门生直接积极到朝廷申述相比,稍嫌消极。

赴师之丧的例子见《梁书》卷48《严植之传》:“(天监)七年,卒于馆。……植之自疾后,便不受廪俸,妻子困乏,既卒,丧无所寄,生徒为市宅,乃得成丧焉。”

可是,《南齐书》卷36《谢超宗传》载超宗被逼自尽后,“明年,超宗门生王永先又告超宗子才卿死罪二十余条。上疑其虚妄,以才卿付廷尉辩,以不实见原。永先于狱自尽”。必须注意的是,首先存在着欲陷害主人之子的门生这一事实。一般仅就门生而言,与汉代相比,为主人挺身而出的门生似在减少。此外,与主人的私人结合在故吏、宾客、门宾之间较为明显,门生也继续坚持这种私人结合,这一点基本没有变化。所以与汉代一样,可以称这一私人结合关系为门生故吏关系。

对此,向雄答道:

> 昔者先王掩骼埋胔,仁流朽骨,当时岂先卜其功罪而后葬之哉!今王诛既加,于法已备。雄感义收葬,教亦无阙。法立于上,教弘于下,何必使雄违生背死以立于时!殿下仇枯骨而捐之中野,为将来仁贤之资,不亦惜乎!

司马昭听后,据说甚为满意,"与谈宴而遣之"。①

在这里,向雄认为与王法对立的私人节义是先王之教,是仁的体现,是人性中最为基础的部分,以此来解释自己的行为。不过,面对从上贯彻于下的王法,私人情义在下公然畅行,它反映出超越法律之上的私义确实存在。东晋时期,有人发王敦坟墓,暴尸烧冠,将头悬挂在南桁,对此郗鉴向明帝进言:

> ……前朝诛杨骏等,皆先极官刑,后听私殡。然春秋许齐襄之葬纪侯,魏武义王修之哭袁谭。由斯言之,王诛加于上,私义行于下。臣以为可听私葬,于义为弘。

明帝听后,"诏许之"。② 我们看到,从魏末到晋代,亲族朋友的情谊以及故吏与故主之间的恩义关系存在的世界作为一个私义的世界,是被置于王法所及范围之外的。一旦登上权力宝座,便蹂躏同族之间的私人情谊,甚至不断地相互残杀,这些惨剧确实是晋、南朝王族中常有的现象,为其他时代所罕见。这些都是围绕权力的丑恶行径,而一般私义的世界与此不同,基础是牢固的。刘宋孝武帝攻杀其弟竟陵王诞于广陵时,侍中蔡兴宗奉帝命慰劳讨伐军,其友人范羲为刘诞别驾,其时壮烈身死,蔡兴宗亲自收容了范羲的遗体,送还其豫章旧墓。孝武帝后就此事问他:"卿何敢

---

① 《晋书》卷48《向雄传》。
② 《晋书》卷98《王敦传》。

故尔触网?”兴宗抗言答曰:“陛下自杀贼(弟),臣自葬周旋,既犯严制,政当甘于斧钺耳。”孝武帝听后“有愧色”。①

私义与严制昂然相抗,而且在世间还行得通。我在论述门生故吏关系的私人性质时,也涉及到了包括亲戚朋友情谊在内的一般私义。可是,贯彻私义的世界既有亲戚朋友的私人情谊,同时还包含着门生故吏关系,它与王法的支配相对抗,建立了一个与王法不同的世界。这些就十分清楚地显示出了门生故吏关系的私人性质与其对抗公权的本质。

可是,东汉末期党锢事件发生当时,党人的门生故吏遭到罢免禁锢,曹魏时期受到诛戮者的门生故吏也被罢免。② 到这段时期为止,私义的世界中还贯彻着较为严厉的王法。但即便在此时,私义仍然是与王法相对立的。《三国志》卷23《常林传》注引《魏略·吉茂传》云:

> 是时科禁长吏擅去官,而(吉)黄闻司徒赵温薨,自以为故吏,违科奔丧,为司隶钟繇所收,遂伏法。

科法与私义本来是不相容的。即便是号称法术主义者的曹操,在下面的例子中也不能将法贯彻于私义的世界之中,此点必须加以注意。当死敌袁尚的首级从辽东送至时,曹操向三军发出了“敢有哭之者斩”的布告。可是田畴过去曾受过袁尚的辟召,虽然最后并没有应召,但以曾受招募为由,不惜犯禁吊祭,而曹操结果对此不问。③ 为曹操辟为冀州从事的牵招,见故主袁尚首级被悬于马市,不胜悲感,设祭低头,而太祖以为义,推举其为茂才。④ 晋郗鉴引用王修之例,也就说明它在晋代已经成为有名的故事。由上可见,私义固然是违反军令的行为,但连法术主义者曹操也

① 《南史》卷29《蔡兴宗传》。

② 本书189页注①所揭越智论文,页36。

③ “(袁)绍死,其子尚又辟焉,(田)畴终不行。……建安十二年,太祖北征乌丸,未至,先遣使辟畴,……遂随使者到军,署司空户曹掾,……辽东斩送袁尚首,令三军,敢有哭之者斩。畴以尝为尚所辟,乃往吊祭。太祖亦不问。”(《三国志》卷11《田畴传》)照裴松之的说法,田畴的这一行为并非出自衷心。

④ 《三国志》卷26《牵招传》。

承认其为义。

门生故吏的私义具有与法相抵触的性质。从为政者的立场来看,这些是乱纪的行为,也是阻碍法律执行的危险存在。可是在另一方面,门生故吏与主人结于私义,显示了不惧法律的强韧结合,因此,对于主人来说,可以成为扩大势力的基础。大家都知道,袁绍因拥有众多的门生故吏而具有强大的势力,为人所惧。可是,这始终只是停留在私人结合的领域。曹操为了扩大自己的势力,也一定想把大量人材作为自己的故吏。可是,故吏是过去作为吏在手下勤务的人物,所以并非一朝一夕就能得到的。曹操辟命了许多人材,也正说明求人乃是当务之急,而通过辟命马上可以结成故吏关系,因此并不能说"父家长隶属性"的形式贯彻于曹操的统治之中。曹操辟于府中的众多部下,早在此前便肩负各种各样的私义世界,所以即便后来成为曹操的吏,也并非马上就在整个人格上从属于曹操。虽然现任长官对属僚的拘束力,一般来说要强于故主对故吏的拘束力,①但是属僚所拥有的故吏意识,只有减低现任长官对属僚的支配力,而不会加强这方面的作用,此点十分清楚。五井直弘氏在其第二篇论文中,仅从曹操政权具有的专制权力侧面来寻求辟命 = 故吏关系,对此我抱有几分疑问。故吏主要是私人关系,从逻辑上而言,基于私人关系的结合必须容忍其他同样的私人关系的结合,因而在此恐怕不会出现绝对专制的体制。从本质上说,这一问题并不限于单纯的私人关系,它还包括这样一些问题,即主人与故吏的关系是否是父家长式的,故吏与主人的关系是否是依附性的?"父家长式"到底有什么样的涵义,对此下面将要论及,这里首先想思考上述私人关系所包含的另外一面,它与"隶属性"问题也有着关联。

(二) 人格关系

到此所论述的门生故吏的私人性质,并不局限于与 offcial(公)相对的 private(私)之意,我们必须注意,这种结合含有 personal 的性质。私人结合从个人与个人的私人关系扩大到家与家之间的结合,其中包含着世

---

① 本书 189 页注①所揭越智论文。

袭化的倾向,实际上,就有父亲所受之恩为子所继承的例子,①而另有例子却反映出,故吏与故主的结合只限于故主,拒绝把它延续至故主之弟身上,据《陈书》卷9《欧阳頠传》:

> 兰钦之少也,与頠相善,故頠常随钦征讨。钦为衡州,仍除清远太守。……钦征交州,复启頠同行。钦度岭以疾终,頠除临贺内史,启乞送钦丧还都,然后之任。……京城陷后,岭南互相吞并,兰钦弟前高州刺史裕攻始兴内史萧绍基,夺其郡。裕以兄钦与頠有旧,遣招之,頠不从。

欧阳頠根据自己的判断,拒绝了故主之弟的招请。此时的主从关系,是以个人与个人的结合作为基调,并没有发展到家与家之间的结合上。

既然是一种个人之间的关系,那么当这种主从关系以较为典型的方式转移到实际行动上,例如面临生死这一极限状态时,能够真正回应这种同主人的人格结合,采取报恩行为的只限于少数人。由于并非所有的门生故吏都用这种典型的方式来贯彻与故主间的人格结合,所以对主人而言,门生故吏本来就不是可以依赖的。可是果真如五井氏所推论的这样,门生故吏是不可依赖的存在,那么袁绍尽管拥有众多的门生故吏,也就根本没必要感觉他有什么威胁了,而且所谓门生故吏只有成为主人最可依赖的对象,亦即对主家依附性增强时,才有可能成为主人势力之基础的观点,也给人结论下得太早之感。② 不惜牺牲自己的生命,以此来报主人之

① 如《宋书》卷48《朱龄石传》:"朱龄石……伯父宪及斌,并为西中郎袁真将佐,……大司马桓温伐真于寿阳,真以宪兄弟与温潜通,并杀之。龄石父绰逃走归温,攻战常居先,不避矢石。寿阳平,真已死,绰辄发棺戮尸,温怒,将斩之,温弟冲苦请得免。绰为人忠烈,受冲更生之恩,事冲如父。……及冲薨,绰欧血死。冲诸子遇龄石如兄弟。……初(龄石)为殿中将军,常追随桓修兄弟,为修抚军参军,在京口。高祖克京城,以为建武参军。从至江乘,将战,龄石言于高祖曰:'世受桓氏厚恩,不容以兵刃相向,乞在军后。'高祖义而许之。"即为其中一例。

② 参见前揭五井氏《后汉时代的官吏登用制"辟召"》第2节《门生》。其中所引六朝时期的门生资料,笔者曾有不同的解释。此外还有一点值得注意,《后汉书》载王成为李固的门生,而《后汉纪》则记为仆隶。但这只不过说明晋宋时期有两种说法,一为仆隶,一为门生,结果是袁宏取前者,范晔则取后者,仅此而已。似乎并无必要把两者联结在一起,认为门生近似仆隶。

恩的或许是少数，但它被视作义，博得了人们的称赞，那么在一个视其为理所当然，并为人所称道的社会中，可以想像它对人们的意识，是起到了较强的规范作用的。当面对容易处理的状况时，可以说门生故吏是在等待奉献主人的机会。作为冀州牧，握有实权的韩馥，面对自称车骑将军，实际上只是渤海太守的袁绍，受自己过去曾为袁故吏这一意识的影响，最终让出了冀州牧之位置。[①] 这个例子并非说韩馥依附于袁绍，它所显示出的是，所谓不可依赖的门生故吏在不可依赖的情况下，是如何为主人的势力形成发生作用的。只要拥有众多的门生故吏，即便他们并不是全都挺身而出，但也可以从他们那里得到各种各样的合作，对其他势力来说，这便是一种威胁。既然要使人感到威胁，那么门生故吏也就没有隶属于主人的必要。

我在前面稍微过早地使用了门生故吏的报恩行为这种表现，不过，构成个人、私人关系内容的还是主从之间的恩义感。关于这一点，准备在下一小节中论述，这里只想说明，所谓个人关系这一词汇，必须要与源于近代人格与人格之间的平等关系或独立的个人间的自由关系等概念加以区别。现代个人与个人的关系是平等社会中独立的、孤立的个人之间的自由关系，或者说对此加以标榜，并以此作为理想的。同时，束缚个人的共通规约也以保证个人的自由与权利作为前提。在探讨我们所研究的时代中个人关系时，当然不含有上述这种现代个人间的关系。这里说的个人关系，只属于进入这一关系之中的成员之间，其作用在于促使成员形成一种固有的、排他的、封闭的小集团。这并非对外开放社会中的关系，是处于封闭的社会，产生封闭社会的关系。因此，对个人来说，甚至可以说是不自由的。自发加入这种关系中，却并不自由。[②] 实际上，自由的、对外开放的社会，在当时什么地方也没有。为了自由，除了逃离人间社会以

① 《三国志》卷6《袁绍传》。

② 增渊龙夫在《战国秦汉时代集团的“约”》(《东方学》论集第三。后收入《中国古代的社会与国家》，1960 年，弘文堂)一文中指出，约具有极强的拘束力，但支撑这种拘束力的是成员之间在心情上的结合。从田畴的例子可以看到，父老们推举田畴为首领，并承认首领所定的“约”，同时宣誓与整个集团成员一道绝对服从这些约。这并非单方向的强制，而是建立在相互谅解与誓约上的，让自己加入这一固有的框架，同时也束缚住了自己。

外,其方法就是隐逸与出家——那里也会出现封闭的社会——除此以外,没有其他办法。

综上所述,门生故吏关系基本上属于私义的世界,是一种极为个人、私人的关系,它与王法正好相对。从东汉到曹魏时期,王法并没有完全贯彻在这一私义的世界之中。晋代以后的倾向是,王法不得不放弃贯彻到私义的世界,王法的贯彻力逐渐减退,私义的世界亦即惯习法的世界日渐强大。故吏对死去的长官服丧,在汉代并非那么自由,但晋代以后,已经成为定制,这显示故吏对于主人的私义道德不单与法处于同一位置,而且作为更高层次的礼,受到了承认。①

(三) 恩义关系

上述故吏关系,并非吏已不再是长官的部下,也就是已经成为故吏时才开始产生的,而是在现任长官手下,作为下吏进行勤务的期间结成的关系,延长到了后来。从法律上而言,在职中是公家关系,离职后即转化为私人关系。可是在人与人的结合方式上,如果说将个人关系称作私人关系,将超越个人的,以客观规定为基础形成的关系算作公家关系的话,那么并不妨碍现职官吏之间,可以结成个人的私下关系。实际上,在五井氏所论述的主与吏通过辟命而结成的故吏关系中,严格来说,通过辟命产生的长官与属僚的关系,已经带上了故吏式的私人关系色彩。也就是说,完整意义上的私人性故吏关系,已经鲜明地反映出了现职长官与属僚之间已经存在的私人关系,只是因为现任长官与属僚之间的关系,处于国家机构这一公共性的框架下,所以依然具有公共的色彩。可是,在这一公共性框架下的主吏关系中,已经掺杂进了私人关系。正因为如此,故吏关系作为其延长,以较为典型的形式表现出了个人间的私人关系。也就是说,故吏关系具有一种标尺的机能,它能够测试出现在的主吏关系具有的私人性质。

这一时期长官与属僚之间的关系,经常被比拟成君臣关系,试看下面

---

① 参见赵翼《廿二史札记》卷3“长官丧服”条。

一例：

> （晋向雄）初仕郡为主簿，事太守王经。及经之死也，雄哭之尽哀，市人咸为之悲。后太守刘毅尝以非罪笞雄，及吴奋代毅为太守，又以少谴系雄于狱。……累迁黄门侍郎。时吴奋、刘毅俱为侍中，同在门下，雄初不交言。武帝闻之，敕雄令复君臣之好。雄不得已，乃诣毅，再拜曰："向被诏命，君臣义绝，如何？"于是即去。帝闻而大怒，问雄曰："我令卿复君臣之好，何以故绝？"雄曰："古之君子进人以礼，退人以礼；今之进人若加诸膝，退人若坠诸川。刘河内于臣不为戎首，亦已幸甚，（据《礼记·檀弓》）安复为君臣之好！"帝从之。①

这个例子显示出，太守与属僚的关系被比作君臣关系，同时也显示了在面对长官时，属僚有着否决权，并非是自动加入这种君臣关系，并且维持这种关系的。也就是在官僚机构中，存在着许多具有固有性质的君臣关系，它们与皇帝的意志并无直接关系。这些君臣关系，并非君＝长官对臣＝属僚实施单方向的支配，从向雄的例子可以看到，如果没有臣下的容忍，它便不会成立。

臣对君恩显示的义，表现在不背弃信义上。在上述时期，人们普遍认为这就是一种吏节。我们来看东晋以后的例子，苏峻之乱时，宣城内史桓彝与部将俞纵孤军奋战，双双战死。在眼看便要战败的时候，俞纵的左右劝其撤退，对此，俞纵的回答是："吾受桓侯厚恩，本以死报。吾之不可负桓侯，犹桓侯之不负国也。"于是力战而亡。② 此外还有一个有名的例子，罗企生为荆州刺史殷仲堪的咨议参军，受到国士待遇，深以为德，后来为殷仲堪殉节而死。③

刘宋贺弼为竟陵王王诞记室参军。诞起兵失败后陷入城中，贺弼再

① 参《晋书》卷48《向雄传》。另外此事也见《世说新语·方正》，不过刘孝标注却主要以为与吴奋有关。《晋书斠注》以刘毅为刘准之误。

② 《晋书》卷74《桓彝传》。

③ 《晋书》卷89《罗企生传》及《世说新语·德行》。

三忠告应迎接官军使者入城,不听。这时有人劝贺弼出城投降,对此他说道:“公(诞)举兵向朝廷,此事既不可从,荷公厚恩,又义无违背,唯当死明心耳。”于是服药自杀。①

刘宋荆州刺史沈攸之,对欲树南齐王朝的萧道成,起兵相抗时,其司马边荣守江陵。张敬儿率大军来攻,有人劝其投降,这时边荣答云:“受沈公厚恩,共如此大事,一朝缓急,便改易本心,不能行也。”城陷以后,莞尔就刑。曾跟随在身边的客程邕之,此时抱住边荣说道:“与边公周旋,不忍见边公前死,乞见杀。”看到此景,行刑的兵士也不忍下手。可是张敬儿却痛下毒手,先是杀掉了邕之,接着又杀了边荣。据说三军无人不落泪,齐声感叹“奈何一日杀二义士”。②

类似的事例在其他地方也能见到,这些全都显示出,主人与其部下之间的关系被视作恩义的关系。这一关系对各个君 = 主以及对各个臣 = 吏来说,仅仅只是当事者固有的关系,比起君一方来说,毋宁说臣一方在积极贯彻这种结合。对于臣而言,主是否是国家的反逆者,并不重要。在这时,王法对他们不具有拘束力。支配他们头脑的,是他们所属的封闭型小社会中的君臣结合意识。

形成这种小社会或是集团韧带的,是主人的恩以及臣下的报恩。恩与报恩关系不是单纯的爱与情关系,是一种包含权威与服从的关系。不用说,要组织一个集团并加以统制,集团核心者需要具有权威与证明权威的权力。我们现在所看到的是,主人作为长官拥有公认的权力,在对外的公共关系中,君与臣是支配者对服从者的关系。可是,当私人要素成为内在的要素时,于是便从单纯的权力关系变质为恩义关系。汉代地方长官握有强大的权力,晋南朝的刺史有时也具有专杀之权。③ 可是,在以上诸例中所见的那种基于私人个人间关系的集团,如上面向雄的例子所显示的那样,并非依靠单方向的专制支配而成立。具有权威与爱的主人力量,作为一种恩,为臣所接受,臣也不违背这份恩情,以信来回报。当主与臣

① 《宋书》卷79《竟陵王诞传》。
② 《宋书》卷74《沈攸之传》。
③ 赵翼《陔馀丛考》卷16“刺史守令杀人不待奏”条。

双方意在维持这一私人结合时，也就有了团结的可能。实际上，如果这种结合是依靠主人单方面的专制支配而成立的话，那么当主人死去时，就肯定会自行消失。可是，故吏关系往往在公共上的主从关系切断之后，尤其是主人死后发动，也就是主要来自臣下一方的积极报恩行为。既然故吏关系是反映现在主吏关系的一把标尺，那么就不能否定现在君臣关系之中臣下的积极性、自发性。虽然同样是君臣关系，从汉代的具有专制色彩的君对臣的支配关系，转变为君臣之间的私人性全人格性的结合，主从关系的内涵出现了变化。

从前面诸例中可以发现，这种个人间、私人间的结合体是层层存在的。比如，俞纵与桓彝的结合仅限于两人之间，可是在其上层，另外还有桓彝与司马氏的结合。在《沈攸之传》中，从上至下，有刘宋皇族与沈攸之的结合、沈攸之与边荣的结合、边荣与程邕之的结合这三种结合重叠在一起。也就是在作为公共机关的国家机构内部，首先是皇帝与其任命的官僚、将军之间的一层结合关系；这些官僚、将军与其属僚之间也各自有着固有的结合关系；接下来，属官与依附于周围的下级将吏、门生、客等之间也存在着另外一个结合关系。大致上可以说有这三种，可实际上应还存在着更为复杂的层次。比如，刺史任命太守时，形式上需要上奏获得认可，可是实际上刺史在很多情况下拥有太守的任命权，在这种情况下，作为钦命官僚的刺史之下有太守 = 属官层，而太守之下则有属佐、部将群，再下则各自拥有下级将吏、客、门生，这里也就出现了四个层次。这些层次各自有着自己固有的结合关系，它们是国家机构的纵断面上产生的私人结合的阶层。在这些阶层的横面上，各自有着私人的门生故吏宾客的结合体，它们从纵横两个方向上缠绕在一起。我们可以认为，晋南朝的社会就是上述这些重叠在一起的私人结合体的一种累积形式。

晋南朝的社会——或者说在法律身份上属于庶民以上的社会是上述这种私人结合关系重叠的社会。各种私人结合体通过主从、个人、恩义的关系，形成了各种各样固有的、排他的、封闭的团结体。这样一种社会并非到晋代突然出现的，东汉中期以后，门生故吏的私人结合开始崭露头角，它所具有的一个意义，就是预示了上述倾向的出现。以上，就是我的大体思路。如前所述,五井氏认为东汉中期以后的故吏关系是父家长的隶属性结合。在我看来,与其说是隶属性的,不如说是臣从性,较为合适。应该承认,父家长一语的内容极为复杂,最后,我想简单探讨一下“父家长”一词的涵义。

(四) 关于父家长

所谓父家长权的典型,众所周知是罗马的 patria potestas。在那里,父家长 pater familialis 首先有着对子女的生杀、体罚权,此外还有诸如令他们结婚或离婚的权利,将他们作为奴隶贩卖的权利,没有嫡子时可以获得养子的权利,等等,而且不受国家的干涉,可以终生行使这些权利。一般认为,这种针对家族成员以及作为家产的奴隶的绝对专制权力,得到了法律上的承认。因此,所谓父家长支配首先就反映在对家族成员及家产奴隶进行无限制的单方面地绝对支配,或者说类似于此的支配形态。可是,前面反复论及,主人针对门生故吏的支配并非如此这样单方面无制约的。如果“父家长”意味着罗马的父家长权那样单方面无限制的支配形态的话,那么就不能将门生故吏关系称之为“父家长”。

不过就一般而言,“父家长”这一社会学概念所包含的家族中,许多并没有罗马时期父家长权那样强大。希腊的父权,只有在父亲尽到了抚养其子的义务时才能得到完整实现,这种权利与义务的相关性 reciprocity 据说是希腊的特征。此外,不论希腊还是古代日耳曼时期,父家长权并非对孩子终身行使,当孩子成年以后,也就没有必要遵从父亲的权威。更有甚者,在杀婴 infanticide 与遗弃子女的反面,抛弃年老的父亲这一与父家长权的观念背道而驰的现象也有发生。家族本身处在能干的首领之下,当试图维持组织的强大性时,便会发生上述行为。[①] 也就是说,包括生杀权在内的父家长权实际上是受家族委托的,它仅仅只是作为家族代表者的一种权限而已。所以说,父家长的任务是保护家族与维持统制,其权威依靠的是来自祖先那里的传统家族精神。同时家族成员也感到,有必要

① P. Vinogradoff, *Outlines of History Jurisprudence*, Vol. I. Tribal Law, Chap. Ⅱ & Ⅴ.

对家族进行统制,从全体的角度相互要求或者说相互希望服从统制者。从这一意义上来说,父家长家族如果单纯依靠父家长的单方面绝对的支配,也是无法维持其统制的。罗马法的规定十分典型地代表了父家长拥有的权力,但在罗马的日常生活中,其权力实际上又在多大程度上行使了呢？这还是一个疑问。①

从这一角度看,父家长支配这一用语并非仅仅只限于父家长对家族成员的单方面绝对支配。韦伯所称的父家长支配,其意是以面对具有权威的,肩负传统者表现出的人格上的虔诚 Pietät 为契机而成立的一种支配。这在父子之间的支配服从关系中,表现得最为典型。可是与此同样的支配形态,也就是当部下认识到主人肩负着神圣的传统,因而从整个人格上服从主人的命令或是为此而献身时,这些支配服从关系都被称作父家长。因此,在这当中也包含了王侯对臣从 Vassal 的支配,国父 Landesvater 对一般臣民的支配。② 父家长支配这一概念如果用在这一涵义上,那么门生故吏与其主人的关系也可以说是父家长的。可是如果使用这一涵义,中国历史上所见到的支配形态几乎全都可以用父家长一语来概括。在对中国历史上的支配形态作某种大致规定时,这一概念或许有效,可是我们的课题是努力顺应各种各样的实际状况,明确把握这当中所包含的各种各样的支配方式。在观察中国的历史社会时,仅仅只是指出某个支配形态是父家长式的,是绝不会令我们感到满足的。

如果对韦伯所界定的父家长式用语加以某种限定,使其作为一个较为有效的概念而使用的话,不用说必须要对其作出严密的概念规定。很遗憾,五井氏所用的"父家长式"一词在这一点上并不太明确,而且大致而言,它的侧重点似乎在类似罗马父家长权一样的单方向绝对支配上。可是,在认定辟命者对故吏的关系是"父家长式隶属的",同时又说"在认为辟命者对故吏的关系属于任侠式这点上,我无意否认当时势力扩大的任侠结合关系不可或缺"(五井氏第二论文,页 23)。由此可见,父家长的

---

① 参见清水盛光《家族》,1953 年,岩波书店,第 3 章。

② 参见黑正岩 · 青山秀夫译《马克斯 · 韦伯一般社会经济史要论》上卷,1954 年,岩波书店,《绪论》第 3 节。

关系同时也包含了任侠关系，也就是以人格上的相互信义为契机的双边关系。如增渊龙夫氏所论，任侠的结合与父家长的支配同时成立是有可能的，两者并无矛盾。这里所说的父家长支配与韦伯的用法相同，是基于虔诚 Pietät 之上的，即与其说是对如家内奴隶那样的专制性支配，不如说是以主从之间的人格契机占据了极大比重。父家长式一词的涵义十分复杂。对含有复杂内容的用语不加明确的概念规定，只是一味滥用，就会造成无用的混乱与无效的议论，对此值得警戒。

如果“父家长式”意味着主人单方面专制的话，门生故吏则并非接受主人“父家长式”的支配，进行“隶属性”服从的。人格上的恩义关系与其说是隶属或支配隶属关系，倒不如说是臣从或主从关系较为得当。经由曹魏进入晋南朝以后，这种私人间的主从关系弥漫在庶民以上的所有阶级之间。汉末以来出现的门生故吏就预示了这一点，而且还为我们观测这一现象提供了手段。

从曹操到明帝的三代，一般来说是意在重建专制性君臣关系而没有得到贯彻的专制政治的最后阶段。五井氏在有关东汉时期辟召的论文中，断定门生故吏关系乃是隶属性的存在，以此为基础，使用曹操与其辟召的故吏之间的父家长式隶属关系，来寻找曹操政权专制性质的基础。可是如本文注中所指出的，在其所引用的晋南朝史料中，存在着一些误读之处，使用同样的史料，可以得出如本文这样全然不同的结论。如前所述，从汉代至整个魏晋南朝时期，门生故吏在法律上是属于庶民以上的，在滨口博士所设定的客的体系中，大致相当于宾客阶层。因此，门生故吏关系并非主奴关系，而是相当于主客关系，它不是父家长式的隶属而是臣从。作为这样一种个人之间的臣从关系，故吏关系本来是与王法相对立的私人结合形态。如五井氏所说的那样，曹操的专制权力并不仅仅只是依靠这种形态为基础。诚然，它是私人势力的基础，可是，当它直接作为公权力时，并不能压倒其他具有同样结构的私人势力。为什么呢？因为在公权力之中，已经有许多与曹操并不发生直接联系的其他私人结合体。比如在表面上具有专制色彩的魏初三代时期，在其内部，司马懿等人之下同样的私人结合逐渐地增长，整个社会已经在向私人结合体的累积构造上发展。

总结以上所述，大致可以认为：魏晋南朝的门生故吏并非以往所说的那种隶属性存在，其主体是在身份上属于庶民阶层以上的自由民；它不是父家长式单方面的支配隶属关系，而是自由民与自由民之间的个人臣从关系；当时的社会是这些私人结合体累积而成的社会，它们阻止了王法的贯彻。因此，越智氏所论"故主通过故吏，在官界扶植新势力"即是"故吏具有的最大的历史作用"，并不妥当。① 作为真正意义上的人格结合，它是人依附于人的主从关系逐渐扩大的标尺，为封建社会所特有。必须指出，这一点才正是门生故吏所具有的重要的历史意义。

（原题《魏晋南朝的门生故吏》，1958年3月《东方学报》，京都，第28册。1979年8月修订）

---

① 本书189页注①所揭越智论文，页49。

第　三　编

贵族制社会的变质与崩溃

第一章　刘宋政权的成立与寒门武人

——从与贵族制的关联来看

前　言

正如在后面第三、第四章所阐述的那样，从魏晋以来持续到南朝的贵族制，经6世纪的侯景之乱实质上走向了衰落。导致其崩溃的，从根本上来说是江南的新兴阶级，具体而言，是伴随着货币经济的进展而逐渐活跃起来的商人阶层，以及对同样经济环境中分离出来的流亡农民加以吸收的土豪将帅阶层。的确，这些土豪将帅直接吸收流亡农民，他们“拥有数百或是一千以上的募兵、家兵，身在乡党却左右着一县一郡的政治，出则仕于方镇，作为将帅立功”。① 这种现象在梁代成为一般化，所以并不能忽视在根底处，有着货币经济发展所带来的影响。不过，在这种影响日益显著之前，寒门武人掌握军权，由此导致贵族对于军队支配力的减退现象发生。极为明确地显示出这一倾向的，是刘裕政权的成立这一事实与刘宋政权下寒门武人层的活跃这一现象。在思考南朝贵族的势力逐渐丧失的过程时，这一点是无法忽视的问题，而且也可以从一个侧面有助于我们了解南朝贵族制的性质。以下，从上述问题意识出发，我们将要探讨刘裕政权的成立与寒门武人活跃的意义。

① 滨口重国《魏晋南朝兵户制度研究》（收入《秦汉隋唐史研究》上卷，1966年，东京大学出版会），页414。

一、刘裕政权与北府军团

据《宋书》本纪，刘裕祖父为郡太守，父亲为郡功曹，此点确如冈崎文夫博士所言“家门并非卑贱的程度”。① 可是，《宋书》卷47《刘怀肃传》载：“高祖(刘裕)产而皇妣殂，孝皇帝(刘裕父)贫薄，无由得乳人，议欲不举高祖。高祖从母生怀敬，未期，乃断怀敬乳，而自养高祖。”连婴儿也不得不杀掉，其穷可知，不用说应属于寒人，与贵族根本无缘。众所周知，刘裕后来作为北府所属的武人，渐渐地崭露头角，而最终得以掌握军权，关键是因为对桓玄发动了政变。这一政变，具有什么样的性质呢?

元兴三年(404)二月，抚军将军、徐州刺史桓修的中兵参军，另加建武将军、彭城内史之衔的刘裕与何无忌以下同谋者27人、志愿相随者百余人一道，突然在京口发动政变，斩桓修，接着便直赴首府建康。就在同一天，刘裕之弟，征虏将军、青州刺史桓弘的中兵参军刘道规以及主簿孟昶等率领壮士五六十人于桓弘坐镇的广陵响应京口方面，杀掉桓弘，收编其军，并渡长江向首府进军。② 最初的计划，本来还预定同一天在首府及豫州刺史镇所的历阳起事，不过遭到失败。③ 刘裕的同谋者都是一些什么样的人，当时都有着什么样的官职呢? 对大致可知的一些人物，可作如下调查。

(1) 何无忌：东海郯人，刘劳之即其舅，与刘裕素相亲结。无官，在京口。(《晋书》卷85本传)

(2) 魏咏之：任城人，家世贫寒，早与刘裕游款，似在京口。兖州主簿。(《晋书》卷85本传及《宋书·高祖本纪》)

(3) 檀凭之：高平人，与刘裕有州闾之旧，又数同东讨，情好甚密。裕将义举，与何无忌、魏咏之同会凭之所。为桓修长流参军，领东莞太守，加宁远将军。在京口。(《晋书》卷85本传)

---

① 冈崎文夫《魏晋南北朝通史》(1932年，弘文堂)，页225。

② 《宋书》卷1《高祖纪》。

③ 有关历阳的失败，事见《晋书》卷69《刁逵传》。

（4）檀韶：高平金乡人，凭之从子，世居京口。辅国司马。（《宋书》卷45本传）

（5）刘毅：彭城沛人，征虏将军桓弘中兵参军。私往孟昶处，聚徒江北，密谋起兵。在广陵。（《晋书》卷85本传）。

（6）孟昶：平昌人，桓弘主簿，在广陵（《宋书·高祖本纪》）。孟昶妻家财产颇丰，起事时，尽散财物以供军粮。同谋者中，唯有此人富于财。（《晋书》卷96《孟昶妻周氏传》）

（7）孟怀玉：平昌安丘人，昶之族弟，世居京口。刘裕建武司马。（《宋书》卷47本传）

（8）向靖：河内山阳人，小字弥，世居京口。与高祖少旧。（《宋书》卷45本传）

（9）诸葛长民：琅邪阳都人，豫州刺史刁逵左军府参军。在历阳。（《晋书》卷85本传及《宋书·本纪》）

（10）王元德：太原人，镇北将军。在建康，谋泄被杀。（《宋书·高祖本纪》）

从以上这些人的经历可以看到，刘裕的共谋者，许多都是他的亲戚或是知人。此外，这些人大致为军府参军或州属僚一级，而且几乎全都与北府有关，这一点值得注意。也就是说，以刘裕为中心的所谓义旗，是由北府中级将校发动的一场哗变。以这一性质的哗变作为基础而能建立新的王朝，应该说还是十分罕见的。那么它究竟为什么能做到这一点呢？以下想稍作探讨，而这实际上也有助于我们了解刘裕政权具有的意义。首先，我们需要考察的是，北府的性质以及这些中级将校抬头的原因。

北府是属于镇北将军、征北将军、北中郎将等将军号不尽相同，但都为北方正面军长官的军府略称。[①] 其长官一般多领徐州刺史或

---

① 将军号中，实际上有许多不含“北”字。《晋书》卷84《王恭传》：“初，都督以‘北’为号者，累有不祥，故桓冲、王坦之、刁彝之徒不受镇北之号。恭表让军号，以超受为辞，而实恶其名，于是改号前将军。”此为王恭受任平北将军时事。除了前将军以外，还有以骠骑将军、车骑将军等号领北府者。另，北府为略称，见《晋书》卷73《庾希传》“希初免时，多盗北府军资”，亦可知在较早时期，便有此称。

兖州刺史,甚或兼领徐、兖两州刺史,镇所多在京口,有时则进驻下邳、广陵。

永嘉之乱时,山东省西南部陷入大混乱之中,高平金乡人郗鉴在乡里附近的邹山结集了数万之众自保。北府军的胚胎,便是以这支集团为核心建立的。郗鉴的军队在王敦、苏峻之乱时,先后以合肥、广陵、京口为其镇所,为援救建康发挥了重要作用(参第二编第四章)。最终在京口筑城,以其地作为根据地。339 年,郗鉴临终,曾上疏云:

> 臣所统错杂,率多北人,或逼迁徙,或是新附,百姓怀土,皆有归本之心。臣宣国恩,示以好恶,处与田宅,渐得少安。闻臣疾笃,众情骇动,若当北渡,必启寇心。太常臣谟,平简贞正,素望所归,谓可以为都督、徐州刺史。臣亡兄息晋陵内史迈,谦爱养士,甚为流亡所宗,又是臣门户子弟,堪任兖州刺史。(《晋书》卷67《郗鉴传》)

也就是说,驻屯于京口的郗鉴麾下军人多为北人,主要以来自山东省西南部、江苏省北部的流人为主,这一点首先值得注意。他们最初并不能适应这块土地,后来支给了田宅以后,才逐渐安定下来。经过蔡谟(339—342,为任期,下同)、何充(342—343)、桓温(343—345)的短期统率以后,曾任郗鉴参军的褚裒(345—349),以及曾为褚裒长史的荀羡(349—358)相继就任其位。这之后,郗鉴子郗昙(358—361)、郗愔(367—369)以"与徐兖有故义",①而被任命为其长官。由此来看,任命如"流亡所宗"一样的"素望所归"者,正是从郗鉴时期到东晋中期的一项基本方针。② 这是安定那些从北方集团移住此地的属下流人,尤其是其核心部分的军人,使他们成为支持建康政府的军事支柱时,十分必要的一项措置。为什么呢?

---

① 《晋书》卷67《郗愔传》。

② 从郗昙经范汪、庾希到郗愔这一时期,发挥的是与以西府为基础抬头的桓温相对抗的作用,可以说这一政治意图十分明显。例如,任命郗昙,便是桓温政敌殷浩的措置。可是,值得注意的是,夺走郗愔地位的虽是桓温,但最初以愔与徐兖有故义而加以任命的还是桓温。

因为如果任命在属下军人中没有人望者的话，那就容易引发他们的叛乱。①

从以上所述，可以推测在郗鉴的统率下，移住京口的旧徐州、兖州人在得到了田宅后，多数成为兵户，并在承担兵役义务的过程中，慢慢地安定了下来。刘裕以及大多数同谋者都是旧徐州、兖州人，代代居于京口，应该说与上述状况是有关的。据《宋书》本纪记载，彭城人刘裕的曾祖父刘混首先渡江，居于京口，这与郗鉴南下的时期并不矛盾。② 史载刘混为武原令、刘裕祖父刘靖为东安太守，看上去似有一定的地位，但从武原、东安都是徐州管下的郡县这一点来看，实际上只是定住在京口附近的一部分流人的地区代表而已，因此与一般流人一样，过的是一种连婴儿也养育不起的赤贫生活。

逐步走上安定的北府军团，通过自身的团结，发挥重大作用的是在谢玄时期(374—387)。谢玄为对付苻坚的进攻，将募集到的劲勇之士任命为部将，使他们强有力地统率着北府兵。据《晋书》卷84《刘牢之传》：

> 太元初(376年左右)，谢玄北镇广陵，时苻坚方盛，玄多募劲勇，牢之与东海何谦、琅邪诸葛侃、乐安高衡、东平刘轨、西河田洛及晋陵孙无终等以骁猛应选。玄以牢之为参军，领精锐为前锋，百战百胜，号为"北府兵"，敌人畏之。

---

① 《晋书》卷81《刘遐传》："刘遐……迁散骑常侍、监淮北军事、北中郎将、徐州刺史、假节，代王邃镇淮阴。咸和元年卒，追赠安北将军。子肇年幼，成帝以徐州授郗鉴，以郭默为北中郎将，领遐部曲。遐妹夫田防及遐故将史迭、卞咸、李龙等不乐他属，共立肇，袭遐故位以叛。"另同卷《朱伺传》也云："时王敦欲用从弟廙代侃为荆州，侃故将郑攀、马儁等乞侃于敦，敦不许。攀等以侃始灭大贼，人皆乐附，又以廙忌戾难事，谋共距之。"尤其是《刘遐传》的记事与前引郗鉴的上奏关系密切。郗鉴的希望，亦即用"素望所归"、"流亡所宗"者为己后任，似正基于这一事实而发的。

② 东晋初，领彭城内史者有刘遐。遐后为兖州刺史，太宁初(323年左右)将屯所从彭城移至泗口。其旧部为郗鉴、郭默所领，但后者仅一年便离职而去，于是由前者代管，结果全都置于郗鉴统率之下。不过，彭城人起先虽归于坞主刘遐，但后来随郗鉴移至京口者应不在少数。另，同谋者之中，向靖为河内人。这是否说明归于从河内南下的郭默手下的祖先，后又加入郗鉴的统领之中了呢？

以上记载的人物在谢玄手下,每人各领一支队伍,在淝水之战中扮演了极为重要的角色。[①] 北府兵作为一支强有力的军团而驰名遐迩,便是始于此时。实际上就是以谢玄募集到的劲勇之士为中心,将北府兵极为牢固地团结到了一起。而淝水之战的胜利,也给了刘牢之以下北府诸将一个认识自己军事实力的机会。谢玄与谢安视这些武将为自己的手足,"自队主将帅已下,安无不慰勉。……诸将宜数接对,以悦其心",[②]两者之间可谓相得益彰。对这些武将,表现出矜贵态度是最不可取的,这样只能疏远两者的关系。谢玄之后,统辖北府的王恭(390—398),由于在这方面思虑不够,因此在刘牢之的指挥下团结一致,并充分认识到了自己实力的北府军团最终背叛了他。

大体而言,东晋贵族政治是如王导、谢安所代表的那样,细心维护各个势力之间的平衡,从中作出调整,使这些势力能够自如地发挥作用的方法。"(谢)安每镇以和靖,御以长算。德政既行,文武用命,不存小察,弘以大纲,威怀外著,人皆比之王导,谓文雅过之"。[③] 这一评价实际上也就概括了上述政治运营的手法。对于固有势力的基础还十分薄弱的北来贵族政权来说,要维持作为支配者的优势,最好的办法就是作为调整者周旋其中,除此以外,再无别的方法。当贵族不能发挥这种调整者的作用,或是这种调和已不再能有效运作的时候,就会迎来贵族政治的重大危机。谢安死后,会稽王司马道子开始主宰东晋政治,到此为止建立在一种微妙平衡之上的贵族政治,终于露出了破绽。

会稽王司马道子的政治运营中,受到最大批判的是,通过侧近的佞幸者,将没有乡邑品第的奴婢小竖大量任用为官吏,形成官以贿成的状况。实际上,优倡出身的赵牙、捕贼吏的茹千秋等利用威权竞卖官位,由此获得了累亿的资货,这些成为刘宋孝武帝以后广泛出现的恩幸弄权现象的先声。不用说,这些都无视从来的贵族制身份社会秩序,贵族社会由此产生裂痕,贵族之间渐起纷争,也是必然的。北府的王恭、西府的殷仲堪、桓

---

① 《晋书》卷79《谢玄传》。
② 《晋书》卷79《谢万传》。
③ 《晋书》卷79《谢安传》。

玄等拥有武力的贵族与建康政府对立。处于这样一种贵族之间的抗争之中，在王恭之下，实质上构成其兵力的刘牢之所统北府军团便站在了握取主导权的立场上，刘牢之对此是十分清楚的。

北府兵到目前为止，扮演的是贵族政府的佣兵这一角色，而刘牢之则可以用佣兵队长这一词语来形容。[①] 可是现在，这些佣兵却在其佣主亦即贵族的意志之外，开始按照自己的判断来行动。刘牢之所率的北府军团背叛其长官王恭，接着背叛司马元显，最后与西府桓玄妥协，屈就于其下。桓玄由于拥有自己的西府军队，并以此作为基础，所以采取了与一般贵族不同的强硬措置。他首先把刘牢之调离北府，委以他任。对此，后者再次试图反抗，但为时已晚。清除掉刘牢之以后，桓玄便开始对孙无终等北府旧将开始了弹压。[②] 这些旧将，都是谢玄招募的劲勇之士，而且是北府兵相互团结的纽带，因此将其诛灭，便可以一举摧毁北府各军的团结。北府兵在这一打击下，分散配属到了桓玄麾下的众将之下。[③] 不过，其中大部分似都还在原先的居住地京口与广陵。当北府旧将遭到清除以后，刘裕等中级将校便成为将北府再次团结起来的唯一力量。因此，他们在众多北府兵所居的京口、广陵举起反旗，并非偶然。

这里需要注意的是，刘牢之试图反桓玄，为什么没有取得成功呢？《晋书》卷84《刘牢之传》：

> （刘牢之）集众大议。参军刘袭曰："事不可者莫大于反，而将军往年反王兖州（恭），近日反司马郎君（元显），今复欲反桓公（玄）。

---

① P. Demieville 教授用 condottieres bagarreurs et retors 一语来概括包括刘裕、刘毅在内的这批东晋末期的武将。（Cf. P. Demiéville, "La vie et l'oeuvre de Sie Ling-yun," dans *Annuaire du Collège de France*, 63e année, 1963. p. 327 ou dans *Choix d'études sinologiques*, 1973, p. 332）。我认为教授的用语在把握其历史意义时十分准确。如后所述，刘裕虽然已经不能用佣兵队长来加以认识，但在最初不能不说仍是佣兵队长。另，不用说，所谓佣兵一词，并非那种支给钱财然后结成雇佣关系的兵士，此处仅仅只是借用一下其历史性格而已。

② 《晋书》卷99《桓玄传》。

③ 进驻京口的徐州刺史桓修以及广陵的青州刺史桓弘手下有北府兵，这从前举刘裕起兵的同谋者的经历上也可知道。此外，扬州刺史桓谦的手下也是号称"谦等士卒多北府人"（《晋书》卷85《刘毅传》），北府兵不在少数。

一人而三反，岂得立也。”语毕，趋出，佐吏多散走。

在此状况下，刘牢之最终自杀而亡。刘袭不久也作为北府旧将，被桓玄所杀。上述史料表明，当时北府军的上下联系是了解将吏思想的有效途径。佣兵队长牢牢控制着麾下的军队，独立于作为佣主的贵族之外，可以用自己的意志采取行动。可是，作为其实力支柱的麾下诸将，并不能始终随其作毫无目的的反叛。这里，也就必须要有使足以诸将理解的目的。

刘牢之的失败与北府旧将的清理，显然对北府造成了严重的打击。可是在这之后，不断困扰桓玄的是所谓“北府人情”，也就是说仅依靠清洗首脑也并不能解散的团结，仍然顽强地保留在旧北府兵心中。桓玄篡夺了东晋王朝，建立了新的楚王朝，这就给那些反对者们以绝好的口实。在此以前，刘牢之没有找到的反抗目的，现在不单使北府兵，也使更为广泛的阶层都能够完全地认同。刘裕哗变的成功，固然依靠了北府兵还没有丧失的团结意识，但同时其行动之中的上述大义名分也是绝不能忽视的一个重要因素。还有一个事实更加值得注意，这就是刘裕起兵是北府的中级将校自发的一场哗变，在这当中，并没有加入贵族的意志。

刘裕起先为孙无终——响应谢玄招募的劲勇之士，后以北府旧将被桓玄所杀——的司马，后为刘牢之参军，可谓土生土长的北府武人。尽管并不是像孙无终那样的旧将，但在刘牢之麾下参加讨伐孙恩的作战，声名显赫，在北府兵也是广为人知。在举义旗时，那些被配置在桓玄麾下诸将处的旧北府兵重新集结在其下。在刘裕的同谋者中，与之相匹敌的人物是刘毅，一部分北府兵流向了刘毅那里。[①] 义熙八年(412)，刘毅被灭以后，这部分人众为刘裕所掌握。义熙十二年(416)，司马休之的反乱平定后，刘裕弟刘道怜为荆州刺史，其时“北府文武悉配之”。[②] 北府兵原为刘裕的军事基础，但随着势力的扩大，相应地也就配置于各个军事要地。这

---

① 《宋书》卷45《王镇恶传》载其为高祖刘裕部将攻伐刘毅时云：“镇恶军人与毅东来将士，或有是父兄子弟中表亲亲者，镇恶令且斗且共语，众并知高祖自来，人情离懈。”很清楚，刘毅麾下的东来将士即为旧北府兵。

② 《宋书》卷51《长沙景王道怜传》。

也就显示出本属徐、兖二州的北府兵已经完成其使命，在刘宋政权的军事基础扩大到更为广阔的范围的过程中，重新发挥了根基作用。

如上所述，成为刘裕起兵基础的北府军团，最初从北方的流人集团出发，作为东晋贵族的佣兵发挥了作用，同时也逐渐形成了自己的牢固团结。在这中间，谢玄招募的劲勇之士的存在不可忽视。淝水之战以后，他们逐渐意识到了自己的力量，开始显示出了不以贵族意志所动的姿态。东晋末期，当贵族之间的抗争日趋激烈之际，他们更是取得了能够左右政局动向的地位，但尽管如此，还是没有彻底摆脱佣兵队的性格。可是在遭到桓玄的打压之后，以中级将校群为中心的哗变成功，按照他们自己的意志，依靠自己的力量，发动义兵，打倒了篡夺东晋王朝的桓玄。到这时，他们才成了一支不受贵族颐指气使的，完全独立自主的军事力量。自主的军事力量，有着自然扩大的倾向。① 同时，贵族则开始被疏远到了这种自我完结的军事力量以外。那么，这种局面是以什么样的形式出现的呢？

二、贵族军事支配的丧失

首先，刘宋以后，重要军府的长官都为王族所占据，贵族不再能直接动用军府，这一点在刘裕时期便已定下，成为一项大原则。

如上一节所述，驻屯京口的军府，东晋以来，地位非常重要。大明元年（457），刘延孙为其长官，其事见于《宋书》卷78本传：

先是高祖遗诏，京口要地，去都邑密迩，自非宗室近戚，不得居

① 虽说是自主军力，在哗变以后，仍有着分解的危险。分解四散之后，重新成为贵族佣兵的倾向也仍然存在。贵族恐怕是尽力使事态朝这一方向发展。义熙三年（407），扬州刺史王谧死去，刘毅、谢混一方欲任混为扬州。刘裕根据刘穆之的献策，强行夺取了扬州之位（《宋书》卷42《刘穆之传》）。作为“根本所系”的扬州，是落入贵族谢混之手还是归刘裕掌握，实际上是显示自主军力走向扩大抑或再次成为佣兵的一条重要分水岭。P. Demieville 教授将刘毅划为“chef du parti légitimiste”（前揭著书）。《晋书·刘毅传》在最后记了一条刘毅与刘裕相赌的故事，这是具有某种象征意义的。如果这时骰子滚向谢混与刘毅一方，或许东晋末期的状况还要继续一段时期。

之。延孙与帝室虽同是彭城人，别属吕县。刘氏居彭城县者，又分为三里，帝室居绥舆里，左将军刘怀肃居安上里，豫州刺史刘怀武居丛亭里，及吕县凡四刘。虽同出楚元王，由来不序昭穆。延孙于帝室本非同宗，不应有此授。时司空竟陵王诞为徐州，上深相畏忌，不欲使居京口，迁之于广陵。广陵与京口对岸，欲使腹心为徐州，据京口以防诞，故以南徐授延孙，而与之合族，使诸王序亲。

据此可知，刘裕遗诏是被严格执行的，而且为了不致偏离这条路线，还十分勉强地让本非同宗者合族，作亲戚之交。刘裕的这项方针，并非只对徐州。

东晋以来，荆州西府是与北府相持的最重要军府。为此，“高祖以荆州上流形胜，地广兵强，遗诏诸子次第居之”。[①] 这条遗诏在刘裕死后，曾一度没有得到遵守，当时掌握权力的徐羡之一派，以贵族的谢晦为之。不过，谢晦能得此任，完全是寒门出身的徐羡之等人策谋的结果，并不意味贵族通过自己的力量恢复了自己的主导权。[②] 谢晦不久为文帝所灭，这一事件的重要性在于，说明贵族已经不能再直接支配重要的军府了。事实上，以后就任荆州军府长官的，除王族以外，仅沈攸之、朱修之两人而已。这两人都为武将出身，加入不了贵族的行列。

像这样，将重要军府委于诸王或非贵族出身武将，显示出军府的支配权从贵族手中夺走，而被交到了王族与寒门武人那里。[③] 据万斯同《宋方镇年表》，可知类似这样的状况在其他军府均可见到，可以说是一般倾向。这些都说明了一点，即伴随着贵族自身的文弱化，他们从军权上也被隔离开来。对这种现象，我们可以作如下理解，即在不含有贵族意志的情况下，刘裕等人按照自己的意愿发动军事力量，举义旗成功，那么其结果

---

① 《宋书》卷68《南郡王义宣传》。

② 《宋书》卷43《徐羡之传》：“羡之起自布衣，又无学术，直以志力局度，一旦居廊庙。”值得注意的是刘裕掌握主权力以后，以寒门出身的刘穆之，其次是徐羡之为中心，负责政策的制定。

③ 不过此时，贵族继续占据着军府的长史、参军等职位，对军府在间接上产生着某些影响。此点也须注意。

必然就是,这种军事力量最终将贵族予以排除,并走上一条自我扩大的道路。由此我们完全可以设想,在军事力量自我扩大过程中,一般的寒门武人必然会崭露头角。

当然,寒门出身者在军事上的活跃,并不需要等到刘宋政权,早在东晋时期,便已经出现。但是在东晋时期,他们还是受制于贵族,甘愿为其所驱使。到刘宋时期,上述状况发生了不少变化。关于此点,下面以曾主宰过荆州的沈攸之及其一族亦即吴兴武康沈氏为线索作些考察。

吴兴武康沈氏到隋末,是拥有宗族数千家的大豪族。① 在东晋南朝时期,据沈约《宋书·自序》,可知是相当有名的大族。② 类似沈约这样的一流文人,还有武将、恩幸等,各个方面都有不少人物。必须注意的是,在这样一支令人饶富趣味的大豪族中,各房各家在社会身份以及性质上,有着相当多的不同。不过,如东晋初侍奉于王敦的沈充、③列于《晋书·忠义传》的其子沈劲等都首先是以武将出现。时称"家世为将"④的状况,在沈约的直系祖先那里,也基本不变,大致都是先为武将,在取得了极高的地位之后,才出现了沈演之、沈约那样的文官。

尽管是如此一支势力强大的豪族,但是沈氏的社会身份开始并不高,这一点在沈庆之、沈攸之那里,十分清楚。沈攸之是同为武将出身,后位极人臣的沈庆之从父兄子。攸之"少孤贫,元嘉二十七年(450),索虏南寇,发三吴民丁,攸之亦被发。既至京都,诣领军将军刘遵考,求补白丁队主,遵考谓之曰:'君形陋,不堪队主。'因随庆之征讨"。⑤ 大致而言,如南兖州的例子那样,在450年民丁征发令中,官吏子弟在一定程度上是免除征发的。"尚书左仆射何尚之参议发南兖州三五民丁,父祖伯叔兄弟仕州居职从事、及仕北徐兖为皇弟皇子从事、庶姓主簿、诸皇弟皇子府参军督护国三令以上相府舍者,不在发例",即是此规定。⑥ 宫崎市定博士

---

① 《旧唐书》卷56《沈法兴传》。
② 东晋初,吴兴武康的沈氏已为江南大豪族,此点请参见本书第二编第四章。
③ 《晋书》卷98《沈充传》。
④ 《宋书》卷63《沈演之传》。
⑤ 《宋书》卷74《沈攸之传》。
⑥ 《宋书》卷95《索虏传》。

据此指出,大致沿着九品官以上这条线,免除其三等亲的兵役。[①] 我们看沈攸之,其父为衡阳王义季(皇弟)所主征西(后为征北)府长史、兼行参军,但为什么攸之仍要受到征发呢?或许是因为其时父亲已亡,身处“孤贫”之中的缘故。但到了首都以后,马上要求补白丁队主,后又得以在亲戚沈庆之手下从军,也说明还有一定的特权。尽管如此,沈攸之不能免除一般的征兵,还是显示出他决非贵族而仅仅只是寒门或寒人。这也有助于我们了解沈庆之的社会地位,他当时作为武将已经相当有名了。

450 年,沈庆之正为太子步兵校尉,对文帝的北伐计划,是持坚决反对态度的。据《宋书》卷 77《沈庆之传》:

> 丹阳尹徐湛之、吏部尚书江湛并在坐,上(文帝)使湛之等难庆之,庆之曰:“治国譬如治家,耕当问奴,织当访婢。陛下今欲伐国,而与白面书生辈谋之,事何由济。”上大笑。

这段记述涵义颇深。在本传中,被描述为“手不知书,眼不识字”的沈庆之作为寒门出身的武将,在皇帝面前面对吏部尚书等人,放言国家军事不关白面书生事,这就充分显示出了针对庙堂的白面文官,武人有着自己的矜持与独立。实际上,这也是寒门武人身份虽低,但在军事上的作用大幅上升的结果。刘宋时期武将的比重增加,与北魏统一华北,对南方形成了巨大的军事压力一事关系密切。可是同时,军事离开了贵族,实质上由王族 = 寒门武人来承担的状况,才使上述豪语有了出现的可能。事实上,文帝死后,沈庆之等寒门武人进而开始干预政治。庙堂的白面书生,在其固有的领域也逐步落入被动的处境。

如此看来,到刘宋时期,寒门武人已经摆脱了贵族的统御,拥有了与之拮抗或是形成压力的力量。这是因为在刘宋早期,军事力量的形成是建立在排除贵族这一基础之上的,而且它还朝着自我完善的方向发展。为什么这样说呢?这种军事力量在自我扩大过程中,必然要从非贵族的

---

① 宫崎市定《九品官人法的研究》(1956 年,东洋史研究会),页 250。

一般寒门中,吸收具有武力才干者。由此登场的寒门武人,已经完全没有必要仰仗贵族的鼻息了。

事实上,作为寒门武人之家,在晋代遭到贵族压制的吴兴沈氏,在刘裕以后,进入了一个飞跃发展的时期。沈庆之即为其中一人,而直接与刘裕关系密切的,是相当于沈约祖父的兄弟沈田子、林子等人。根据《宋书》卷100《自序》,沈林子等人的父祖信奉孙恩的道术,父亲在与官军作战中被杀,祖父以及伯叔等,也因为宗人沈预的密告而全部被杀。"时生业已尽,老弱甚多,东土饥荒,易子而食,外迫国网,内畏强仇,沉伏山草,无所投厝",境遇悲惨。针对孙恩的讨伐,还在继续。讨伐军中,刘裕的部队军纪最为严整。于是林子率老弱投奔刘裕自首,并呜咽流涕,申述自己的苦境,立志复仇。对此,刘裕予以承诺,表示"君既是国家罪人,强仇又在乡里,唯当见随还京,可得无恙",并分船一只,将其一家迁往京口,分与宅第。沈林子兄弟于是投入刘裕旗下,并利用这一机会,实现了报仇之愿。林子此后并无仕进之意,但刘裕强行将其拉入自己的阵营,在北伐以及其他战事中,颇有贡献。

即便是国家罪人,但像林子这样血气方刚的人材,都是刘裕拉拢的对象。这是因为在刘裕看来,当超越北府这一自己固有的军事基础,寻求更广范围内的发展时,除了与自己合作的北府众人以外,还必须要吸纳另外那些具有武力才能的武人。一般的寒门武人,在这样一种状况下为刘裕所吸收,刘裕政权的军事基础也借此获得了更进一步的发展。

这里值得注意的是,沈林子等人是在被乡里所驱赶,也就是并非以豪族的形式投入到刘裕那里的。乡里时期的沈庆之与沈林子父祖不同,与乡族一道,站在了抗击孙恩的一方。但是,他在其兄手下作为武人进入官界时,却是在远离乡里的襄阳。也就是说,沈庆之也是在没有宗族背景的情况下崭露头角的。"忠谨晓兵",①便是他后来成功的原因。由此来看,刘裕所寻求的不是他们作为豪族的力量,而是能够成为将帅的个人能力。

---

① 《宋书》卷77《沈庆之传》。

到刘宋中期,承继晋代的兵户以及一般征发的民丁构成了军队的主要兵源。① 因此,需要的并非豪族拥有的兵力,而是统率既成兵力的武将。也就是说,这一时期的江南,还没出现类似梁代那样的土豪,在乡邑拥有兵力,以此为基础成为将帅的情况。土豪将帅层所包含的内涵,还没有广泛出现。

顺带提及一个稍微偏离本题的现象,这就是像吴兴沈氏这样一个大豪族决非牢不可破。里面的各个家族既有宗教信仰上的差异,也有着相互利益上的冲突,甚者还发展到深刻的仇敌关系。豪族之中,比起宗族的共同意识,更为显著的是各个家族在趋向分裂。前人研究已经指出,与北方相比,江南宗族的共同意识比较淡薄。② 但这并不仅仅局限于上流贵族当中,极可能群居在吴兴武康的沈氏一族,也适合于这一说法。至少就江南而言,与汉代相比,豪族内部的分裂现象十分突出。所以在梁代,当各地的土豪拥有数百或是上千的募兵或家兵垄断乡曲时,这些土豪将帅率领的集团已经不同于汉代的豪族,它由相当多的异己分子以及出自独立家庭的同乡"乡人"组成,是一个内涵极为复杂的集团。

以沈氏为线索,我对寒门武人的抬头与刘宋政权的关系作了探讨,并与后来的土豪将帅层作了比较。本文想指出的是,这些寒门武人并没有与地方的豪族基础有着直接关系,而主要通过个人的才干,作为个人吸收进了刘宋政权的军事体系之中的。

以上我们看到,刘宋政权的军事侧面主要由王族与寒门出身的武人来承担,而且将贵族从军事上排开。之所以能做到这一点,主要是与刘裕举兵当初的状况密切相关,它所依据的并非贵族的意志,而是由武人自发地行动的。也就是说,可以将刘裕政权下的军事体制理解为,是一种根源于自主军事力量的自我发展。

---

① 参见本书223页注①所揭滨口博士论文。另在前揭《秦汉隋唐史研究》一书的第409页,指出募兵始于宋泰始年间。

② 参见守屋美都雄《六朝门阀个案研究——太原王氏系谱考》(1951年,日本出版协同股份公司)。

结　语

如上所述，进入刘宋时代以后，军事几乎全由王族与寒门出身的武人把持，而贵族则被疏远开来。应当承认，贵族支配体制的一个领域，在这里显示出了极大的后退。当然，贵族在开始时还是极力想恢复自己的主导权，谢混、谢晦等人，可以说就是在此过程中倒下去的。但是时代的发展趋势已经不允许再回到贵族的黄金时期了。所谓元嘉之治，表面上确实还尊重贵族，从前面沈庆之的话语中也反映出，文帝是支持白面书生的。正因为如此，在贵族文人的眼中，元嘉之治值得大加赞赏。可即便如此，军权还是回不到贵族手里。

丧失了军权的贵族，只有更加文弱化或说是白面书生化。在他们那里，已经看不到东晋时期还存在过的生机勃勃的身影。谢灵运通过自己敏锐的感性，似乎已经预见到了贵族的这一下场。在反抗宋室时，他所表现出来的种种奇异行为，让人感到犹如堂吉诃德在追求那种失去的骑士的风采一般。记录贵族社会生活的《世说新语》，正是在这一时期写成的。谢灵运作为这部书的最后一位人物，给了我们很深的启示。元嘉年间，是贵族政治得到最后一丝荣耀的时期。对那些深感衰运即将来临的贵族文人来说，它也正是一个可以回顾过去的时期。作回顾的时期，往往也是描述过去时光的书籍得以诞生之时。

刘宋时期是贵族制完备的时期，所以一般认为它是贵族的全盛期。就制度而言，确实如此。士庶之别，即便连皇帝权力也无力改变。可是，强调有必要完善制度，实际上也就是因为顾虑到如果不加以完善，体制就会发生改变。反过来再看贵族制度的固定化，实际上就是贵族自身失去了活力，采取防御的姿态。制度完备的背后，一道暗影正在逼近。

5 世纪前期，贵族失去了军事上的统治，这是 5 世纪后期开始丧失经济实力的前奏曲或说是伴奏曲，因而具有深远的意义。与此同时，当我们思考诞生于 3 世纪，结束于 6 世纪中叶的贵族制的变化过程时，上述事态是一个不容忽视的现象。

（1964 年 10 月《东方学报》，京都，第 36 册。1979 年 8 月修订）

第二章《世说新语》的编纂

——元嘉之治的一个侧面

前　　言

在上一章中，我将刘宋政权的成立以及活跃于这一政权中的寒门武人现象，作为一个与贵族制有关的问题作了考察，指出这意味着贵族丧失了军事支配，而且也反映了以贵族为中心的支配体制出现了某个方面的极大倒退。被称赞为“元嘉之治”的这一时期（424—453），对被排除在军权之外的贵族而言，是一个可以说体现了其最后荣光的时期，也是使他们面对即将到来的衰退之局，对过去的黄金岁月作出某些回顾的时期。在我看来，《世说新语》这样一部记载了贵族社会繁荣的著作，即是此种心态下的一项结晶。作出这样的推测，似乎并没有什么大错。不过在上一章中，仅仅还只是一种推测，并没有拿出充分的证据。本章将要思考的一个问题是，类似《世说新语》这样一部书籍为什么会产生？由此来看看当时产生这部书籍的社会侧面。因此，针对《世说新语》的编纂问题，并不想只是局限于文献学这一个方面，相反倒想以此作为一个线索，来揭示产生此书的社会具有什么样的历史位置，后者更应该说是主要的关心所在。

众所周知，《世说新语》的撰者是刘宋宗室临川王刘义庆（403—444）。不过，鲁迅早已经在《中国小说史略》一书中就指出，《宋书》本传载刘义庆虽“爱好文义”，但“才词”却不多，因而《世说新语》恐非直接出自其手，实际上当为其幕内文人们所作。鲁迅的看法，笔者十分赞同，在下面的考察中，基本上将遵循这一思路，同时也想再作些深入的探讨。

刘义庆"招聚文学之士，近远必至"，其中"太尉袁淑，文冠当时，义庆在江州(439—440)，请为卫军咨议参军；其余吴郡陆展、东海何长瑜、鲍照等，并为辞章之美，引为佐史国臣"。① 这里所见袁淑等四人，应是刘义庆幕内最具代表性的文人。但是，并没有史料能够直接显示这四人，或是其中的哪一个参与了《世说新语》的编纂。同时，也没有材料显示这四人以外的哪位文人参与其中。由此来看，有关《世说新语》的编纂问题，可以先来探讨这部书的内容以及性质，进而再来考察具有这种性质的书籍产生的环境及条件。除了这样一种间接的方法以外，似乎别无其他办法。通过这种间接的方法看到的环境或条件，如果与上述四人或是其中哪一个所处的环境和条件相一致的话，那么就似可认为此人极有可能参与书籍的编纂。由于缺乏直接的资料，所以不可能获得解决问题的决定性答案，但通过上述方法，似可在某一范围内提供一个较为近似的意见，因此作这样的工作，也并非全无意义。

下面，我们就根据上述间接方法，思考《世说》是在什么样的环境与条件下产生的？

一、《世说》产生的诸条件

《世说》在怎样的环境背景下较为容易产生呢？为此，将《世说》与同类性质的书籍作一参考比较，应该说是一个首要问题。大家都知道，记录以贵族为中心的上流社交界的故事或是人物评论的书籍，并不以《世说》为始，在晋代就已出现。其中裴启的《语林》在《世说》之中已有记载：

> 裴郎(启)作《语林》，始出，大为远近所传。时流年少，无不传写，各有一通。载王东亭作《经王公酒垆下赋》，甚有才情。(《文学》90)②

① 《宋书》卷51《临川王刘义庆传》。

② 本文所用《世说新语》各篇的号码，根据村上嘉实、福永光司、吉川幸次郎等翻译的《中国古小说集》(筑摩书房《世界文学大系》71)所收本中的号码，主要是考虑检索之便的缘故。

据同书《轻诋》24 注引《续晋阳秋》,《语林》是“晋隆和中(362),河东裴启撰”,据说“时人多好其事文”。也就是说,当时人们,尤其是“时流年少”者,对于“言语应对之可称者”——主要是当时及过去的名士们——怀有极大的兴趣,渴望有一部收录此类逸事的书籍。也正是因为有着这种兴趣与渴望的人们扩大到了各个基层之中,所以才会出现《语林》这类书籍——至少可以说较为容易出现。

那么,编纂这种书籍的人物以及欢迎这种书籍的社会阶层,与贵族社交界相比,处于什么样的位置呢?

《语林》的作者裴启属于河东裴氏,在西晋时,号称“八王八裴”,是与琅邪王氏比肩的第一流贵族。晋室南渡之际,裴氏留在了华北,因而在东晋贵族社会中,不预主流。《世说新语·轻诋》24 对裴启及其所著《语林》,作了如下记载:

> 庾道季(龢)诧谢公曰:“裴郎(于《语林》中)云:‘谢安谓裴郎乃可不恶,何得为复饮酒?’裴郎又云:‘谢安目支道林,如九方皋之相马,略其玄黄,取其骏逸。’”谢公云:“都无此二语,裴自为此辞耳!”庾意甚不以为好,因陈(王)东亭《经酒垆下赋》。(谢安)读毕,都不下赏裁,直云:“君乃复作裴氏学!”于此《语林》遂废。今时有者,皆是先写,无复谢语。

通过这条材料,我们可以得出以下认识:(1)推崇《语林》的“时流年少”包括如庾亮第三子庾龢这样一流贵族的子弟;(2)但是从谢安这样一种贵族社交界的中心来看,却被揶揄为“君乃复作裴氏学”;(3)著者裴启自撰“谢安谓裴郎乃可不恶”,虽然并非事实,但十分明显地反映出自荐于贵族社交界的心情;(4)不过所记内容有虚,这是该书不受欢迎的最大原因,而且《世说》特意载录此事,也可以使我们感到,《世说》的编者有着某种不愿重蹈覆辙的意图。

从(1)、(2)、(3)来看,《语林》著者裴启与欢迎此类书物的“时流年少”,在社会阶层上属于贵族社交界,但又并非主流。也就是说,在当时的贵族社交界，与牢牢占据主流之位的年长者相比，这种书籍产生于那些地位还没有确定的"年少"者、二三流贵族，抑或反主流派等，亦即尽管已经厕身于贵族社交界，但却处于边缘或下层的阶层之中，并受到了他们的欢迎。面对主流，是阿谀献媚还是反抗批判，这一阶层在两种方向之间摇摆不定。至于倒向哪一方，当然与身处这一阶层的个人以及其所处的历史社会的状况有关。不过，在这一时期，不论往哪个方向倾斜，都是以人物评价的形式出现的，这一点值得注意。上述《轻诋》中有关《语林》的例子也显示出，它是以谢安的评语为中心，对包括谢安在内的登场人物进行评价与定位的。人物评论是上述社会阶层形成一个圈子时的本质性要素。[①] 像《语林》及《世说》那样，以人物批评作为基本构成要素的书籍，[②] 一般是在人物评论之风盛行且又与贵族社交界保持一段距离，此外还与年少者关系密切的地方，较为容易产生。当我们运用间接法来探讨《世说》的真正作者是谁时，这一点应该首先置于脑海之中。

间接接近法的第二点应该考虑的问题是，在《世说》中，与撰者刘义庆同时代的人或是与此相近的人物是如何被描述的？这些同时代者又是什么样的人呢？如果说在选取什么样的人，进行什么样的描述中有着某种倾向的话，《世说》的真正作者在当时所处的状况也不是不可以推测的。

一般而言，《世说》是一部收录东汉末到东晋末名士们的逸闻趣事的集子。[③] 不过出场人物的下限并非就只限于东晋末年，也包括了一些刘宋时期的人物。从现存三卷本《世说新语》中可以看到，《宋书》立传的人物中在《世说》中登场的场面，有如下五例：

---

① 我在本书第一编第三章中，将贵族制社会理解为乡论环节重层相叠的社会，把最基层的乡论环节作为第一次乡论的场所，依次往上便是第二次、第三次乡论的场所。如果按照这一称呼，本章所述"形成上述社会阶层的场"，则相当于第三次乡论。

② 现行三卷本《世说新语》所含 1130 条故事中，大约三分之一载有直接品题、批评人物的词语，剩下的三分之二中，大部分也通过一些充满机智的言语以及显示人格、才能来评判登场人物的高低上下。

③ 例如，可参见吉川幸次郎《世说新语的文章》(《吉川幸次郎全集》第 7 卷，1968 年，筑摩书房，页 454)。另，登场人物的时代上限为西汉，此点也请参见余嘉锡《四库提要辨证》，不过这里还应加一条赵飞燕的故事(《贤媛》3)。

(1) 谢灵运(385—433,《宋书》卷67)好戴曲柄笠,孔隐士(淳之,372—430,《宋书》卷93)谓曰:"卿欲希心高远,何不能遗(显示高贵身份的)曲盖之貌?"谢答曰:"将不畏影者,未能忘怀(《庄子·渔父篇》)。"(《言语》108)

(2) 郗超与傅瑗周旋,瑗见其二子并总发。超观之良久,谓瑗曰:"小者才名皆胜,然保卿家,终当在兄。"即傅亮(374—426,《宋书》卷43)兄弟也。(《识鉴》25)

(3) 羊孚年三十一卒,桓玄与羊欣(360—432,《宋书》卷62)书曰:"贤徒(羊孚)从情所信寄,暴疾而殒,祝予(《公羊传》哀公十四年条)之叹,如何可言!"(《伤逝》18)

(4)王尚书惠(385—426,《宋书》卷58)尝看王右军夫人,问:"眼耳未觉恶不?"答曰:"发白齿落,属乎形骸;至于眼耳,关于神明,那可便与人隔?"(《贤媛》31)

(5) 桓玄败后,殷仲文还为大司马(刘裕,356—422,《宋书》卷一)咨议(参军),意似二三,非复往日。大司马府厅前,有一老槐,甚扶疏。殷因月朔,与众在厅,视槐良久,叹曰:"槐树婆娑,无复生意!"(《黜免》8)

第(2)例以后的四例,宋人都非故事中的主要人物,仅仅只是配角而已。即便在第(2)例中,赞扬的是郗超识人不同寻常,而傅亮兄弟只是他识人的对象而已。根据这一记载,可以确认《世说》编纂于傅亮被处死刑之后(426年)。第(3)例的主人公是桓玄,宋人羊欣是他致信的对象。第(4)例的主人公是已经年老的王羲之夫人,宋人王惠只是一个提问者,在这一例子中是可有可无的存在。至于第(5)例,大司马刘裕是整个故事的背景所在,而在这一背景之下发出哀叹的殷仲文,不久便在义熙三年(407)为刘裕所诛,①文章所暗示的正是这一点。

从上述可知,在现行三卷本《世说新语》中登场的宋人在故事当中几

---

① 《晋书》卷97《殷仲文传》。

乎全是配角。但是只有第(1)例的谢灵运,是作为故事主人公受到正面描写的唯一的宋人,这一点十分重要。它显示出,《世说》的编者认为在同时代的人物中,只有谢灵运才具有《言语》篇中主人公的资格。

谢灵运于景平元年(423)辞去永嘉太守而隐居会稽始宁,到元嘉三年(426)文帝召其为秘书监时,一直在"傍山带江,尽幽居之美"的始宁别墅,"与隐士王弘之、孔淳之等纵放为娱,有终焉之志"。[①] 上面第(1)例所载,当为这第一次隐居期间事,它与第(2)例的傅亮一道,都为整部《世说》中时期最晚的记载。在第(1)例中,孔淳之谓谢灵运虽然心慕高远,但仍旧未达到超越俗世的境地。对此,谢灵运引《庄子·渔父》中的"畏影"者,亦即畏惧自己的影子,憎恶自己的足迹,企图全力摆脱这些而最终死去的愚者之例,认为自己与此相似。《世说新语》的编者将这一应答作为"言语应对可称者"而收入《言语》篇中。这里所描绘的谢灵运一方面是隐士,有着终焉之志,另一方面也怀有抛不掉的风流贵公子意识,于是借用《庄子》那种洗练的表现来概括自己的矛盾心境。从这一谢灵运的形象上可以明显感到,《世说》的编者对其有着某种同情和共鸣,同时也显示出,是由对谢灵运怀有好意的人编纂此书的。

谢灵运在第一次隐居始宁时,"每有一诗至都邑,贵贱莫不竞写,宿昔之间,士庶皆遍,远近钦慕,名动京师",[②]所以对他进行好意的描述,或许也可视为当然。的确,对这一时期的谢灵运的评价都十分不错,但是426年被中央征召为秘书监后,文帝宫廷的生活却颇不如己意,他那自由奔放的生活方式不久便影响到了在宫廷的评价。428年,受御史中丞傅隆弹劾而被免去侍中之职,返回会稽后隐居到432年,即第二次隐居时期。其后在432—433年为临川内史,但放荡不羁的生活方式被人怀疑,认为其有反叛之心,最后于433年在广州遭弃市之刑。实际上在临川被捕时所作的"韩亡子房奋,秦帝鲁连耻。本自江海人,忠义感君子",或是在广州临刑之前作的"(受王莽之召的)龚胜无余生,(为公孙述强制的)李业有终尽"等,都

---

① 《宋书》卷67《谢灵运传》。另,参见郝立权《谢康乐年谱》(《齐大季刊》6期,1935年)。

② 《宋书》卷67《谢灵运传》。

明确地反映出，谢灵运将现在的刘宋王朝比作秦，而将文帝视为王莽、公孙述之流的人物，对此予以全面否定，表明了自己对为刘宋所灭的晋王朝的"忠义"。从刘宋王朝来看，是不折不扣的大逆不道，从支持刘宋王朝的人们来看，也决不会对他心存好感。至少在433年表明自己的反意之后，大致是如上这种状况。正因为如此，《世说》对这样一种立场的谢灵运，采取一种好意的态度予以描述，应该说是有很大问题的。

如果《世说新语》的撰者果真是被称为刘宋王朝"宗室之表"的刘义庆，那么也就很难想像能用一种好意的态度来描述对自己的王朝怀有如此反逆之心的人物。在这种情况下，唯一可能的解释是，在谢灵运的反叛之心已经公开的433年以前，刘义庆已经将《世说》编辑完毕，后来该书便在没有消除这种对谢灵运的好意描述下，流传了下来。可是据《宋书·刘义庆传》，其作《徐州先贤传》、《典叙》等书是在为荆州刺史驻江陵时(432—439)，也就是在30岁到37岁之间的八年之中。由此也可知，招募文人于帐下也是从此时开始的。因此《世说》的编纂也很难追溯到432年以前。如果再看后面有关张敷的《世说》佚文为429—432年之间的事的话，就会感到编纂时期决非那样早。①由此可知，上述唯一可能的解

---

① 大矢根次郎氏在《世说的原据及其截取修改》(《东洋文学研究》9号，1961年，页48)一文中作了一段叙述："《南史·刘义庆传》称义庆为江州刺史时，招集才学之士。以袁淑为始，陆展、何长瑜、鲍照等，俱引为佐吏国臣，著《世说》10卷。因此，义庆撰此书当在元嘉十六年，其37岁时。"可是，《世说》撰写的时间并不能如此简单地加以断定，其因在大矢根氏对《南史·刘义庆传》的读法有误。该处原文据本章开头曾引用了一部分的《宋书·刘义庆传》，虽嫌繁琐，现将《南史》原文录于下：

> (义庆)少善骑乘，及长(《宋书》有"以世路艰难"5字)，不复跨马，招聚才(《宋书》作"文")学之士，远近必至。太尉袁淑文冠当时，义庆在江州请为卫军咨议(《宋书》有"参军"2字)。其余吴郡陆展、东海何长瑜、鲍照等，并有辞章之美，引为佐吏(《宋书》作"史")国臣。所著《世说》十卷，撰《集林》二百卷，并行于世。

也就是说，招聚才学之士乃在"及长"之后，并非一定在江州刺史任职时。即便在"江州刺史时"，也只是招请袁淑，用为卫军咨议参军。"其余"以下的文士并非都是在江州刺史任上招请的。实际上，如本章第二节所示，何长瑜与陆展为刘义庆荆州刺史时期的僚佐，而在江州刺史时招聚的文士是袁淑与鲍照(参《鲍参军集注》1958年，上海古典文学出版社，页13)。至于"所著《世说》十卷"云云，并不见于《宋书》，而为《南史》所加。上述文士们究竟何时"引为佐吏国臣"，并不清楚。与此相同，《世说》所撰时期也不能轻易断定为江州刺史时期。

释，也很难说得通。于是作为这种解释的前提，亦即《世说》乃刘义庆所撰，就令人不得不感到怀疑，而鲁迅关于《世说》是刘义庆幕内文人所作的主张，也就愈发可以得到支持了。而且通过以上所述，我们还可以在鲁迅的观点之上，再进一步认为，在刘义庆帐下的文人当中，并非与刘义庆或刘宋皇室有着密切关系，而是极可能对反叛者谢灵运怀有好感者编撰了此书。我们甚至可以想像，刘义庆或许并没有通读全书，而是采取了一种放任的态度。

以上，通过分析现行三卷本《世说新语》中登场的宋人是何种类型的人物，受到了什么样的描述等问题，探讨了《世说》真正作者的立场与倾向。结论是，与相传撰者即是刘义庆这一说法完全相反，这部书籍极有可能是对谢灵运——对刘宋王朝明显具有敌意的——怀有好感立场的人编纂的。可是以上还只是推论，为了进一步加以证明，还必须深入探讨。大家都知道，现行三卷本《世说新语》是根据传至赵宋时期的简略版本编修而成的，至于《世说》原本，据说有十卷。现行三卷本中，各卷分为上下，即便视为六卷，也还有相当部分散佚了。叶德辉及古田敬一氏等曾对佚文作过征集，[①]所以在考察《世说》是如何描述同时代的人时，并不能只限于现行三卷本，至少还必须将现在所见的佚文作为调查的对象。

在收集到的佚文中，有关宋人登场的故事还有以下两例：

（1）张敷（生卒年不明，《宋书》卷62）为宋台秘书郎，自彭城请假还东，于时相国府有一参军督护亦请假，武帝（刘裕）遣传令语敷云：“可载之。”答曰：“臣性不杂。”遂不载。（《太平御览》卷634所引）

（2）王昙首（430年卒，《宋书》卷63）年十四五便能歌，诸妓向谢公称叹，公甚欲闻之，而王既名家年少，无由得闻，诸妓又具向王说谢公意。谢后出东府，土山上作伎，王时作两丸髻，着裤褶，骑马往土

① 参见思贤讲舍本《世说新语》所附叶德辉辑本，以及古田敬一《世说新语佚文》（1954年，广岛大学中国文学研究室油印本）。

山下,庾家墓林中作一曲歌之。于时秋月正皎,王因举头看北林,卒曲便去,妓白谢公曰:"此是王郎歌。"(《事类赋》卷11所引,另参《太平御览》卷572所引文)

王昙首或许是作为贵族社会的代表性人物以及作为继承晋代以来文化传统的人物,而被纳入《世说》之中的吧。这里倒是(1)中的张敷故事值得注意。在这里,张敷不听武帝的命令。可是据《宋书》卷62《张敷传》,江夏王刘义恭为荆州刺史镇江陵时(429—432),记室参军张敷休假完毕准备回江陵时,文帝让其与一欲见义恭的沙门同船而回,不料张敷却"不奉旨",云:"臣性不耐杂。"对此,文帝"甚不说"。或许《宋书》的记载更为准确,但在文帝治世的元嘉年间,将这样的记事载入《世说》之中,应是颇为忌讳的事,所以才换成了武帝,这样可以减少一些麻烦。尽管如此,如果《御览》所引关于张敷事迹的《世说》佚文,果真是在《世说新语》原本中,那么与刚才所述有关谢灵运的故事相关联,我们似乎可以从中看到将这些故事特意收进《世说》的编者,甚或《世说》本身,潜藏某些反体制的性质。

以上分析了《世说》是在什么样的环境和条件下产生的问题,现把结论作一总结:首先是在人物评论之风盛行,与主流贵族社交界有着一些距离,而且与年少者有关的地方,产生的可能性较大。其次,实际上参预编辑的是,与刘义庆或刘宋宗室并无紧密的联系,相反对叛逆者谢灵运怀有好感,对敢于抗拒文帝的张敷予以喝彩的,具有反体制倾向的人物。将这些条件合在一起考虑,最初所列刘义庆帐下的四位文人中,东海何长瑜便映入了我们眼帘。下一节,我们就来看看何长瑜其人以及他与《世说新语》的关系。

二、何长瑜与《世说》

何长瑜为刘义庆幕内所招文人之一,这一点在前引《宋书·刘义庆传》中可以看到。有关何长瑜的详细记载,见《宋书》卷67《谢灵运传》。

元嘉五年(428)，被免去侍中一职的谢灵运，回到会稽作第二次隐居时，同传有如下一段记载：

> 灵运既东还，与族弟惠连、东海何长瑜、颍川荀雍、泰山羊璇之，以文章赏会，共为山泽之游，时人谓之四友。

下文接着便对四友作了说明。据此可知，谢灵运与何长瑜的相识是在此前的第一次隐居时期(423—426)。现稍作引用如下：

> 惠连幼有才悟，而轻薄不为父方明所知。灵运去永嘉还始宁，时方明为会稽郡。灵运尝自始宁至会稽造方明，过视惠连，大相知赏。时长瑜教惠连读书，亦在郡内，灵运又以为绝伦，谓方明曰："阿连才悟如此，而尊作常儿遇之。何长瑜当今仲宣，而饴以下客之食。尊既不能礼贤，宜以长瑜还灵运。"灵运载之而去。

由此可以看到，何长瑜起先是谢惠连的家庭教师，似并不如意，后受谢灵运的赏识，在谢前后两次的隐居期间，彼此结成了极为亲密的交友关系，而且"长瑜文才之美，亚于惠连，雍、璇之不及也"，所以在四友中，他的地位是较为重要的。

在谢灵运第二次隐居之后，何长瑜的境遇出现了变化，即"临川王义庆招集文士，长瑜自国侍郎至平西记室参军"，此事恐怕与谢灵运423年被任命为临川内史不无关系。在第二次隐居期间，谢灵运生活极为放诞不羁，尤其是得罪了会稽太守孟𫖮，于是孟以其有"异志"，向文帝告发。谢灵运急忙进京申诉自己的清白，对此文帝虽"不罪"，但却"不欲使东归，以为临川内史"，临川内史相当于刘义庆封国之内管理者的地位，而何长瑜则也被任命为临川国侍郎。内史为敕命官，所以为文帝钦命，但是国侍郎可以由封王自命，所以何长瑜是由刘义庆直接任命的。但是，谢灵运为临川内史的432年，也正是刘义庆转为荆州刺史，出镇江陵之时。在本章开头所引刘义庆"招聚文学之士，近远必至"一文之后，又有"太祖

（文帝）与义庆书，常加意斟酌”一句。将谢灵运任命为临川内史的文帝，与将何长瑜任命为临川国侍郎的刘义庆之间，是否有着某种事先约好的合意呢？至少，何长瑜被用为临川国侍郎的时期，与谢灵运受命为临川内史的时期，似乎相差并不远。

第二年，433 年谢灵运被处以死刑。名士谢灵运的死，应该给当时的上流社会造成了巨大影响，尤其谢灵运身边的人物，一定受到了极大的震撼。谢惠连在同年早夭而死，而就何长瑜来说，在其后的江陵生活中，也应是笼罩了一层精神上的阴影。《宋书·谢灵运传》对其在江陵为平西将军刘义庆记室参军时的状况及以后的生涯，作了如下叙述：

> 尝于江陵寄书与宗人何勖，以韵语序义庆州府僚佐云：
>
> 陆展染鬓发，欲以媚侧室。
>
> 青青不解久，星星①行复出。
>
> 如此者五六句，而轻薄少年遂演而广之，凡厥人士，并为题目，皆加剧言苦句，其文流行。义庆大怒，白太祖除为广州所统曾城令。及义庆薨（444），朝士诣第叙哀，何勖谓袁淑曰：“长瑜便可还也。”淑曰：“国新丧宗英，未宜便以流人为念。”庐陵王（刘）绍镇寻阳（443—449），以长瑜为南中郎行参军，掌书记之任。行至板桥，遇暴风溺死。

以上是有关何长瑜的全部记载。在这些事迹中，我们可以发现许多地方同上节所述《世说》产生的各种条件，有着很大程度的一致。

首先，何长瑜自身积极评论人物，在他周围，聚集的是为他那犀利的“剧言苦句”心折，而且使“其文流行”的所谓“轻薄年少”。这些人形成的圈子，与当年欢迎裴启及其著《语林》的“时流年少”如出一辙。此外，东海何长瑜与河东裴启一样，当时都为二、三流贵族，与占据中央政界的主流贵族有着相当的距离。因此可以认为，何长瑜与其周围年少者形成

---

① 这里似意识到了谢灵运《游南亭》诗（《文选》卷 22）中“戚戚感物叹，星星白发垂”一句。

的圈子，是产生《世说》这类人物短评集最为合适的地方。

何长瑜等人用韵语进行人物批评，如"陆展染鬓发"等所谓"剧言苦句"，极为锐利。这些原本是在宴席上亲近者之间增兴的游戏，恐怕流行于东晋末的上流贵族社会中。我们从《世说新语》中也可以看到这些例子，如《排调》61：

> 桓南郡与殷荆州语次，因共作"了语"。顾恺之曰："火烧平原无遗燎。"桓曰："白布缠棺竖旒旐。"殷曰："投鱼深渊放飞鸟。"
>
> 次复作"危语"。桓曰："矛头淅米剑头炊。"殷曰："百岁老翁攀枯枝。"顾曰："井上辘轳卧婴儿。"
>
> 殷有一参军在坐，云："盲人骑瞎马，夜半临深池。"殷曰："咄咄逼人！"
>
> 仲堪眇目故也。

这个例子十分生动地显示出了韵语游戏转化为"剧言苦句"的过程。[①]

这样的故事被收入《世说》，显然有其象征意义。第一，殷仲堪聚集友人及部下参军行韵语游戏，与何长瑜同友人用韵语批评人物的场面完全一致。何长瑜的例子有着浓厚的"排调"倾向，而这正好反映了《世说》的特点，因此可以说，何长瑜自己便是生活在《世说》的世界之中的，他本人与《世说》的关系，在此也得到了某种暗示。

第二，由《排调》篇的这个例子可以看到，荆州刺史殷仲堪遭到部下参军用韵语所作"剧言苦句"的攻击后，虽以"咄咄逼人"一语，显示了内

---

① 《宋书》卷58《谢弘微传》载谢混"尝因酣宴之余，为韵语奖劝"族子谢灵运、谢瞻等人，这虽然也是一种宴席之余的即兴游戏，但也是用韵语所作的一种人物批评。其略云：

> 康乐（谢灵运）诞通度，实有名家韵，若加绳染功，剖莹乃琼瑾。宣明（谢晦）体远识，颖达且沈儁，若能去方执，穆穆三才顺。阿多（谢曜）标独解，弱冠纂华胤，质胜诚无文，其尚又能峻。通远（谢瞻）怀清悟，采采摽兰讯，直辔鲜不踬，抑用解偏吝。微子（谢弘微）基微尚，无倦由慕蔺，勿轻一篑少，进往将千仞。数子勉之哉，风流由尔振，如不犯所知，此外无所慎。

心的不快，但整个场面仍旧留有一种游戏的气氛。约一个世纪以后，同样是荆州刺史的刘义庆，已全然没有了殷仲堪那份胸襟，不要说一同尽兴游乐，相反还大为恼怒，将何长瑜远流他处。将殷仲堪的这段事迹收进《世说》，是否可以说旨在通过客观描述在这块荆州之地，曾经有过刺史与参军的相互包容，而且刺史也是具有相当教养的文人，来对现实的状况进行批判呢？作这样的推测，似乎给人一种并无不可之感。

总之，如上所见，何长瑜是谢灵运极为亲近的友人之一，灵运死后，当然还继续怀抱着敬慕之情。或许，正是从谢灵运那里看到了真率不羁，具有理想文人风范的典型贵族形象，才对致谢灵运于死地的刘宋王朝产生绝望之感，于是也就极为自然地对为毅然反抗的张敷拍手喝彩，而对与刘氏关系密切的同僚陆展，也就当然采取了极为辛辣尖刻的语言进行评价。果真是拥有这种立场与倾向的人物，那么他对谢灵运欲殉身以报的晋王朝及其人物有着亲近感，为了从那里找寻典型的贵族身影，于是开始有意收集作为晋朝源流的汉末清议之徒与逸民人士以及那之后的名士们故事等等，都可以说极为自然的。[①] 虽然如此，我们也无必要马上便断定何长瑜就是《世说新语》的真正著者，毕竟还没有使我们能作如此断定的材料。不过从以上所述来看，何长瑜或是与何长瑜接近的人物，很有可能实际上参预了《世说》的编纂工作，而且还制定了整部书的框架。至少在我看来，《世说新语》成书于像何长瑜那样具有反体制倾向的人物之手，正因为如此，它也是一部对当时的体制——刘宋政权——进行批判的书。

以上，针对《世说新语》实际是在什么样的环境下，由具有何种倾向的人来编纂的问题，进行了分析。我的结论是，一般所说的撰者刘义庆仅仅只是名义上的监修者而已，实际上该书成于与刘义庆持相反立场的帐下文人之手。至于真正的作者，虽然还不能完全断定，很有可能就是何长瑜，或者说与何长瑜一样具有反体制倾向的人物。如果是何长瑜的话，那么《世说新语》这部书的基本大纲当完成于他人在江陵，到被贬曾城令之

---

① 《世说》大致以东汉末清议之士作为其上限开始展开记述的，这也就意味着魏晋贵族的源流即是汉末清议士人。此观点见吉川忠夫《抱朴子的世界（上）》（《史林》47 卷 5 号，1964 年，页 51），我在《六朝贵族社会与中国中世史》（《史窗》21，1962 年）一文中也提出了类似的看法。

前的这段时期,也就是430年代中期以后。这部书最终以刘义庆的名义问世,其中必定经过了某些曲折的过程。应该说袁淑、鲍照等人的善意修改以及为取得刘义庆的谅解而做的工作,肯定起了不小的作用。这部《世说》的存在,不也为我们提供了一个"元嘉之治"不曾为人注意的侧面吗?

结 语

最后,与上述结论相关联,想再作几点补充,以为本章的结语。

之所以认为《世说》有着批判刘宋政权的色彩,这与《世说》中明显流露出来的蔑视军人,厌恶军人的倾向,也是相一致的。如上一章所述,刘宋政权是通过纯粹武人的军事哗变建立起来的政权,它所具有的军事政权的性质,即便是在贵族受到某种礼赞的元嘉年间也没有消失掉。《世说》厌恶军人,似乎反映出了这种对武人政权的憎恶感。而且值得注意的是,即便同为武人,被刘裕打倒的桓玄,在《世说》中获得了极高评价。当然,桓玄并非如刘裕那样出身低微,而是出于桓彝、桓温以来的名门世家,而且是具有贵族教养的文人。现王朝正是通过打倒这样一个敌人而得以建立的,但《世说》却予以高度评价,此点不能不说耐人寻味。

《世说》这部书在其诞生当初,便有与现实作对比的一面,而且还掩饰不住反体制的倾向,这些论述俱已见前。但是,这种以过去的时代为优的反体制批判,站在了一种后退的、保守主义的立场上,在其深处,隐藏着对逝去时代的眷念。正如谢灵运与何长瑜最后的悲剧所象征的那样,其最终的命运,不免要走向消亡。时代正在朝他们并不期待的方向发展,首先是皇太子杀害了文帝,以此为开端,整个社会陷入了无边无际的杀伐与混乱之中。充满腥风血雨的5世纪后期,即是时代发展的一个归结。《世说》便诞生在上述时代发展的拐角之处,它是一部告别那灿烂往昔的书。

尽管如此,作为一部反体制的书,《世说》包含着对过去辉煌时期的憧憬,它深深地吸引了拥有才能却不为世所容的文人之心。在《自序》中写下了“余逢命世英主，亦摈斥当年”、“余声尘寂漠，世不吾知”的刘孝标，[①]广收异闻，对此书加注，拾遗补阙。隐含在这部书中的反体制性质以及对这一性质的共鸣，或许正是令刘孝标着迷的原因所在吧。

（原题《关于〈世说新语〉的编纂》，1970 年 3 月《东方学报》，京都，第 41 册。1979 年 8 月修订）

---

① 《梁书》卷 50《刘峻传》。

第三章　货币经济的进展与侯景之乱

前　　言

太清元年(547),侯景自东魏归梁,第二年八月,突然在寿春举起反旗,向梁都建康进攻。当年十月侵入建康,首都防卫军拼死抵抗,然而无济于事。549年三月,宫城陷落;五月,武帝在幽闭中悲愤而死。在这之前的50年即公元6世纪前半,梁朝被讴歌为“魏晋以来,未有若斯之盛”。[①] 那的确是南朝的最兴盛时期,如今经过侯景一击,形势急转直下,陷入了无边的混乱之中,昔日的繁华消失得无影无踪。这种衰落的混乱状态,至陈朝建立(557)时仍未消除,直到560年代中期左右,陈朝平定了江西省东部、浙江省南部至福建省一带各自独立又互相关联的三个割据势力周迪、留异、陈宝应之后,江南才大致恢复安定。自548年至560年代中期近二十年之间,南朝由最繁华的半世纪一转而为前所未有的大混乱,前后形成了极强烈的对比。

为什么会突然由盛转衰呢?如果把原因归咎于长期太平环境所形成的文弱性或武帝笃信佛教而导致的政治衰颓,那未免过于肤浅。从讴歌为最兴盛期到产生前所未有的混乱,是社会发展的必然结果。那么,是什么造成这种必然结果呢?探讨这个问题时,目光不能仅仅停留在梁朝,应该看到,侯景起兵后的动乱局面是整个南朝社会发展的总归结点。换言之,梁末陈初的混乱是南朝社会发展的总清算期、社会秩序的重新组合

---

① 《梁书》卷6《敬帝纪》“魏徵史论”。

期，自然，也是社会的一个大转换期。这种转换已经超越了梁陈王朝交替的界限，成为关系到整个中世史的问题。由于问题太大，不可能一下子解决，所以本文只是从一个角度提出几点看法以有利于问题的探索。那么，选择一个什么角度呢？还是先听听亲身经历过大变动期的历史学家的意见，他会引导我们决定问题的视角。

一、《梁典总论》

这个历史学家名叫何之元，其传记见于《陈书》卷34。在倾听其意见之前，先以《陈书》记载为主，大致勾勒他的生平。与颜之推的身世一样，从中可以看出当时社会的激烈变动。

他出生于晋以来名门庐江灊县何氏一族，但似乎并非宋、齐时代盛极一时的何氏本宗，而是较疏的一支旁系。在梁朝最兴盛的天监年间后期，他由尚书令袁昂推荐，出仕太尉临川王宏的扬州议曹从事史。临川王宏任太尉兼扬州刺史是520年左右的事，[①]大概他也于同年任职。梁代制度原则上是不到25岁不能出仕，[②]如果520年25岁，那他当出生于496年。本传明确记载其卒于隋开皇十三年（593），令人吃惊的是竟活了98岁，即使这过于长寿，但从他的出仕年代来看，出生最迟不会迟于500年，活到90岁以上是没有疑问的。他的一生几乎与整个六世纪相始终。

他前半生的生活比较平稳，由于并非高门，发迹较迟。同族何敬容在530年代已官至尚书左仆射或尚书令，权势煊赫。他虽然接受何敬容的访问，但最终还是不同其来往。在他看来，何敬容“德薄任重”，这也许出自贵族旁系的偏见，但也反映他对时势是持客观批判的态度。

侯景之乱后，与社会的动荡相应，他后半生也一波三折。动乱初起时，他在蜀武陵王萧纪手下。551年，武陵王轻率地计划远征荆州（江陵）

---

① 《梁书》卷22《临川王宏传》。

② 《梁书》卷38《朱异传》有“旧制，年二十五方得释褐”。虽然朱异21岁时特敕擢为扬州议曹从事史，但属于特例。另参宫崎市定《九品官人法研究》（1956年，东洋史研究会）页350—351。

湘东王绎,他极力劝阻,由此触怒武陵王,被幽闭于军船中带至战场。武陵王败死后,又一度寄身于邵陵(今湖南省邵阳市)太守刘恭门下。[1] 在此期间,西魏军队包围并攻取了江陵,湘东王绎——这时已当了皇帝,成了梁王朝的中心——被杀,百官被驱逼到关中。刘恭死后,他应召归附于当地军阀王琳。王琳虽然尽忠于濒临灭亡的梁朝,但军队中有许多人出身群盗,[2]大概何之元当时也只得与这些盗贼将领并列为伍。王琳拥立梁王室幸存者萧庄,对试图篡夺梁朝的陈霸先构成了威胁,并不断给陈军以猛烈的打击。但他终究不过是一个地方军阀,暗中寻求北齐支持以图自存。559 年,北齐文宣帝死时,王琳以何之元为吊问使,至齐都邺城参加葬礼。当他完成使命返回寿春时,王琳已为陈军大败,与萧庄一同逃亡到北齐,寻求庇护。从此,何之元也开始了在北齐的流亡生活。但他大概始终未能消除北齐为夷狄之国的成见,因而不难想像他的流寓生活充满忧愁。事实上,他所撰《梁典总论》,[3]最后这样说道:

> 之元官自有梁,备观成败。昔因出轴,流寓齐都,穷愁著书,窃慕虞子。但梁室极促,简牍多阙,所得遗逸,略不尽举。未获旋反,更穷搜访,采取闻见,撮其众家。一代之事,可得观矣。

于是,他开始着手编纂《梁典》,记述梁一代的历史。从前文来看,编写地点主要是在齐都邺城。本传载他曾一度被齐任命为扬州别驾,派至寿春。那大概是在王琳被齐任命为扬州刺史期间的事。562 年,王琳自寿春归邺,[4]他也随之返都。大概他在邺都时间最长。总之,已经年过 60

---

① 《南史》卷 72《何之元传》,刘恭作刘棻。

② 《北齐书》卷 32《王琳》。

③ 《梁典总论》,如本章稍后所述,《文苑英华》卷 754 以《梁典高祖事论》为题收入;隆庆元年胡维新刊本《文苑英华》将其撰者作何元之,当为何之元之误刻;另严可均《全陈文》卷 5 辑入作《高祖总论》。从内容来看,不仅高祖,也涉及其他诸帝,并附记《梁典》撰述经过,以作《梁典总论》为宜。本章也称以《梁典总论》。原文过长不能照录,望能参照《文苑英华》或《全陈文》。另下引原文:“之元官自有梁,备观成败,昔因出轴,流寓齐都,穷愁著书,窃慕虞子。”所谓“虞子”,指《史记·平原君虞卿列传》中虞卿。

④ 参照《资治通鉴》卷 168“陈天嘉三年”条。

的何之元，在北齐流寓十多年，想必已大致完成《梁典》。

但命运又再一次作弄他。573 年，陈讨伐北齐，王琳再次被派到寿春，抵挡陈军的兵锋。何之元似乎也一同上了前线。寿春遭到陈军的水攻，最终陷落。王琳当了俘虏后被杀。何之元自以曾与王琳一起反陈，惶恐不安。幸而得到陈始兴王叔陵的保护，乃接受招请，归附陈朝，为始兴王幕僚。582 年，始兴王被诛杀，他再也不能侧身政界，同时也断绝了仕进念头。虽然身处京都建康，却与世无涉，一心致力于《梁典》的编纂工作。本传给我们的印象是，《梁典》至此时才开始编写，但由前面引用的《总论》来看，很清楚早在北齐流寓时代就已着手执笔了。最后，由于他的长寿，肯定也看到了另一个历史性事件，即陈的灭亡（589）。在隋军占领建康之际，他避难移居常州晋陵（今江苏省武进县），593 年，在那里结束了漫长的一生。

《梁典》30 卷，就是在这样激烈动荡的时代完成的。原书已经散佚了，只有《序》保留在《陈书》本传，《总论》收录在《文苑英华》卷 754，得以流传。正如其本人所说的那样，资料不足是该书的最大缺点。以至后世无人问津，任其散佚。但何之元正处于梁代由盛转衰期，亲身经历了社会一系列激烈动荡。虽然明知资料不足，却又抑制不住创作冲动，或许就是因为这是一部基于对现实深刻反省的著作。事实上，他怎样看待当时的社分变动，以及由此感悟的对于未来应有的追求等等，在《梁典总论》中已可以看出一些端倪。

如《总论》开头所说，他是“以曩求今”，比较古今的事实，“知布政之善恶”，“识其主之是非”，即主要关注的是政治的是非善恶。为此他在《梁典》中模仿《春秋》，采取编年体形式。实际上，怎样评价梁代天子特别是武帝的政治得失是他最大的课题。下面我们先来听听他的意见。

南齐末，东昏侯暴虐，武帝顺应天下之心，率荆州、雍州之兵，除其暴政，代齐成为天子。以武取天下，以文治天下四十年，其间“兢兢罔倦，乾乾不已，加以艺业之美，莫以比伦，洞晓儒玄，该罗内外。……于是广开庠序，敦劝后生，亲自观试，策其优劣。由近及远，咸从风化”。

武帝确实是伟大的天子。但他又说：“至若御民之术，未为得也。”为什么呢？试同太古周代的理想社会比较，那里行仁政，民安其俗。“忠信之礼达，谦让之风行。…… 周道既没，斯风渐丧，洎于后代，其弊尤甚。罔恤民之不存，而忧士之不禄。莅民之长，…… 为君者甚多，为民者甚少”。于是人民苦于诛求，流亡相继，上下相憎，甚于仇敌。“高祖（武帝）博览今古，备观兴亡，犹复蹑其遗风，袭其弊法，浇薄逾甚，淆紊日滋。梁代之有国，少汉之一郡。太半之人，并为部曲，不耕而食，不蚕而衣。或事王侯，或依将帅，携带妻累，随逐东西。与藩镇共侵渔，助守宰为蝥贼。收缚无罪，逼迫善人。民尽流离，邑皆荒毁。由是劫抄蜂起，盗窃群行，陵犯公私，经年累月”。自然，人君无论如何英明，也未必能亲览天下万事，但武帝不追查各级官吏责任，陷于守胶之弊，怠于更张之善。于是尽管“国有累卵之忧，俗有土崩之势”，犹“开幸人之志，兆乱臣之心，遂使侯景被吾甲而寇王城，驱我人而围天阙”。以至势之所趋，“万里靡沸，四方瓦解”。“事非一夕，其所由来渐矣”。

在听他上述议论时，我感到其中蕴藏着一种沉痛的没落史观。在他看来，所谓历史的发展，就是从太古淳朴的理想社会走向上下相憎的浇薄之世的堕落过程。或许那是他从眼前无望的末世现实回顾过去时，所体验到的一种必然思想归结。当他以这样的思想倾向，从武帝统治时的各种现象中探求导致眼前事态的原因时，或许容易对这些现象过分从坏的方面解释。但作为生活在当代人的深刻反省和论述，确实有正确的一面。下面，我试图从其他的角度，看他的意见能在多大程度上具体地加以印证。同时，这也有助于从一个重要方面揭示历史转换期的演变过程。

二、在人民流亡的背后

首先，何之元认为四方瓦解的原因是人民的流亡。人民的流亡是贪官污吏的苛敛诛求所致，武帝对此无能为力。

苛敛诛求导致人民的流亡，在540年代，确实已是深刻的社会问题，当时散骑常侍贺琛曾极言其事，希望唤起武帝的注意。他说：

> 天下户口减落，诚当今之急务。虽是处凋流，而关外弥甚，郡不堪州之控总，县不堪郡之裒削，更相呼扰，莫得治其政术，惟以应赴征敛为事。百姓不能堪命，各事流移，或依于大姓，或聚于屯封。……宁非牧守之过。东境户口空虚，皆由使命繁数。……每有一使，属所搔扰，……驽困邑宰，则拱手听其渔猎；桀黠长吏，又因之而为贪残。……故邑宰怀印，类无考绩，细民弃业，流冗者多。（《梁书》卷38《贺琛传》）

但是武帝大怒，亲自授敕驳斥贺琛上奏。武帝是真的不了解情况吗？早在二十余年前（523—525左右），下级军官后军行参军郭祖深曾为同样事态更具体地指责过，当时武帝倒是嘉其正言。郭祖深上奏中说：

> 农为急务，而郡县苛暴，不加劝奖。……今商旅转繁，游食转众，耕夫日少，杼轴日空。
>
> 朝廷擢用勋旧，为三陲州郡，不顾御人之道，唯以贪残为务。迫胁良善，害甚豺狼。江、湘人尤受其弊。自三关以外，是处遭毒。……又梁兴以来，发人征役，号为三五。及投募将客，主将无恩，存恤失理，多有物故，辄刺叛亡。或有身殒战场，而名在叛目，监符下讨，称为逋叛，录质家丁。合家又叛，则取同籍。同籍又叛，则取比伍。比伍又叛，则望村而取。一人有犯，则合村皆空。……台使到州，州又遣押使至郡，州郡竞急切，同趣下城。令宰多庸才，望风畏伏。于是敛户课，荐其筐篚，使人纳重货，许立空文。①

可知540年代的事态，在520年代已经以完全相同的形式，朝着同样的方向发展。关外地区危害之甚与东境三吴、②会稽地区台使的横暴如

① 参照《南史》卷70《郭祖深传》。

② 三关一般指今河南省信阳县南与湖北省境交界的武阳关、黄岘关、平靖关（《通鉴》卷147“天监八年正月”条胡注）。所谓三关之外或关外，如《通鉴》卷159“大同十一年十二月”条胡三省所注，指北方边境一带新收复领土。胡注原文是“淮、汝、潼、泗新复州郡在边关之外者”。

出一辙。众所周知,中央派遣台使催征滞纳租调及由此带给地方政治的危害在南齐时代已是一个大问题。484 年,提起这个问题的南齐竟陵王子良已深刻洞察到当时社会中包括台使在内的官吏普遍诛求与农民负担增加的现象:

> 三吴内地,国之关辅,百度所资。民庶凋流,日有困殆,蚕农罕获,饥寒尤甚。富者稍增其饶,贫者转钟其弊。……顷钱贵物贱,殆欲兼倍。……稼穑难劬,斛直数十,机杼勤苦,匹裁三百。所以然者,实亦有由。年常岁调,既有定期,僮恤所上,咸是见直。东间钱多剪凿,鲜复完者,公家所受,必须员大(货币),以两代一。困于所贸,鞭捶质系,益致无聊。(《南齐书》卷 26《王敬则传》)

就是说,农民虽然辛辛苦苦地拼命干活,但因农产品价格下跌,由生产物中得到的现金收入减少。而且,到手的现金又是被剪凿过的恶货。另一方面,官府定期征收岁调,在这之前是"钱帛相半,为制永久,或闻长宰须令输直(现金),进违旧科,退容奸利"。如果岁调再征收现金,农民好不容易到手的恶货官府拒绝接受,反倒不得不交纳未剪凿的完整法货。但"泉铸岁远,类多剪凿,江东大钱,十不一在。…… 遂买本一千,加子七百,犹求请无地"。[①] "以两代一",即农民所持有的恶货,结果只有法货一半的价值。于是贫苦的农民愈来愈陷于绝境,而拥有大量法货及其他优质货币的富人,利用农产品价格的下跌及法货和恶货的差距,财富愈来愈多。

从 484 年竟陵王的上奏,可知对农民的苛敛诛求与货币不统一、政府的通货政策、以及与此相为表里的农产品价格等,对当时经济形势有深刻的关联。本来对农民的苛敛诛求就不仅限于通货或物价问题,而是如郭祖深所说的,或竟陵王上奏也提到的,还包括力役或征役方面。但竟陵王指出的货币问题,揭示了当时经济结构和人民流亡现象中的不能忽现的重要侧面。因而下面有必要看看竟陵王前后的通货问题,并就此探讨当

---

① 《南齐书》卷 40《竟陵王子良传》。

时的经济结构。由此或许可以在一定程度上理解当时农民的处境。

三、货币经济的发展

众所周知，在南朝，通货问题自刘宋时代就一度是议论纷纷的话题。宋初(420年左右)，朝廷以"钱货减少，国用不足"，[①]发行新通货增加政府收入的措施，引发了各种议论。从那以后，主张采取新的通货政策增加政府收入的人们提出了不单是政府，整个社会都存在货币不足的现象作为其立论的根据之一。447年，沈演之上议"采铸久废，兼丧乱累仍，(货币)糜散烟灭，……用弥广而货愈狭，加复竞窃剪凿，…… 遂使岁月增贵，贫室日虚，…… 诚由货贵物贱，常调未改"。政府采纳了他的建议，把法货价值提高了2倍(这意味着法货的品位下降)。[②] 456年，徐爰又指出："丧乱屡经，堙焚剪毁，日月削减，货薄民贫，公私俱困。"为此政府发行了恶质货币。沈庆之又以"公私所乏唯钱"，主张允许民间私铸。[③] 总之，南朝的通货问题，是在社会上通行的汉五铢钱、三国时代钱等通货的总量逐渐不能适应整个社会需要的货币不足背景下出现的。宋政府采取的对策是渐渐降低法货品位，增加货币量，最后终于允许民间私铸，以搪塞眼前事态。

将这种成色低下的新货币和优质的旧货币以同样法定价值在社会上流通时，必然是恶货驱逐良货，良货储藏起来或是被盗铸、剪凿变成恶货。储藏的良货脱离了流通过程，越发加速了货币不足现象，剪凿和盗铸货币又使币制更加紊乱。因而发行恶货不仅没有解决货币不足的问题，相反促使事态更加恶化。从450年代中期起十年左右时间里，由于货币价值低下引起了物价飞涨。到465年，市面上充斥的尽是恶货，已经混乱到几乎无法进行正常商品交易的程度。在此期间，优质货币为富人囤积起来，而处于流通过程末端的一般农民则只有剪凿和盗铸过的劣质鹅眼钱、綖

① 《宋书》卷60《范泰传》。
② 《宋书》卷66《何尚之传》。
③ 《宋书》卷75《颜竣传》。

环钱之类。结果，富者拥有的良货购买力愈来愈强，贫者手中的恶货则价值愈来愈低。社会货币的二重构造，就这样几乎在十年间形成了。

正好在465年即位的明帝，针对当时经济领域的混乱，首先废止鹅眼钱、綖环钱，禁止私铸，停止政府造币局。第二年三月，实施“断新钱，专用古钱（五铢钱或相当于此的良质元嘉四铢钱，孝建初期的四铢钱等）”的政策。[①] 着手整理币制，使储藏的良货重新进入流通领域，暂时恢复了价值基准，制止了混乱。但所谓古钱在此之前的混乱期已经被大量剪凿，变成了恶货，数量剧减。同时政府并没有回收恶货，发行相当于古钱的优质货币。于是民间不能使用的恶货，许多被改铸成铜器。整个社会流通的货币总量，明显地更加不足了。齐高帝建元四年（482）奉朝请孔觊上奏说：

> 三吴国之关阃，比岁被水潦而籴不贵，是天下钱少，非谷穰贱。…… 以为宜开置泉府，方牧贡金，大兴熔铸，钱重五铢。（《南齐书》卷37《刘悛传》）

由此看来，货币的匮乏已经到了极限。孔觊建议追加发行优质法货以适应社会需要，高帝接受其建议，命诸州大市铜炭，但不久帝崩而中罢。[②] 如果按孔觊的话实行，南朝经济能朝好的方向发展也说不定。不过发行大量优质法货，必需相当数量的原铜，而南朝本来铜就不足。

为了确保有足够的铜，不能仅靠收购民间存铜，还应积极开采铜矿。实际上，永明八年，根据刘悛的上奏，在蜀内地开采了铜山，所得约千余万钱，后因费功过多而中止，整个南朝，开发铜矿的努力仅此一次。[③] 丹阳附近有古来铜山，但按当时开采技术似已近于枯竭，且产量很少。[④] 蛮族居住的深山僻壤，即使有可能开采的铜山，但已长期遗弃，重新复采又得

---

① 《宋书》卷8《明帝纪》。

② 《南齐书》卷3《刘悛传》。

③ 吕思勉《两晋南北朝史》（1948年，开明书店），页1085。

④ 参照林寿晋《东晋南北朝时期矿冶铸造业的恢复与发展》（《历史研究》1955年第6期）。林寿晋氏强调大量的铜用于佛像铸造与寺院的装饰是当时铜缺乏的重要原因。

不偿失。正如冈崎文夫博士所指出的，“以南朝政府的微力勉强去干，也只不过是粉饰失败的历史”。①

由此，南朝因铜不足导致货币不足局面就不能从根本上得到改观，市场上流通的货币总量也没有希望大量增加。那么，像南朝这样缺乏货币，钱会不会从北朝流入呢？据《通典》卷9记载，石勒319年铸造的丰货钱，②确实在梁代流入南朝。但那只不过是一种厌胜钱，带有符咒的意义，谓“藏此能使人富”，因而在数量上无疑是极少的。大体上，北方自五胡十六国时代至北魏，几乎完全停止使用货币，到需要并开始流通和铸造货币是495年的事。但即使在510年代，太和五铢钱仍“不入徐扬之市。土货既殊，贸鬻亦异。…… 东南之州，依旧为便”。③ 北魏的法货在其治下的东南诸州，即与南朝邻接一带地区缺乏信用，当地的土货，大概是属于南朝系统的货币，反倒仍在通用。遗存在北方的汉五铢等古钱流入南方大概是在东晋时代或南朝初期。到了南朝货币不足问题激化时期，即我们所论及的时代则相反，南朝货币有朝北方流出的倾向。冈崎文夫博士从487年诏敕“贫室尽课调，泉贝倾绝域”中，找到了大量钱货流出南朝境域的证据。④

根据上述，大致可以明了南朝社会流通的货币总量，已经几乎没有增加的希望了。在南朝社会内部，继刘宋时代的币制混乱和整理之后，到南齐，社会货币不足现象达到一个高峰。前面举出的484年竟陵王上奏，正是对这个时期现状的分析。我们从中可以了解到宋代所形成的货币二重构造以及基于货币不足引起的物价下跌现象，使农民受到多么沉重的压迫。

那么，这种情况后来又是怎样发展呢？南齐政府采取财政紧缩政策，在488年将政府控制的大量法货放出去，购买农产品，既防止农产品价格的下落，又用以缓和社会上货币不足。⑤ 但社会法货总量的匮乏不可能

① 冈崎文夫《南北朝社会经济制度》(1935年，弘文堂)，页139。

② 《十六国春秋辑补》卷13《后赵录》“三越王元年”条有“铸丰货钱”。

③ 《魏书》卷110《食货志》。

④ 上引冈崎文夫著书，页136。

⑤ 《南齐书》卷3《武帝纪》作487年事，现据《通典》卷12记事作永明六年(488年)事。

由于政府一次放出资金就得到解决。况且政府放出的货币又以岁调等各种税目回收,结果如竟陵王所指出的物价下落和货币不足现象自然又会再度出现。自宋明帝以后到整个齐代,虽然只承认法货即所谓“古钱”,但实际上古来的种种货币,与经剪凿、盗铸过的种种恶货一并在社会上流通。货币的二重构造仍然存在。法货之外的货币有刘宋时代的恶质孝建钱、景和钱、鹅眼钱以及直百五铢钱、圆形五铢钱、女钱、太平百钱三种、定平一百钱、稚钱、五米钱、对文钱等。也有少量王莽时代的布泉钱和石勒的丰货钱流通。[①] 针对这种情况,梁武帝在 502 年即位之初,新铸造和发行重四又三分之一铢的五铢钱和正式女钱两种法货。而且在正式女钱铸造之际,将政府拥有的古钱交给民间铸造业者,用以交换令其铸造的新法货,[②]借以调动当时的全部铸造能力以促进新法货的统一。武帝的通货政策,是将南齐初孔觊建议的合理通货政策付诸实施,理应有助于刺激和促进梁朝经济的发展。但武帝“频下诏书,非新铸二种之钱,并不许用。而趣利之徒,私用转甚”(《隋书》卷 24《食货志》)。这说明尽管发行了新造两种优质法货,但仅此仍不能适应社会上货币需要量的增加。货币不足情况依然如故,乃至比以前更甚。因此武帝终于在 523 年决心采取更大胆的政策,把通货全部改换成铁钱,这是为了摆脱铜货不足的孤注一掷办法。但是:

> 以铁贱易得,并皆私铸。及大同(535)已后,所在铁钱,遂如丘山,物价腾贵。交易者以车载钱,不复计数,而唯论贯。商旅奸诈,因之以求利,自破岭(江苏省句容县东南)以东,八十为百,名曰东钱。江、郢已上,七十为百,名曰西钱。京师以九十为百,名曰长钱。中大同元年(546),天子乃诏通用足陌。诏下而人不从,钱陌益少。至于末年,遂以三十五为百。(《隋书》卷 24《食货志》)

---

① 参照《通典》卷 9 及洪迈《泉志》引顾烜《钱谱》。太平百钱,《通典》谓二种,梁顾烜谓三种。

② 参照《泉志》卷 6“公式女钱”条引顾烜《钱谱》。

523 年实行的改换铁钱政策，至迟在 535 年，已经呈现出完全失败的模样了。

关于前引史料中东钱、西钱、长钱以后部分虽然还不能作出妥当解释，但从前后文来看，它是叙述铁钱价值下落和下落率有地方差，因而用铁钱本位反映的物价上涨以及上涨率也存在地方差。① 果真如此，则铁钱所有者虽为严重的通货膨胀所苦恼，但武帝改换铁钱的政策，无论如何也不可能把民间的铜钱通货全部回收，或达到使之作废的程度，因而从铜钱所有者的立场来看，铁钱本位所反映的通货膨胀，实际上就意味着铜钱购买力的增加即物价的下跌。而铁钱时代的铜钱所有者的处境，也和第一次世界大战后通货膨胀时代到德意志旅行的外国人一样。铁钱本位所带来的通货膨胀给那些在其间巧妙钻营的商旅带来利益，货币二重构造的落差已不可改变。处于流通过程末端的农民好不容易获得的铁钱价值失去了，留下来的只有痛苦。事实上，进入陈朝后，铁钱已完全不通用了。由铁钱本位导致的通货膨胀中得到利益的，依然是那些暗中拥有或利用铜钱的富豪们。

以上主要是想说明货币不足的情况一直存在于整个南朝，历代政府

---

① 据 Etienne Balazs《隋朝经济概论》(《通报》第 42 卷 3—4 号，页 175)，Balazs 氏是这样翻译的："破岭以东，80 枚钱相当百钱，称之东钱。江州、郢州往北以上，70 枚钱作为百钱通用，称为西钱。首都百钱实有 90 枚钱，称作长钱。中大同元年，天子发布诏令通用足陌钱(ligatures à centaines complètes)。虽然敕令已下，但人不相从，足陌钱愈来愈少。至末年百钱只有 35 枚了。"所谓"以九十为陌"的九陌钱(《梁书》卷 3 武帝诏敕中语)，即是以 90 枚钱名义上作百钱使用(centaines fictives de 90 pièces) 的意思(页 236)。Balazs 氏的翻译是正确的，但问题是在当时货币价值的变动中，应该怎样理解所说的内容。如果仅从铁钱考虑，以 80 枚、70 枚、90 枚钱具有百钱的通用价值，那意味着铁钱价值上升，这与前文"铁钱遂如丘山，物价腾贵"相矛盾。因而仅从铁钱上考虑，这种所谓短陌现象如吕思勉氏那样解释："钱日贵，物日贱，原值百钱之物，下跌仅值 90、80、70，甚或仅值 35 枚"(前引吕思勉《两晋南北朝史》页 1030)。因为是在铁钱下落基础上发生了短陌现象，所以无论如何要把铁钱以外的铜钱考虑进去。彭信威氏在《中国货币史》上(1954 年，群联出版社，页 152)中谓："因铜钱价值上升发生了短陌现象，所谓短陌，即名义是 100 钱，实际上不到 100 钱的意思。短陌的折扣，因时因地不同，有时以 80 钱，……最甚时以 35 为 100。这是通货价值下落的一种形式。"彭信威氏认为短陌现象是相对于铜钱而言的，即作为铁钱对铜钱比价下落的现象进行理解。因而从铜钱本位看，铜钱购买力由此而上升。前面所引吕思勉氏的解释，如果是从铜钱角度出发，也是可以接受的。另外关于铁钱开始下落以前，铁钱与铜钱的一般比价，彭氏引《南史》卷 25《王懿传》所引任昉《赠王溉诗》中"铁钱两当一"句，谓其比价可能是一比二(页 152)。

对此采取的通货政策缺乏一贯性，或发行恶货引起经济领域混乱，或紧缩银根引致社会上货币极度枯竭，最终导致货币的二重构造，而此后为缓解货币枯竭采取的通货措施又只是加大了二重构造的差距。结果，优质货币所有者由于购买力增加而愈趋受益，劣质货币持有者则因其货币价值下落而经常受害。

优质货币即五铢钱或相当其品位的“古钱”，其购买力是怎样增加的呢？484年竟陵王子良上奏说：

> 昔晋氏初迁，江左（东晋王朝）草创（320年左右），绢布所直，十倍于今。……永初中（420年左右），官布一匹，直钱一千，而民间所输（代绢钱），听为九百。渐及元嘉（424—453），物价转贱，私货则束直六千（即《通典》卷5所引一匹六百钱），官受则匹准五百，所以每欲优民（纳钱之苦），必为降落（官受之际）。今入官好布，匹堪百余，其四民所送（纳钱官府），犹依旧制。昔为刻上，今为刻下。（《南齐书》卷26《王敬则传》）

竟陵王奏书谈的是在财政紧缩政策下官府如何拼命榨取货币的问题。与此相关联，下面看看从东晋初期（320年左右）到竟陵王当时（484）绢布价格长期波动的情况。竟陵王奏书说当时的绢布价格是一匹百余钱，但在另外地方又说“一匹仅三百钱”。所谓百余钱，或许是为了强调绢布价格下跌的夸张说法。而前述宋代发行恶货导致的物价飞涨，只是在恶货系统内的物价上涨，并不影响良货五铢钱对绢布的购买力。虽然没有找到此后绢布价格波动情况的资料，但通过488年政府的收购，恐怕情况一度有些好转，又再次趋于下跌。进入梁代，在新铸五铢钱和铁钱初期可能相对安定，以后由于铁钱价值下落反而促使良货五铢钱购买力再次增强。

良货五铢钱购买力之所以迅速增长，如前所述，一是南朝政府通货政策混乱，使良货五铢钱的数量明显减少，而最根本的原因还是在于整个社会的货币不足。那么，在一个经济社会中，从根本上来说，货币不足的情况又是怎样发生的呢？

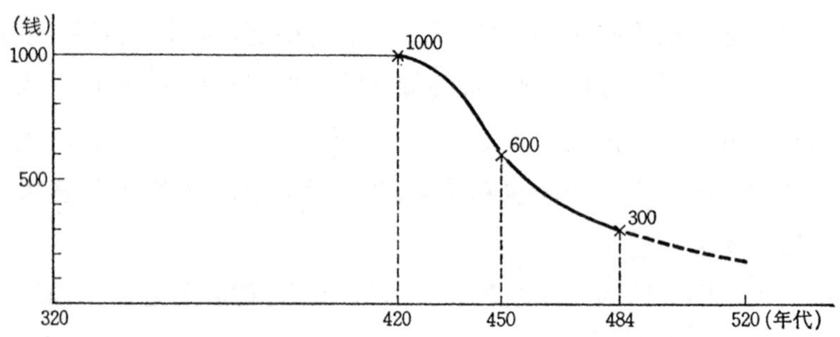

以“古钱”为基准的绢布一匹的价格变动表

如果按经济学的法则，一个经济社会货币需要量是由商品价格总额和货币流通速度决定的。当商品生产发展，商品价格总额增加时，货币流通速度如果没有变化，那必然要增加货币需要量；如果这时市场货币流通速度增加，货币周转速度加快，货币总量或许可以相应不用增加。但在并非票据、现金支票等信用交易的时代，从宏观上来看，货币流通速度不会突然增加。如果货币流通速度没有太大的变化，那把南朝货币不足现象放在东晋以来江南商品价格总额逐渐增长即生产力发展背景中考察，就容易理解了。实际上，通过许多先学的研究已经证明，晋室南渡以来，江南在逐渐开发。① 江南的开发及生产力的发展，促使剩余生产品商品化程度提高，与之相应货币需要量也势必增加。当现实流通的货币总量不能适应其需要时，必然会出现“钱贵物贱”的现象。探讨南朝货币不足现象日渐激化的根源，不能不把在生产力发展基础上，商品价格总额逐渐增加的事实作为一个必要条件考虑进去。随着物价下跌，即随着对生产者不利对货币所有者有利，“富者稍增其饶，贫者转钟其弊”，出现货币不均现象。货币储藏亦即不进入流通过程的货币增加，更加速了货币不足。再加上政府通货政策的混乱，导致了良货被剪凿和恶质化，优质货币更加减少。但是面对南朝愈来愈严重的货币不足现象，如果不把作为其根源的商品生产量增加和货币经济的发展考虑进去，是无论如何也不能理

---

① 参照冈崎文夫《魏晋南北朝通史·外篇》(1932年，弘文堂)第2章第2节及天野元之助《魏晋南北朝农业生产力的发展》(《史学杂志》66编10号，1957年)、古贺登《中国一年多熟农业技术的形成》(《古代学》第8卷3号，1959年)。

解的。

事实上，据梁大通元年(527)诏敕，“百官俸禄……自今已后，可长给现钱”，[①]当时官吏的生活原则上是完全建立在货币经济上。据何兹全氏推算，在宋元徽年间(473—476)国家财政大体上是以谷物收入六、现金收入五、绢布收入二的比例运营。[②] 而距此五十年之后的梁代，百官俸禄之所以能够全部用钱支付，是因为当时已进入铁钱时代。即使其中有保证铁钱价值这种政治上的意图，仍可说明在当时国家财政和经济生活中，钱已占有多么大的比重。南朝货币经济的发展，比一般所预想的应给予更高的评价。

历来有一种潜在的思考方式，即从唐代货币经济倒过去类推，认为唐以前没有什么发达的货币经济。例如即使有前面梁武帝“百官俸禄……可长给现钱”的诏敕，全汉升氏仍然说这在多大程度上实行还是一个问题。[③] 其实对诏敕效力的怀疑只不过是个臆测，发布诏敕至少存在着使人想到发布这样诏敕的状况是当时的事实，是无可否认的。我推想在武帝统治时，梁代货币经济发展程度可能远远高于天宝以前的唐代。当然，这是有地域限制的，如《隋书·食货志》所说的那样：“梁初，唯京师及三吴、荆、郢、江、湘、梁、益用钱。其余州郡，则杂以谷帛交易。交广之域，全以金银为货。”货币经济圈并没有覆盖华中、华南全部，主要是在扬子江

① 《梁书》卷3《武帝纪下》。

② 参照何兹全《东晋南朝的钱币使用与钱币问题》(《集刊》14本，1949年)页42—43。正如何兹全氏指出的，这是475年左右扬州、徐州滞纳租调追征额的分配比例，以此来推定一般年度国家收入的情况或许有些危险。但这种场合，钱的收入占整个收入的38.5%。《通典》卷6载唐天宝中国收入是粟2500余万石、钱200余万贯、绢740余万匹，此外有布绵等。现排除布绵等因素，看看天宝中粟、钱、绢的大致比例。据宫崎市定博士《唐代赋役制度新考》(《东洋史研究》第14卷4号，后收入《亚洲史论考》中卷，1976年，朝日新闻社)，唐代庸的日工资约50文，庸折绢时，一日相当三尺；折粟时，15日力役可以折粟二石(租)。以此为基准换算粟、绢、钱，是粟二石等于绢45尺，等于钱750文。由此推算天宝中国家收入的粟、钱、绢的比率，大体上为粟9、钱2、绢5。也就是说，钱在整个收入所占比率约为12.5%，此时，从整个收入中除掉布绵等实物计算，实际上还当低于大致12.5%。二者的差距是38.5%对12.5%。虽然不能完全依赖这个数字，但在考虑南朝与天宝左右货币经济的程度时，还是有一定参考价值的。我在研究南朝货币经济之际，受到前引何兹全氏明快的论文启发甚大。此外，畏友西洋经济史家合田裕作等也给予了许多教示，一并表示感谢。

③ 全汉升《中古自然经济》(《集刊》10本，1948年)，页134。

流域和广东附近的沿海地域，并正逐渐向边远地区渗透。但在梁朝经济中，这个货币经济圈所占比重非常大，以致使百官俸禄可以用现钱支付。江南的经济已经达到了相当高的阶段。在梁以后，这个发展进程被北朝、隋、唐的政治压力所抑制、榨取而陷入停滞，在唐代广大地域中，江南货币经济圈所占比重相对低下，以至与梁代相比，整个货币经济的水平完全有可能反而倒退了。只是这已经离题太远，我们还是应该回到梁武帝时代货币经济与农民负担这个问题上来。

以上，对于梁武帝时代农民负担过重及由此引起农民流亡现象的根源，除从任何时代都能看到的国家对农民的苛敛诛求，还从这个时代特有的货币经济结构对农民负担日趋加重的影响方面进行了探讨。从根本上说，它是由于东晋以来江南生产力的发展，交换经济进入膨胀过程，而通货量不能适应其需要的矛盾所引起的。作为生产者的农民，陷入这种矛盾之中，既苦于慢性的农村萧条，又由通货不足导致的货币二重构造受到更大损害。梁代正处于矛盾发展最突出的阶段。是否武帝对事态缺乏足够的认识呢？齐竟陵王子良开西邸招文学之士时，武帝风华正茂，也参与其中，是被称为“八友”之一的重要成员。① 如前所述，竟陵王对事态有深刻的洞察力。武帝作为其亲信，无疑聆听过竟陵王对现状的尖锐分析。武帝即位之后，颁布了安置流民、减免租调、鼓动农耕等一系列敕令，并结合发行五铢钱等优质货币，这说明武帝对事态有清醒的认识。而且，由于这些措施，每次都使事态得以一定程度的缓和，构成了梁朝繁荣的根基之一。但结果，这些措施并没有能阻止事态的发展。523 年突然改换铁钱，对武帝来说如同孤注一掷。虽然发行铁钱的同时引起私铸，使铁钱价值开始下落。但对经济领域来说，确实意味着发行一种补助货币，增加了流通的货币总量。或许由于这个措施，赢得十年左右的时间，到 530 年代铁钱政策明显失败以后，武帝已经束手无策，只能眼睁睁地看着事态发展。

以上，关于何之元意见的第一点，即梁灭亡是因苛敛诛求引起人民

---

① 《梁书》卷 1《武帝纪上》。

流亡,武帝又未能改革其弊端所致。我将苛敛诛求的意义和武帝的对策,比照当时货币经济形势进行了探讨。下面把问题移到其社会意义,即由于这种经济结构而流亡的农民都流向何方?或者因这种经济结构反而得到利益的是什么阶层?这也与何之元指出的“大半之人,并为部曲”等相关联。让我们先来看看由这种经济结构直接得到利益的人们,即商人阶层。

四、商业与商业人口

不用说,在上述经济结构中处于不利地位的还是作为生产者的农民。农民们苦于慢性的农村萧条,到手的少量货币,又几乎都是被剪凿和私铸的恶货。这些辛辛苦苦得到的货币,根本谈不上用于购买奢侈品,提高生活水平,仅为了用现金交纳每年的岁调和其他税收,就要花光全部货币。农民换取现金,也只是为了要交纳税金。与“贫者转踵共弊”相反,商人则处于有利地位。在各种复杂通货结构中,短期变动则呈激烈的之字形曲线。丰产或歉收时农产品价格变动十分显著,丰产时农产品价格的跌落和歉收时的饥馑与谷物价格高涨都给农民以极大的打击,而对转运贩卖的商人,倒是增加利润的好机会。同时,当发行劣质货币引起物价上涨和混乱时,又可利用囤积或不同货币种类之间的差价牟取利润。况且像东钱、西钱、长钱这种地区性货币差价也为赚取利润提供了便利。在这经济形势下,商业的有利地位是无可置疑的,出现如郭祖深所说的“商旅转繁,游食转众,耕夫日少,杼轴日空”情形是理所当然的,农民也首先是流向商业。

实际上,在当时社会上,只要稍微有些资本,经营得当,就有可能成为千金之富:

陆验……吴郡吴人。验少而贫苦,落魄无行。邑人郁吉卿者甚富,验倾身事之。吉卿贷以钱米,验借以商贩,遂致千金。因出都下,散赀以事权贵。朱异(武帝亲信,有权有势),其邑子也,故尝有德(受过验贿赂），遂言于武帝拔之，与徐驎两人递为少府丞、太市令。……验、驎并以苛刻为务，百贾畏之。…… 验竟侵削为能，数年遂登列棘，…… 并肩英彦，仕至太子右卫率。（《南史》卷77《恩幸传》）

陆验的故事说明只要顺应货币经济发展趋向，就可能取得意想不到的成功。同时，值得注意的有两点：第一，其经营方法是开始以钱和米为资本进行买卖；第二，这样的商人在积极寻求官府的庇护。

以钱米为资本经营商业之所以成功，是因为随着农业生产的发展，剩余农产品商品化，而在谷物市场存在地域性、时间性的行情变化，利用其价格差就可以获取利润。因此，当时的商业首先需要的是在谷物行情便宜时或便宜地区将其买进储藏的仓库，其次是要将买进的谷物运至高价地区贩卖，即商业与仓库业，运输业密切相关。梁宰相徐勉门人故旧劝其发财的方法是：

或使创辟田园，或劝兴立邸店（仓库），又欲舳舻运致，亦令货殖聚敛。（《梁书》卷25《徐勉传》）

这里所谓创辟田园，意味着设置专门生产农产品商品的企业。像这样经营范围广泛的商业，还包括兼营仓库业、运输业，农业也是作为置于货币经济基础上的一个企业而存在的。

这些商人的帆船活跃在三吴运河以及扬子江上，甚至早在一个世纪前的404年，那年二月暴发洪水，首都建康的入口处石头城下，“贡使商旅，方舟万计，漂败流断”。① 梁代，出现大型货船。颜子推谓：“昔在江南，不信有千人毡帐；及来河北，（人）不信有二万斛船。”②这种大型货船自然是从事长途贩运的。扬子江中流江陵就是物资的一大集散地，“荆州物产，雍、岷、交、梁之会，……良皮美罽，商赂所聚”。③ 甚至北朝的货

① 《宋书》卷33《五行志四》。

② 《颜氏家训·归心篇》。

③ 《南齐书》卷25《张敬儿传》。

物也流入其地，“弘农出漆蜡竹木之饶，路与南通，贩贸往来，家产丰富，而百姓乐之”。① 在地处北方与江陵之间汉水沿岸的要冲襄阳附近，有后文要谈到的西域康姓商人聚落，推测他们是从南方购买绢帛，输出到北方或更遥远的西域（参本书279页）。

当时的商业，正如我们从陆验例子中所看到的那样，最普遍的形式是进行商品化的农产品交易，并且经营各种商品的长途贩运相当兴盛。在这种背景下，商人阶层的兴起是必然的。自然，当时还未发展到自由、开放经济社会中商业的程度，还存在有许多超经济的政治性制约。因而围绕经济外的特权，商人们寻求同政府或者贵族，军人的结合。这里暂不涉及贵族及与其攀援的商人问题（参下一节），只是就商人同政府的关联稍作分析。

如陆验例子所清楚显示的那样，商人在积极靠拢政府。自然，其中包含有控制权力的政治意图，但更直接的还是从商人自身的利益考虑。南朝在刘宋以后的经济领域中，除通行历代政府发行的各种货币之外，剪凿、盗铸的种种劣质货币也在民间流通。在这种情形下，直接从政府那里得到法货远比从流通过程末端获取货币要有利得多。如竟陵王所说的那样，农民从流通过程末端所取得的劣质货币只有法货的一半价值。自然，政府自身也在不断发行劣质货币，但即使如此，直接从政府得到恶货，仍比从在民间流通后，得到通用价值减少甚至变得更加粗劣的恶货要有利得多。而盗铸者甚至出现在政府亲贵之中。梁王族乐山侯正则在担任太子舍人时，就曾盗铸钱货。② 总之，愈接近于政府，在货币上就愈处于有利位置；离政府愈疏远，受到货币的损害也就愈大。这就是我在前面指出的货币二重构造。正是由于这种构造，使商人必然要寻求同政府的结合。同时，与这种构造相适应，在商业人口中分化出种种阶层。担任少府丞、太市令的陆验等应属于其中最上层，他们可以利用特权，通过政府御用商人或市场来搜刮商人，故“百贾畏之”。政府机关和宫廷的御用商人与不

---

① 《魏书》卷24《崔玄伯传》。

② 《南史》卷51《乐山侯正则传》。

能出入宫廷政府的一般商人相比，也还是能从货币中或其他方面受益。再下层的商业人口是卖葱、[1]卖纻麻之类的各地小商贩，[2]而最下层的是被称作无赖之徒的半失业者。由于商业人口像这样分化成各个阶层，在探讨其社会政治作用时，也就应区分不同的社会阶层进行分析。这里，我将他们区分成三类阶层，第一层是其最上层，即陆验这样的中央恩幸；第二是和王侯将帅勾结的各地商人；第三是最下层的游食无赖之徒。下面逐一地探讨他们的社会作用。

五、恩幸与商人

首先，从陆验被收入《南史・恩幸传》可以知道，商人中最上层与当时被称为恩幸的一群人有关联。像唐长孺氏指出的那样，收入《宋书》、《南齐书》、《南史》之《恩幸传》中的人物，确实有许多出身商人。[3] 宫川尚志氏也说过，"南朝寒人是三吴出身，长于理财的富豪"。[4] 虽然不能说寒人都是富豪，但恩幸中商人出身者确有不少。另外，虽然没有明确记载是商人出身，但同商人有这种或那种关系的情形很多。

自然，恩幸与商人的情形不同，它是政治性的产物，基于君主的恩宠而成为其走狗，并为君主个人效忠。在南朝皇帝与贵族的政治角逐中，皇帝需要这样的爪牙存在。皇帝为了集权，不愿把权力交给贵族盘踞的政府，于是"刑政纠杂，理难遍通，耳目所寄，事归近习"。任用这些近习，"外无逼主之嫌，内有专用之功"。[5] 这些近习恩幸，担任中书通事舍人等之后，掌握国家机密，狐假虎威，势倾天下。南朝权力为皇帝与恩幸夺走，同贵族自身的弱点有关。魏晋以来，贵族社会"尚于玄虚，贵为放诞，尚

---

① 《梁书》卷11《吕僧珍传》。
② 《宋书》卷94《戴法兴传》。
③ 唐长孺《魏晋南北朝史论丛续编》(1959 年，三联书店)，页 105。
④ 宫川尚志《六朝史研究・政治社会篇》(1956 年，日本学术振兴会)，页 395。
⑤ 《宋书》卷94《恩幸传序》。

书丞郎以上,簿领文案,不复经怀,皆成于令史”。及至宋、齐,此风愈盛。官僚未尝过目文书以为清贵,恪勤非懈者反指为鄙俗,难以出头。“是使朝政废于上,职事隳于下。小人道长,抑此之由”。① 宋、齐的中央政界成了贵族与皇帝、恩幸的角逐场所,政治愈趋混乱。梁武帝由是采取“不问士庶,依照德才选用官吏,既防止无德行教养的寒人一味苟进媚事,又阻止不学无术的贵族子弟尸位素餐。……由是在天监年间(502—519)整理国政,徐勉、周舍等寒门出身的宰相励以治道。一时之间,如宋、齐时代寒人(恩幸)横暴之事消失得无影无踪”。② 武帝确实是通过不问门第的贤才主义,建立包括贵族、寒人的所谓举国一致内阁,以安定政局。但其结果则意味着贵族势力的衰弱和寒人势力的增长,以至贵族们“每不自量(自己缺乏处理实际事务的能力),举世怨梁武帝爱小人,而疏士大夫”。③ 这些被贵族士大夫鄙视为小人、作为寒人而抑制的社会阶层,在整个南朝势力一直在逐步增长。处于寒人政治势力顶端的就是恩幸。既然寒人势力的一个重要构成要素是商人,那恩幸和商人之间具有密切关系并非不可思议。

像这样恩幸和帝王结合,在政界攫取权力的情况,最早出现在宋孝武帝时期,即450年代以后。如前所述,由于生产力的发展和交换经济的膨胀,存在于南朝经济结构中的货币不足问题以及货币的二重构造已相常严重。447年围绕提高法货价值,沈演之指出“货贵物贱,贫室日苦”的状况。而提升法货价值的措施,则如何尚之所预言的那样“富人赀货自倍,贫者弥增其困”。④ 而且,这时御用商人频繁出入宫中和政府机关,与商人生活密切相关的吴歌、西曲等民间歌曲从宋代开始在

---

① 《梁书》卷37《何敬容传论》。

② 宫川尚志前引书,页387。

③ 《颜氏家训·涉务篇》。

④ 参照《宋书》卷66《何尚之传》。值得注意的是,刘宋时代积极主张改革或增发通货的是沈演之、徐爰、沈庆之等人。其中徐爰是所谓恩幸,沈氏出身寒门。沈演之子勃“轻薄逐利”,后勾结恩幸阮佃夫(《宋书》卷63《沈演之传》)。另沈庆之在首都附近广开田园,自谓“钱尽在此中”(《宋书》卷77《沈庆之传》)。说不定在推进刘宋通货政策的背后,与这些恩幸或热心于追名逐利的寒门利害关系纠缠在一起。

宫中十分流行，就是由商人带入宫中。如唐长孺氏指出的那样，正是从这个时期起，寒人恩幸开始掌握国家机要，这决不是偶然的巧合。[①] 对寒人恩幸来说，既然存在贵族这样强大的对立面，即使不是出身商人的恩幸，与同属寒人层的商人联合，也是理所当然的事；那些希望同权力勾结的商人以此为突破口蜂拥而至也是必然的，于是恩幸周围出现了“挟朋树党，政以贿成”的状况。[②] 深受宋明帝信任的恩幸阮佃夫：

> 凡所谈笑，言无不行，抽进阿党，咸受不次之位。故佃夫左右，乃有四军、五校、羽林、给事等官，皆市井佣贩之人，谄附而获。（《魏书》卷97《岛夷刘裕传》）

即在恩幸的背景中，存在着许多商人。恩幸势力的强大可以看作是伴随着南朝货币经济的发展，商人势力的兴起在政治上的一种表现。恩幸仅仅得到君主的恩宠即君主权的支持还未必能拥有充分势力，只有当商人势力兴起作为其背景时，它的力量才终于强大到足以对贵族的生存构成威胁。因而南朝恩幸的势力，一方面是建立在君主权的支持上，另一方面则是基于同商人势力的联系上。然而恩幸并非自觉地以商人势力代表自居，他们之所以能登上权力宝座，是依靠君主的恩惠和对君主卑屈效忠的个人机缘，或者是用大量贿赂走私人门路获得的。因而他们由这样的捷径一旦登上权力宝座，就充分行使既得权力去追求个人利益。他们为个人利益也会结党营私，但对一般商人却是巧取豪夺，一般庶民的利益更不放在眼里。虽然派遣台使是为政府苛敛诛求，但出任台使的则多是恩幸系统的寒人。他们不仅是为了增加国家财政收入行使权力，也时刻不忘巧妙地利用它来追求个人的利益。或“荐其筐篚，使人纳重货，许立空文”，或将收到的礼物“远则分鬻他境，近则托贸吏民”。[③] 像他们这样，决不是商人势力的代表者。尽管如此，如果当时没有货币经济的发展和

① 唐长孺《魏晋南北朝史论丛续编》，页107。

② 《宋书》卷94《恩幸传序》。

③ 《南齐书》卷40《竟陵王子良传》及前引冈崎文夫《魏晋南北朝通史》，页268。

商人阶层的兴起，他们的势力也不可能得到扩张。另外，恩幸商人依仗特权榨取农民的行为，加速了农民流亡，有助于增加流动的商业人口，从而陷入一种恶性循环之中。

这些出现在中央政权的恩幸，虽然有像陆验那样直接出入中央政府和宫廷得到提拔的例子，但更多的还是先进入地方军府。宋、齐时代出任地方军府都督、刺史的诸侯王又进入中央即帝位的例子很多，其时，在地方军府中受到宠遇的诸王恩幸就可以随之一起进入中央宫廷，参与国家机密。例如戴法兴本来是卖纻麻的商人之子，自己年轻时是会稽山阴市场卖葛的小商人。由于爱好文墨，先为传署之类的小吏，以后进入中央为尚书仓部令史，不久又从彭城王义康记室令史迁为孝武帝（当时是江州刺史、南中郎将）典签后，与同为典签的伙伴戴明宝、蔡闲等一起随孝武帝进入建康。孝武帝即位后，他为中书通事舍人，掌管国家机密。① 依附宋明帝的阮佃夫、王道隆，跟随齐高帝、齐武帝的纪僧真、茹法亮等，都属此类情况。像这样由地方军府长官走马中央，随之将自己原来军府人员带入朝廷的事例很多，这对于和地方军府有关的寒人，包括军人、恩幸寒人、御用商人等，是一个绝好的机会。因而下面看看地方军府中商人和军人的关系，试以梁武帝雍州（襄阳）起兵时的情况为中心进行考察。

六、地方商人与军人

公元500年，萧衍（后来的梁武帝）自雍州起兵，反对南齐王朝最后一个帝王东昏侯的暴政。当时他的职务是“持节都督雍、梁、南北秦四州，郢州之竟陵、司州之随郡诸军事、辅国将军、雍州刺史”。即他作为雍州刺史，坐镇襄阳，是以襄阳为中心的雍州民政长官。同时，其军事指挥权除雍州外，向西扩展到以汉中南郑为中心的梁州、南秦州、北秦州三州。向东达到今京汉线西侧以随县为中心涢水流域，向南则及于汉水屈流处天门县一带。举兵之初，萧衍军队的构成，据《梁书》列下表所示。

---

① 《宋书》卷94《戴法兴传》。

	将军姓名	起兵时的地位	所在地	麾下的构成及其他	《梁书》卷数
雍州直属军	王　茂	辅国长史、襄阳太守	襄　阳	（前锋军团长）	9
	柳庆远	别驾、从事史	襄　阳	（参谋长）	9
	张弘策	录事参军、襄阳令	襄　阳	领万人，督后部军事。	11
	吕僧珍	中兵参军	襄　阳	阴养死士，归之者甚众。	11
	韦　爱	中兵参军	襄　阳	武帝出兵后，为雍州留守，率募乡里，得千余人。	12
管下诸军	曹景宗	冠军将军、竟陵太守	钟祥及石门附近	聚众。景宗军士皆桀黠无赖。	9
	张惠绍	竟陵横桑戍主	同上地区周边的横桑戍		18
	郑绍叔	宁蛮长史、扶风太守	谷城之东		11
	柳　惔	西戎校尉、梁南秦二州刺史	南　郑	举汉中响应义兵。	12
	韦　叡	上庸太守、加建威将军	竹山之东	众二千、马二百匹。	12
	康　绚	前军将军、华山太守	宜城之北	自率敢勇三千人私马二百五十匹相从。	18
	昌义之	冯翊戍主	宜城东南		18
驰参者	冯道根	沟均口戍副，其时正在归乡中。	光化东北	率乡人子弟中能为兵者悉归高祖。	18

雍州直属军队有甲士万余人，马千匹，船三千艘，加上其他部队全军约合铁马五千匹、甲士三万人左右。① 虽然萧衍率领向首都建康进攻的

① 《梁书》卷1《武帝纪上》及《南史》卷6《梁本记上》。

只有这些军队,但由于成功地实现与荆州军府的合作,所以他的军事行动获得了强有力的支持。原本属于荆州军府诸将军的传记,收集在《梁书》卷10及卷19中。

这些地方军府同商人之间是什么关系呢?首先,军府中的将军有出身于商人阶层的。如上表中所看到的吕僧珍是广陵人,传称其出身寒贱,不过其家住于广陵市场北面,姐夫家于氏住在市场西边小屋里,正处于商业区当中。此外,他的从父兄子也是开店卖葱的商人,而吕僧珍小时曾从师学习,所以想必是家境还算宽裕的商人子弟。从他生长环境看,与前面提到的恩幸戴法兴非常相似。进入官场后,中途与萧衍结识,以后作为部将十分活跃。① 可见当时不论军人也好,恩幸也好,都有出身于小商人阶层者,这也是商人阶层兴起的表现之一。

下面看看商人积极靠拢军人的例子。前面表中列出的曹景宗之弟名叫曹义宗:

> 义宗年少,未有位宦,居在雍州(襄阳)。既方伯(竟陵太守)之弟,又是豪强之门。市边富人姓向以见钱百万欲埤义宗,以妹适之。义宗遣人送书竟陵咨景宗,景宗题书后答曰:"买犹未得,云何已卖?"义宗贪镪遂成。后随武帝西下,历位梁、秦二州刺史。向家兄弟凭附曹氏,位登列卿。(《南史》卷55《曹景宗传》)

这清楚地说明地方商人同当地有权势的军人家族有密切联系。商人子弟能位登列卿当然是一种侥幸,但即使没有这么顺利,商人还是有充分理由通过与军人的结合获取利益,那是基于什么缘故呢?

陈至德以前(583)有这样的法令:"旧制,军人士人二品清官,并无关市之税。"②军人以前是指军户,但这时兵户制度已经瓦解,③是指一般军

① 《梁书》卷11《吕僧珍传》。
② 《南史》卷77《沈客卿传》。
③ 参照滨口重国《魏晋南朝兵户制度研究》(收入《秦汉隋唐史研究》上卷,1966年,东京大学出版会)。

官级别的职业军人,"军人士人二品清官"可以理解成"相常于二品清官的武官和文官"。因此,不论文官武官,只要名列二品清官,携带商品时,就可以合法的免除关税、市场税。对能经常位至二品清官的贵族,商人自然不会放松。[①] 向某积极投靠的曹氏中,曹景宗是冠军将军、竟陵太守,如果将南齐官品比照宋代,相当五品官,[②]足够所谓二品清官了,因为当时的二品是指仕官在第六品以上。[③] 如果向某成为二品清官军人亲属,借其名义调动商品,就能牟取巨利。

除此之外,商人通过与军府的关系还能得到许多利益。征收关市之税是军府权限内的事,如果这是委托征收制,[④]那商人就可以通过承办此事获取足够的奸利:

> 又司市之要,自昔所难。顷来此役,不由才举,并条其重赀,许以贾衒。前人增估求侠,后人加税请代,如此轮回,终何纪极?兼复交关津要,共相唇齿,愚野未闲,必加陵诳,罪无大小,横没赀载。凡求试谷帛,类非廉谨,未解在事所以开容。[⑤](《南齐书》卷40《竟陵王子良传》)

竟陵王奏文意思颇为费解,大概是说决定征收市税承包者之际,近来不是通过才举,而是委托有足够财产的商人。前任者增征估税挟行奸利,后任者又加收估税以求承代,如此循环不已。而且他们勾结关津守吏,征收关税或检查货物时,欺诈无辜百姓,任意没收财物。如果以上理解不错,围绕这些特权,商人就有勾结军府的理由。

---

① 唐长孺《魏晋南北朝史论丛续编》,页103—104。

② 《通典》卷37。

③ 前引宫崎市定《九品官人法研究》,页268—269。

④ 参照吉田虎雄《魏晋南北朝租税研究》(1966年,大安再版)页198及越智重明《关于南朝的州镇财政》(《东洋史学》24辑,1961年)。

⑤ 所谓"贾衒",《烈女传》卷1孟母三迁故事中有"乃去舍市傍,其嬉戏为贾人衒卖之事"句。朱子《小学》卷4《稽古篇》也引此,张伯行注贾衒句谓"坐而卖曰贾,行而卖曰衒"。总之,贾衒很清楚是指商人的意思。"求侠"之侠,与夹、挟通,想是指挟奸利。

另外，军府一般都拥有庞大的消费，商人也自然参与其中交易。由于当时货币有二重构造，如能直接得到军府支付的法货，仅此就使商人有利可图。而从军府这一方来说，万一有事之际，也的确需要财力雄厚的商人支持，下面看看这方面的例子。

前面提到梁武帝举兵之时，部下将军中有一个名叫康绚的人。从康绚这个姓就可以知道，他原本是西域康居人，祖父这一代率乡族三千余家移住襄阳岘山之南，这是宋永初年间(420—422)的事。宋王朝为安置他们，特意在移居地襄阳侨置华山郡蓝田县，以后直到康绚，代代被推为华山太守。梁武帝举兵时，康绚率敢勇3 000人，私马250匹响应。① 西域胡人一般都从事商业，康氏三千余家的居住地可能是襄阳附近的商业中心。而且，几乎与康氏移住襄阳附近同时，永初三年(423)开始雍州军府设置在襄阳。② 从这时起，襄阳的经济活动变得活跃起来，与东方的寿春、广陵一起，成为与北方贸易的据点，其旺盛的经济力能够充分供应军府庞大的消费。随着货币经济的发展，为了维持军府的消费，单靠经营屯田等实物生产已不能完全满足需要，如果考虑到军府活动需要强大的经济力作后盾的话，那我们推测梁武帝起兵背后，得到了当时可以称之为国际资本的康氏的经济援助，也未必牵强附会。

作为加强这个推测的一个旁证，与雍州武帝相呼应的荆州军府，在开始军事行动时，采取下面的方法筹措了部分军费：

> 颖胄(事实上的总帅)献钱二十万，米千斛，盐五百斛。咨议宗塞、别驾宗夬(宗氏是江陵豪族)献谷二千斛，③牛二头。换借富赀，以助军费。长沙寺僧业富，沃铸黄金为龙数千两，埋土中……称为下方黄铁……乃取此龙，以充军实。(《南齐书》卷38《萧颖胄传》)

---

① 《梁书》卷18《康绚传》。

② 据严耕望《魏晋南朝都督与都督区》(《集刊》27本，1956年，页90)，永初三年褚叔度始为雍州刺史监雍梁南北秦四州诸军事。

③ 宗夬原文作宗史，误。宗夬在《梁书》卷19有传。

在筹集军费中，富人确实起到了一定的作用，长沙寺可称是当时的金融资本。

> （甄彬）尝一束苎就州长沙寺库质钱，后赎苎还，于苎束中得五两金，以手巾裹之。彬得，送还寺库。（长沙寺）道人惊云："近有人以此金质钱，时有事不得举而失。檀越乃能见还，辄以金半仰酬。"（长沙寺）往复十余，彬坚然不受。（《南史》卷70《甄法崇传》）

据说梁武帝布衣时听到这个故事，当皇帝后乃提拔甄彬为官。此事说明作为荆州军府行动后盾的，是江陵的富豪和具有雄厚经济实力的寺院。

上述地方商人或富豪同地方军府极为密切的关系，反映了随着货币经济的发展与商人阶层的兴起，地方军府也不可能与经济社会毫无关系。如果连同前面谈到的恩幸出现一并考虑，那就可以知道，商人势力以种种形式渗透到中央政府和地方军府中。这种商人势力的扩张，是南朝寒人势力普遍兴起的表现之一，也只有在货币经济发展的基础上才有可能。

以上主要围绕上层的、或成功的商人为中心进行了考察。他们依靠同政府或军府的联系，取得了种种经济外的特权，并利用这个特权去追求更多的财富。从前面提到的陆验、台使或承包估税的商人的行为中可以知道，他们大多利用特权压迫下层商人，榨取一般百姓。其中如恩幸阮佃夫享受着连晋代有名的王恺、石崇也望尘莫及的奢豪生活。[①] 进入梁代以后，作为特权阶级的王族、贵族、高级军官的生活愈来愈奢侈，贺琛上奏中说："故为吏牧民者，竞为剥削，虽致赀巨亿，罢归之日，不支数年，便已消散。盖由宴醑所费，既破数家之产；歌谣之具，必俟千金之资。所费事等丘山，为欢止在俄顷。……其余淫侈，著之凡百。习以成俗，日见滋

---

① 《宋书》卷94《阮佃夫传》。

甚。”[1]这种状况说明特权阶级或富豪阶级中普遍的奢靡之风。梁代达到高潮的消费热，既是当时货币经济的发展所造成的，也是建立在货币经济的二重构造和封建性的超经济特权上，并以牺牲由于这个构造和各种特权而受害的贫民为代价。社会上贫富差别愈来愈悬殊，当我们把目光移到贫民这一方时，就又回到了同样是由货币经济发展和货币经济二重构造所必然产生的流亡农民、游食者阶层即包含最下层商业人口在内的半失业者问题上来。下面就来看看这些人的社会意义或作用。

七、军府与半失业商业人口、流亡农民

处于商人最下层的所谓游食无赖之徒，并非完全的商人，而是流亡农民的归宿之一，其中包括有许多失业者，大致可以说是半失业者的群体。如前所述，农民之所以离开农村，是由于农村慢性萧条和货币的二重构造使其所得到现金收入不能交纳岁调和其他税收，生活不能维持所致。他们与其从事入不敷出的农业，不如寻求比较容易获取现金的道路，故首先附着在商业机构的底层。其中有许多人经营小规模的小商小贩，但更多的还是受各地豪强驱使为之从事商业活动。如陆验那样，得到豪强支持，独立经营商业成功的毕竟只是少数。随着流亡农民从事商业增多，依靠正常的商业活动作为自己的职业愈来愈困难。这实际上是失业人口的增加，如果任其下去，会酿成社会不安定。在这种状况日趋严重时，“好赈施”、[2]“虚心爱士”的任侠者受到欢迎是自然的。[3] 在他们之下，聚集了许多称作“恶少”、“少年”、“宾客”等轻侠无赖之徒及史书称作“乡人”的各地普通百姓。任侠者之流的人物，《陈书》列传记载极多，这说明在被讴歌为太平盛世的梁代，以农民的流亡引起半失业商业人口即游食者阶层的增大为基础，以游侠为中心结合的乡人集团，逐渐成为一种广泛的社会现象。而这在南齐末期已经出现了，前文列举的梁武帝起兵之初的军

---

① 《梁书》卷38《贺琛传》。
② 《梁书》卷10《邓元起传》。
③ 《陈书》卷31《鲁广达传》。

队中,曹景宗部下的士兵皆桀黠无赖,曹景宗自身小时候"常与少年数十人泽中逐麞鹿"。[①] 此外,"(吕)僧珍阴养死士,归之者甚众"。[②] 这些死士集团肯定是出自游食者中的强悍之徒。又有如荆州军府部将邓元起自年轻时即"性任侠好赈施,乡里年少多附之"。他担任荆州军府中兵参军时,其手下"敢死之乐为用命者万有余人"。[③]

一般来说,任侠者或任侠集团在汉末以后迅速衰落。《晋书》、《宋书》、《南齐书》中很少记载有任侠人物。相反,在此前后的《三国志》、《陈书》中则有大量任侠者异常活跃,形成极鲜明的对照。之所以如此,是因为汉末动乱以后到刘宋时代末期,至少从 3 世纪中期到 5 世纪中期之间,存在着阻碍任侠者形成的社会因素。在这近两百年期间,从军事制度上看,正好相当兵户制度时代。[④] 如果作为任侠者首先要具备长于武功的侠气,那想必这时期他们被兵户制度所吸收,成为军官。像孟龙府、刘康祖等,[⑤]《宋书》中散见的少数任侠者,最后也都成了军人。

但任侠者要培植党羽形成势力,必须有依附他们的浮动人口。或者是生活安逸,无所事事,或者是由失业而寄食。总之,要有一定充裕时间,游侠生活才能成立。具有这种条件的流动人口不是在农村,而更容易在城市商业活动的周围产生。即使在任侠者不活跃的 3 至 5 世纪之间,吴都建业(后来的建康)游侠者的浮华生活也成为诗歌的题材。[⑥] 孟龙府、刘康祖就是居住在当时首都周围城市京口。另外,游侠戴若思的活动也与商旅有关。[⑦] 由此看来,任侠的成立与活跃,是以一定程度的都市生活和商业的发展,以及由此产生的游食者作为重要条件的。汉代游侠的活跃是以当时的都市生活为基础,齐末以后的复兴也是建立在货币经济的恢复与商业的发展之上。从南齐至梁一代,就是在不断迅速增加的游食

① 《梁书》卷 9《曹景宗传》。
② 《梁书》卷 9《吕僧珍传》。
③ 《梁书》卷 10《邓元起传》。
④ 参照滨口重国《魏晋南朝兵户制度研究》。
⑤ 孟龙符见《宋书》卷 47《孟怀玉传》,刘康祖见《宋书》卷 50 本传。
⑥ 《文选》卷 5 所收左思《吴都赋》。
⑦ 《晋书》卷 69《戴若思传》。

者或半失业商业人口的基础上，形成了无数的任侠集团。

以上只是单从民间一方考察半失业商业人口的动态，当把它和政府机关联系起来考虑时，就具有更重大的意义。

衣食无着的半失业商人或流亡农民去向中，还有仰赖政府机构生活的。但如前面提到的戴法兴、吕僧珍那样进入官府任职，必须要有一定的才能。除此之外最简单的方法是响应政府的募兵，那也是容纳人数最多的地方。

像滨口博士明确指出的那样，魏晋以来的兵户制度至宋末已濒临瓦解，到齐末常备部队几乎完全变成募兵。① 恐怕军事制度的变化也不是完全与货币经济的发展无关，这个问题暂且不去讨论。从前面列举梁武帝起兵之际的兵力构成表中就可以知道，在5至6世纪之交的社会，征集募兵已是很容易的事。武帝就曾“颇招武猛，士庶响从，会者万余人”。吕僧珍豢养的死士集团，也是从应征士兵中挑选的。② 这种募兵方式通行整个梁代，在梁代中期520年代左右，像郭祖深上奏中所指出的，那些为地方长官擢用的勋旧们，“投化之始，但有一身，及被任用，皆募部曲。而扬、徐之人，逼以众役（之苦），多投其募，利其货财”。③ 武帝举兵之初应征的死士、武勇中，在梁朝后来有幸担任了地方官，并各在当地召募兵员。这并不只限于称之为方镇或藩镇的地方军府长官，军府下属的地方官也各自募兵，以致到梁朝最盛期已经形成：

> 时江表将帅，各领部曲，动以千数。（《陈书》卷31《鲁广达传》）

① 滨口重国《魏晋南朝兵户制度研究》，页409。

② 《梁书》卷11《吕僧珍传》。

③ 参照《南史》卷70《郭祖深传》。原文承此是“皆虚名上簿，止送出三津，名在远役。身归乡里，又惧本属检问，于是逃亡他境，侨户之兴良由此故”。即指出托名投募，实际仍有不少留在乡里，自然从军的也有很多。顺便提一下，郭祖深上奏中强调沉重的徭役与征役是农民逃亡的原因之一。这或许说明像南齐竟陵王时代那样苛刻吸收货币的紧缩政策已经改变。虽然来自货币方面的压力减轻了，但梁政府致力于榨取农民的劳动力，徭役的种类多而且时间长，以此弥补财政方面的损失。

这条记载如滨口博士在《秦汉隋唐史研究》上卷第414页中指出的那样："说明当时地方有许多土豪、风云儿拥有数百甚至一千以上的募兵或家兵。在乡党左右一县一郡的政治，出仕方镇则作为将帅活跃着。"从滨口博士已经引用过的实例来看就很清楚，这些将帅所率领的数百或一千人以上的集团，或是纠合"州里少年"，[①]或是"将领乡人"，[②]不外乎是如前所述的以流亡农民和半失业商业人口增多为基础产生的，以任侠性结合为中心形成的乡民集团。军府或其指挥官募集兵员时，除了流亡农民或游食者个别应征以外，还有是民间已形成的任侠性集团一起投募，或者虽是分散应征，但被按照任侠的形式编制起来。

军队的结构演变成这种形式，意味着军府的体制已经从内部开始变质了。随着军府长官之下的地方官和参军阶层（大都是兼任，实质上是土豪）各自拥有属于自身的集团，军府实力逐渐转移到他们手里，从而使指挥系统变得混乱起来。例如《周书》卷46《杜叔毗传》载：杜叔毗是襄阳寒族，梁时为宜丰侯萧循军府的中直兵参军。在萧循军府中，除他以外，还有其兄杜君锡为中记室参军，从子杜映为录事参军，映弟晰为中直兵参军，"各领部曲数百人"。552年，位于南郑的萧循军府为西魏军队包围时，围绕是否与西魏讲和，参军阶层中意见不一。杜叔毗受萧循派遣作为讲和使节至长安期间，中直兵参军曹策和刘晓企图直接投降城外西魏军队，杀死了持反对意见的杜氏一族。大概曹策和刘晓也领有足以与杜氏一族对抗的部曲。虽然最终曹策一派为萧循所遏止，但仍说明军府中各自拥有部曲的参军阶层势力已达到足以影响军府决策的程度。同时，军府已不是一支统一的军团，而只不过是多种势力的集合体。而这集合体内部各种势力往往因利害关系的差异孕育着分散行动的可能性，军府在结构上已濒于分裂，军府长官已无法统制内部的各种势力了。在这种情况下，军府的统一会因微小的刺激而崩溃，内部的各种势力会自然地四分五裂。

---

① 《陈书》卷31《任忠传》。

② 《陈书》卷13《徐世谱传》。

在梁代末期,梁朝的军队就像这样由数百成千甚至无数独立的部曲集团构成。从官制上看,率领这些部曲集团的是参军、太守阶层,实质上是地方的土豪和风云儿。其部曲则主要来自流亡农民和半失业商人中的轻侠、乡人。这些部曲集团在郡县、在军府都是因各自的利害关系而行动,这不仅取决于率领这些部曲集团将帅的意志,也反映了部曲们的愿望。

何之元说部曲大半"与藩镇共侵渔,助守宰为蝥贼,收缚无罪,逼迫善人,民尽流离,邑皆荒废。由是劫抄蜂起,盗窃群行"(参前文),大半之人之所以成为部曲,正如前面多次论述的,是因为衣食无着的失业者依附于藩镇(军府)中的守宰,通过薪金等形式能够得到丰厚的政府资金。他们主要是为了生活、为了有利可图才应征从军的,自然拼命追求财富。他们以武力为后盾压迫榨取百姓,其结果是逼迫百姓更多的流亡,沦为盗贼。由此带来治安恶化,又需要更多的军队:

> 海宁、黟、歙等县及鄱阳、宣城郡界(即安徽省南部至江西省一带),多盗贼,近县苦之。(程)灵洗素为乡里(海宁)所畏伏,前后守长恒使召募少年,逐捕劫盗。侯景之乱,灵洗聚徒据黟、歙拒景。(《陈书》卷10《程灵洗传》)

盗贼的发生反过来促进轻侠集团的形成,于是在何之元指出的流亡农民变成部曲,部曲的侵夺又迫使农民流亡,沦为盗贼之外,再加上盗贼的发生又促使部曲增多,社会的恶性循环变得更加严重了。

在当时社会下层出现了无数这样的轻侠、乡人、盗贼集团。他们的行动原理是对衣食或财富的追求。轻侠、乡人集团大量进入军府,从内部改变了它的结构,使军府濒临于自我毁灭。军府实力已经落到率领这些集团的土豪手中,军府上层只是徒有其名。而作为军府长官的王侯和高级将领则高坐于经济的二重构造之上,与贵族们一起尽情享受消费热,同时为了支撑奢侈的消费而拼命追求钱财。当建立在货币经济基础之上的铁钱政策失败后,贫富悬殊和社会不安问题更突出了。犹如何之元所说的:"国有累卵之忧,俗有土崩之势。"只要轻轻一碰,累卵就会顷刻瓦解,当侯景仅率一千士兵自寿春南下进攻首都建康时，累卵就开始“四方瓦解”了。

侯景548年八月在寿春起兵，十月从历阳（安徽省和县）向采石（当涂县西北）渡江时，仅有一千人马，至包围建康台城时，已膨胀到十万以上。[①] 且不管侯景自称十万有多大真实性，总之，出身于北方民族的侯景只领着一千士兵，其行动为什么会得到首都那么多人响应呢？侯景解放了沦为奴隶的北方人，他们确实支持侯景，[②]但响应者更多的是南方人。何之元说“驱我人而围天阙”，所谓“我人”，就是首都周围的那些不逞之徒，即平素给贫富悬殊、上下相憎社会酿成不安的半失业人口。如前所述，他们为了追求财富而不惜一切，侯景丰厚的恩赏足够吸引他们。同时，由于侯景推翻了旧的社会秩序，使他们平素积压的不满得以充分发泄，首都南部、秦淮一带豪门富室相继遭到袭击掠夺。于是在首都周围地区，由一千人的武装起义为契机引起了一场社会革命。但应该注意到成为其契机的不是内部的武装起义，而是通过外部的作用力带给这个社会的一个偶然机会。总之，侯景率领仅一千人的兵力，奇袭梁都，并经过数个月的包围战，最终占领建康。之所以取得这种异乎寻常的成功，是因为帝国内部的形势已经发展到了革命前夜。

在首都攻防战期间，梁朝军队从四面八方赶来支援。尽管号称“百万”，但令人不可思议的是对侯景只有零散的攻击，没有任何统一行动。他们只是远远地聚集在首都周围，袖手旁观宫城陷落。到宫城陷落后，侯景称诏敕，命令“征镇牧守各复本位”时，他们十分庆幸地各自收兵，正如简文帝说的那样，这些军队中“已无勤王之师”，[③]或像侯景所说的“王侯、诸将，志在全身，谁能竭力致死，与吾争胜负哉”。[④] 他们之所以不能

① 当时的兵力，《梁书》卷38《朱异传》作三千，《南史》卷80《侯景传》作“兵八千人”，《梁书》卷56《侯景传》与《南史》同文，但作“兵千人”。《南史》原文的“八”，当是重复“兵”字下“八”的衍文。另据《侯景传》，台城陷落之际，武帝同侯景之间的问答谓：“又问，初度江有几人。景曰千人。围台城有几人。曰十万。”看来最初的兵力是千人左右。

② 森三树三郎《梁武帝》（1956年，平乐寺书店），页174。

③ 《南史》卷80《侯景传》。

④ 《资治通鉴》卷161“太清二年十一月”条。

成为勤王之师，不单是因为王侯、诸将之间的不和，而正是如前面所论述过的，地方军府结构已变成了以追求利益作为行动原理的轻侠、乡人集团的混杂体，军府的实力已经转移到这些集团手中。各个军府已经不是按照作为长官的王侯意志行动，相反，倒是王侯依存于部下各集团的实力，不得不受各个集团的利害制约。这些集团在荒废的首都周围已经无事可做，倒不如回到各自的根据地更加有利可图，王侯们本来也是采取确保自己地盘的所谓"全身之道"。而这是否就是根源于在梁代货币经济基础上培育起来的社会上下追求实利的惰性呢？

由于侯景之乱的打击，在这之前好不容易维持的国家集权崩溃了，与此相应，地方军府的统制力相继失去。此后是那些土豪将帅们，率领着由游食者、轻侠、乡人、盗贼组成的集团，依据各自的利害关系活跃在历史舞台上。在那天翻地覆的混乱中，王侯、贵族没落了，商业萧条了。何之元置身于动乱中，随波逐流，真切感受到这时期真正的主角是那些土豪将帅阶层，很自然地在笔下把自己所见到最突出的现象反映出来。他也确实正确地指出了这种事态导致了农民流亡。但使农民流亡激化，土豪将帅阶层实力增长的原因，不仅仅是任何时代都能看到的官府苛敛诛求，在官府苛敛诛求愈趋严重的后面隐藏着更深层的因素，我把它归之于货币经济的发展，并由此对何之元的论述进行了长篇补充。

未论及的问题还有很多，暂且就此打住。下面将本章的要旨适当归纳，并对今后留下来的问题稍作推论，以此作为本章的结语。

结　语

4世纪初东晋王朝成立以来——自然作为其前史有三国时代吴国——江南的历史，首先从经济史上来说，可以这样理解：即随着生产力的不断发展，商品交换逐渐增长，货币经济进入上升过程。另一方面，因为江南社会流通的通货总量有一定的限度，自刘宋初起，商品价格总额开始超过通货总量，发生了货币不足现象。但政府针对货币不足现象采取的通货政策缺乏一贯性，造成货币体系混乱，社会上出现货币的二重构造。随着时代的推移,这种形式的货币经济又反过来促使社会发生了以下变化。

尽管农村持续的慢性萧条使农民收入减少,而在财政中增加货币比重的政府,不得不拼命征收货币,夹在其间的农民不堪沉重负担,被迫流亡。与农村相比,经营商业有利得多,因而从农业向商业人口的流动增加。这带来两个结果:一是推动了商人的兴起;二是引起半失业商业人口的增加。商人阶层由于受到货币经济的二重构造和封建性超经济特权的制约,必然寻求向封建权力的渗透,由此加大了贫富悬殊的差距。同时,土豪将帅阶层通过招纳流亡农民、半失业商人,军事实力逐渐上升。随着土豪将帅阶层同商人阶层联系的加强,南朝寒人实力日益强大,恩幸就是最初兴起的寒人上层。在这过程中,贵族渐渐变得只是徒有其名,虽然他们在自己的牙城中央政界和恩幸争权夺利,但在军事上依存于土豪将帅阶层,在经济上寄生于商人阶层。因此总有一天,包含正在兴起的土豪将帅阶层、商人阶层的寒人势力必然要淘汰压在他们头上的贵族。

在寒人与贵族势力消长进退之际,梁武帝依据贤才主义,不拘一格广罗人才,建立举国一致内阁,以维持各阶层的平衡。在经济政策方面,也尽量采取维持农民和通货安定的措施。梁代的繁荣大概就是这些措施的效果。但它并不能阻止南朝社会与经济中孕育的发展,到梁代后期,梁武帝已经束手无策,只能听凭事态发展。于是各种矛盾迅速激化,侯景之乱不过是作为爆发的契机,点燃了一根导火线而已。

在这以后,拥有军事实力的土豪将帅阶层十分活跃;贵族则由于侯景之乱对首都的彻底破坏、西魏强行将江陵梁朝百官驱逼到关中两次打击,一蹶不振。商人阶层也因为在长期持续的战乱和北朝势力占领长江以北之后,作为南朝货币经济大动脉的长江被切断而受到沉重打击。当然,商人阶层并未由此窒息,以三吴、会稽的运河地区为中心,在陈朝境内又渐渐复苏起来。但由于侯景之乱使之前的货币经济圈中心受到严重破坏,从而使边远地区的势力相对高涨起来。陈朝政权就是以这些乡村土豪将帅阶层为中心成立的。幸存的贵族只不过是这些乡村武士政权的点缀物,他们几乎已经完全丧失了实际的社会经济基础。传统的南朝贵族制度，经过6世纪中叶侯景之乱后，实质上已经崩溃了。这时在历史舞台上活跃的只是土豪将帅阶层和不久又复苏的商人阶层。进入隋唐时代，特别是在江南地区，怎样处理南朝旧贵族已不成为问题了。只是将陈朝残存的少数贵族驱逼到关中，问题就一举解决，更重要的是如何对待能够成为将帅的土豪与商人阶层。

6世纪中叶，江南社会的历史主角更换了，它也迎来了一个历史的转换时期，我把它理解为中世前后期的分界线。这是一个相当重大的问题，本章主要从货币经济的侧面，以商人阶层和土豪将帅阶层的兴起为中心，试图说明社会主角交替的原因。而在这历史的转换期，贵族具体地站在什么立场，采取什么行动，是一个饶有趣味而又必须探讨清楚的问题，这俟待下章论述了。

（原题《侯景之乱与南朝的货币经济》，1962年3月《东方学报》，京都，第32册。1979年8月修订）

第四章　南朝贵族制的崩溃

前　　言

6 世纪中期的侯景之乱导致贵族走向没落，这一见解很早便由冈崎文夫博士提出。① 不过博士所云"通览《陈书》列传，除了出使北齐的徐陵一人以外，充斥的多是武将出身者。实际上，正如在侯景之乱中，南朝第一的名家王氏一族全灭，其他许多名族逃奔他乡一样……"之语，有些极端，因此后来遭致竹田龙儿氏的疑问。② 如竹田氏所批判的那样，上述冈崎博士的论述的确有些夸张，"侯景之乱中，南朝第一的名家王氏一族全灭"云云，决非事实。琅邪王氏、陈郡谢氏直到陈朝仍旧与从前一样，高居令、仆之位。即便如此，还是可以认为，南朝贵族制的崩溃始于侯景之乱及其后的梁末陈初时期。本章的课题，便是想探讨这一崩溃的过程及其原因。

这里，有一点必须说明的是，南朝贵族制成立于东晋初期，其核心为北人贵族，可以说离开王、谢两家，南朝贵族制也就无从谈起。因此在本章中，主要以谢氏为中心，来考察南朝贵族的没落过程。

在前章中，我试图说明为什么 6 世纪前期的南朝在梁武帝的统治下出现了一个前所未有的黄金时期，而在 6 世纪中叶以后却陷入了一个完全相反的无药可救的大混乱之中。原因之一，便是南朝货币经济的发展问题具有极为重要的意义，由此从这一侧面来理解当时的各种社会现象。

---

① 冈崎文夫《魏晋南北朝通史》(1932 年，弘文堂)，页 318。

② 竹田龙儿《关于侯景之乱的一个考察》(《史学》29 卷 3 号，1956 年)，页 56。

也就是说,南朝经济的根底之处有一个基本矛盾,即随着生产力的发展与商品交换的增长,货币经济呈现出上升趋势,但同时南朝社会流通的通货总量却没有相应增加,由此逐渐激化了货币不足的现象。而且,面对货币不足这一现象,南朝诸政府的通货对策缺乏一贯性,导致各种货币的乱用,社会上出现了货币的二重结构。货币经济的进展与根本性的相对货币不足这一状态,一方面带来了农村的慢性疲弊与农民负担的过重,另一方面又促成了利用货币的二重结构与地方的季节性物价差额的商人活动加剧,农业人口转换为商业人口的现象由此增加。其结果便是商人阶层的抬头与半失业商业人口的增加。商人阶层在货币经济的二重结构与封建性经济外特权的制约下,必然寻求与封建性权力建立联系,进而厕身于其把持的机构之中。另一方面,吸收了流亡农民与半失业商业人口的土豪将帅阶层逐步提高了自己的军事实力,梁朝政府的军事机构实际上陷入一种只有依靠他们的力量才能维持下去的状态中。于是土豪将帅阶层与商人阶层相互勾结,在政府机构内部也是从下层开始积蓄力量,到某个时期必然要推开盘踞在政府上层的王公贵族的上层阶级。梁武帝的铁钱政策失败后,这一必然性明显加剧,社会矛盾一触即发,而侯景的反叛正好扮演了导火索的角色。

起自侯景之乱,且持续了二十年左右的大混乱为什么会发生呢?从这一问题出发,对南朝社会所呈现出来的状况,我的理解即如上述。不过,由于主要侧重于商人阶层与土豪将帅阶层的抬头,而对另一面的贵族没落的问题考察得还不充分。因此,针对贵族的没落这一问题,首先想运用上述视角,看一下货币经济的进展对贵族的经济生活产生了什么样的影响。如上一章所述,如果承认南朝货币经济发展到了一个相当高的程度,那么从一般角度理解,可以认为它起到了摧毁贵族经济根基的作用。但是,当依据当时的史料来追寻这一崩溃的过程时,马上就会遇到史料不足这一障碍。因此,下面的考察必然存在着缺乏具体性的一面,不过描述一个大致的轮廓,对今后的研究工作而言似乎并无不可。为了弥补经济侧面考察时不可避免的抽象性,我想从社会以及政治的侧面对贵族的衰落作一些较为具体的考察。

一、庄园的变质

江南贵族的经济基础在于其大土地所有以及庄园经营上，这一点众所周知，已成定说。最为典型的例子见于谢氏，先放下有名的谢灵运《山居赋》所描绘的庄园情况不谈，早在4世纪中叶谢安以后，子琰、孙混及混的外甥弘微这一家系中，便有代代继承经营的广大庄园。仅仅只是谢安这一家，便有田业十余处，僮仆千人，此外还有散在于会稽、吴兴、琅邪等地的庄园以及依附在庄园的数百僮仆，这些加起来，规模巨大。上述产业的大部分在432年谢混妻东乡君死后为还女婿殷睿的赌债而变卖，虽然如此，但谢弘微所言“（遗产）今分多共少，不至有乏”，还是说明这家仍然留有相当多的庄园。① 这类庄园的具体的经营方法，全然不明，不过从庄园四处分散这一情况来看，应该是颜之推所说的那种“皆信僮仆为之”的间接式管理方式，②也就是实际上将庄园交给被称作守园人③的手下管理，每年命其把收成的一部分作为年贡上交中央。即便是号称“一钱尺帛出入，皆有文簿”的谢弘微，对于远处的详细收支状况，能作的也只能是相信部下的报告，间或派人或自己亲自前往检查，仅此而已。

那么，对于这类庄园，货币经济是如何产生作用的呢？一般认为，如谢灵运、孔灵符④的庄园所见的那样，当时庄园的典型是建立在封闭性自给自足型经济之上的。但是在像首都建康那样拥有众多人口，呈现出消费型特征的都市，其周围的庄园继续维持封闭性应比较困难。尤其是伴随着货币经济的发展，庄园的封闭性逐渐走向瓦解，其影响从地域上说也当然在逐渐扩大。5世纪中期，在秦淮南岸娄湖经营着广大庄园的沈庆之，经常手指其地说“钱尽在此中”，⑤这就显示出对他来

① 《宋书》卷58《谢弘微传》。

② 《颜氏家训·涉务》。

③ 守园人一语，见《宋书》卷77《柳元景传》。

④ 《宋书》卷54《孔季恭传附孔灵符传》。

⑤ 《宋书》卷77《沈庆之传》。

说,庄园是获得钱财的一种手段。也正是到这一时期,首府周围的庄园所有者完全是以换钱为目的,开始经营庄园的。据《宋书·柳元景传》,柳元景在秦淮南岸拥有庄园,不过他是“立此园种菜,以供家中啖耳”,也就是依然固执于自足庄园这一观念。然而,管理其数十亩菜园的守园人却因擅自贩卖生产物,获利达两万钱。在这段记述之前,传称包括沈庆之在内的“在朝勋要多事产业,惟元景独无所营”,也就说明当时“事产业”堪称普遍。所谓“事产业”,具体就庄园经营来说,便是不像柳元景那样以自给自足为目的,而是如沈庆之那样为了“取钱”,将庄园作为商品生产之地从事经营。当以获取现钱为目的从事产业时,为了将庄园产品卖得更好,获得更多的利益,往往便会进一步建造仓库,并开始向运送、商业方向发展。这一点十分自然,而且在货币经济的进展之下,也有其必然性。在6世纪的梁代,徐勉的“门人故旧,亟荐便宜,或使创辟田园,或劝兴立邸店,又欲舳舻运致,亦令货殖聚敛”,正好显示出了上述特点。① 徐勉没有答应这项计划,主张要安于清贫的生活,但是我们从上述计划中,可以看到当时一般的企业形态。对于拥有仓库以及运送工具的业主来说,在以追求利润为目的的整个企业体系中,田园经营是负责商品生产的所谓生产部门。我们看到,货币经济的进展,大大改变了庄园经营的意义与方法。刚开始或许是以自给自足为目的的经营,但随着货币经济的进展,不得不转变为将庄园产品换成现钱,进而发展到以追求利润为目的的经营方式。

这一庄园的性质转化如上所述,在5世纪与6世纪之交发生,其趋势是,建立在间接经营之上的贵族庄园的守园人及门人故旧等人,由于在贵族手下负责实际的经营,因而获利机会有了增加。这一点尤其明显地反映在了柳元景的守园人身上。当像柳元景那样的庄园所有者固执于不能“卖(菜)以取钱,夺百姓之利”,对从土地生产物上获得收益的方法极为无知,或是根本不屑于此类勾当时,他们手下的守园人利用货币经济的发展,从庄园生产物上适当地获得某些利益则非常容易的。

---

① 《宋书》卷25《徐勉传》。

从当时“江南朝士……未尝目观起一墢土，耘一株苗；不知几月当下，几月当收”①这一特点来看，庄园变质为营利事业，与其说对庄园所有者的朝士，毋宁说对其下的守园人一类的人物更加有利，这样认识或许更加合理。实际上在政治上勤于庶务遭到鄙视，阅览文书不够风流，此类意识本来就是贵族们酿造出来的，②这不单是有关政治的文书，或许说包含了经济上的文书也不无不妥。而深受这种风潮影响的，一般来说便是夸耀传统的贵族。例如刚才曾提到过的大庄园主谢弘微之子谢庄，面对当时“贵戚竞利，兴货廛肆”的状况，坦言“大臣在禄位者，尤不宜与民争利”。③ 谢庄说这番话是在453年，其时与宋初的420年相比，钱的购买力涨了近一倍，（参见上章266页的价格变动表）。如谢庄所言，如果谢弘微、谢庄父子不“与民争利”，也不将庄园生产物全都换成现金，或者说如果守园人擅自拿物换钱，并且还像柳元景那样将钱交给守园人的话，那么拥有钱的守园人的财产自然也就会增加一倍，与此相反的是谢庄的财产便会急剧减少。当然这种假设针对的只是一种极端情况，我们可以认为，当贵族庄园不屑于取得金钱，且在某种程度上将经营交给守园人的情况时，与社会上的经济进展相比，贵族从庄园上获得的利益相对不多，相反负责管理经营庄园的守园人的所得，通过换取金钱却在相对增加。至少有一点是肯定的，就是在那些利用货币经济的发展浪潮而不断积蓄钱货的一般商人、寒人面前，往往被蔑视商业行为的意识捆住了手脚的贵族总是要落后一步，在经济实力上，前者的比重逐渐增加，后者则相对减轻，于是出现了贵族在经济上逐渐被寒人压倒的局面。如前所述，谢弘微时的财产状况因叔父谢混留下的遗产“分多”而“不至有乏”，可是到二十年后其子谢庄时，却陷入“家素贫弊，宅舍未立，儿息不免粗粝”的状态中。④ 我们当然不能完全相信这种描述，但还是可以从中看到贵族经济力量的衰退。在这一时期，显示

① 《颜氏家训·涉务》。
② 《梁书》卷37《何敬容传》。
③ 《宋书》卷85《谢庄传》。
④ 《宋书》卷85《谢庄传》。

贵族贫困状况的还有袁粲的例子，其家“饥寒不足，母琅邪王氏，太尉长史诞之女也，躬事绩纺，以供朝夕”。①

必须注意的是，刚才提到的沈庆之、徐勉等富人并非南朝贵族的代表，应是属于其下的武将及中层官僚。此外还有一点也值得注意，这就是在南朝盛行的山泽占领过程中，王族虽然最为突出，但从那时（465 年）开始，“幸臣近习，……封略山湖”。② 在南朝，围占山泽并不陷于魏晋以来的名族，那些被称作豪右或富室豪家中，不单有贵族，还有身为寒人而被贵族社会排斥的人，我们对“豪右”内涵的变化，也必须加以注意。

如上所述，货币经济对贵族庄园经营的影响，首先表现在使庄园产品的收入价值减少。可是，当然不能说这便导致贵族经济实力的减退。贵族不能再像过去那样仅仅只是依靠封闭的庄园经营，经济生活中随着钱所占的比重加大，不得不寻求新的取得金钱的方法。下面我们就来思考这一点。

二、贵族与商人

新的金钱获得方法，首先是用庄园的生产物去换钱，不过此时，对贵族来说，比起亲自干那些自己所轻视的商贩行为，还有更为简单的方法，就是委托商人进行贩卖。东晋中期，在贵族别墅林立的会稽山阴，贵族与商人的联系就十分显著。《初学记》卷 24 所引王彪之《整市教》云：“近检校山阴市，多不如法，或店肆错乱，或商估没漏，假冒豪强之名，拥护贸易之利，凌践平弱之人，专固要害之处。属城承宽，亦皆如之。”商人假冒豪强之名，守贸易之利，是利用当时贵族拥有的特权，获取商业上的利益，此点当无疑问。到南朝陈至德初期（583），有“军人士人，二品清官，并无关市之税”的规定。③ 这一规定成于何时，不详。不过在贵族占据优势的东晋时期，应该是承认贵族有着与此类似的特权的。果真如此，当商人在

① 《宋书》卷 89《袁粲传》。
② 《宋书》卷 57《蔡兴宗传》。
③ 《南史》卷 77《沈客卿传》。

贵族的名义下进行商业行为时,关税与市税可以合法地被免除,这对商人来说,不能不说是极具魅力的。因此,贵族贩卖自己庄园上的生产物时也离不开商人,另一方面,商人借此假借贵族的名义,利用其特权展开自己的商业行为,获得巨大的利益,如此一来,两者之间相互依存的关系也就日益紧密。

唐长孺氏曾明确指出,南朝依附于王公贵人的左右、门生之流有许多是富裕商人,他们不惜屈身,有的甚至缴纳了相当一部分财物而要做门生,其理由并非只是想免交国家的课役,而是想利用上述王公贵人的特权,为自己的商业活动牟取巨大的利益。①

这一论述极为敏锐、重要。王公贵人为了获取金钱,利用商人,因而将其收为门生,允许他们利用自己所持有的封建特权。商人成了王公贵人的门生,在其保护下利用主人的封建特权,为自己的商业活动捞取利益。在这一情况下,门生不再受原来应有的主人约束,实际上变成了利用主人特权牟取利润的商人,他们用利益分红或是特权使用费的形式向主人交纳一定的钱物。458 年,针对颜竣的弹劾文中有如下内容:“凡所莅任,皆阙政刑,辄开丹阳库物,贷借吏下。多假资礼,解为门生,充朝满野,殆将千计。”②我以前的理解是丹阳尹颜竣将官物借给部下,然后以门生资礼的形式收取利息(见本书第二编第五章 200—201 页)。不过正确的理解应是,并不只有利息,在其背后还伴随着商业活动。为什么呢?因为并不单是部下,而是“满野”之人通过颜竣的部下借取官物。他们交纳资礼借取官物,并不仅仅是为解一时的穷乏之困,而是将其作为资本从事商业活动,作为一种被允许借用官物的补偿,以门生资礼的形式缴纳好处费及其利息,这样理解,似乎更加合理。这种方法,可以说极为巧妙,既有效利用了躺在仓库里的官物,也为郡衙增加了收入,同时也能帮助商人增加资本实力,从而提高商业活动的效率,增加利润。对上文作如此理解如果并无不妥的话,当时门生缴纳的资礼可以说就是纯粹经济上的涵义,亦即

---

① 唐长孺《南朝寒人的兴起》(见《魏晋南北朝史论丛续编》,1959 年,三联书店),第三章。

② 《宋书》卷 75《颜竣传》。

利用特权时要缴纳的税,或是资本借用的利益分红。这种门生的出现,是一个促使我们对当时门生与主人关系进行重新认识的重要问题,不过,这里并不打算作进一步探讨。

如上所述,王公贵族与商人以门生的形式结合在一起,以资礼这一名目作为媒介,在经济上联系在了一起。从商人的立场来看,在当时货币经济的双重结构与封建性经济外特权的制约下,这是为了从事商业活动而必然出现的一种方向。即便从贵族一方来看,随着货币经济的进展,现金收入的必要性大为增加,因此不得不以上述方式间接地加入到商业活动中,由此获取现金收入。于是贵族的经济生活,从刚开始以庄园的现货收入作为主要财源,而逐渐变成上述主要依存于商人,间接地参加商业活动,由此获得现金收入。从自然经济到货币经济大发展的过程中,经济上逐渐落后的贵族能够温存并维持其经济条件,上述方法应该说发挥了作用。

可是,这里必须注意的是,随着这一倾向的深化,贵族对商人的依存度日渐提高,由此贵族在经济上寄生的性格日渐突出。贵族的庄园经营原本便是一种间接经营,在自然经济时期,贵族与其依附者之间有着严格的主仆关系,其庄园经营是相当稳固的。可现在,贵族与商人出身的门生关系中,即便还留有一些传统的尊卑观念,但发展的趋势却是朝一切都以金钱亦即单纯的买卖关系来衡量。贵族对这些出身商人的门生的统治与管理,已经不同于过去对依附者的那种情形。而且随着贵族对商人的依存度日渐加深,最后发展到了实际上靠商人来养活的地步。所谓寄生之语,便是对这一状况的写照。贵族并非从一开始便是寄生的,随着货币经济的进展,生活基础本身不断改变逐渐走上寄生之道。商人之所以抚养贵族,一是为了利用贵族拥有的封建特权,二是为了获得在国家预算的使用与发放俸禄时,贵族能够从国库中取出的良质货币。还有一个目的,便是可以用便宜的价格获得贵族庄园、山泽上的物产。不过封建性特权与良质货币可以说是将商人吸引到贵族身边的最重要原因。贵族利用这两点,还可以让商人在自己面前屈膝。

可是,就封建性特权与国家预算的使用量而言,还有比贵族更占优势的人物存在。不用说,这便是皇帝与王族,以及与他们关系密切并借其威势的恩幸寒人。预算消费庞大的重要地方军府,在刘宋以后几乎全由王族把持。对唯利是图的商人们来说,比起贵族来,与王族及恩幸交结更是当然。王族与恩幸立于货币的二重结构与封建性特权的顶点上,长袖善舞般地积累起庞大的私有财产,大大超过了本来就已经落后了的贵族积蓄,进一步导致了贵族经济条件的相对低下。货币钱物的大规模积蓄,当然引起了消费热潮。一般而言,当聚敛能力较低的贵族被卷入到消费大潮中时,其经济条件会进一步降低。梁代可以说正是这种消费浪潮的高峰时期,那时,地方官的职位成为聚敛的机会。不过尽管如此,梁代出任地方官的贵族中却有许多被称为清廉者,有的还立了碑。① 这似乎也反映出了贵族聚敛能力不强,在贵族的所有收入之中,较多而较为安定的部分就是俸禄,而且俸禄所占比重逐渐加大,成为贵族们最为重要的财源。

三、贵族与俸禄

大家都知道,颜之推《颜氏家训·涉务》论述了俸禄在江南士人的经济生活中所占据的重要性,即"江南朝士,因晋中兴,南渡江,卒为羁旅,至今八九世,未有力田,悉资俸禄而食耳。假令有者,皆信僮仆为之"。我对颜之推所说的东晋以来朝士是否都"悉资俸禄而食耳",至今仍抱有疑问。不过颜之推自己所见以及从父母那里所听的时代也就是梁代,似乎可以说几乎所有朝士都已成为俸禄生活者。果真如此,梁代的经济动向对俸禄生活者们形成了什么样的影响呢?

523 年,通货换成铁钱,527 年,规定百官俸禄原则上全用现钱支付。如果按照诏敕严格实施的话,官吏的俸给从 527 年以后就全用现钱支给。可是不久铁钱的价值直线下落,到 535 年左右,几乎所有地方的铁钱都犹

① 例如《梁书》卷 21 所载琅邪王氏等即是如此。王瞻为晋陵太守"洁己为政。妻子不免饥寒";王志为宣城内史"清谨有恩惠";王泰为新安太守"和理得民心"。民众为其立碑的有后面将要提到的谢举等。贵族中当然也有聚敛者,不过如贺琛等人所言,与当时地方官的聚敛(《梁书》卷 38)相比,还属于比较清廉。

如山积,物价一路高涨(参见本编第三章)。在这样一种通货膨胀时期,依靠俸禄生活的人受到经济的遭受沉重打击是显而易见的。如果当时的朝士如颜之推所云"悉资俸禄"的话,那么定会在政界引起恐慌,而且还必然发展成重大的政治问题。果真如此,或多或少必然会有记录此事及其影响的史料留存至今,但实际上却是毫无记载。对此唯一能想到的是,当时的朝士或许像徐勉那样,在俸禄以外还有其他获取收入的手段。不过,极少一些史料还是显示了这场通货膨胀带给贵族的巨大打击。

《南史》卷20《谢侨传》云:"(谢)举兄子侨字国美。父玄大,仕梁侍中。侨素贵,尝一朝无食,其子启欲以班史质钱,答曰:'宁饿死,岂可以此充食乎?'太清元年卒。"据此可知,太清元年(547)以前,作为名门谢氏的一支,而且还是前面不断提到的大庄园主谢弘微的子孙已经在经济上陷入了极端困境之中。谢举及其兄谢览在梁代历任高官,位极人臣。谢览与祖父庄、父瀹"三世居选部,当世以为荣",据说在新安太守的任上,"聚敛"超常。[①] 谢举在地方官的任上时,吏民为其立碑,似乎并无什么特别的聚敛行径。在中央三为吏部尚书,时称"前代未有也",受到人们的瞩目。太清二年(548)就任文官的最高职位尚书令。其家据称"宅内山斋舍以为寺,泉石之美,殆若自然。临川、始兴诸王常所游践",可以说颇为雄壮。[②] 上引《南史》记载如果不误,那么究竟如何来理解这样一个大贵族的嫡亲侄子在侯景之乱以前的平常时期既已沦落到要依靠典当《汉书》来度日的地步呢?即便是谢侨一家遇到了某种突发事件而陷入"一朝无食"的境遇,那么为什么想到靠典卖《汉书》过日而没有想到去找叔父谢举呢?

这里首先值得注意的是,在梁代末期的首都,为了获取食粮,钱是绝对必要的。当钱的价值下落时,手中握有货物就极为有利,这一点不言自明。如果谢侨或谢举一家在建康周围拥有庄园,并能由此运送食粮的话,上述谢侨一家的穷困状况也似不致发生。以此来看,可以断定当时的谢

---

① 《梁书》卷15《谢览传》。

② 参《梁书》卷37及《南史》卷20所载《谢举传》。

氏在能够较为容易地将食物运往首都的地区并没有庄园，而且还可以认为他们的收入与支出完全用的是货币。因此，即便在偏远处拥有田园或山泽，但这对他们住在首都，建立在货币经济之上的经济生活来说，几乎并无多大意义，或者说并不能解救其一时的窘境。也就是说，我们可以推测在长期将实物换成现钱然后送往首都的习惯下，即便有着偏远处的庄园收入，在通货膨胀的环境下几乎并无多少作用。为什么这样说呢？将庄园的收益换成现钱的过程中，可以想像介入其中的正是上述那些商人。这些商人利用铁钱时代的混乱，大行“奸诈”之事，“因之以求利”，①因此说庄园的现钱收入在奸诈商人与通货膨胀的影响下，只能大跌其价。在这一状况下，似乎没有就任高级官僚的谢侨一家首先陷入困境，谢举一家虽然住在大邸宅，但实际上现钱收入也大幅减少，维持自己的经济已是不易，并无帮助侄子的能力，其生活显然也十分艰难。我认为从谢侨一家的事实上，可以想像到梁代末期整个谢氏家族正在逐步走向贫困。如果这一推断没有大错的话，似乎也可以此来看一般的北人贵族。

以上，我们分析了南朝货币经济的进展是如何削弱贵族的经济条件的，其中夹杂了一些想像的成分在内。现简要归纳如下：货币经济的进展首先改变了庄园的性质，迫使庄园的生产品必须要换成现钱，与此同时，作为中介的商人以及守园人提高了经济实力，贵族的经济条件相对降低。为了获取现钱，贵族开始间接地参与商业活动，这就导致贵族对商人的依赖程度增加，逐渐形成了经济上的寄生者性格。在当时的货币二重构造以及封建性特权的结构中，贵族看上去立于顶点之上，但由于思想意识的陈旧与聚敛能力的削弱，并不能有效利用这一优势，于是逐渐夹在了上层王族与下层提高了经济实力的新兴寒人阶层之间。此时兴起的消费热潮渐渐消耗了贵族的经济实力，在经济上走向寄生的过程中，又遭遇到了铁钱价值的暴跌，其经济实力就此跌入了低谷。

最后给这些经济寄生者的贵族带来沉重打击的，即是肇始于 548 年的梁末陈初的大混乱。在这场混乱中，贵族的情况怎样？在混乱之后，他

---

① 《隋书》卷 24《食货志》。

们是否又恢复了从前的力量？对此，必须加以探讨。而且，通过检讨，还可以看看我是否过分强调了贵族的衰弱。

四、侯景之乱与贵族的社会势力

从548年秋到翌年春，长达半年之久的围绕首都建康的攻防战与侯景军的掠夺，使建康及其四周遭到了彻底破坏，贵族们的生活基础也近乎荡然无存。最能反映出当时这一惨境的是颜之推《观我生赋》，其中有云：

> 就狄俘于旧壤，陷戎俗于来旋。慨黍离于清庙，怆麦秀于空廛。鼖鼓卧而不考，景钟毁而莫悬。野萧条以横骨，邑阒寂而无烟。畴百家之或在，覆五宗而翦焉。独昭君之哀奏，唯翁主之悲弦。经长干以掩抑，展白下以流连……①

551年，颜之推在郢州（武昌）为侯景军所俘，作为俘虏被送往建康，不久即被释放，目睹了建康的惨状，之后将自己的这份印象在《观我生赋》中作了回忆。

历经这一悲惨的遭遇，包括贵族在内得以幸存下来的士人们在生活上陷入了极端的苦难之中。如徐陵弟徐孝克等人，因实在无粮可食，只好将妻子嫁给侯景的部将，自己也出家成为僧侣，靠托钵乞食勉强度日。② 在荒废的建康维持生活，几乎不太可能。于是许多贵族以及一般士人奔赴湘东王萧绎（元帝）所在的江陵避难。比如姚察父子，虽然一时逃回到老家，但在故乡仍然无法维持生活，只好“随朝士例往”赴江陵。③ 由此也可以猜测贵族或一般士人都是如此，并无例外。在江陵，可谓有职有食，但554年，在西魏大军的突袭下，江陵被

---

① 《北齐书》卷45《颜之推传》。
② 《陈书》卷26《徐孝克传》。
③ 《陈书》卷27《姚察传》。

占，逃到此处的梁朝百官以及一般士民犹如羔羊一般又被抓到了关中。据说俘虏达十万人以上，幸免于难的仅两百余家。① 这是摧毁南朝贵族中枢的第二场大事件。

到560年陈朝与北周恢复国交以后，双方签订了所谓俘虏交换协定，原则上允许南北流寓的士人自行回归故国。② 当然，不可能所有的士人都能如愿归国，而且俘虏的交换也并非迅速执行。在他们长期被扣留在北方时，故乡江南持续陷入混乱，王朝也由梁变为陈。他们在江南的社会经济基础，除去特别强大的一部分以外，在这一时期都蒙受了极为惨重的打击。即便是贵族，情况也同样如此，较为典型的例子，在陈郡谢氏那里可以看到。

《陈书》卷32《孝行传》载有十分有名的东晋谢安九世孙谢贞的传记。这支谢氏出自于谢安长子，可谓嫡系，到南朝时，并不如前面经常提到的出自于谢安次子的谢弘微家繁荣。谢贞的父亲谢蔺三十七八岁时在梁朝任兼散骑常侍。③ 据《谢贞传》："太清（年间，侯景）之乱，亲属散亡，贞于江陵陷没，（族兄）暠逃难番禺，贞母出家于宣明寺。及高祖受禅，暠还乡里，供养贞母，将二十年。太建五年（573），贞乃还朝。"尔后，谢贞在陈朝历任各种官职，最后到后主时为南平王友。可是从后主所下的敕令"谢贞在（南平）王处，未有禄秩，可赐米百石"来看，其官僚生活的基础其实是十分薄弱的。事实上，至德三年（585）母亲死去时，谢贞留下一个才六岁的儿子，便也追随母亲死去。其时，给族子谢凯留下了如下遗言：

> 吾少罹酷罚，十四倾外荫，十六钟太清之祸，流离绝国，二十余载。号天踏地，遂同有感，得还侍奉，守先人坟墓，于吾之分足矣。不悟朝廷采拾空薄，累致清阶，纵其殒绝，无所酬报。今在忧棘，晷漏将尽，敛手而归，何所多念。气绝之后，若直弃之草野，依僧家尸陁林

① 《周书》卷2"魏恭帝元年"条。
② 《周书》卷41《庾信传》。
③ 《梁书》卷47《孝行·谢蔺传》。

法，是吾所愿，正恐过为独异耳。可用薄板周身，载以灵车，覆以苇席，坎山而埋之。又吾终鲜兄弟，无他子孙，靖年幼少，未闲人事，但可三月施小床，设香水，尽卿兄弟相厚之情，即除之。无益之事，勿为也。

谢安的九世嫡孙就这样在孤独与贫困中寂寞地离开了人世。

十分明显，谢氏的家族背景完全处于一种分崩离析的状态之中，为谢贞料理后事的也只有一位族子。当然，其他谢氏并没有就此灭绝。《陈书》卷21还有谢哲与谢嘏的传记，这两人都是谢安次子的后人，属于在梁朝担任高官的谢朏与谢举一支，到陈朝还都出任过中书令这样的重要职务。尽管如此，谢嘏等完全没有援助同门谢贞一家的痕迹。其中原因，可能是他们的八世祖即谢安的儿子时既已分家，因此虽同为谢氏，但在礼制上已全然形同他人了。但不要说他人，即便是嫡亲的叔父与侄子之间，早在侯景之乱以前，也已经看不到有相互扶助的行动了，前面看到的谢举与谢侨的例子即如此。据此我们似乎可以推断，尽管谢氏在表面上就任梁朝的高官，荣耀异常，但实际上经济条件已经沦落到了连侄子的穷困也无力挽救的窘境之中。在持续了近二十年的社会混乱之后，已经脱离五族范围的同族之间似乎已经无力伸出相互扶助之手了。因为历经梁末陈初的大混乱，他们已经完全丧失了自己的经济基础。

前面已述，侯景之乱以前，贵族的经济生活随着货币经济的进展染上了寄生的性质。其庄园上的守园人在经济上逐渐积累了实力，随着对商人依赖程度的增加，贵族与商人出身的门生之间的关系已经转变成为单纯的买卖关系，这一点上面也有论述。侯景之乱正是在这一状况中爆发的，此后二十年也是混乱不堪。这时能够依靠的，除了武力以及土豪将帅阶层以外再无别的方法。即便在混乱时期以前贵族拥有庄园或山泽，但在这场大混乱之中，贵族与守园人、商人门生之间原本已不太牢固的关系开始断裂，这一点也是十分清楚的。守园人与商人撇开贵族投向了土豪将帅一方。或许还可以说，守园人与商人本身即转化成了土豪将帅。在经济上已经寄生化的贵族在混乱的漩涡中彻底丧失了自己的经济基础。这些贵族此时也完全不可能像从前那样将同族重新团结起来，要维持自己一个家族已经是十分勉强了。最多是像王氏那样兄弟之间团结起来。[①] 一般在思考显示贵族的社会势力时，往往会重视贵族同族之间有着牢固的团结，但上述事实却告诉我们，贵族的社会势力正在减退。

这里有一个象征上述贵族社会势力减弱的事件。同样还是谢氏的例子。如前所引，谢贞的愿望是守住先人的坟墓，但尽管如此，其九世祖谢安的坟墓却没有最后守住。579 年，位在梅岭的谢安墓遭始兴王强行发掘，其中棺柩也被抛掉。[②] 当时谢安的嫡系子孙谢贞尚在。同样以谢安为祖的谢哲、谢嘏已分别在 567 年、569 年死去。谢嘏有两个儿子，谢俨官至侍中太常卿，死于 588 年，[③]谢伷在 585 年为吏部尚书，两人其时都还健在，[④]而也就是这时，深以为荣耀的祖先坟墓遭到了破坏。早在 565 年的诏书中，就提到了墓地到处被掘，明器玉杯及墓里的漆简出现在市场上，并云"自古忠烈，坟冢被发绝无后者，可检行修治"，[⑤]所以说梁末陈初的混乱时期，许多坟墓确实遭到了破坏，始兴王挖掘谢安墓也可以说是这股风潮的余波。可是，如果是在梁末陈初的大混乱时期坟墓遭到破坏还可以说是不得已的话，但在社会秩序得到恢复的陈朝，而且在子孙还身处庙堂时，最为崇敬的谢安墓却遭到了破坏，这一点值得注意。为什么呢？如果谢氏的社会势力在那时恢复到了从前，而且有着许多依附的宾客、门生，或是僮仆时，无论始兴王如何暴虐，似乎也不太可能去挖作为谢氏一门象征的谢安墓。作为南朝贵族象征性存在的谢安墓在其子孙尚在，且是陈朝的极盛时期遭到了毁坏，而当谢安的嫡系子孙谢贞在听到这一悲讯后于孤独与贫困中寂寞地死去，以上事实在我看来，可以说象征着南朝

---

① 《陈书》卷 23《王玚传》。
② 《陈书》卷 36《始兴王叔陵传》。
③ 《陈书》卷 21《谢嘏传》。
④ 《陈书》卷 6《后主纪》"至德三年"条。
⑤ 《陈书》卷 3《文帝纪》"天嘉六年"条。

贵族的没落。

以上在论述谢氏的社会势力问题时,提到了依附于他们的宾客与门生。前面说过,贵族失去了庄园与依附于庄园的僮仆,也失去了建立在商业关系上的部分门生。不过,宾客与门生之所以依附于贵族,原本是有极大理由的,这就是期待着利用贵族在朝廷中握有的大权获得升官的机会。即便在梁末陈初的混乱时期,宾客门生一时离散,但当贵族在陈朝继续拥有巨大的政治权力时,他们一定会再次依附于贵族,希望重新获得升官的机会。因此,贵族在陈朝是否像以前那样掌握着依附人口这一问题,与贵族此时的政治实力大小有着密切关系。此外,贵族的社会势力与其同族在官界所占地位的高低、多寡亦即一门在官界的分布情况,此外还有依附人口的多少有着重要的关系,因此在思考贵族的社会势力时,必须对上述状况作出考察。在下一节中,我们准备探讨陈朝贵族的政治实力问题,因为它与贵族的社会势力问题密切相连。

五、陈朝贵族的政治实力

在思考这一问题时,还是以谢氏为线索来考察。如前所述,谢哲与谢嘏在陈朝官至中书令,谢嘏子谢俨任侍中太常卿,另一子谢伷则从吏部尚书升至尚书仆射。[①] 王氏的情况也大抵相似,也就是陈朝的贵族依然占据着文官的几乎所有最高官职。

只要他们还身居庙堂,那么当然也就拥有针对政治问题、人事问题的发言权。可是,有发言权与是否具有发言的力量却是两个问题。首先来看谢哲等就任的中书令在当时是什么样的地位。

“梁中书监、令,清贵华重,大臣多领之。其令旧迁吏部尚书,才地俱美者为之。陈因梁制”,[②]在梁官品表中,中书令为十三班之首,[③]虽较十

---

① 《陈书》卷6《后主纪》“至德四年”条。

② 《通典》卷21《职官三》。

③ 《唐六典》卷9,梁“中书令之班第十四”,与《通典》有异。不过即便是十四班,如十五班的仆射与监的顺序一样,也似排在吏部尚书之后。

四班的吏部尚书要低,但在陈朝却位列吏部尚书之上,为第三品之首。这与中书监的官品在梁代官品表中置于左右仆射之后,但在陈朝却跃至第二品之首是相对应的。[①] 也就是说,梁代比较重视尚书,而陈朝却看重中书。因此,作为中书长官的监、令在陈朝应握有绝大的权力。但实际上,"中(令)清简无事",对像蔡徵那样曾经握有实权的人物来说,是一个心怀怨念的职位。[②] 在陈代,负责掌管诏诰,决策国事的几乎全是中书舍人,作为其长官的中书令只是一个有名无实的闲散之职。谢哲、谢嘏以外,琅邪王氏也有多人居此闲职,这不能不说意味深长。对"清贵华重"而言,这是再好不过的一个职位。一个极好的旁证便是,《陈书》有关王氏、谢氏的传记都是仅仅只列官历,至于他们在庙堂上的业绩与影响,则几乎毫无所载。

比如谢嘏,在梁代作为名门贵公子起家秘书郎,仕途可谓顺风顺水,但在出任建安(福建省)太守时,侯景乱起,因惧当地政情不安而到广州避难。后准备返回中央,中途却为周迪所挽留,尔后又归于陈宝应之下。周迪、陈宝应都是与陈朝相对抗的独立的地方军阀。陈朝不断征召谢嘏,但都不为陈宝应所放。564 年,陈宝应被平之后,谢嘏才得以返回陈朝。由于长期身在敌军,所以陈朝对其并不信任,御史中丞江德藻对他进行弹劾。好在文帝并不怪罪,对他加以任用,直至中书令。至于他对陈朝有过什么贡献,史书毫无记载。陈朝对他又有什么期待呢?

文帝于天嘉元年(560)发诏云,"王公已下,其各进举贤良"。这里可以举出的一个例子是新安太守陆山才推荐萧策与王暹时的启文,其略云:"梁前征西从事中郎萧策、梁前尚书中兵郎王暹,并世胄清华,羽仪著族,或文史足用,或孝德可称,并宜登之朝序,擢以不次。"[③]对萧策、王暹这样的贵族,所期待的是他们的文史与孝德。如颜之推所说,"文史之臣,取其著述宪章,不忘前古",也就是因为通晓

---

① 《通典》卷 37《职官十九》。
② 《陈书》卷 29《蔡徵传》。
③ 《陈书》卷 3《文帝纪》"天嘉元年"条。

故事而受到重视，与“朝廷之臣，取其鉴达治体，经纶博雅”一类具有大局观的政治家并不相同。[①] 如果得到“博闻强识，明悉旧章”的袁枢[②]或是“详练朝章，尤明听断”的袁宪兄弟[③]那样极为优秀的文史之臣，还算幸运。实际上当时像这样优秀的贵族极少。颜之推在《颜氏家训·勉学》中曾作过如下强烈讽刺：“梁朝全盛之时，贵游子弟，多无学术，至于谚云：‘上车不落则著作，体中何如则秘书。’……及离乱之后，朝市迁革，铨衡选举，非复曩者之亲；当路秉权，不见昔时之党。求诸身而无所得，施之世而无所用。被褐而丧珠，失皮而露质，兀若枯木，泊若穷流，鹿独戎马之间，转死沟壑之际。当尔之时，诚驽材也。”虽说是驽材，抑或那些免于沟壑之死者，到戎马之声减息的陈朝文帝时，幸存下来的贵游子弟不管怎样总还是稀少的。在他们身边，还有着那逝去的繁华时期的文化飘香，既知晓一些故事旧章，也还有显示良好教育的“德”。这些对于那些起自田野的豪杰来说有着巨大的魅力，只要有这些人在身边，就能显示自己的高尚与文化性。可以推测，周迪与陈宝应留住谢暇不放，恐怕就有这样的意思。陈朝在本质上是与周迪、陈宝应相似的田野汉凑成的一个混合体。因此在陈朝，过去的贵游子弟“擢以不次”，与周迪、陈宝应挽留周迪、陈宝应在本质上并无多大差别。《陈书》的贵族传记中那些并无值得大书特书的特征或是业绩，仅仅只是记录任官经历的人物，用颜之推的“驽材”之语来形容或许有些过于尖刻，不过其最大的存在理由不得不说主要还是为陈朝添上文化色彩。

王氏、谢氏除了就任中书令这样的闲散职位以外，有的还升至尚书省的长官，这是否就显示了他们具有担当政务的才能了呢？尚书省主要是处理实际政务的官衙，当就任其最高干部即左右仆射或吏部尚书时，本不应会有多少安闲的。可是在实际上往往是由左右仆射、吏部尚书之中最具能力者为中心来处理实际的政务。刚才提到的袁枢、徐陵或是中书舍

---

① 《颜氏家训·涉务》。
② 《陈书》卷17《袁枢传》。
③ 《陈书》卷24《袁宪传》。

人出身的孔奂、毛喜即是这样的中心人物。① 这些人的门第不过二、三流，甚者还属于寒门一类。② 这样一种由中流士人阶层在尚书省参掌国家机密的现象出现在梁代。③ 可是从梁代末期到陈朝，参预国家机密，裁决军国大事者由这些中流士人层换成了跻身于舍人省的更低一层的寒人阶层。④ 所以说，陈代的尚书省逐渐变成了执行机关，⑤徐陵向那些猎官者宣布要考虑才能与门第，⑥可以理解为是面对寒人阶层的攻势，占据尚书省的中流士人阶层所作的一种抵抗。

出身于舍人省的寒人抬头是刘宋孝武帝时期以来的一种现象。在那以后，宋齐时期的中央政界成为贵族与寒人的争斗场。梁武帝为了结束这种争斗，以中流士人阶层为中心组建了政府，不过到了末期，政治的中心开始转到更下一层的寒人身上，到陈代，以寒人阶层的完全胜利而告终。如前所述，中书省系统官僚的官品居于尚书省系统之上，这一事实可以理解为中书省的寒人阶层的实力超过了尚书省官僚，而清楚反映出这种政治变化的，正是上述官僚制度。我们看到，贵族从梁代开始仅仅只在政治的边缘受到礼遇，进入陈代以后，更是完全脱离了政治的中枢。即便连中流士人阶层也遭到了寒人阶层的压迫，其归结便是像江总那样任由自己沦落颓废下去。

贵族在陈朝确实占据着中书省与尚书省的最高首脑部。可是，他们就好像日本幕府时期身在京都的公卿一样，依然还是大臣，但却没有任何

---

① 拿《陈将相大臣年表》与这里的尚书省官员的传记相对照，大体上 560 年代前期为袁枢，60 年代后期到 70 年代中期为徐陵，70 年代中期到 80 年代初期，则是孔奂与毛喜为尚书省的中心。这以后便是总裁尚书省的江总不理政务，与后主日夜宴游于后宫。

② 袁枢可以说属于一流，其家如梁代的袁昂、袁枢之弟袁宪等，都有一种鲠直的风气，与一般贵族在气质上稍有不同。

③ 实际上掌管梁代尚书省的人物，在 500 年代有范云、沈约，510 年代有袁昂，此后 520 年代有徐勉、530 年代有何敬容。到 540 年代，实权逐渐脱离了尚书省，落入寒人朱异等人之手。除上述众人外，还有周舍也很重要。

④ 陈代可以参见《陈书》卷 29 所载个人的传记。

⑤ 《隋书・百官志上》云："陈承梁，皆循其制官，……国之政事，并由中书省。有中书舍人五人，领主事十人，书吏二百人。……分掌二十一局事，各当尚书诸曹，并为上司，总国内机要，而尚书唯听受而已。"

⑥ 《陈书》卷 26《徐陵传》。

实权。他们通晓文物典章,传授着古今的文学。可是,现实中的政治却在一个离开他们的地方运作,他们成为远离政治的存在。不过,如日本那样,将皇室与公卿作为文化传统的象征而另置于远离政权之处的方便方法,并没有在中国出现。在中国,两者混合于同一个政府之中。因此在同一个政府的要职中,要判断哪一个是政权的实际担当者,哪一个又是文化传统的象征,就没有日本那样简单明了。不过,谋求实利的人是要倒向天皇居住的皇居还是倒向将军所在幕府,答案显而易见,陈代也是一样,已经不再有倒向毫无实权的贵族的人了。贵族失去的依附人口不再回到他们身边,这一点与贵族自己的同族团结力的衰弱相一致,显示了贵族社会实力的完全丧失。

结　语

以上,我试图证明,到陈代,贵族已经丧失了在政治上社会上左右现实的力量。这是南朝时期贵族的经济社会实力丧失过程的最后归结,在上述过程中,起到关键性作用的是梁末陈初的混乱时期。混乱时期以后,贵族的残影仅仅只是作为文化传统上的象征被装饰在了屋子中。要处理这点装饰物,只要隋朝平定江南后带回北方就行了。对于南朝贵族制的瓦解,我们完全没有必要等待其身影最后消失。在日本历史上,虽然京都的公卿们任何时期都存在,但正如人们不把镰仓幕府以后称为贵族时期,或者做更合适的比喻,即人们不把应仁之乱以后的织丰(织田信长与丰臣秀吉)时代称作贵族时期一样,我们也没有必要因为侯景之乱以后贵族还存在,就把它称作贵族制时期。① 通过以上的考察,我们认为似乎可以将侯景之乱定为南朝贵族制的结束。从3世纪到6世纪中叶亦即从魏晋以来直到梁代的所谓中世前期的贵族制,使其发生崩溃的与其说是北方的武力,不如说根本之处在于南方兴起的新兴阶级。北方武力所压制

---

① 冈崎博士进一步指出,早在梁武帝时期“南朝特有的贵族制既已消失”(前引《魏晋南北朝通史》,页598)。尽管梁代的政治体制的确不是南朝特有的贵族制,但似可将其视作一种修正型,其彻底崩溃放在梁末陈初的叛乱时期较为稳妥。

的，并非已经面临消亡的前期贵族，而是将贵族挤开然后抬头而起的南方新兴阶级。那么，又是如何压制，或者说如何怀柔的呢？对于接下来的时代而言，这是一个饶富趣味的问题。

（原题《关于南朝贵族制没落的一个考察》，
1962 年 3 月《东洋史研究》20 卷 4 号。1979 年 8 月修订）

译 后 记

自古被视为衰乱之世的魏晋南北朝时期，因其上承秦汉，下启隋唐的历史位置，在近代西方历史研究理论的影响下，从上个世纪早期开始，便倍受学者们的瞩目。在针对这一段历史的研究中，几乎集中了近 100 年来最为优秀的史学名家。上世纪 80 年代初，前苏联的历史学者马良文氏曾撰文回顾世界的魏晋南北朝史研究，认为中国学者陈寅恪、唐长孺、周一良、何兹全与日本学者宫川尚志、谷川道雄、川胜义雄、越智重明等人的研究工作为勾勒该时代的面貌作出了巨大的学术贡献。站在今天的角度来看近 30 年前的这一评述，仍然可以说至为客观、公允。当我们重读上述诸家的著作，或许感觉在材料的精细选用上不如现今利用电子检索那样完备，但无论理论体系的建立还是问题提出的视角与解决问题的方法，都新颖独特，大气磅礴，行文也是布局严密，层层推进，犹如长江巨浪沛然不竭，读后令人有一种酣畅淋漓之感。

“枯燥”的历史研究为什么能达到如此境地呢？周一良先生在评价川胜义雄先生的这部《六朝贵族制社会研究》时，曾指出其最大的特色在于注意宏观地考察历史，围绕魏晋南朝贵族制的发生、发展、衰亡过程进行探讨，研究工作有一条中心线索，同时也试图阐明历史发展的中心线索。这段评语，其实也同样适用于包括周先生自己在内的上述大家们的史学研究。譬如唐先生、何先生就始终是从魏晋封建论这一角度研究各种问题的，而宫川、谷川、川胜诸先生也正是站在魏晋中世论的立场上向世人展示了自己的研究成果。

作为日本京都学派的第三代学者，川胜先生的研究也不无例外地受到了开创者内藤湖南、集大成者宫崎市定的影响。内藤所建立的文化史观，中心目标是要证明中国的历史有其固有的发展规律，它不同于甚或可以说要优于率先走上近代化之道的欧美、日本的文明发展，具有显示人类未来文明模式的普世价值;宫崎承继乃师的文化发展史观,力图在东西文化圈相互交流的视野下把握中国的历史。具体就属于中世的魏晋南北朝而言,当用固有性与普世性同时把握时,首先需要面对的问题就是如何解释这一历史时期与欧洲中世社会的异同。诸如宗教盛行、少数民族兴起、政治分裂、身份制社会、货币经济衰退、自然经济与庄园经济的发展等,东西方的中世社会有着太多的相似点,但是截然不同处也赫然存在:这便是封建制度并没有出现在中国的中世社会中。

对魏晋南北朝社会与封建制社会抑或欧洲中世社会的差异,试图从社会学的角度予以解答的正是川胜义雄先生。在本书的序言中,他明确指出,自己的研究核心就是如何理解六朝社会与封建制的问题。首先对于六朝社会,使用了贵族制这一学术用语加以界定,强调了六朝社会自身固有的特点。可是又应如何从中国历史的脉络上理解这一固有性呢?作者在这里设定了一个自问自答式的问题,即与欧洲中世有着众多相似点的六朝时期为什么没有发展成为典型的中世封建社会?对这一问题,本书提供的解决途径即在于广泛存在于地方共同体社会的舆论,亦即“乡论”的存在形式及其作用上。作者认为,当时的豪族阶级与欧洲中世的封建领主实施地方分权政治有着相通的性质,因此将其称为豪族的领主化,亦即具有向领主化倾斜的性质。可是这一倾向受到了共同体社会中小农民阶层的抵抗,结果迫使豪族朝具有“民望”的共同体代表者方向转化。进而在民众的支持下也就是在社会舆论的支持下,豪族逐渐获得名士的地位,最终根据九品中正制,成为有教养的文人贵族,也就是具有公共精神的官僚,由此形成的社会结构及其体制,即是贵族制社会。换句话说,领主化的道路受到共同体舆论的阻止,实际上意味着非封建的中国中世社会的成立。显然,使中国没有出现封建制的根源在于“乡论”这一共同体的舆论。在本书中,作者使用了“乡论主义意识形态”这一术语来理解贵族制社会的渊源、华北与江南地域社会的异同、东晋南朝贵族制的成因及性质等问题。所谓“乡论”,反映出来的是地域社会中基于人格的人与人的结合关系。从基层社会,从人与人结合的角度切入分析六朝的政治与社会,可谓发前人之所未发,这正是川胜先生研究六朝史的独创性成果,其理论框架直到今天仍为日本的六朝史研究者们承袭。

川胜先生 1922 年生于京都,毕业于京都大学文学部,1984 年辞世时,为京都大学人文科学研究所教授,一生都在日本最富传统文化色彩的京都从事研究。他为人宽厚,淡于名利,作助手长达 12 年之久, 并无怨言,潜心学问,这份甘于坐冷板凳的功夫,比起现今崇尚各种职位、荣耀的某些专家学者,可谓大相径庭。需要指出的是,日本学者做学问,往往一年发表一二篇论文,若干年后将此集成一册,作为著作刊行。川胜先生的这本著作,可谓典型,此书便是近 30 年之间的论文集,与那些著作等身的学者相比,本本太薄,可是如果就学术价值、对后辈学人的影响而言,相差又何止以道里计?

本书第一编第四章《贵族制社会的成立》与第三编第三章《货币经济的进展与侯景之乱》两篇文章, 曾经登载于《日本学者研究中国史论著选译》(第四卷,中华书局,1993)一书中,译者为湖北省社会科学院楚史研究所所长夏日新先生。承夏先生同意,本书翻译时基本上参照了这两篇译文,在此特致谢忱!

本书作为“日本中国史研究译丛”的一种,由上海古籍出版社刊行。这将对于中日两国史学界的交流互动有所促进,而对于亟须了解日本学界魏晋南北朝研究成果又未便直接阅读日文原著的中国学者来说也会有所帮助。因此,应该向规划这套译丛并落实出版的专家、出版家表示钦佩与感激。

徐谷芃　李济沧

2007 年 11 月

《海外汉学丛书》已出书目

（以出版时间为序）

中国文学中所表现的自然与自然观

［日］小尾郊一著　邵毅平译

唐诗的魅力：诗语的结构主义批评

［美］高友工、梅祖麟著　李世跃译　武菲校

通向禅学之路

［日］铃木大拙著　葛兆光译

1368—1953中国人口研究

［美］何炳棣著　葛剑雄译

道教（第一卷）

［日］福井康顺等监修　朱越利译

追忆：中国古典文学中的往事再现

［美］斯蒂芬·欧文（宇文所安）著　郑学勤译

中国和基督教：中国和欧洲文化之比较

［法］谢和耐著　耿昇译

中国小说世界

［日］内田道夫编　李庆译

中国的宗族与戏剧

［日］田仲一成著　钱杭、任余白译

南明史（1644—1662）

［美］司徒琳著　李荣庆等译　严寿澂校

道教（第二卷）

［日］福井康顺等监修　朱越利等译

道教（第三卷）

［日］福井康顺等监修　朱越利等译

中国民间宗教教派研究

［美］欧大年著　刘心勇等译

早期中国“人”的观念

［美］唐纳德·J·蒙罗著　庄国雄等译

美国学者论唐代文学

［美］倪豪士编选　黄宝华等译

中华帝国的文明

［英］莱芒·道逊著　金星男译　朱宪伦校

中国文章论

［日］佐藤一郎著　赵善嘉译

李白诗歌抒情艺术研究

［日］松浦友久著　刘维治译

三国演义与民间文学传统

［俄］李福清著　尹锡康、田大畏译　田大畏校订

中国近代白话短篇小说研究

［日］小野四平著　施小炜、邵毅平等译

柳永论稿：词的源流与创新

［日］宇野直人著　张海鸥、羊昭红译

美的焦虑：北宋士大夫的审美思想与追求

［美］艾朗诺著　杜斐然、刘鹏、潘玉涛译　郭勉愈校

明季党社考

［日］小野和子著　李庆、张荣湄译

清廷十三年：马国贤在华回忆录

［意］马国贤著　李天纲译

终南山的变容：中唐文学论集

［日］川合康三著　刘维治、张剑、蒋寅译

中国人的智慧

［法］谢和耐著　何高济译

杜甫：中国最伟大的诗人

　　洪业著　曾祥波译

中国总论

　　[美] 卫三畏著　陈俱译　陈绛校

宋至清代身分法研究

　　[日] 高桥芳郎著　李冰逆译

才女之累：李清照及其接受史

　　[美] 艾朗诺著　夏丽丽、赵惠俊译

中国史学史

　　[日] 内藤湖南著　马彪译